СТАЛИН

斯大林

И

与文学

ЛИТЕРАТУРА

张　捷　著

中国青年出版社

目　录

　　　　斯大林的家庭出身以及童年和少年时代的生活
　　环境。——学生时代爱好读书并表现出一定的艺术
　　才能。——他的诗歌创作以及作品受到格鲁吉亚诗
　　人重视的情况。——走上革命道路后仍不忘读书学
　　习,努力扩大知识面和理论水平。——成为党和国家
　　领导人后继续努力学习,博览群书。——某些文章和
　　讲话采用的文学笔法。——在其著作中运用的各种
　　文学典故。

　　　　斯大林的文学思想的理论基础。——逐步树立
　　马克思主义世界观的过程。——对民族问题的阐
　　述。——对马克思主义的辩证法和历史唯物主义的
　　基本原理的阐述。——对马克思主义关于经济基础
　　和上层建筑的学说的阐述。——对社会主义经济规
　　律的阐述。——对包括文学在内的民族文化的看
　　法。——强调生活是文学创作的源泉,要求文学真实
　　地反映社会生活。——重视正确的指导思想对文学
　　创作的必要性和重要性,同时又强调文学创作的特殊

性。——重视深刻表现生活中的矛盾的作品，反对"无冲突论"。——强调文学的社会作用，将文学创作称为"生产灵魂"的特殊的精神生产，把作家称为"人类灵魂的工程师"。——不同意用"左倾"和"右倾"的概念表示文学的倾向性，主张运用阶级方面的概念。——对文学的党性的新的看法。——主张批判地继承和发扬文化传统，正确对待文化遗产。

末采取的一些奖励作家的措施。——斯大林文学奖金的设立及其评奖工作。——苏联作家协会领导机构的改组和领导人的更换。——对文学界的形式主义的批判。——对《星》和《列宁格勒》两杂志以及左琴科和阿赫马托娃的批判。——对世界主义的批判。

斯大林的文学批评的标准。——对魏列萨耶夫、皮利尼亚克和爱伦堡的作品的评论。——对布尔加科夫的《土尔宾一家的日子》和《逃亡》的评论。——对肖洛霍夫的《静静的顿河》和《开垦的荒地》等小说的评论。——对列昂诺夫的《侵略》和柯涅楚克的《前线》等剧本的评论。——对根据阿夫杰延科的小说拍摄的影片《生活的规律》和爱森斯坦导演的影片《伊万雷帝》第2集的评论。——在斯大林奖金获奖作品审批会上对一系列作品的评论。

斯大林对十月革命后流亡国外的作家布宁的关心。——与 A.托尔斯泰的关系。——对扎米亚京的态度。——与杰米扬·别德内依的关系。——与高尔基的关系。

斯大林与马雅可夫斯基的关系。——与帕斯捷尔纳克的关系。——与曼德尔什塔姆的关系。——与阿赫马托娃的关系。

引　言

　　斯大林逝世快要六十年了,在他生前和身后研究他的生平和活动的著作不可胜数,可是研究他的文学思想和文学活动的著作却寥寥无几,无论是在他本国还是在别的国家,都是如此。就连专门写这个题目的有分量的文章也并不多见。因此可以说,"斯大林与文学"似乎在某种程度上还是一个新课题,或者说是一个"冷门"。出现这种情况可能有一些主客观原因。斯大林首先是一位政治家,他把自己的主要注意力和精力放在政治活动上,产生影响最大和引起争论最多的也主要是政治活动,因此人们自然将其作为研究的重点,而不大重视他的文学活动。另一方面,不少人有一种先入为主的看法,认为斯大林对文学来说是外行,缺乏自己的文学思想和文学观点,主要靠行政命令领导文学,因此觉得没有什么可研究的,不值得在这上面花费精力。也许还有别的原因。这样一来,很少有人专门致力于"斯大林与文学"这个课题的研究。

　　然而实际情况究竟如何呢? 从已公布和发表的各种文献资料和同时代人的回忆来看,斯大林从小就喜欢文学,陆续读了大量文学作品,养成了对文学的较高的理解能力和欣赏能力,同时还曾表现出一定的创作才能,学生时代发表过诗作,得到当时一些著名的格鲁吉亚诗人的肯定。后来接受了马克思主义,在它的指导下对有关文学的本质和特性及其认识作用和社会功能等方面的一系列重要问题作了论述,形成了自己的文学思想和文学观点。

斯大林成为布尔什维克党和苏维埃国家的主要领导人后,工作千头万绪,但并没有把文学放在可有可无的地位,而是十分重视;不是偶然过问一下,而是一直密切注视着文学界的动向和创作情况,把抓文学工作当作他整个工作的一个重要部分。一些有关文学的重要决定和重要政策,都是在他直接领导下作出和制定的。这些方针政策的贯彻实行,对苏联社会主义文学的发展起了巨大的促进作用,但是也不可否认,由于种种原因,出现过失误和偏差,产生过消极的影响。

斯大林一直保持着对文学的爱好,在百忙之中仍然抽出时间阅读各种文学作品。苏联文学的许多重要作品他都读过,并发表看法和作出评论。在政治局召开的斯大林奖金获奖作品审批会上,能对初选作品发表具体意见并作出最后决定。从他对各种不同作品的评价可以看出,他形成了一整套明确的标准。

斯大林在领导文学的活动中,与作家有广泛的接触和交往。他珍视和爱护有才华的作家,通过亲自会见、电话联系以及书信来往,关心他们的生活和创作,帮助解决他们遇到的各种问题,与他们建立了比较密切的关系。另一方面,他对极少数作家没有好感,对他们态度比较粗暴。特别是他发动的大清洗运动的扩大化错误殃及文学界,不少作家受到牵连而深受其害。同时在几次大的批判运动中也有人受到了不公正的待遇。

从以上所述可以看出,"斯大林与文学"这个课题内容是多方面的,很丰富。深入研究这个课题,可以使我们对斯大林的生平和活动有更加全面的了解,而且也可对他的个性和特点有更深刻的认识,这有助于对他这个人物作出更加符合实际的评价。与此同时,通过研究,全面了解他领导苏联文学的成功经验以及出现的失误和偏差,进行认真的总结,这可对我们发展社会主义文学起到重要的借鉴作用。

基于以上认识,我决定研究这个课题,写出《斯大林与文学》

一书。根据设想,本书的内容大致分为以下几个部分,一是写斯大林的文学思想,具体讲他的文学思想的形成和发展以及关于文学的主要论述;二是写对他领导文学的活动,其中包括他制定和实行各种文学政策的过程以及他对一些文学作品的评论;再就是用较多的篇幅写他与作家的关系,既写他与老一代作家和诗人的交往,也写他与苏维埃时代成长起来的新一代作家的联系,同时还写他对"同路人"作家的态度。这几个部分不能说已囊括了"斯大林与文学"这个课题的全部内容,但是主要方面都讲到了。

研究这个课题,首先要解决的问题是如何弄清事实,如实地写出斯大林的文学修养、文学思想和文学政策,说明他在领导文学过程中处理的各种问题以及他与不同作家的复杂关系。之所以需要这样做,主要有两个原因。一是长期以来有关这方面的许多材料未曾公开发表,情况虽陆续有所透露,但并不全面,而且真实性大可怀疑。尤其是经过赫鲁晓夫和戈尔巴乔夫搞的两次"非斯大林化",许多事实被歪曲,弄得真假难辨。因此如果不首先解决这个问题,要对他的文学思想和文学活动进行分析和评价就缺乏坚实可靠的基础。有鉴于此,本书将把根据各种材料澄清和说明事实作为一个重点,希望能够对斯大林与文学这个问题作比较全面的、具体的、符合实际的说明。

关于说到评价问题。本书将努力运用马克思主义的观点分析他的文学思想和观点,把他的文学活动作为他的全部活动的组成部分来进行考察,采取实事求是、一切从事实出发的态度,充分肯定他的成绩,同时也不回避他的错误,力求做到符合历史真实。

现在进行"斯大林与文学"这个课题的研究有一定的有利条件。主要是当年被赫鲁晓夫"腰斩"、只出了十三卷的《斯大林文集》经过一些学者的努力,到 2006 年已出到第 18 卷,新出的几卷收录了未收录前十三卷的从 1934 年 1 月直到斯大林逝世的著作以及新发掘出来 1934 年 1 月前的材料。在这之后,从 2007 年起,又陆续出版了第14、15、16卷的增订版,其中第15、16卷内容有很大增加。发掘工作还在继续进行,计划还要再出几卷。但是可以说,绝大部分重要材料已经收进去了。这就使我可以直接了解斯大林本人对各种文学问题是怎样说的。与此同时,各种档案材料陆续解密和公布,这些材料根据不同内容分别汇编成册出版发行,与文学有关的这样的资料汇编就有厚厚的十来册。此外,各种报刊陆续发表了各种有关材料,出版社出版了大量文学界人士的回忆录。这也为研究工作提供丰富的有价值的材料。美中不足的是,在研究过程中不能像俄罗斯本国的学者那样直接查阅档案材料,但是即使如此,与过去相比,条件毕竟好多了。《斯大林与文学》一书在写作过程中将充分地利用这个条件。

本书在正文后面附有《斯大林有关文学的活动纪要》,其中按照编年顺序,简明扼要地叙述了这些活动。读者在读了这个纪要后,就可对斯大林的文学活动有一个概括的了解。同时考虑到要正确认识斯大林的文学思想和文学活动,需要对他有一个总的了解和认识,因此还附上了我以前写的《俄罗斯国内对斯大林看法的变化》和《俄罗斯国内在评价斯大林问题上的新动向》这两篇文章,供读者参考。

第一章　斯大林的文学思想

斯大林从青少年时代起就喜欢文学，一生都保持着对文学的爱好，读过许多文学作品，写过诗。他在从事革命活动后，接受了马克思主义，逐步形成了辩证唯物主义的世界观。在马克思主义理论的指导下，结合自己对文学的理解和认识，就文学的一些重要问题，例如文学作为上层建筑与经济基础的关系问题，关于民族文化与无产阶级文化的区别和联系问题，关于文学的阶级性和党性问题，关于文学作为特殊的精神生产的特点和重要性及其在社会生活的作用问题，关于苏联社会主义文学的特点和基本创作方法问题等等，都作了论述和提出了自己的看法，形成了一整套文学观点，在不同程度上继承和发展了马克思列宁主义的文学思想。

第一节　斯大林对文学的爱好和他的文学修养

斯大林的家庭出身以及童年和少年时代的生活环境。——学生时代爱好读书并表现出一定的艺术才能。——他的诗歌创作以及作品受到格鲁吉亚诗人重视的情况。——走上革命道路后仍不忘读书学习，努力扩大知识面和理论水平。——成为党和国家领导人后继续努力学习，博览群书。——某些文章和讲话采用的文学笔法。——在其著作中运用的各种文学典故。

约瑟夫·维萨里昂诺维奇·斯大林原姓朱加施维里,格鲁吉亚人。他出生于劳动人民家庭,从小就喜欢读书,并表现出了一定的艺术天赋。从事革命活动以及成为党和国家的领导人后,仍保持着爱读书的习惯,书读得很多,因而具有丰富的文学知识和深厚的文学修养。

一

根据斯大林本人仔细审订过的传记和斯大林文集第一卷的年表以及其他史书和辞书的记载,约瑟夫·维萨里昂诺维奇·斯大林于 1879 年 12 月 21 日(旧历 9 日)出生于格鲁吉亚的梯弗利斯省哥里城。可是根据 1990 年发现的哥里圣母升天教堂的出生登记册,斯大林出生于 1878 年 12 月 6 日(新历 12 月 18 日),同年 12 月 17 日(新历 12 月 29 日)在该教堂举行洗礼。[①] 这样一来,斯大林出世要比通常认为的早一年零三天。根据苏共中央总务部和马克思列宁主义研究院工作人员的查证,哥里正教小学于 1894 年颁发的毕业证书写明斯大林的出生时间是 1878 年 12 月 6 日。沙皇的各个宪兵部门的档案材料上斯大林的出生时间不一致,有写 1878 年 12 月 6 日的,也有写别的日期的。而保存下来的唯一的一份由斯大林亲笔填写的材料是 1920 年瑞典左派的《社会民主报》的调查表,其中写明出生时间为 1878 年。可见说斯大林出生于 1878 年 12 月 6 日是有根据的。至于斯大林作为历次党的代表大会和代表会议代表的登记表都是由他的助手或负责登记的人员代填的,从 1921 年起,他的出生时间已改为 1879 年 12 月 21 日,而从 20 年代中期起,这个时间已成为正式的日期。同时有材料证明,这个日期至少是经斯大林本人认可的。至于斯大林为什么同意改变自己的出生时间,那就不得而知了。

[①]　见《苏共中央通报》1990 年第 11 期第 132 页。

斯大林的出生地哥里是格鲁吉亚的一座古老城市,地处格鲁吉亚东部的山区,离格鲁吉亚首府梯弗利斯约五十来公里。这个小城市依山傍水,风景特异。高尔基当年在游历之后曾作了这样的描述:"这个城市在库拉河上,不很大,与一个大村庄差不多。中间是一个高高的山丘。山丘上筑有一个堡垒。这里的一切有一种强烈的独特性:城市上空是炎热的天空,库拉河喧闹的激流在此经过,不远处是山,城市就在群山之中,更远处则是主要山脉的布满积雪的山峰……"①"哥里"这个名字在格鲁吉亚语里是"山丘"的意思。为了防御外敌入侵,这里很早就筑起了上面高尔基提到的堡垒。在公元7世纪时,那里曾发生过一场决定格鲁吉亚命运的战斗。民间一直流传着各种颂扬为祖国的独立自由而英勇战斗的英雄们的故事。斯大林就在这样的具有独特的自然景观和深厚的历史文化底蕴的环境中度过了他的童年和少年时代,这不能不对他的世界观、性格乃至审美趣味的形成产生一定的影响。

斯大林的父亲维萨里昂·伊万诺维奇是一位鞋匠,后来成为梯弗利斯的一家制鞋厂的工人。母亲叶卡捷琳娜·格奥尔吉耶夫娜农奴出身,是一位虔诚的教徒,以给哥里的殷实人家干各种杂活为生,斯大林主要是由她抚养长大的。她虽然外表严厉,但心地善良,十分疼爱自己的儿子。她与丈夫曾在把儿子培养成什么样的人的问题上发生过争执。维萨里昂要求儿子继承父业,将来也当一个鞋匠,而叶卡捷琳娜则主张让她心爱的索索(斯大林的小名)上学读书,成为一个有文化的人,长大了最好能当一个神甫。两人曾一度争执不下,这场争执最后因维萨里昂早逝而自然解决了,一切照母亲的意见办了。

索索天资聪颖,性格开朗,活泼好动。幼年时除了喜欢与同

---

① 《高尔基文集(三十卷集)》,第4卷,国家文学出版社,1953年,第302页。

龄人玩各种游戏外,经常观看和参与一些宗教仪式。研究斯大林与艺术问题的专家格罗莫夫认为这是他获得最初的审美印象的来源。照这位学者的说法,由于这些仪式总是具有"戏剧的因素",因此"后来斯大林对戏剧的特殊爱好可能是由此而产生的"。①

1888 年,索索上了哥里正教小学。还在上小学之前,他就在一位神甫的帮助下掌握了格鲁吉亚字母表,学会了读书。他接触到的第一本书可能就是《圣经》。上学后,他的学习成绩很好。根据保存下来的材料记载,他连续几年在年终考试时都是全班第一名。后来他的一位同班同学曾这样回忆道:

> 班上我与约瑟夫·维萨里昂诺维奇同桌。我学习很差,我的同学索索总是乐意帮助我。
>
> 在我们班上学习的有富家子弟,也有穷人家的孩子。前者对我们的态度还由于被认为班上第一名的学生斯大林来自穷人家庭而变得紧张起来。斯大林具有非常好的记忆力。他能很好记住老师的讲解,然后一字不差地转述。他从来不否认自己说过的话,总是深信自己的话是正确的。他在被叫到黑板跟前时,总是能很好地回答问题。②

哥里正教小学的课程本来全是用格鲁吉亚语讲授的。但是不久沙皇政府实行"俄罗斯化",下令改用俄语。这给学生学习造成很大困难,他们纷纷起来反对,索索也不例外。但是正如谚语所说,"祸中有福",索索克服困难,逐渐全面地掌握了俄语。他在

---

① E.格罗莫夫:《斯大林:艺术与权力》,艾克斯莫出版社,2003 年,第 16 页。
② 转引自 M.洛巴诺夫编的《斯大林:同时代人的回忆和文件汇编》一书,新书出版社,1995 年,第 17～18 页。

增加了俄语这一重要工具后,见识更广,视野更加开阔,这不仅对他思想上的成长起了有益的作用,而且为他后来从事革命活动准备了一个重要的条件,同时也使他成为熟悉俄罗斯文化,尤其是文学和音乐的行家。顺便说一句,尽管他说起俄语来还带有格鲁吉亚语的口音,但是他不仅能自由阅读,而且能用俄语思考和写作,并形成自己一定的语言风格。

在哥里正教小学上学期间,读书成为他的一大爱好,他把大部分课余时间都用到书本上。当时他阅读的主要还是格鲁吉亚作家和诗人的作品。他曾读过琼卡泽的中篇小说《苏拉米堡垒》。这部小说描写了农奴的无法忍受的处境以及他们与地主的斗争。小说的主人公诺达尔是格鲁吉亚文学中第一个起来公开反对农奴制的农民形象。而给索索留下的印象最深刻的是卡兹别吉的中篇小说《弑父者》。这部小说在叙述 1845 年高加索各族人民反抗俄罗斯讨伐者的历史事件的背景上,用鲜明的色彩描绘了一个为自由而奋斗的战士柯巴的形象。索索特别喜欢柯巴这个人物,将其看作自己学习的榜样。他的同学、曾经一起做过地下工作、后来成为孟什维克的伊列马什维里在 1931 年出版的《斯大林与格鲁吉亚的悲剧》一书中曾这样说道:"柯巴是索索的理想和向往的人……他希望成为第二个柯巴,成为像柯巴那样的著名的战士和英雄。柯巴应当在他身上复活。从这时起,索索开始称自己为柯巴,并且要我们这样叫他。当我们叫他柯巴时,他便自豪和高兴得容光焕发。"[1]大家知道,后来斯大林从事革命活动后,曾把"柯巴"作为自己的化名之一。

格鲁吉亚的诗歌作品也引起了索索的极大兴趣。他特别喜欢绍塔·鲁斯塔维里的《虎皮武士》,这部长诗大约写于 12 世纪

---

[1] 转引自 E. 古斯利亚罗夫编的《生活中的斯大林》一书,奥尔马出版社,2003年,第35页。

末到 13 世纪初。它写的是"虎皮武士"塔里埃尔以及其他两位勇士忠实于友谊和爱情的故事。他们战胜敌人的军队,攻占了难以攻占的堡垒,制服了野兽,为拯救自己心爱的人作了一切努力。长诗通过带有传奇色彩的故事,反映了当时的现实生活,抨击了中世纪的黑暗,赞美了自由和纯洁的爱情。作者广泛运用了古代诗歌的象征性语言,给他的长诗增添了浓郁的诗情画意。《虎皮武士》给了索索终生难忘的印象。这里要提一下后来发生的事。斯大林发现俄译有不完善之处,曾想自己亲自动手将其重译,可惜完全没有这样做的时间。这时他收到了从西伯利亚某劳改营给他寄来的这部长诗的一份译稿,这是一个被关押的名叫努楚比泽的教授翻译的。他读后觉得翻译得很好,立即下令释放那位教授,并对译稿的某一节作了修改后送交出版。这个译本后来反复重版,广泛流传开来。至于斯大林作了什么样的修改,那位教授秘而不宣,至今还没有人知道。

除了上面提到过的一些小说和长诗外,索索还读了恰夫恰瓦泽、策烈铁里、埃里斯塔维等作家和诗人的某些作品。除了喜欢读文学作品外,他还爱唱歌。他的老师叶利萨别达什维里回忆道:"这个非常有才能的孩子有一副很好听的高童音嗓子。他在两年里学会了熟练地看乐谱,能自由地看着乐谱唱。不久他成为指挥的帮手,领导合唱队。在索索参加合唱队的那个时候,队里有不少嗓音好的孩子。我作为年轻指挥,很想显示自己是一个好的领导者。确实,我指挥的合唱都很成功。我们演唱像博尔特尼扬斯基、图尔恰尼诺夫、柴可夫斯基这样的作曲家的作品。索索在学生合唱队里唱得很好。他通常进行二重唱和领唱。常常顶替合唱的指挥。"[1]索索还在上学期间学会了画画,根据他的一个

---

① 转引自 M. 洛巴诺夫编的《斯大林:同时代人的回忆和文件汇编》,新书出版社,1995 年,第 16 页。

同学的回忆,他曾画了鲁斯塔维里和其他格鲁吉亚作家的像。[1]有这样的传说:索索常去的一家书店的主人特别看中了他画的鲁斯塔维里像,向他提出要买这幅画。索索不同意做买卖,爽快地把画送给了他,不过得到了两本书作为回报。[2] 由此可见,他绘画的技术已达到一定水平。从以上列举的事实来看,斯大林在他上小学时不仅爱好文学,而且还在音乐和美术方面表现出一定的才能。

1894 年 6 月,索索以优异的成绩毕业于哥里正教小学,同年 9 月进梯弗利斯正教中学学习。上一二年级时,他还是一个"模范学生",勤奋、能干,学习成绩很好。可是如同《斯大林传略》中所说的那样,"梯弗利斯正教中学当时是在青年中传播各种解放思想的温床,其中既有民粹主义和民主主义思想,也有马克思主义的国际主义思想;校内充满着各种各样的秘密小组"。[3] 索索处于这样的环境中,思想也发生了一些变化,不再只顾学业,开始关心政治,参加一些活动。他还像在哥里正教小学学习时那样,喜欢读书。他在课余时间常到旧书店去,看见感兴趣的书,就站在柜台旁读起来。学校对学生管束很严,不允许学生随意行动。他就花点钱把需要的书从书店租来,发动要好的同学将其抄写下来,然后装订成册,保存起来,以供仔细阅读。时间长了,索索的"藏书"变得相当可观。根据一些人的回忆,这里有马克思、恩格斯、歌德、席勒、亚里士多德、达尔文、海涅、亚当·斯密、图甘-巴拉诺夫斯基、司徒卢威、普列汉诺夫、别林斯基、车尔尼雪夫斯基、皮萨列夫、屠格涅夫、杜勃罗留波夫、萨尔蒂科夫-谢德林以及格鲁吉亚作家巴拉塔什维里、恰夫恰瓦泽、卡兹别吉、尼诺什维里、伊

---

① 转引自 M. 洛巴诺夫编的《斯大林:同时代人的回忆和文件汇编》,新书出版社,1995 年,第 21 页。

② 见 E. 格罗莫夫:《斯大林:艺术与权力》,艾克斯莫出版社,2003 年,第 20 页。

③ 《斯大林传略》,国家政治书籍出版社,1949 年,第 7 页。

奥谢利阿尼、阿卡基·策烈铁里等人的书。[①]与此同时，索索还不顾学校的禁令，从廉价图书馆借书来读，曾两次被助理学监穆拉霍夫斯基发现，他借来的雨果的《海上劳工》和勒图尔纳的《各人种文学的发展》被没收，后一次被发现后，校长下令罚他关禁闭。从上述情况来看，索索读书的范围明显扩大，特别值得注意的是，他开始读马克思和恩格斯的书，接受马克思主义。不过可以看出，他对文学的兴趣并没有降低，在这期间读了不少俄罗斯作家的书，同时也开始接触到西欧的著名作家的作品。他的一位名叫格卢尔吉泽的同学回忆道："约瑟夫读闲书读得入了迷。我们读了利珀特的《文化史》，列夫·托尔斯泰的《战争与和平》《主人和长工》《克莱采奏鸣曲》《复活》，还有皮萨列夫、陀思妥耶夫斯基、莎士比亚、席勒等人的作品。书是约瑟夫形影不离的朋友，他甚至在吃饭时也不放下书本。"[②]在俄罗斯作家中，除了上面提到的以外，他还喜欢读果戈理、屠格涅夫、萨尔蒂科夫－谢德林、契诃夫等人的作品。在西方作家中还有歌德、狄更斯、雨果等人。

早在哥里正教小学上学时，索索就学着写诗。进入正教中学后的第二年，他开始发表诗作。从1895年6月至12月，由上面提到过的恰夫恰瓦泽主编的《伊维里亚报》陆续发表了他的五首诗。1896年由具有民粹主义倾向的"麦奥莱达西社"主办的《克瓦利报》(《犁沟报》)又发表了第六首。这六首诗只有第一首和第五首有题目，分别题为《致明月》(《伊维里亚报》1895年第123期)和《晨》(该报1895年第203期)。

作者在写《致明月》一诗时，似乎回想起了幼年时代留下的印象。在他的想象里，月亮对着直插天外的卡兹别克山唱着催眠

---

① 见 E. 古斯利亚罗夫编的《生活中的斯大林》一书，奥尔马出版社，2003年，第34页。

② 转引自 Ю. 叶梅利亚诺夫：《斯大林：通向权力之路》，维切出版社，2003年，第87页。

曲,他仿佛受到月亮的强大吸引力的吸引,向它举起双臂,敞开心扉。《晨》一诗从清晨的美景写起,写玫瑰花开放了,一旁是紧紧依偎的紫罗兰。云雀在蓝天里高飞,歌声迎风飘荡。夜莺也在树丛里轻声歌唱,祝格鲁吉亚兴旺发达,勉励同学们努力学习,为祖国增光。

在1895年发表的三首无题诗中,第一首是献给格鲁吉亚诗人埃里斯塔维的(《伊维里亚报》1895年第203期)。拉法埃尔·达维多维奇·埃里斯塔维(1824~1901)富有爱国主义精神,同情农民和城市贫民,创作了不少反映他们的痛苦生活和斗争的诗篇。索索在诗里赞扬诗人与人民融为一体,说他在每个格鲁吉亚人心中为自己树立了一座丰碑,希望他的祖国再抚育出像埃里斯塔维这样的儿女来。第二首写一位歌手(《伊维里亚报》1895年第218期),这位歌手从一家走向另一家,弹着琴用歌声宣扬真理和理想,他虽唤醒了不少人的良知,但不为故乡的人们所理解。第三首结合写景抒发诗人内心的感受(《伊维里亚报》1895年第234期),它从月夜写起,写到黑夜终于过去,重新见到阳光时心情如何激动。

最后一首无题诗(《克瓦利报》1896年第32期)写一位名叫尼尼卡的坚强的老人,年轻时他是一位劳动能手,如今年老了,已走不了路,只好一直躺着。但是只要田野里劳动的歌声一传进他的耳中,他就精神振作起来,拄着拐杖站立,霎时变得容光焕发。

从以上简略的介绍来看,这几首诗有的既写景又抒情,写得情景交融,不过也有偏重于叙事的。就思想倾向来说,作者抒发了热爱故土、热爱自己的国家、同情劳动人民的情感,是健康向上的。那么这几首诗的艺术水平如何呢?其中是否表现出了作者的诗歌才华呢?根据现在流传的俄译还很难作出判断。这是因为翻译诗歌在一定程度上是译者的再创作过程,译文质量的高低,有时往往要看译者的水平。现在流行的译文究竟是谁翻译,一时还很难弄清。同时还存在由卡丘科夫和丘耶夫翻译的译文（分别载《青年近卫军》杂志1994年第10期和1997年第7期），把这些译文对照起来读，可以发现不仅在语言表达上，而且在内容上有相当大的差异。这更加说明不能只根据译文来确定原作艺术水平的高低。应该说，在这方面格鲁吉亚的诗人和评论家最有发言权。首先让我们来听听《伊维里亚报》的主编恰夫恰瓦泽是怎么说的。据说恰夫恰瓦泽看了索索的诗后对他说："您写了很好的诗，年轻人。"还有这样一种说法：恰夫恰瓦泽欣赏索索的诗歌才华，说"这孩子要么会成为一个大诗人，要么会成为一个大革命家"。虽然恰夫恰瓦泽的这些说法没有文字材料可以证明，但是他的报纸在第一版显著位置连续刊登索索的诗这件事本身就是对这个十六岁的中学生的作品和诗才的肯定。有人甚至把恰夫恰瓦泽的做法与当年杰尔查文称赞十五岁的中学生普希金的《皇村回忆》相比拟。这里还应该提一下后来斯大林对恰夫恰瓦泽的态度，可以说他没有忘记"知遇之恩"。格鲁吉亚名导演奇阿乌列里有一次向斯大林谈起恰夫恰瓦泽的作品不受重视的情况，斯大林说："这是不对的。情况同对待列夫·托尔斯泰相似。列宁曾说过，在这位伯爵之前谁也没有这样正确地写过农民。难道因为恰夫恰瓦泽是公爵出身我们就可以不理睬他吗？在格鲁吉亚作家当中有谁像恰夫恰瓦泽那样写出了地主与农民相互之间的封建关系？毫无疑问，这是19世纪和20世纪初格鲁吉亚作家中最大的人物。"①

索索的诗引起了格鲁吉亚学界的重视。他献给埃里斯塔维的诗，于1899年被收入这位诗人的纪念文集。这首诗也被克连杰里泽看中，收入到了他于1907年编的《格鲁吉亚文选，或格鲁

---

① 转引自Е.格罗莫夫：《斯大林：艺术与权力》，艾克斯莫出版社，2003年，第28页。

吉亚文学范文集》之中。在这之前，克连杰里泽还在他1899年编写的《附有范文分析的文学理论》一书中，在收入鲁斯塔维里、恰夫恰瓦泽、策烈铁里、奥尔别尼阿尼、巴拉塔什维里、卡兹别吉等名家的作品的同时，也收入了索索的两首诗。更值得注意的是，1912年戈格巴什维里在他编的《国语课本》中选用了《晨》一诗，使得这首诗在青少年中产生了极为广泛的影响。所有这些事实证明，索索这位中学生的诗无论在思想内容上还是在艺术上都具有较高的水平。

那么这些诗为什么过去鲜为人知呢？这主要是因为斯大林本人不同意出版和为其作宣传。据说1939年斯大林六十寿辰时，有人曾向他提出译成俄语出版的问题，他表示反对，幽默地说："格鲁吉亚的经典作家本来就够多的了，就让它少一个吧。"1949年在斯大林七十岁寿辰时，贝利亚又作了一次翻译出版的尝试，他暗地里约请一些诗人和翻译家来做这件事。为了保密，不让他们知道诗的作者是谁。被请来参加翻译的人大加赞赏，说它们能得斯大林奖金。不久这件事又让斯大林知道了。根据被邀参加翻译的诗人和翻译家塔尔科夫斯基说，当时宣传鼓动部把他叫去，对他说："塔尔科夫斯基同志！我们不得不让您不高兴……斯大林同志审阅了我们的庆祝活动计划，以他特有的谦虚不赞成出版他的诗集……"[1]书没有出成，不过《消息报》的专刊上发表了塔尔科夫斯基和另一位诗人安托科利斯基翻译的这些诗。关于斯大林为什么不同意翻译出版他的诗，可以有各种不同的猜测。也许是他对自己的作品并不十分满意，有某种"悔其少作"的意思；或故作谦逊，表示这些作品不值得宣传。也许是已成为大人物的他不愿意人们把他早年的事拿出来宣扬，这种愿望已在他不同意上演布尔加科夫写他年轻时代的革命活动的剧本《巴统》，

—————————

[1] 《文化报》1999年10月12～18日。

不同意儿童读物出版社出版《斯大林童年时代的故事》等事情上表现出来。也许当时他已听腻了颂扬，不想再听人们对他的几首诗大唱赞歌。由于斯大林不同意翻译出版，他的诗在相当长的时间里鲜为人知。直到 20 世纪 90 年代才传播开来。

斯大林从事诗歌创作只有短短的三四年时间。很快他就投身于革命活动之中，不再写诗了。这个有才华的年轻学生没有打算当一个专业的诗人而走上了革命斗争的道路，这是可以理解的。这不仅是由他的出身和社会地位决定的，而且还由于他在正教中学接受了马克思主义，认识到只有革命才能改变劳动人民的地位，成为国家的主人。而正教中学的那一套不尊重学生人格、限制学生自由、进行紧密监视、动不动就进行处罚的制度，对他走上革命道路起了一定的推动作用。几十年后斯大林谈起当时的情况时仍愤愤不平。他在同德国作家埃米尔·路德维希谈话时说："为了抗议正教中学里所实行的侮辱人的教规和耶稣会士的办法，我决心要成为并且真的已经成为革命者，成为真正革命学说马克思主义的信仰者了。"接着他具体谈了学校里侮辱人的制度和具体做法，说道："他们的基本方法是监视、间谍活动、刺探情况和侮辱人，这里能有什么是好的呢？例如在宿舍中的监视：九点钟铃响喝茶，我们都到食堂去，而当我们回到自己房间里的时候，发觉我们所有装东西的箱子在这段时间内都已经搜查过、翻过了……这里能有什么是好的呢？"[①]上面提到过，他曾因到廉价图书馆借书而被关过禁闭，1899 年校方借口他因"不明原因"未参加考试将他开除学籍。这就使他义无反顾地投入了革命活动之中。但是不当诗人而当一个职业革命家，并不一定不再写诗。在这方面毛泽东就与他不同。毛泽东在青年时代也表现出杰出的诗歌才华，写过诗。从事革命活动后，仍然继续写诗。无论在

---

① 《斯大林选集》，中文版，下卷，人民出版社，1980 年，第 305 页。

戎马倥偬的战争年代,还是在革命胜利后的社会主义建设时期,都写了不少反映革命斗争和历史变迁以及抒发个人感受的杰出诗篇,为广大人民群众所传诵。他自己曾说,有六首词是他在1929～1931年"在马背上哼成的"。新中国成立后,他作为党和国家的主要领导人,也像斯大林那样日理万机,但仍不忘写诗。由此可见,当一个政治家和从事政治活动,与写诗并不矛盾。斯大林为什么后来没有再写过诗,原因何在,也只好进行猜测了。

二

索索离开正教中学后,全身心地投入了革命活动。他已不再是一名中学生,而成为一位名副其实的革命者。他用过不少化名,其中比较常用的化名之一,是上面提到的柯巴。柯巴深入工人群众,向他们进行革命宣传,发动他们起来进行反对沙皇专治统治的斗争,组织示威、游行、罢工等活动。另一方面柯巴创办和参加创办了《斗争报》《无产阶级斗争报》《高加索工人小报》《新生活报》《新时代报》《火炬报》《我们的生活报》《时报》《巴库无产者报》《汽笛报》《梯弗利斯无产者报》等大大小小的报纸,起草各种传单并进行散发,不断发表文章,大力宣传革命思想,深刻揭露统治者的残暴,批判形形色色的机会主义者,在群众中产生了较大的影响。柯巴在他的革命生涯中历尽了苦难,曾六次(一说七次)被捕,一而再地被关押和流放,五次从流放地逃走。这没有摧毁他的革命意志,反而使他变得更加坚强。特别应该指出的是,柯巴在监狱和流放地的艰苦条件下仍不忘读书学习,努力扩大自己的知识面和理论水平。格罗莫夫从档案馆里发掘出的一些材料很能说明这一点。根据材料记载,一个与他一起被关押在巴库监狱的人指出,只要一有可能,他总是在读书。档案馆里保存着1910年曾与柯巴一起被流放到索利维切戈茨克的戈卢别夫在1936年写的回忆录,其中比较详细地记载了当时的情况。他写道:"我们收到了相当多的文学书籍和报刊,其中包括:《俄国新闻报》《俄国言论报》或《俄罗斯晨报》《基辅思想报》,还送来《新时代报》。杂志有《新世界》《俄国财富》《欧洲通报》。还有文集《知识》,大家知道,《知识》收入了高尔基、安德烈耶夫、斯基塔列茨、古谢夫－奥伦堡斯基等人的作品……我们有列夫·托尔斯泰、法朗士、易卜生、库普林、勃留索夫、阿尔志跋绥夫、索洛古勃、梅列日科夫斯基、普什贝舍夫斯基等人的作品,此外还有波格丹诺夫的《红星》和《曼尼工程师》,甚至还有路卜洵(萨文科夫)的《浅色马》。"据戈卢别夫说,柯巴以严厉的批判态度对待梅列什科夫斯基和普列什贝舍夫,而且对别的人也不宽容。这说明当时柯巴就不欣赏颓废派文学。戈卢别夫还谈到,在流放者当中有人写诗,柯巴听了他们写的一两首诗后,发表了一大篇议论,其意思大概如下:"一个文学家和诗人,如只靠自己的艺术直觉,而不努力提高自己,不管他的产品如何动听和漂亮,它不会给人们的意识中留下什么,就会被遗忘,而作者本人也将被抛弃。"照戈卢别夫的说法,这次谈话实际上变成了一堂讲诗歌创作的课。[①]

柯巴在索利维切戈茨克的流放期满后,到了沃洛格达,于1911年夏天在那里认识了一个姓奥努夫里耶娃的姑娘。格罗莫夫在档案馆里找到了她的回忆录。据她说,柯巴常到她家里来,"就文学、艺术和新书进行过长时间的谈话"。她记得柯巴常到沃洛格达市立图书馆去读书,这一点为当地宪兵机关的材料所证实,根据密探的报告,这个"高加索人"在市里逗留的三个月里到图书馆去了十七次。奥努夫里耶娃还说,柯巴书读得很多,不过他对当时非常走红的阿尔志跋绥夫持批判态度,说"这是一个情感低俗的作家,一个庸俗的作家,写庸俗的东西"。奥努夫里耶娃

---

① 转引自 E. 格罗莫夫:《斯大林:艺术与权力》,艾克斯莫出版社,2003 年,第 34～35 页。

特别提到柯巴曾送给她科甘写的《西欧文学史概要》（1909）一书，在这本书的页边上有他所做的批注，从中可以看出他认真读过这本书，并对书中的某些说法提出了自己的看法。[1] 后来在读书时随手用铅笔做批注，成为斯大林的一种习惯做法。

经过十余年的艰苦奋斗，柯巴如他自己所说的那样，从一个革命事业的学徒（梯弗利斯时期）和帮工（巴库时期），最后成为革命事业的师傅（列宁格勒时期），成为著名的职业革命家。他坚信马克思主义，顽强学习，不断丰富自己的知识和提高自己的理论水平，逐步成为一个坚定的马克思主义者和优秀的理论家。

1912 年他进入了布尔什维克党的领导机构，同年 4 月中旬，他与国家杜马代表波克罗夫斯基和波列塔耶夫以及作家奥里明斯基和巴图林商谈创办《真理报》的问题和编辑方针，并编排了创刊号。1912 年底至 1913 年初，他在列宁的支持下撰写了题为《马克思主义和民族问题》的长篇文章，发表在《启蒙》杂志上，署名 K. 斯大林。列宁在给高尔基的信中提到了这件事，这样写道："我们这里有一位卓越非凡的格鲁吉亚人在埋头给《启蒙》杂志写一篇文章，他搜集了一切奥国的和其他的材料。"当有人提议把这篇文章当作讨论的文章时，列宁坚决不同意，说道："当然我们绝对反对。文章写得**好极了**，这是当前的重要问题，我们对崩得混蛋们丝毫也不放弃原则立场。"[2] 在此后几十年的时间里，这篇文章在苏联一直是论述各种民族问题的理论基础，斯大林则被认为是民族问题的权威。

1917 年他参与领导了十月革命，在国内战争时期屡立战功，

---

① 转引自 E. 格罗莫夫：《斯大林：艺术与权力》，艾克斯莫出版社，2003 年，第 36～38 页。

② 《斯大林全集》，中译本，第 2 卷，人民出版社，1953 年，第 386 页。这个译本共 13 卷，是从俄文翻译的。原书名为《И. В. Сталин：сочинения》，意为《斯大林的著作》或《斯大林文集》，而不是"全集"。

同时也把自己锻炼得更加坚强。列宁称他为"杰出的领袖之一"，这是完全符合实际的。

三

1922年斯大林当选为党的总书记后，担负起了领导苏维埃国家的重任，他的地位和工作发生了重大变化。由于居于主要领导人的地位，需要对国家各个方面的工作全面负责。而为了实行有效的领导，必须了解各个部门的情况，提出切实有效的办法，这就要求他具有多方面的丰富的知识。因此他仍继续抓紧时间努力学习，大量读书。在这之后，读文学作品和有关文学的书已不单纯是他的爱好，而是在相当大的程度上出于领导文学的工作的需要。与此同时，各方面的条件已大大改善，他不仅可以读到他需要的书，而且可以收集各种图书并加以收藏。据一位首次见到他的藏书的人说，在他克里姆林宫的住宅里，一排摆满各种书籍和小册子的书柜特别引人注目。斯大林购买图书纯粹是由于工作需要，不讲究版本，不看重善本。在他的藏书当中主要是社会政治和历史方面的书，同时也有文学书。在档案馆里保存着一些有关方面的文件。其中有一份文件讲到斯大林委托他的助手托夫斯图哈为他建立个人图书室的事，开列了这样一份给图书管理员的分类表：

给图书管理员。我的建议(和请求)

1. 不按作者，而按问题将书分类：

(1)哲学；

(2)心理学；

(3)社会学；

(4)政治经济学；

(5)金融；

(6)工业；

(7)农业；

(8)合作社；

(9)俄国历史；

(10)其他国家的历史；

(11)外交；

(12)对外贸易和国内贸易；

(13)军事；

(14)民族问题；

(15)党的、共产国际的以及其他的代表大会和代表机构（及决议），不要法令和法典；

(16)工人状况；

(17)农民状况；

(18)共青团（所有单独的出版物中关于共青团的一切）；

(19)其他国家的革命史；

(20)关于1905年；

(21)关于1917年二月革命；

(22)关于1917年十月革命；

(23)关于列宁和列宁主义；

(24)俄国共产党的历史；

(25)关于俄国共产党内的辩论情况（文章、小册子等）；

(26)工会；

(27)小说；

(28)文艺批评；

(29)政治杂志；

(30)自然科学杂志；

(31)各种辞典；

(32)回忆录。

2.从这些分类中将下列书籍取出来单放：

（1）列宁的书（单放）

（2）马克思的书（—）

（3）恩格斯的书（—）

（4）考茨基的书（—）

（5）普列汉诺夫的书（—）

（6）托洛茨基的书（—）

（7）布哈林的书（—）

（8）季诺维也夫的书（—）

（9）加米涅夫的书（—）

（10）拉法格的书（—）

（11）卢森堡的书（—）

（12）拉狄克的书（—）

3. 所有其他书籍均按作者分类（各种教科书、小杂志、反宗教作品等等不用分类放在一边）。①

此外还从档案馆里发掘出了1926年4月至12月给斯大林住宅送书的清单，总共三百多种。这大概是按斯大林的要求送的，这些书遍及上述分类表中的各个门类，其中文学书籍占了相当大的比重，包括俄罗斯文学、苏联文学、国外文学、青少年文学和文学批评等部分。在俄罗斯文学书籍中，有屠格涅夫、萨尔蒂科夫-谢德林、陀思妥耶夫斯基、布宁、皮谢姆斯基、库普林、别雷、勃列什科-勃列什科夫斯基、克里让诺夫斯基、泰菲、阿尔达诺夫、罗曼诺夫等人的小说以及丘特切夫、科利佐夫、涅克拉索夫、勃留索夫、叶赛宁、赫连勃尼科夫等人的诗歌作品。在苏联文学书籍中则有高尔基、巴别尔、皮利尼亚克、涅维罗夫、绥拉菲莫维

---

① 《斯大林文集》，第17卷，学术出版公司"北方的国家"出版，2003年，第191～192页。

奇、普里什文、费定、爱伦堡、福尔什、富尔曼诺夫、利别进斯基、别德内依等人的作品和作品集。外国文学书籍的作者遍及好几个国家,其中包括法国(福楼拜、巴比塞、莫泊桑、法朗士、左拉、布洛克)、英国(狄更斯、杰克－伦敦、威尔斯)、美国(辛克莱)、捷克(哈谢克、恰佩克)等。青少年文学书籍既有俄罗斯和苏联作家的佳作,也有一些外国作家的一些比较流行的作品。此外,还经常给斯大林送来《爱笑的人》和《鳄鱼》等杂志。文学批评部分则有论文集《世界文学中的普希金》、科甘的《现代俄罗斯文学史概论》、艾亨巴乌姆和蒂尼亚诺夫的《俄罗斯散文》、沃依托洛夫斯基的《19～20世纪俄罗斯文学史》第1部、奥利明斯基的《谈文学问题》、彼列韦尔泽夫的《果戈理的创作》《叶赛宁:生平、个性、创作》、克鲁乔内赫的《新的叶赛宁》、列列维奇的《谢尔盖·叶赛宁》、马里延戈夫的《论谢尔盖·叶赛宁》等。①

在这之后到20年代末,斯大林每年购书约五百册。进入30年代后稍有所减少。到他逝世,藏书的总数相当可观。据有人估计,大约为两万册。在他逝世后,有一部分交由马克思主义列宁主义研究院保存,另一部分转交列宁图书馆,还有一部分已经散失,因此已很难确定藏书的确切数字。

从1934年起,斯大林大部分时间住在莫斯科附近的孔采沃别墅,于是把相当大的一部分藏书搬到了那里。他的日常生活和工作大致是这样安排的:在克里姆林宫的办公室里批阅正式文件,与约请来的人谈话,召开会议与政治局委员们讨论各种问题。而在别墅则翻阅一部分他认为重要的邮件,写信,写文章和起草讲话。再就是读书,有的书他认真研读,有的书只是进行浏览。他在读的时候如同上面已经提到过的那样,用不同颜色的铅笔在页边写批语和做各种记号。例如在高尔基的《母亲》,皮利尼亚克

---

① 见《真理报⑤》1996年9月27日～10月4日。

的小说和特写,爱伦堡、肖洛霍夫、列昂诺夫等作家的书上以及《十月》杂志发表的评论文章上都有此类批注,而且数量相当可观。可惜的是,他收藏的书籍和各种刊物未能全部集中保存,要把他所注的各种批语汇集起来编纂成册有很大难度,至今还无人做这件事。如能编成这样一本书,那么从中不仅可以更加全面和深刻地认识斯大林的思想观点,而且可以了解他的个性和好恶。

应该说,斯大林确实是在百忙之中抽出时间来读书的。到克里姆林宫的办公室见他的人常常看到他站在书架前的小梯子上,手里拿着书。有人断定他甚至有每天读书的"定额为五六百页"。为了完成这个定额,需要具备快速阅读的技能,从而用较少的时间学到较多的东西来丰富自己的知识。斯大林能做到这一点,在很大程度上是由于他从小就有很好的记忆力。根据伏罗希洛夫的回忆,1906 年他参加在斯德哥尔摩召开的党代会时与斯大林住同一个房间,惊奇地发现斯大林能背诵各种文学作品中大段大段的话。后来不少与斯大林有过直接交往的人也都谈到斯大林的这一优点,例如朱可夫和华西列夫斯基这两位元帅不约而同地断定他有"罕见的记忆力"和"惊人的记忆力"。

俄罗斯有人为了贬低斯大林,在他的"智力"上做文章,说他没有上过大学,理论水平低,没有多大学问,对许多事情一知半解,可是却很武断,要大家听从他,因而不能不出问题,等等。当然,斯大林生前在当时不大正常的气氛下,有人曾不知分寸地颂扬他,把他称为"各门科学的泰斗"和旷世的天才,这显然是不符合实际的。但是斯大林勤学好问、博学多识这一点却是铁的事实。在政治领导人当中很少有人能像他那样对自己领导的各个部门作那么认真的调查研究和有那么深入的了解,像他那样提出各种切合实际的方针政策和解决各种问题的办法。就某一具体部门和学科而言,也许他的知识不如这些部门的专家们那么丰富,对具体情况了解得不如他们那样细致,但是他有自己的优势,即能从全局来观察某一具体部门,高瞻远瞩,这样就更能看清问题。同时他有深厚的理论功底和高度的政治敏锐性以及很强的概括能力,这使他常常能抓住事情的本质,及时发现问题和提出解决的办法。当然在个别问题上也出现过失误,例如在生物学问题的争论上,但是在许多问题上他作出的判断和决定是站得住脚的。斯大林在成为党和国家的主要领导人后,仍坚持自己写文章以及亲自起草文件和报告,而不依赖秘书和写作班子,甚至不习惯采取自己口述和速记员记录的办法。在工作千头万绪和时间十分紧张的情况下他坚持这样做,一方面说明他勤奋好学、有很高的理论水平和丰富的知识,另一方面也说明他认真负责,事必躬亲,没有染上做官当老爷的坏习气,这才像一位真正的领导人。在他之后没有一个人能这样做,这些人既没有这样做的本事,也没有这样做的愿望。

四

现在回过头来讲文学。上面多次说过,斯大林从小喜欢文学,有比较丰富的文学知识,而且有一定的文学才能,这些特点后来通过不同的形式表现出来。他在从事革命活动后虽然没有再写过诗,但是在后来写的某些文字材料中有时采用了诗歌的笔法。例如他在 1912 年写的一份题为《五一万岁》的传单开头有这样一段话:"同志们! 早在十九世纪,全世界的工人就决定每年纪念这个日子——五月一日。这是一八八九年的事情,那时在世界社会主义者巴黎代表大会上,工人决定在今天,在五月一日这一天,当大自然从冬眠中甦醒过来,森林和群山披上翠绿,田野和草地开遍鲜花,太阳开始更温暖地照耀,空气中感觉到新生的喜悦,大自然陶醉于舞蹈和狂欢中的时候,——他们决定在今天大声地公开地向全世界宣布,工人给人类带来的是春天,是挣脱资本主义枷锁的解放,工人负有在自由和社会主义基础上革新世界的使命。"[1]这里传单的作者用文学笔法描绘了一幅冬去春来、万象更新的充满诗意的美丽画面来说明工人将给人类带来的是春天。

1924年1月21日列宁逝世后,斯大林在26日发表的《悼列宁》的演说在一定程度上采用了文学笔法,抒发了尊敬和爱戴列宁的感情和继承列宁遗志的决心;1月28日发表的《论列宁》的演说,则像用文学笔法写的回忆录。

1925年1月21日发表了《致〈工人报〉》,全文不长,是这样写的:

> 要记住,要爱戴,要学习我们的导师,我们的领袖伊里奇。
>
> 要照伊里奇那样去反对、去战胜国内外的敌人。
>
> 要照伊里奇那样去建设新生活、新风俗和新文化。
>
> 在工作中决不要拒绝做小事情,因为大事情是由小事情积成的,——这是伊里奇的重要遗训之一。[2]

这几句话言简意赅,富有节奏感,可以当作散文诗来读。

斯大林也许在流放图鲁汉斯克的一段时间里写过关于这个边远地区的自然风光和人们的习俗的特写,也有可能用艺术形式记录了叶尼塞河边的生活给他留下的印象,但是未见有这一类作品流传下来。不过后来他在不同场合讲过自己的一些观察。例如1927年12月他在联共(布)第十五次代表大会上做政治报告时对叶尼塞河上的船夫作过这样的描述:"你们看见过这样的船夫吗? 他们老老实实地划船,划得汗流满面,但是不知道流水会

---

① 《斯大林全集》,中译本,第2卷,人民出版社,1953年,第209页。

② 《斯大林全集》,中译本,第7卷,人民出版社,1985年,第16页。

把他们冲到哪里去。我在叶尼塞河上看见过这样的船夫,这是一些诚实的、不知疲倦的人。但是他们的不幸,就在于他们不知道而且不愿意知道波浪会把他们冲到使他们遭到灭亡的危险的礁石上去。"①他用这样的船夫的表现来比喻党内只愿意随波逐流、不管会被冲到哪里去的心理并提出批评。他在1929年4月在题为《论联共(布)党内的右倾》的讲话中谈到叶尼塞河上的两种不同的渔夫,这样说道:

> 你们看见过在叶尼塞那样的大河上遇到风暴的渔夫吗?我看见过不止一次。有一种渔夫在风暴来临时动员自己的一切力量,鼓舞自己的伙伴,勇敢地划着船迎着风暴前进:"弟兄们,把舵掌得更稳些,破浪前进,我们一定会胜利!"
>
> 但是也有另一种渔夫,他们一感到风暴要来临时就灰心丧气,叫苦连天,瓦解自己队伍的士气:"真倒霉,风暴就要来了,弟兄们,躺在船底里,闭上眼睛,也许能侥幸冲到岸边。"②

他把布哈林集团比作第二种渔夫,进行了严厉的批评。

1935年5月4日,他在克里姆林宫举行的红军高等院校学员毕业典礼上讲话时叙述了在遥远的西伯利亚发生的一件事,他说:

> 我回想起了我在西伯利亚流放时碰见的一件事。这是在春季涨水时发生的。当时有三十个人到河里去捞取被波涛汹涌的大水冲下来的木料。当傍晚他们回到村里时,却少了一个同伴。当我问第三十个人在哪里时,他们冷淡地回答

---

① 《斯大林全集》,中译本,第10卷,人民出版社,1985年,第285页。
② 《斯大林选集》,中文版,下卷,人民出版社,1980年,第124~125页。

道,第三十个人"留在那里了"。我问:"怎么会留在那里呢?"他们又同样冷淡地回答道:"那还要问什么,当然是淹死了。"当时他们中间有一个人忙着要走,说是"要给母马饮水去"。我责备他们对人还不如对牲畜那样爱惜,他们中间便有一个人在其余的人的赞同下回答道:"干吗我们要爱惜人呢?人是我们随时都可以做出来的。而母马呢……你试一试去做出一匹母马来看。"你们看,这件事也许不大重要,但是很能说明问题。①

他通过讲这件事,批评了有些领导人对人才、对干部的冷漠态度。

五

斯大林比较丰富的文学知识还表现在他常常利用文学作品中的某些形象和情节来说明自己的观点和批驳他的论敌。他在早期用格鲁吉亚文写的一篇题为《略论党内意见分歧》的文章里曾引用过他从小就喜爱的鲁斯塔维里的《虎皮武士》中使用的玫瑰花、夜莺和乌鸦的形象,来揭露党内的机会主义者。文章说:

> 在某些城市中工人们也跟着修正主义者(德国的机会主义者)走,但这并不是说修正主义者的立场是无产阶级的立场,这并不是说他们不是机会主义者。有一次,连乌鸦也找到了玫瑰花,但这并不是说乌鸦就是夜莺。难怪俗语说:
> 乌鸦一找到玫瑰花,
> 就把自己当做夜莺夸。②

---

① 《斯大林文集(1934—1952)》,中文版,人民出版社,1985年,第46~47页。
② 《斯大林全集》,中译本,第1卷,人民出版社,1985年,第116页。

斯大林在后来的文章、报告和讲话中开始利用俄罗斯文学作品中的形象和情节，利用得较多的是果戈理、萨尔蒂科夫－谢德林和契诃夫等人的作品。他曾多次引用果戈理的《死魂灵》里的话。例如在1924年发表的《列宁主义基础》中在谈到工作作风时说道："如果不把俄国人的革命胆略和美国人在工作中的求实精神结合起来，那么它在实践中就很可能堕落为空洞的'革命的'马尼洛夫精神。"接着又说："美国人的求实精神却是消除'革命的'马尼洛夫精神和虚幻的臆造主义的药剂。"①马尼洛夫是一个地主，此人看起来温文尔雅，一副很有教养的样子，但是灵魂空虚，生性怠惰，饱食终日，无所事事，沉湎于幻想之中。斯大林1937年12月11日在莫斯科市斯大林选区选举前的选民大会上的演说中谈到马尼洛夫这样的人，他说："俄国伟大作家果戈理用一句很中肯的话来形容这种不确定的人，这种多像政治庸人，而少像政治活动家的人，这种不确定不成形的人：'这是些不确定的人，不三不四，简直使你认不出他们究竟是什么人，既不是城里的波格丹，又不是乡下的谢里方。'"②斯大林还于1936年11月25日关于苏联宪法草案的报告中引用了《死魂灵》中的一个地主家的"娃儿"彼拉格娅的形象，嘲笑那些批评宪法草案的老爷们，说他们头脑混乱了，把左右都弄错了，这样说道："说到这些里，不禁会想起果戈理的《死魂灵》中的一个地主家里的'娃儿'彼拉格娅来。果戈理描写说，这个'娃儿'有一次替乞乞科夫的马车夫绥里方带路，但她因为不会分辨向左向右，脑筋乱了，结果弄得很窘。应当承认，波兰报纸的批评家虽然十分自负，但是他们的理解程度却

---

① 《斯大林全集》，中译本，第6卷，人民出版社，1985年，第163，164页。
② 《斯大林文集》，第14卷，第2版，联盟信息出版中心，2007年，第308～309页。此处"城里的波格丹"和"乡下的谢里方"是"城里的绅士"和"乡下的农夫"的意思。

与《死魂灵》中地主家里的'娃儿'彼拉格娅相差不远。你们记得，马车夫绥里方因为彼拉格娅分不清左右，认为必须斥责她，于是对她说：'阿唷！你这泥腿……连左右也分不清。'我觉得也应当这样斥责这些倒霉的批评家，对他们说：阿唷，你们这班蹩脚的批评家……连左右也分不清。"①

在萨尔蒂科夫－谢德林的作品中，斯大林首先利用了他的讽刺短篇小说《庞巴杜尔》中的人物形象。"庞巴杜尔"是"省长"的意思。斯大林在1931年2月4日发表的《论经济工作人员的任务》的演说中，用庞巴杜尔的形象批评了那些认为领导生产就是签署公文和命令的人，他说："有时不禁令人想起谢德林小说中的庞巴杜尔。你们记得庞巴杜尔太太是怎样教导小庞巴杜尔的：不要埋头学问，不要钻研业务，让别人去干这些事情吧，这不是你的事情，——你的事情是签署公文。可耻的是在我们布尔什维克中间也有不少靠签署公文来进行领导的人，掌握技术，钻研业务，变成内行，——这方面他们却根本不管。"②同年6月23日，斯大林在题为《新的环境和新的经济建设任务》的演说中，在谈到有人怀疑1931年的经济计划，说它"是不现实的，是不能完成的"时，把这些人比做谢德林的同名小说中的"绝顶聪明的梭子鱼"，说他们，"总是在自己的周围散布一种'愚蠢的空气'"。③ 1936年苏联新宪法草案公布后，遭到西方资产阶级的批评。德国半官方杂志《德意志外交政治通讯》公然说，苏联宪法草案是空洞的谎言，是欺骗，是"波将金的村落"④，并且宣称苏联不是一个国家，"不过是一个确定的地理概念"，所以苏联宪法也就不能认为是真正的

---

① 《斯大林选集》，中文版，下卷，人民出版社，1980年，第407～408页。
② 《斯大林全集》，中译本，第13卷，人民出版社，1985年，第34页。
③ 《斯大林全集》，中译本，第13卷，人民出版社，1985年，第71～72页。
④ 俄国女皇叶卡捷琳娜二世的宠臣波将金在她南巡时，沿途虚布漂亮富庶的村庄，以博取她的欢心。后来用"波将金的村庄"来比喻弄虚作假、装潢门面的东西。

宪法。斯大林《关于宪法草案》的报告中利用了谢德林的《一位励精图治的长官怎样因为热心害得上司发愁的故事》中的一个"刚愎自用,十分狭隘、迟钝,可是非常自信和尽职官僚"的形象进行批驳。报告说,这个官僚"在其'管辖的'地区杀了成千累万的居民,烧毁了几十座城市,建立了'秩序和安宁'以后,眺望四周,忽然在天边看见了一个美国,这个国家固然不很著名,但那里却有着诱惑人心的自由,用另一种方法管理国家"。报告接着说:"这个官僚一看见美国,就气愤地说:这是个什么国家,它是从哪里来的,它有什么理由存在呢? 当然它是在几世纪以前偶然被人打开的,可是难道不能又把它封起来,使它完全无声无臭吗? 他说罢这一席话,就作了批示:'把美国重新封起来!'"报告又说:"我觉得,《德意志外交政治通讯》杂志的那些老爷,同谢德林的寓言中的官僚一模一样。苏联早已成了这些老爷的眼中钉……他们大声叫喊:这是个什么国家,它有什么理由存在呢,如果它是1917年10月打开的,那么为什么不可以把它封起来,使它完全无声无臭呢? 说罢这一番话,就作了批示:把苏联重新封起来,当众宣布苏联这个国家不存在,苏联不过是一个简单的地理概念而已!"报告还说:"谢德林的寓言中的官僚虽然十分迟钝,可是他写下把美国重新封起来的批示时,总还表现出一点了解实情的能力,因为他立刻自言自语地说:'但也许这是不能由我作主的吧。'我可不知道,德国的半官方杂志的老爷们是否有充分的智力猜想到,他们在纸上当然能够'封闭'这个或那个国家,可是如果认真说来,那么'这是不能由他们作主的'……"①

　　斯大林喜欢读契诃夫的小说。他的妻子纳杰日达·阿利卢耶娃的姐姐安娜曾在《回忆录》里写道,1917年十月革命前夕斯大林住在她们家里时,有时晚上在喝完茶后,他便拿出契诃夫的

---

① 《斯大林文集(1934—1952)》,中文版,人民出版社,1985年,第113~114页。

作品，说道："最好还是读点书。要不要我读《变色龙》给你们听？"据安娜的回忆，斯大林非常喜欢契诃夫的《变色龙》《普里希别耶夫中士》等短篇，他一边读，一边重复《变色龙》里特别可笑的话，大家听了哈哈大笑，请他再读一遍。安娜还说，他常常给我们读普希金和高尔基的作品，特别喜欢契诃夫的《宝贝儿》，几乎能够背诵，常常用契诃夫给主人公取的这个外号来形容熟人中的某个人。① 斯大林在他的一些讲话里不止一次地嘲笑那些压制主动精神和创造性的人，称他们为"普里希别耶夫军士们"。契诃夫的小说《套中人》的主人公别里柯夫也被斯大林用来讽刺那些害怕变革、害怕新生事物、逃避斗争的人。他在 1930 年 7 月 2 日在讨论联共（布）中央委员会向第十六次代表大会的政治报告后所作的结论里引用了这个形象批评反对派，这样说道："他们染上了契诃夫的小说中有名的主人公，希腊文教员，'套中人'别里柯夫的那种毛病。你们记得契诃夫的短篇小说《套中人》吗？ 大家知道，这位主人公不管天气冷热，出门总是穿着套鞋和棉大衣，带着雨伞。有人问别里柯夫说：'请问，为什么你在这样热的七月天还穿着套鞋和棉大衣呢？'别里柯夫回答说：'以防万一，不要弄出什么事情来，要是突然冷起来，那怎么办呢？'他像害怕瘟疫一样害怕一切新事物，害怕一切超出平凡庸俗的生活常规以外的东西。人家开办了一个新食堂，别里柯夫立刻就恐惧起来：'当然，有个食堂也许是好的，可是要当心啊，不要弄出什么事情来。'人家组织起了一个戏剧组，成立了一个阅览室，别里柯夫又恐惧起来：'戏剧组，新阅览室，要这些东西干吗？ 当心啊，不要弄出什么事情来。'右倾反对派过去的首领们也是这样……这种害怕新事物、不会用新方式来处理新问题的毛病，这种'不要弄出什么事情来的恐

---

① 转引自 M. 洛巴诺夫编的《斯大林：同时代人的回忆和文件汇编》，新书出版社，1995 年，第 63 页。

惧，——就是套中人的这些特征阻挠着右倾反对派过去的首领们真正和党打成一片。"①

这里还要补充说一下斯大林还利用过俄国剧作家奥斯特洛夫斯基作品里的人物形象。1924年1月17日他在联共(布)第十三次代表会议上做关于党的建设的当前任务的报告时说到有些组织和支部在党内斗争中同情托洛茨基，提出不要欺负他。于是斯大林引用这位剧作家的剧本《代人受过》中关于自私自利、不学无术、刚愎自用的富商齐特·齐梯奇的话进行反驳。他说："这里我不提谁欺负谁的问题。我认为如果好好地分析一下，那就可以看出，关于齐特·齐梯奇的著名的话对托洛茨基是十分合适的：'齐特·齐梯奇，谁欺负你了？你自己在欺负一切人'。"②他这样说引起一片笑声。

斯大林在文章和讲话中还运用西方的神话故事和著名文学作品中的形象。最突出的例子是他1937年3月5日在联共(布)中央全会上的结束语中谈到古代希腊人关于英雄安泰的传说。他说：

在古代希腊人的神话中，有一个著名的英雄名叫安泰，据神话说，他是海神波赛东和地神盖娅的儿子。他对生育、抚养和教导他成人的母亲是非常依恋的。没有哪一个英雄能和安泰抗衡。大家公认他是无敌的英雄。他的力量在什么地方呢？他的力量就在于，每当他同敌人决斗而遇到困难时，便往地上一靠，就是说，往生育和抚养他成人的母亲身上一靠，就取得了新的力量。可是他毕竟有一个弱点，就是怕别人用什么方法使他离开地面。敌人注意到他的这个弱点，

---

① 《斯大林全集》，中译本，第13卷，人民出版社，1985年，第13~14页。
② 《斯大林全集》，中译本，第6卷，人民出版社，1985年，第7~8页。

于是就在暗中窥视他。后来有一个敌人利用了他的弱点，就战胜了他。这个敌人名叫海格立斯，可是，他是怎样战胜安泰的呢？原来这个敌人使安泰离开了地面，把他举到空中，使他无法接触地面，这样就在空中把他拖死了。

我认为，布尔什维克很像希腊神话中的英雄安泰。布尔什维克也同安泰一样，其所以强大就是因为他们同自己的母亲，即同那生育、抚养和教导他们成人的群众保持联系。只要他们同自己的母亲，同人民保持联系，他们就有一切把握始终是不可战胜的。①

这段话后来写入了《联共(布)党史简明教程》的结束语，于是英雄安泰的故事就广泛流传开来。

斯大林在不同场合还引用过希腊的另一些神话，例如关于"纠纷的苹果"、奥吉亚斯的牛圈等。他引用过西方一些文学名著中的人物形象来形容各种人物和说明各种问题。

例如他曾称社会革命党人为哈姆雷特，把某些脱离实际、失去了生活的嗅觉的工作人员和学者称为堂吉诃德。他还利用关于海涅的故事来讽刺一些在他看来自命为布尔什维克，其实与列宁主义毫不相干的人。1927年11月，他在回答外国工人代表团提出的如何看待反对派和德国的路特·费舍－马斯洛夫集团的问题时，说他的态度就像法国小说家亚尔丰斯·都德对达拉斯贡的达达兰的态度一样，接着说了这样一段话：

你们想必读过亚尔丰斯·都德那部描写达拉斯贡的达达兰的著名小说②吧。那部小说的主人公达达兰实际上是一

---

① 《斯大林文集(1934—1952)》，中文版，人民出版社，1985年，第172页。
② 指都德的小说《达拉斯贡的达达兰》。

个平凡的"善良的"小资产者。但是他的幻想竟如此强烈,而"善意的撒谎"的才能又发展到如此地步,以致他终于成了这种非凡的才能的牺牲品。

达达兰大吹牛皮,要人相信他在阿特拉斯山中打死了无数狮子和老虎。达达兰的轻信的朋友因此就称他为世界第一名猎狮家。然而亚尔丰斯·都德确实知道,同样达达兰本人也确实知道,达达兰从来没有亲眼看见过狮子,也没有看见过老虎。

达达兰大吹牛皮,要人相信他登过勃朗峰。他的轻信的朋友因此就称他为世界第一名登山家。然而亚尔丰斯·都德确实知道达达兰从来没有看见过什么勃朗峰,因为他至多只到过勃朗峰麓。

达达兰大吹牛皮,要人相信他在离法国很远的地方开辟了一大块移民地。轻信的朋友因此就称他为世界第一名移民家。然而亚尔丰斯·都德确实知道,同样达达兰本人也不得不承认,达达兰这样荒诞的想头,除了自讨没趣以外,什么也得不到。

你们知道达达兰荒诞无稽的吹牛使达达兰之流落到多么狼狈和丢丑的地步。

我以为反对派首领们在莫斯科和柏林大吹大擂,其结局必定使反对派落到同样狼狈和丢丑的地步。①

上面说过,斯大林喜欢读书,写文章和发言稿从来都亲自动手,不像后来许多领导人那样依赖笔杆子和写作班子,因此可以认为,他运用的各种文学典故是他自己熟记于心的,而不是秀才们根据他的需要临时给他找来的。当然就运用文学典故的次数

---

① 《斯大林全集》,中译本,第10卷,人民出版社,1985年,第188~189页。

和数量而言,他与学识更加渊博、写文章广征博引的列宁相比还有很大的差距,但他能那样做,至少可以说明他是熟悉文学和具有较多的文学知识的。

斯大林的文学知识和文学修养还表现在他对苏联文学的许多作品的评论上,这些情况将在下面讲文学批评时作详细介绍。此外,自从设立斯大林文学奖金以来,他亲自参加获奖作品的最后评定,在讨论时常常发表具体意见,甚至与其他的人进行争论。从中可以看出,他不仅看过获得提名的作品,而且还看过其他作品,甚至看过有关某些作品的评论。20世纪40年代下半期曾几次参加中央政治局召开的斯大林奖金获奖作品审批会的西蒙诺夫根据观察,最后得出了这样的印象:"他(指斯大林。——引者)确实喜爱文学,认为文学较之其他艺术是最重要的、最关键的,而且归根结底是对其他一切或几乎其他一切艺术起决定作用的。他喜欢读书,非常内行地谈论读过的东西。他记得书中的细节。他身上有他的某种艺术天赋,这一点我毫不怀疑,这大概是从青年时代写诗、迷恋诗歌而来的吧。"①西蒙诺夫这位"行家"的话,又一次证明斯大林有文学才能,有较高的文学修养和艺术鉴赏力。

第二节 斯大林的文学思想及其基本观点

斯大林的文学思想的理论基础。——逐步树立马克思主义世界观的过程。——对民族问题的阐述。——对马克思主义的辩证法和历史唯物主义的基本原理的阐述。——对马克思主义关于经济基础和上

---

① K.西蒙诺夫:《我这一代人的看法——关于斯大林的思考》,书籍出版社,1990年,第178页。

层建筑的学说的阐述。——对社会主义经济规律的阐述。——对包括文学在内的民族文化的看法。——强调生活是文学创作的源泉,要求文学真实地反映社会生活。——重视正确的指导思想对文学创作的必要性和重要性,同时又强调文学创作的特殊性。——重视深刻表现生活中的矛盾的作品,反对"无冲突论"。——强调文学的社会作用,将文学创作称为"生产灵魂"的特殊的精神生产,把作家称为"人类灵魂的工程师"。——不同意用"左倾"和"右倾"的概念表示文学的倾向性,主张运用阶级方面的概念。——对文学的党性的新的看法。——主张批判地继承和发扬文化传统,正确对待文化遗产。

斯大林的文学思想及其基本观点是在对文学有比较丰富的知识和比较深入了解的基础上,在马克思主义的辩证唯物主义和历史唯物主义理论的指导下,在从事文学活动和领导文学工作的过程中逐步形成的。现在接下来讲一下他在参加革命活动后刻苦学习马克思主义的著作,努力提高自己的理论水平,逐步树立马克思主义的世界观的情况以及形成他的文学观点的具体过程和内容。

一

斯大林在和德国作家埃米尔·路德维希谈话时说:"我参加革命活动是从十五岁开始的,那时候我和当时居住在南高加索的俄罗斯马克思主义者的一些秘密小组发生了联系。这些小组对我有很大影响,使我对秘密的马克思主义著作发生了兴趣。"① 推

---

① 《斯大林选集》,中文版,下卷,人民出版社,1980年,第305页。

算起来,这是在 1894 年他进入梯弗利斯正教中学的那一年。上面说过,在校期间他在参加革命活动的同时就开始读各种禁书。在他读的第一批书当中,就包括马克思的《资本论》,此外还有达尔文、费尔巴哈、斯宾诺莎和门捷列耶夫的书。成为职业革命家后,他仍坚持读书学习,丰富自己的知识和提高自己的理论水平。他的第一篇重要的理论文章是 1906 年到 1907 年发表的《无政府主义还是社会主义?》。这篇文章是为反对格鲁吉亚的无政府主义者攻击社会民主党人和歪曲马克思主义而写的,它联系实际阐释了马克思主义的理论基础。文章在说明马克思主义与改良主义和无政府主义的根本区别时首先指出:"马克思主义不只是社会主义的理论,而且是一个完整的世界观,是一个哲学体系,马克思主义的无产阶级社会主义就是从这个哲学体系中自然而然产生出来的。这个哲学体系叫做辩证唯物主义。"①接着斯大林密切联系实际阐明马克思主义的理论问题。文章第一部分讲马克思主义辩证法的基本原理,根据这些原理指出,自然界和人类社会均处于永恒的运动中,一切都在变化,不断产生、成长和死亡,因此生活中总是有旧东西和新东西,保守的东西和革命的东西,它们之间总是进行着斗争。辩证方法要求我们从运动和发展中来观察一切,确定生活走向哪里和怎样走法,分清生活中的新事物和旧事物,从而确定自己的态度。第二部分讲唯物主义理论。作者批判了唯心主义和二元论,坚持唯物主义的一元论,强调人们的社会存在决定人们的意识,而不是相反。他进一步指出,社会生活的物质基础和它的内容是经济的发展,因此要改变不适用的政治制度和法律形式,改造人们的风俗习惯,就应当改变经济关系。第三部分讲社会主义,强调"无产阶级社会主义是直接从辩

---

① 《斯大林全集》,中译本,第 1 卷,人民出版社,1985 年,第 274 页。

证唯物主义中得出来得结论"。① 它必须通过无产阶级革命,推翻资本主义制度和建立社会主义制度来实现。从上述简要的介绍中可以看出,文章的作者是信奉马克思主义的,他虽然尚未对马克思主义的辩证唯物主义理论的基本原理作系统的和详尽的论述,但是可以看出已掌握了这一理论的精髓,并开始运用它的观点和方法观察和分析问题,批判形形色色的错误论调。这说明他已开始形成了马克思主义的世界观。后来他自己也说,应该把他的包括这篇文章在内的从 1901 年到 1907 年写的文章看作是"一个年轻马克思主义者的著作、一个还没有完全成熟的马克思列宁主义者的著作"。②

上面提到过,1912 年底到 1913 年初,斯大林写了受到列宁高度赞扬的《马克思主义和民族问题》一文。这篇文章给"民族"下了这样经典的定义:**"民族是人们在历史上形成的一个有共同语言、共同地域、共同经济生活以及表现于共同文化上的共同心理素质的稳定的共同体。"**③文章强调指出,这个定义中所列举的民族的特征是必不可少的,只有当这一切特征都具备时才能算是一个民族,反之,哪怕是缺少其中的一个特征,也足以使民族不成其为民族。值得注意的是,文章反对"民族文化自治"的主张,认为"民族区域自治"是最可接受的解决民族问题的方法。不过文章不同意按民族划分工人,提出应按国际主义原则来进行组织,指出:"在各地把俄国各民族的工人团结成**统一的完整的**集体,再把这些集体团结成**统一的**党——这就是我们的任务。"④斯大林的这篇被称为他的"毕业论文"的文章,用辩证唯物主义的观点和方法来观察来分析民族这一复杂的问题,提出了自己的一些独立的见

① 《斯大林全集》,中译本,第 1 卷,人民出版社,1985 年,第 303 页。
② 见《斯大林全集》,中译本,第 1 卷,人民出版社,1985 年,第 7 页。
③ 《斯大林全集》,中译本,第 2 卷,人民出版社,1953 年,第 294 页。
④ 《斯大林全集》,中译本,第 2 卷,人民出版社,1953 年,第 355 页。

解,尽管现在看来某些说法并不完全符合实际,某些论断不一定恰当,但是这说明他已基本上形成和掌握了马克思主义的世界观和方法论,在思想上和理论上已趋于成熟。

十月革命胜利后,斯大林继续就民族问题不断发表文章和讲话,其中包括《十月革命和民族问题》(1918)、《论党在民族方面的当前任务》(1921)、《论民族问题的提法》(1921)、《论东方民族大学的政治任务》(1923)等等。值得注意的是,其中论述了民族文化与无产阶级文化的问题。这在下面还要讲到。

二

20世纪20年代,斯大林先后发表了题为《论列宁主义基础》的讲演和题为《论列宁主义的几个问题》的长篇文章。他在讲演中对列宁主义下了如下定义:"列宁主义是帝国主义和无产阶级革命时代的马克思主义。确切些说,列宁主义一般是无产阶级革命的理论和策略,特别是无产阶级专政的理论和策略。"①后来又在文章里重申了这一定义,认为它是正确的。② 他在讲演和文章里根据马克思主义的科学社会主义思想,着重讲了无产阶级革命和无产阶级专政的问题,同时论述了一国内建成社会主义社会的问题。

30年代初,在斯大林倡议下,中央政治局提出编写联共(布)党史的问题,当时曾确定了编校人员。但由于种种原因,编写工作拖了下来。到1937年斯大林重新提出这个问题,并且抓得很紧、很具体,确定了党史的分期和某些章节的标题,在付印前仔细看了校样并作了一些重要的修改和补充。1938年9月这部书名为《联共(布)党史简明教程》的党史正式出版。在这之后斯大林

---

① 《斯大林全集》,中译本,第6卷,人民出版社,1985年,第63~64页。
② 见《斯大林全集》,中译本,第8卷,人民出版社,1985年,第13页。

又抓它的宣传问题，几次发表讲话，说明编写的指导思想。例如他在1938年10月12日的讲话里说："简明教程是完全另一种类型的党史。具体地说，在这里党的历史用来作为连贯地叙述马克思列宁主义基本思想的例证。历史材料只作为辅助的材料……这本历史教程不平常。这是向理论问题倾斜的、向研究历史发展的规律倾斜的历史教程。"①斯大林反复讲采取突出理论的阐述、少讲具体的人和事的编写方针，是为了用这本教程对干部进行教育以提高他们的理论水平。确实，当时干部队伍文化理论水平普遍不高，有具体材料证明，州委、市委书记这一级干部受过高等教育的只有百分之十几，其理论水平可想而知。斯大林看到问题的严重性，提出要重视干部的理论教育，要求党史那么写无疑是有充分理由的。同时少涉及具体的人和事也可避免和减少在具体评价上的争执。斯大林重视理论还突出地表现在他亲自撰写了《简明教程》第4章中的《论辩证唯物主义和历史唯物主义》一节。

在这一节里，斯大林首先讲了马克思主义辩证法的以下四个特征：一、把自然界看作有联系的统一的整体，其中各个对象和现象互相有机地联系着，互相依赖和制约着；二、把自然界看作不断运动和变化，不断更新和发展的状态，其中始终有某种东西在产生、在发展，有某种东西在破坏、在衰颓；三、把发展过程看作从不显著的、潜在的量的变化到显露的变化，到根本的变化，到质的变化的发展；四、辩证法的出发点是：自然界的对象或自然界的现象含有内在的矛盾，因为它们都有其正面和反面，都有其过去和将来，都有其衰颓着的东西和发展着的东西，而这种对立面的斗争，旧东西和新东西之间、衰亡着的东西和产生着的东西之间、衰颓着的东西和发展着的东西之间的斗争，就是发展过程的内在内容，就是量变转化为质变的内在内容。

---

① 《斯大林文集》，第18卷，联盟信息出版中心，2006年，第160页。

斯大林把马克思主义哲学唯物主义的特征概括为以下三点：一、世界按其本质来说是物质的，世界上形形色色的现象是运动着的物质的不同形态；二、物质、自然界、存在，是在意识以外、不依赖意识而存在的客观实在；物质是第一性的，因为它是感觉、表象、意识的来源；而意识是第二性的，是派生的，因为它是物质的反映，存在的反映；思维是发展到高度完善的物质的产物，即人脑的产物，而人脑是思维的器官；三、世界及其规律完全可以认识；我们关于自然界规律的知识，经过经验和实践检验过的知识，是具有客观真理意义的、可靠的知识；世界上没有不可认识的东西，而只有还没有被认识而将来科学和实践的力量会加以揭示和认识的东西。

在讲到历史唯物主义时，斯大林也提出以下四点：一、物质资料的生产方式是决定社会面貌、决定社会制度性质、决定社会从这一制度发展到另一制度的主要力量；二、生产的第一个特点就是它永远也不会长久停留在一点上，而是始终处在变化和发展的状态中；同时，生产方式的变化又必然引起全部社会制度、社会思想、政治观点和政治设施的变化，即引起全部社会结构和政治结构的改造；三、生产的第二个特点就是生产的变化和发展始终是从生产力的变化和发展，首先是从生产工具的变化和发展开始的，所以生产力是生产中最活动、最革命的因素。先是社会生产力变化和发展，然后人们的生产关系、人们的经济关系依赖这些变化、与这些变化相适应地发生变化；四、生产的第三个特点就是新的生产力以及同它相适应的生产关系的产生过程不是离开旧制度而单独发生，不是在旧制度消灭以后，而是在旧制度内部发生的；不是人们有意的、自觉的活动的结果，而是自发地、不自觉地、不以人们的意志为转移而发生的；从旧生产关系到新生产关系的过渡通常是用革命手段推翻旧生产关系、树立新生产关系的办法实现的；在新生产力同旧生产关系冲突的基础上，在社会新的经济需要的基础上产生出新的社会思想,新思想组织和动员群众,群众团结成新的政治大军,建立起新的革命政权,并且运用这个政权,以便用暴力消灭生产关系方面的旧秩序,建立新秩序。

斯大林引用了马克思、恩格斯和列宁的论述,进行阐释和发挥,把马克思主义的辩证法和哲学唯物主义以及历史唯物主义的基本特征进行归纳和概括,而这些特征的顺序的安排不是随意的和简单的机械罗列,而是根据其内在联系和逻辑结构作出的。应该说,斯大林在这部著作中对辩证唯物主义和历史唯物主义的论述,比他在《无政府主义还是社会主义?》一文中的论述更为全面,更为深刻,这说明他对马克思主义的基本原理的理解、掌握和运用方面大大前进了一步。不过他在阐述马克思主义的辩证法时并没有完全改变旧哲学传下来的几个规律并列的方法,而没有强调对立统一规律是其核心。

1950 年,斯大林在其著作《马克思主义和语言学问题》中对马克思主义关于基础和上层建筑的学说作了深刻的阐述。他首先给基础和上层建筑下了如下定义:基础是社会在其一定发展阶段上的经济制度,而上层建筑则是社会的政治、法律、宗教、艺术、哲学的观点,以及同这些观点相适应的政治、法律等设施。斯大林接着指出,任何基础都有同它相适应的自己的上层建筑。封建制度和资本主义制度都有自己的上层建筑,社会主义的基础也是如此。如果基础发生变化和消灭,那么它的上层建筑也就会随着发生变化和被消灭。如果产生新的基础,那就会随着产生同它相适应的上层建筑。斯大林又指出,上层建筑是由基础产生的,但这绝不是说,上层建筑只是反映基础,是消极的、中立的,对自己基础的命运、对阶级的命运、对制度的性质是漠不关心的。相反地,上层建筑一出现,就成为极大的积极力量,积极促进自己基础的形成和巩固,采取一切办法帮助新制度去根除和消灭旧基础和旧阶级。斯大林还指出,上层建筑是某个经济基础存在和活动的那一个时代的产物,因此上层建筑的生命是不长久的,它是随着这个基础的消灭而消灭,随着这个基础的消失而消失的。他最后指出,上层建筑同生产、同人的生产活动没有直接联系,它是通过经济的中介、通过基础的中介同生产仅仅有间接的联系。因此上层建筑反映生产力发展水平的改变不是立刻直接发生的,而是在基础改变以后,通过生产变化在基础变化中的折光来反映的。斯大林在他的著作中从多个方面说明语言不属于上层建筑。

斯大林对马克思主义的三个组成部分之一的政治经济学十分重视。20世纪30年代苏联国内开展大规模经济建设后,他运用马克思主义观点对社会主义经济规律进行了研究,并提出了自己的看法。1941年1月他在关于政治经济学教科书问题的座谈会上的讲话中,对政治经济学下了这样的定义:"政治经济学是关于人们的社会生产关系即经济关系发展的科学。"①他强调在苏维埃经济关系的条件下需要实行计划经济,不过认为价值规律仍然还起作用。1951年11月,联共(布)中央根据斯大林的建议,就政治经济学教科书未定稿举行了多次讨论会,斯大林看了讨论会的材料后发表文章,就社会主义制度下经济规律的性质问题,关于社会主义制度下商品生产问题,关于社会主义制度下的价值规律问题,关于消灭城乡之间、脑力劳动与体力劳动之间的对立和差别问题,关于统一的世界市场的瓦解与世界资本主义体系危机加深的问题,关于资本主义国家之间战争不可避免的问题等作了分析,并发表了自己的看法。尤其应该指出的是,他对现代资本主义和社会主义的基本经济规律作了说明。他把现代资本主义基本经济规律的主要特点和要求表述如下:"用剥削本国大多数居民并使他们破产和贫困的办法,用奴役和不断掠夺其他国家人民、特别是落后国家人民的办法,以及用旨在保证最高利润的战

---

① 《斯大林文集》,第14卷,第2版,联盟信息出版中心,2007年,第562页。

争和国民经济军事化的办法,来保证最大限度的资本主义利润。"
他认为社会主义基本经济规律的主要特点和要求可大致表述如
下:"用在高度技术基础上使社会主义生产不断增长和不断完善
的办法,来保证最大限度地满足整个社会经常增长的物质和文化
的需要。"①后来斯大林的这篇文章和有关这个问题的几封信编成
《苏联社会主义经济问题》一书出版。

斯大林的意见发表后,并没有为苏联当时的某些领导人所理
解和接受,有人采取冷漠的态度。可是他的这部著作却受到毛泽
东的重视。毛泽东在1958年11月9日《关于读书的建议》中建
议中央、省市自治区、地、县四级党委会的委员们读两本书,其中
一本就是斯大林的《苏联社会主义经济问题》。他认为这本书正
确的方面是主要的,一、二、三章中有许多值得注意的东西,也有
一些写得不妥当,再有一些恐怕他自己也没有搞清楚。可见,毛
泽东基本上肯定这本书的,至于他提到其中有不妥当和作者自
己也没有搞清楚的东西,这并不奇怪。苏联是第一个社会主义国
家,搞社会主义无先例可循,会遇到许多新问题,不能一下子认识
清楚,只能在马克思主义指导下通过实践来解决,在这过程中一
时认识不清,是很自然的。

以上谈了斯大林自从参加革命活动之日起刻苦学习马克思
主义的理论,努力掌握马克思主义的精髓,在一些问题上有所创
新的情况。他不仅自己这样做,而且特别重视干部的理论学习,
这主要是由于他认识到马克思主义理论伟大的指导意义,他把学
不学理论,掌握不掌握马克思主义的基本原理提到关系到社会主
义事业的成败和党的生死存亡的高度来认识。根据曾任苏共中
央主席团委员的切斯诺科夫的回忆,斯大林在逝世前的一两天给
他打电话说:"最近这个时期你们就应当研究理论问题。我们的

---

① 《斯大林选集》,中文版,下卷,人民出版社,1980年,第568~569页。

错误很多。我们可能在经济方面把某些事情搞错，但是仍然能摆脱困境。然而如果在理论上弄错了，这可能是无法挽回的。没有理论，我们就要死亡，死亡，死亡……"斯大林说最后这句话时激动地加重了语气。① 斯大林说的理论，当然指的是马克思主义理论。他的这个几乎是临终前留下的遗训我们应该牢牢记住。

三

上面用一定篇幅讲斯大林学习和掌握马克思主义的基本原理和树立马克思主义世界观的过程，是为了说明他的文学思想和观点是在马克思主义理论的指导下形成的。关于文学问题，他似乎未曾发表过纲领性的讲话和文章，就有关的主要问题集中地讲他的看法。他的文学观点以及有关文学的论述不仅包含在他的各种报告、讲话和文章里，而且散见于他的书信、交谈、评注和批示等等之中。上面说过，斯大林是用马克思主义观点研究和处理民族问题的"行家"，那么让我们首先看一看他对包括文学在内的民族文化的看法。

我们记得，斯大林在《马克思主义和民族问题》一文中曾主张用"民族区域自治"的方法来解决民族问题，他在坚持民族的地域独立性的同时，认为少数民族拥有发展独特的文化的权利。十月革命后，他作为民族人民委员，多次就民族问题发表意见，其中包括如何看待民族文化问题。1921 年他提出应该不限于"民族权利平等"，而应采取实际措施实现民族的事实上的平等，而这些措施之一就是"发展它们的文化"。② 1925 年 5 月 18 日他在东方劳动者共产主义大学学生大会上的讲话中对民族文化问题作了阐述。他说：

---

① 《苏维埃俄罗斯报》2011 年 12 月 15 日。
② 《斯大林全集》，中译本，第 5 卷，人民出版社，1985 年，第 46～47 页。

什么是民族文化呢？怎样把民族文化和无产阶级文化结合起来呢？难道列宁不是在战争以前就说过我们这里有两种文化——资产阶级文化和社会主义文化，并且说民族文化这个口号是力图用民族主义毒素来毒化劳动者意识的资产阶级反动口号吗？怎样把民族文化的建设，把增设使用本族语言的学校和训练班的工作以及从本地人中间培养干部的工作，和社会主义建设、无产阶级文化建设结合起来呢？这里有没有不可克服的矛盾呢？当然没有！我们在建设无产阶级文化。这是完全对的。但是社会主义内容的无产阶级文化，在卷入社会主义建设的各个不同的民族当中，依照不同的语言、生活方式等等，而采取各自不同的表现形式和方法，这同样也是对的。内容是无产阶级的，形式是民族的，——这就是社会主义所要达到的全人类的文化。无产阶级文化并不取消民族文化，而是赋予它内容。相反，民族文化也不取消无产阶级文化，而是赋予它形式。当资产阶级执政的时候，当各民族在资本主义制度保护下巩固起来的时候，民族文化这个口号是资产阶级的口号。当无产阶级执政的时候，当各民族在苏维埃政权保护下巩固起来的时候，民族文化这个口号就成了无产阶级的口号。[①]

在 1927 年 7 ~ 8 月间举行的联共 (布) 中央委员会和中央监察委员会联席全会上，斯大林批驳了季诺维也夫反对在苏维埃基础上发展苏联各民族的民族文化的意见，他说：

我们过去和现在都认为在多民族的国家里，资产阶级统

---

① 《斯大林全集》，中译本，第 7 卷，人民出版社，1985 年，第 117 页。

治时代的民族文化的口号是资产阶级的口号。为什么呢？因为在这种国家里,资产阶级统治时期的民族文化的口号就是要一切民族的劳动群众在精神上服从资产阶级的领导,服从资产阶级的统治,服从资产阶级的专政。

在无产阶级取得政权以后,我们宣布了**在苏维埃基础上**发展苏联各民族的民族文化的口号。这是什么意思呢？这就是说,我们要使苏联各民族中民族文化的发展符合于社会主义的利益和要求,符合于无产阶级专政的利益和要求,符合于苏联一切民族劳动人民的利益和要求。

他还说,"在苏维埃基础上"发展各民族的文化的意思,是他在大约三年前说过的,就是这种文化按内容来说是社会主义文化,而按形式来说,则是民族的文化。[①] 总之,斯大林强调在不同时期民族文化具有不同的阶级性。他认为在社会主义时期的文化是无产阶级的内容和民族的形式的结合,两者是内在地有机地统一的。

有人摘引列宁关于社会主义的目的不只是要消除民族间的隔离状态和使他们相互亲近,而且要使各民族融为一体的话,对斯大林提出的发展民族文化的观点提出质疑。斯大林回答说,他所说的"社会主义时期"只是苏联进行社会主义建设时期,而不是指"社会主义的'最后'胜利,这种胜利只有在国际范围内即只有当社会主义**在世界各国或几个最重要的国家内**获得胜利才能到来",因此在苏联建设社会主义的时期各民族不一定会消失而融合成一个统一的民族,民族差别和国家差别还会存在很久。他在《联共(布)中央委员会向第十六次代表大会的政治报告》中说:"我们主张各民族的文化在将来融合成一种有共同语言的共同

---

① 《斯大林全集》,中译本,第 10 卷,人民出版社,1985 年,第 63～64 页。

（无论在形式上或在内容上）文化，而同时又主张在目前无产阶级专政时期要繁荣民族文化。"他还说："在一个国家内无产阶级专政时期繁荣民族文化（和语言）是为了给社会主义在全世界胜利时期各民族的文化（和语言）消亡并融合成一种共同的社会主义文化（和一种共同语言）准备条件。"①

斯大林在政治报告中还提出了反对大俄罗斯沙文主义倾向和地方民族主义倾向的问题。他指出，具有大俄罗斯沙文主义倾向的人引证列宁的话，他们所持的出发点就是上面已经提到的在社会主义条件下的民族融合论。这种倾向的实质是："企图抹杀语言、文化和生活习惯方面的民族差别；企图准备撤销民族共和国和民族区；企图破坏民族平等权利原则，破坏党关于机关民族化与报刊、学校及其他国家组织和社会组织民族化的政策。"斯大林认为，"这种倾向尤其因为它是戴上国际主义假面具并以列宁名义做掩蔽的，所以是一种最精致因而也是最危险的大俄罗斯民族主义。"②1934年8月8日，斯大林和日丹诺夫、基洛夫一起批评了苏联历史教科书的提纲，指出提纲的拟订者"制订的是俄罗斯历史的提纲，而不是苏联历史的提纲，也就是说，是罗斯历史的提纲，但是没有参加苏联的各个民族的历史（没有把乌克兰、白俄罗斯、芬兰和波罗的海沿岸其他民族、北高加索和外高加索的民族，中亚和远东的民族，还有伏尔加河沿岸和北部地区的民族——鞑靼人、巴什基尔人、摩尔多瓦人、楚瓦什人等等的历史资料考虑在内）"。他们强调："我们需要的是这样的苏联历史教科书，其中大俄罗斯的历史与苏联其他各个民族的历史是不可分割的，这是一。第二，其中苏联历史与欧洲历史和整个世界史是相互联系

---

① 《斯大林全集》，中译本，第12卷，人民出版社，1985年，第320～321页。

② 《斯大林全集》，中译本，第12卷，人民出版社，1985年，第314～315页。

的。"①

斯大林在谈到地方民族主义倾向时,认为它的实质是"力图独树一帜在本民族的范围内闭关自守,力图抹杀本民族内部的阶级矛盾,力图用脱离社会主义建设总流的方法防御大俄罗斯沙文主义,力图漠视那些使苏联各民族劳动群众接近和联合的东西,而只看到那些能使他们彼此疏远的东西"。他还说:"地方民族主义倾向反映了过去被压迫民族中的垂死阶级对无产阶级专政制度的不满,反映了它们想单独成立自己的资产阶级民族国家并在那里确立自己的阶级统治的企图。"他最后指出:"这种倾向的危险在于它培植资产阶级民族主义,削弱苏联各族劳动人民的团结并帮助干涉者。"②

应该指出,斯大林虽然提出要反对大俄罗斯沙文主义,但是这并不意味着他不承认俄罗斯人民在苏联各族人民当中所起的主导作用,恰恰相反,他是完全肯定这种作用的。他这样做,一方面是承认俄罗斯人民在苏联各族人民中的实际地位,另一方面,他清醒地认识到他要领导这个多民族的国家进行社会主义建设并取得成就,必须依靠俄罗斯人民这个中坚力量。卫国战争的胜利,更使他坚信他信任和依靠俄罗斯人民的方针是正确的。1945年5月24日他在克里姆林宫招待红军将领时发表热情洋溢的讲话,举杯"祝我们苏联人民,首先是俄罗斯人民健康"。他说:

　　　　我喝这杯酒,首先祝俄罗斯人民健康,因为他们是加入苏联的所有民族中最杰出的民族。
　　　　我举杯祝俄罗斯人民健康,因为他们在这次战争中被公认为我们苏联各族人民的领导力量。

---

①　《斯大林文集》,第14卷,第2版,联盟信息出版中心,2007年,第30、32页。
②　《斯大林全集》,中译本,第12卷,人民出版社,1985年,第322页。

我举杯祝俄罗斯人民健康，不仅因为他们是起领导作用的人民，而是因为他们有清晰的头脑和坚忍不拔的性格和耐心。[①]

当然，斯大林对俄罗斯人民的重视和依靠也是建立在对俄罗斯历史的认识以及对俄罗斯人民的民族性格和文化传统的了解的基础上的，他对俄罗斯文学艺术的爱好也起了一定作用。他主张全面认识俄罗斯的历史，反对进行歪曲和篡改；他要求正确理解俄罗斯人民的民族性格，反对进行丑化和嘲讽；他主张继承和发扬俄罗斯优秀的文化传统，对各种错误的言论进行了严厉的批评，例如他在1930年12月12日给杰米扬·别德内依的信里就曾这样做。信中说，世界各国革命的工人都在向苏联工人阶级、首先是向俄罗斯工人阶级欢呼。世界各国革命工人的领导者都在如饥似渴地研究俄罗斯工人阶级的最有教益的历史，研究这个阶级的过去，研究俄罗斯的过去，"他们知道除了反动的俄罗斯以外，还有过革命的俄罗斯，有过拉季谢夫和车尔尼雪夫斯基、热里雅鲍夫和乌里扬诺夫、哈尔土林和阿列克谢也夫这样一些人的俄罗斯。这一切都使俄罗斯工人心里产生(不能不产生！)革命的民族自豪感，这种自豪感能够移山倒海，能够创造奇迹"。信中接着批评别德内依"不去理解革命历史上这个最伟大的过程，不把自己提高到能够担负起先进无产阶级的歌手的任务"，反而"向全世界宣布：过去的俄罗斯是装满了丑恶和颓废的瓶子；现在的俄罗斯是十足的《比里尔瓦》；'懒惰'渴望'坐在热炕上'几乎是一切俄罗斯人的民族特点，因此也是完成过十月革命的、当然仍旧是俄罗斯人的俄罗斯工人的民族特点"，尖锐地指出："这不是布尔什维克的批评，而是对我国人民的**诽谤**，是对苏联的**侮辱**，对苏联

---

① 《斯大林文集(1934～1952)》，中文版，人民出版社，1985年，第459页。

无产阶级的**侮辱**,对俄罗斯无产阶级的**侮辱**。"①信中还引用列宁关于大俄罗斯人的民族自豪心的论述来说明这种民族自豪心的利益"是同大俄罗斯(以及其他一切民族)无产者的社会主义利益一致的"。②

有人认为斯大林对俄罗斯人民采取这种尊重的态度,是因为他"俄罗斯化"了。应该说,斯大林接受了俄罗斯传统文化和生活方式中的不少东西。他的女儿斯维特兰娜·阿利卢耶娃说过"我们家中没有什么格鲁吉亚的风俗习惯,因为我父亲已经完全俄罗斯化了"这样的话。他的儿子瓦西里也认为"爸爸**以前**是个格鲁吉亚人",③言下之意,后来就不是了。确实,在莫斯科斯大林的家里已看不到格鲁吉亚的陈设,但是他的生活习惯和行为方式里却保存着许多格鲁吉亚的东西,他对故土的自然风光充满着眷恋之情。他从来没有否认自己的民族属性,也没有完全弃而不用格鲁吉亚语言。因此只能说他在一定程度上"俄罗斯化",而很难说他"**完全俄罗斯化**"了。列宁曾经说过:"俄罗斯化的异族人在表现真正俄罗斯人的情绪方面总是做得过火。"④斯大林也可归入这些异族人之中,他们这样做,也许是因为他们真正崇敬俄罗斯人民,同时也可能是因为他们这样做一般无须担心被指责为大俄罗斯民族主义的表现。也曾经有人指责斯大林背叛无产阶级国际主义,恢复俄罗斯民族主义。这样说也是缺乏根据的。斯大林反对民族压迫和歧视,主张各民族一律平等和友好团结,为建设社会主义而共同奋斗。他实行帮助过去比较落后的民族大力发展经济和文化教育事业的政策。他像尊重俄罗斯民族的历史和文化

---

① 《斯大林全集》,中译本,第13卷,人民出版社,1985年,第24~25页。
② 《列宁选集》,中文版,第2卷,人民出版社,1996年,第453页。
③ 斯维特兰娜·阿利卢耶娃:《致友人的二十封信》中译本,中国社会科学出版社,1979年,第35~36页。
④ 《列宁选集》,中文版,第4卷,人民出版社,1996年,第757页。

传统一样,同样尊重各兄弟民族的历史和文化传统。在斯大林时期形成了苏联全国隆重纪念各民族杰出的文化活动家的传统。在文学方面,除了纪念俄罗斯作家普希金、莱蒙托夫、果戈理、屠格涅夫、托尔斯泰、契诃夫等等之外,同样也纪念阿塞拜疆诗人尼扎米、乌克兰诗人谢甫琴科、乌兹别克诗人纳沃伊、哈萨克诗人库南巴耶夫、格鲁吉亚作家鲁斯塔维里、亚美尼亚作家阿博维扬等等。与此同时,由于实行大力扶植文学的政策,结果各民族陆续出现一些著名作家,他们在创作上取得了显著的成绩,他们的优秀作品被译成俄语广泛传播开来,并开始走向世界。从这些事实来看,斯大林是基本上遵循国际主义原则的。

斯大林对地方民族主义的表现持坚决反对和批判的态度。1926 年 7 月,他在梯弗利斯党组织的会议上发表讲话时,号召"消灭民族主义这条九头蛇,造成国际主义的健康气氛,以便在保持南高加索各苏维埃共和国独立的条件下促进这些国家经济活动方面的联合"。[①] 他关注文艺作品中表现出来的民族主义倾向,及时指出并给予批评。例如 1944 年 1 月他批评乌克兰作家杜甫仁科在他的电影小说《烈火中的乌克兰》中没有揭露彼得留拉分子和其他乌克兰民族主义者站在德国侵略者一边为虎作伥的事实,同时指出,小说把乌克兰历史上主张与俄罗斯友好联合的盖特曼(统领)赫麦利尼茨基称为"大坏蛋"和"乌克兰人民有名的刽子手",是"对真实的肆无忌惮的嘲弄"。最后他得出结论说,这部小说是"狭隘的、目光短浅的乌克兰民族主义的纲领"。[②] 确实,这部小说写作时,战争正在进行,作者没有揭露彼得留拉分子和其他民族主义者投靠德国人的行为,这确实是一个问题。恐怕主要问题在于对赫麦利尼茨基的描写上。这是一个复杂的人物,他曾镇

---

① 《斯大林全集》,中译本,第 5 卷,人民出版社,1985 年,第 80 页。
② 《斯大林文集》,第 18 卷,联盟信息出版中心,2006 年,第 333、338、342 页。

压过农民起义,不过他反对波兰的统治,在实现乌克兰与俄罗斯的合并上起了很大作用,因而得到了肯定。1943 年 10 月苏联甚至设立了以他的名字命名的勋章。小说把赫麦利尼茨基称为"刽子手",而没有提到他对俄乌合并所做的贡献,这显然没有与中央保持一致,在某种程度上反映了某些乌克兰人的分立主义情绪。斯大林对小说提出严厉批评的怒火,大概主要是由此引起的。

四

上面说过,斯大林信奉马克思主义的哲学唯物主义,并对它的基本原理作过论述。他在讲到物质、存在与意识的相互关系时,强调物质、存在是第一性的,是观念意识的来源,而观念意识是第二性的,是物质、存在的反映。不言而喻,在他看来,作为意识形态的文学来源于物质,来源于社会存在,是社会存在的反映。斯大林把自己的文学观点建立在坚实的唯物主义基础之上,他不会赞同唯心主义的、神秘主义的文学观,不会认可所谓的"自我表现论","纯文学论"之类的学说。而他的艺术趣味和艺术鉴赏力主要是通过阅读传统的现实主义作品逐步形成的,这就使得他对现实主义文学情有独钟,不大欣赏各种先锋派的作品。

斯大林从这个基本观点出发,要求文学反映社会生活,在他看来,苏联文学首先应该反映苏联各族人民争取社会主义的胜利和建设新生活的斗争。他考虑到文学创作是对现实的一种独特的掌握方式,文学作品是对客观世界的能动的反映,而不是根据理论条条的机械的摹写,强调生活是文学创作的源泉,反对作家闭门造车,鼓励作家深入到现实生活中去,参加实际的斗争,以求了解生活,对生活有切身的体验和深刻的认识。他在对作家的谈话中,在讲话和书信中不止一次地发表过这样的看法和提出这样的要求。

斯大林重视正确的指导思想对文学创作的必要性和重要性,

鼓励作家学习和掌握马克思主义理论。他要求作家掌握马克思主义的精神实质,加以融会贯通,真正用来指导自己认识世界和反映生活的活动。不过他强调在这方面对作家和艺术家同对政治家和理论家的要求是不一样的,并不希望作家成为全面深入地掌握马克思主义的理论家。在他看来,有的人可能是一个很好的艺术家,然而不是辩证唯物主义者。他反对拉普(俄罗斯无产阶级作家协会的简称)提出的辩证唯物主义方法,而主张把社会主义现实主义作为苏联文学的基本方法,这个问题后面还要讲到。

斯大林进一步提出了作家的阶级立场和世界观与他的创作的关系问题。根据马克思主义的观点,两者之间是一种对立统一的辩证关系。前者对后者既有制约、影响的一面,同时后者又有能动的一面,这使得两者之间有时存在着差异和矛盾。恩格斯在致玛·哈克奈斯的信中谈到巴尔扎克时说:"不错,巴尔扎克在政治上是一个正统派,他的全部同情都在注定要灭亡的那个阶级方面,但是,尽管如此,当他让他所深切同情的那些贵族男女行动的时候,他的嘲笑是空前尖刻的,他的讽刺是空前辛辣的。而他经常毫不掩饰地加以赞赏的人物却正是他政治上的死对头——圣玛丽修道院的共和党英雄们,这些人在那时(1830~1836年)的确是代表人民群众的。这样,巴尔扎克就不得不违反自己的阶级同情和政治偏见,他**看到了**他心爱的贵族们灭亡的必然性,从而把他描写成不配有更好命运的人;他在当时唯一能找到未来的真正的人物的地方**看到了**这样的人,——这一切我认为是现实主义最伟大的胜利之一,是老巴尔扎克最重大的特点之一。"[1]1929年斯大林在谈到《土尔宾一家的日子》时明确地说布尔加科夫不是自己人,说他站在反苏维埃的立场上要写反苏维埃的东西,可是说了自己不愿意说的话,他笔下的主人公承认人民反对他们,除了

---

[1] 《马克思恩格斯选集》,第4卷,人民出版社,1974年,第463页。

屈服没有别的办法,从而说明共产主义具有摧毁一切的力量。当然这个剧本根本没有巴尔扎克的作品的广度和深度,但是其中表现出的作者世界观与创作的矛盾则是一样的。斯大林对它的分析所遵循的基本观点是与恩格斯的观点一致的。他后来还运用这个观点来说明果戈理的创作。1937年他在与德国作家福伊希特万格谈话时曾经强调指出"不能把作家的世界观与他的作品混为一谈",这样说道:"就拿果戈理和他的《死魂灵》作为例子。果戈理的世界观无疑是反动的。他是一个神秘主义者。他绝不认为农奴制应当崩溃。认为果戈理想要与农奴制作斗争的看法是不对的。这一点可由他的充满反动观点的通信来说明。然而果戈理的《死魂灵》违背他的意志,以其艺术真实对40、50、60年代好几代革命的知识分子以巨大的影响。"①

斯大林特别重视文学作品的真实性。他所说的真实性是指作品是否真实地反映客观现实生活而言。在评价苏联文学作品时,他特别注意这些作品有没有真实反映苏联人民的生活和斗争,有没有传达出他们的思想和感情,有没有表现那种把生活引向前进的东西。而对历史题材的作品,则要求有文献资料作为依据,所写的事件和人物以及所作的评价符合历史真实。特别要指出一点,即斯大林并不主张粉饰生活,并不喜欢一味歌功颂德的作品,相反,他看重那些深刻地揭示生活中的矛盾和斗争的作品。肖洛霍夫在他的《静静的顿河》中写了顿河地区尖锐复杂的阶级斗争,他的《开垦的荒地》则对农业集体化运动的过火现象作了描述,斯大林在指出某些缺点的同时都加以肯定。又如乌克兰剧作家柯涅楚克在战争年代的1942年写了一个叫做《前线》的剧本,尖锐地揭露了部队高级领导之间的矛盾,同样得到斯大林的肯定。这些作品下面还要具体谈到。

---

① 《斯大林文集》,第14卷,第2版,联盟信息出版中心,2007年,第178页。

根据西蒙诺夫的回忆,在评斯大林奖金时斯大林支持的和推崇的作品"与轻松地表现生活毫不沾边",当时他肯定潘诺娃的《旅伴》、涅克拉索夫的《在斯大林格勒战壕里》和卡扎凯维奇的"悲歌式"的小说《星》,赞扬潘诺娃另一部表现各种矛盾和冲突的小说《克鲁日利哈》,说它写得很真实。四五十年代之交,当"无冲突论"成为一种重要的错误倾向影响不少作家的创作时,斯大林站出来进行批判,号召作家大胆地表现生活中的矛盾和冲突。他在1952年2月26日的会议上谈到戏剧创作时说:

> 我们的戏剧创作状况不佳。有人说喜欢毕尔文采夫的剧本,因为那里写了冲突。于是主张写国外的生活,因为那里有冲突。似乎我们生活中没有什么冲突。似乎在我们生活中没有坏蛋。这样一来剧作家认为是禁止他们写反面现象。批评家总是要求他们写理想人物,写理想的生活。如果谁的作品里出现某种反面的东西,就马上对他发起攻击。巴巴耶夫斯基在他的一本书中谈到一个妇女,一个普通的、落后的妇女,说到一些参加了集体农庄、后来退出了的落后的人。于是有人立即攻击他,说这不可能,要求我们的一切都是完美的,说我们不应当表现生活的不好的一面,而事实上我们正应当表现生活的不好的一面。他们这样说,似乎我们这里没有坏蛋了,而我们这里是有坏人和下流胚的。我们还有不少虚伪的人,不少坏人,应该同他们进行斗争,不表现他们就意味着犯了违背真实的错误。既然有恶存在,就应当进行惩治。我们需要果戈理。我们需要谢德林。我们还有不少的恶,还有不少缺点。远不是一切都好。索夫朗诺夫发表了这样的看法,说没有冲突就写不出好剧本。没有冲突怎么能写剧本呢。好在我们是有冲突的。生活中是有冲突的。这些冲突应当在戏剧中得到反映,——否则戏剧就不存在

了。而实际上剧作家所描写的一切反面的东西都受到攻击，结果他们害怕了，就完全不再写冲突了。而没有冲突就没有深度，就没有戏剧。戏剧因此而遭到损害。为了使我们有戏剧，应当讲清这一点。我们这里还有恶人，坏人，——应当对剧作家说明这一点。可是批评家却对他们说，我们这里没有。因此我们的戏剧才会这样贫乏。①

斯大林反复说苏联生活中是有矛盾和冲突的，剧作家应该加以表现，这样他们的作品才是符合真实的，才有深度。这里他讲的虽然只是戏剧创作，但是他的这一论述对整个文学创作都是适用的。在他讲话后不久，《真理报》于1952年4月7日发表题为《克服戏剧创作的落后现象》的编辑部文章，强调指出，"无冲突的庸俗'理论'"对创作极其有害。根据斯大林讲话的精神，马林科夫在第十九次党代表大会上所作的总结报告中谈到对作家和艺术家的要求时提出两个"必须"，一是"必须在作品中无情地打击在社会中仍然存在的恶习、缺点和不健康现象"，二是"必须创造正面的艺术形象，表现新型人物光辉灿烂的人格"，同时指出在小说和戏剧方面缺乏讽刺作品，并按照斯大林的说法提出了"我们需要苏维埃的果戈理和谢德林"的口号。

五

我们知道，作家不同的阶级立场、政治态度、伦理道德观念、审美理想等社会价值观念必然会在他们的作品中表现出来，使作品具有不同的倾向性。斯大林不同意用"左倾"或"右倾"来表示这些不同的倾向。他在1929年2月2日答比尔－别洛采尔科夫

---

① K.西蒙诺夫:《我这一代人的看法——关于斯大林的思考》，书籍出版社，1990年，第204～205页。

斯基的信中说：

> 我认为在文艺方面（以及在戏剧方面）提出"右倾分子"
> 和"左倾分子"的问题这一提法的本身是不正确的。"右倾"
> 或"左倾"的概念目前在我国是党的概念，更确切地说，是党
> 内的概念。"右倾分子"或"左倾分子"就是离开真正党的路
> 线而倾向于这一或那一方面的人。因此，把这些概念应用于
> 像文艺、戏剧等等**非**党的和无比广阔的领域，那就奇怪了。
> 这些概念在文艺界党的（共产党的）某个小组里还可以应用。
> 在这种小组里可能有"右倾分子"和"左倾分子"。但是在文
> 艺发展的现阶段，把这些概念应用于有各种各样的流派以至
> 反苏维埃的和完全反革命的流派的文艺界，那将是把一切概
> 念都颠倒了。如果在文艺界运用阶级方面的概念甚至"苏维
> 埃的"、"反苏维埃的"、"革命的"、"反革命的"等等概念，那
> 是最正确的。[①]

同年 2 月 12 日他在与一批乌克兰作家座谈时作了进一步的
说明，说道：

> 对不起，我不能要求文学家必须成为共产党员和必须宣传
> 党的观点。对小说文学来说需要有另一些标准：不革命的和革
> 命的、苏维埃的和非苏维埃的、无产阶级的和非无产阶级的。
> 但是不能要求文学是共产主义的。人们经常说：右的或左的剧
> 本。"那里描写了右的危险。例如《土尔宾一家》是文学中右
> 的危险，或者譬如说被禁演的《逃亡》是右的危险。"同志们，这
> 是不对的。右的或左的危险是纯粹的党的（现象）。右的危险

---

① 《斯大林全集》，中译本，第 11 卷，人民出版社，1985 年，第 280 页。

说的是人们有些离开党的路线,是国内的右的危险。左的危险是离开党的路线偏向左边。难道文学是党的? 这不是党。当然文学要比党广泛得多,它需要另一些更加一般的尺度来衡量。那里可以说文学的无产阶级的和反无产阶级的性质,工农的和反工农的性质,革命的和非革命的性质,苏维埃的和反苏维埃的性质。要求小说文学和作者们宣传党的观点,那就得把所有非党作者赶走。是不是这样?①

大家都知道,列宁于 1905 年在《党的组织和党的出版物》首次论述了文学的党性原则,提出了"无党性的写作者滚开! 超人的写作者滚开!"的口号。② 斯大林的看法和提法似乎有所不同。他于 1950 年 3 月 6 日在审批斯大林奖金获奖作品的会上对此作了说明,这样说道:

人们经常使用"无党性的写作者滚开"这句引文。但是并不明白它的含义。列宁的这句话是什么时候说的? 那时我们还处于在野的地位,我们需要把人们吸引到我们这边来。那时人们有的在这边,有的在那边。那时社会革命党和孟什维克也都往自己一边拉人。当我们处于在野地位时,我们曾反对无党性,向无党性开战,以便建立我们的阵营。而在掌握政权后,我们就应为整个社会负责,为共产党员和党外人士的联盟负责——这一点不要忘记。当我们处于在野地位时,我们曾反对夸大民族文化的作用。我们的那些关于反对民族文化的话曾被立宪民主党人利用,被他们用来掩盖自己以及他们的形形色色的同伙。但是现在我们赞成民族文化。应当懂得,我们在野

---

① 《电影艺术》1991 年第 5 期,第 135 页。
② 《列宁选集》,中文版,第 1 卷,1995 年,第 663 页。

时和我们执政后采取的是两种不同的立场。有过这么一个人，他叫什么名字来着？是的，叫阿维尔巴赫。起先他还是必需的，后来就成为对文学的诅咒了。①

斯大林不同意用"左倾"和"右倾"等比较笼统的概念来表示文学的倾向性，而主张用阶级方面的概念来表示，也就是说，肯定文学的阶级性，这无疑是正确的。他认为共产党执政后情况发生了变化，担负起了团结和教育全国、促进文学的发展和繁荣的任务，因而觉得不宜再提当年列宁提出的"无党性的写作者滚开"的口号，这无疑也是有道理的。至于说到"党性"的概念，如果把它视为阶级性的集中表现，那么提文学的党性还是可以的。

根据马克思主义的关于基础和上层建筑的学说，文学作为一种特殊的意识形态属于一定经济基础之上的上层建筑，具有阶级性，而且是促进自身的基础的巩固以及帮助消除旧基础和旧阶级的巨大的积极力量。斯大林似乎一直从这个基本观点出发来看待文学，在肯定它的阶级性的同时，重视发挥它的社会作用。斯大林在谈到苏联文学应该发挥的社会作用时，特别强调它的教育作用，他形象地把文学创作称作"生产灵魂"的特殊的精神生产。1932 年 10 月 26 日他在高尔基寓所与四十余位党内外作家座谈时提出，文学创作这种特殊的精神生产，同机器、飞机、坦克的生产相比，具有"头等的重要性"。出席座谈会的伏罗希洛夫不完全同意他的意见，插话说："这要看什么时候。"斯大林坚持自己的意见，接着说："不，伏罗希洛夫同志，如果坦克里的人的灵魂是腐朽的，那么您的坦克就一钱不值。不，生产灵魂要比生产坦克重要。"然后他对自己的看法作了进一步的发挥，对在座的作家说：

---

① K.西蒙诺夫:《我这一代人的看法——关于斯大林的思考》，书籍出版社，1990年，第 174 页。

"我们国家的各种生产都是与你们的生产相联系的。如果不了解一个人如何参加社会主义生产,那么你们的生产是无法进行的。刚才有人说得对,作家不应待在一个地方不动。他们应当了解国家的生活……人往往受生活本身的改造。但是也请你们帮助他进行灵魂的改造。生产人的灵魂是一种重要的生产。你们是人类灵魂的工程师。"①"作家是人类灵魂的工程师"这句话是对作家的劳动的性质以及他应起的作用和担负的重大社会责任的高度概括。

具体说来,斯大林要求这些"人类灵魂的工程师"在他们的作品里展示生活中进步的和美好的东西,揭露落后的和腐朽的东西,以培养读者的积极的生活态度和高尚的道德情操;要求文学作品真实反映苏联的现实生活,宣传社会主义制度的优越性,以坚定广大人民群众的社会主义信念,动员他们积极投身到社会主义建设事业中去;要求文学作品塑造先进人物的形象,为人们树立学习的榜样;要求文学作品在写历史题材时,忠实于历史,着重表现优秀的历史传统和起过进步作用的历史人物,以此来进行爱国主义教育。

斯大林认为,文学作品要发挥其教育作用,必须为人民群众所了解和爱好。他主张采用群众易于理解和乐于接受的叙述方式和艺术手段。他对现代主义文学持保留和批判的态度,除了这样的作品不符合他自己的审美趣味外,还由于难于为广大普通读者所接受,无法发挥其作用。在音乐方面,他曾对形式主义的倾向进行过批评,而在绘画方面,则不接受抽象派的作品。

在各种文学体裁当中,斯大林特别重视剧本。这不仅是与他对戏剧的爱好有关,更重要的是他认为这种体裁更适合于群众,能产生较大的效果。1932 年 10 月 20 日他在高尔基寓所举行的

---

① 《文学问题》1991 年第 5 期,第 156、157、166 页。

与共产党员作家的座谈会上说：

> 我认为现在我们所需要的主要是剧本。我的意思完全不是想说我们不需要长篇小说、中篇小说、短篇小说和特写；所有这些文学类别与剧本一样能起巨大作用，也都是我们需要的。但是我们应该知道，剧本、戏剧完全是对人施加艺术影响的特殊类别。
>
> 无论是长篇小说、中篇小说、短篇小说和特写，都不能对读者的思想感情产生像剧院里上演的剧本对观众产生的那样的影响。此外，由于纸张短缺，书籍不能使所有愿意读的人都能读到，再说不是任何一个劳动者在一天八小时工作后都能读篇幅大的好书。而我们关心的是如何让每一部有助于社会主义建设、有助于改造人的心理使之倾向社会主义的好书都能为千百万劳动人民所享用。
>
> 书籍还不能满足这千百万人的需要。而剧本、戏剧能够做到。

接着他举具体例子来说明群众需要剧本。他说，图拉的工人在莫斯科把某剧院包了一个月，成群结队地来看戏；莫斯科的职员也这样做。他又说，阿菲诺盖诺夫的剧本《恐惧》上演后，观众已达几百万，长篇小说在这样一个短时间内是很难拥有这么多的读者的。最后他说："这一切说明，作家们应当给我们写比目前更多的剧本。"[1]

斯大林同样重视电影。1932 年联共（布）中央通过《关于苏联电影业》的决议，要求改进电影业，加强它的技术基础，提高电

---

[1] 《书刊大检查——苏维埃国家内的作家和新闻记者（1917～1956）》，文件汇编，民主国际基金会、大陆出版社，2005 年，第 261 页。

影作品的质量和保证社会主义现实主义在这一部门取得胜利,指出,电影应当以高质量的作品反映建设社会主义的斗争以及这一斗争中的英雄人物,反映无产阶级及其政党和职工会的历史道路,反映国内战争的历史,为动员劳动人民为增强苏联国防能力的目的服务。1935年1月11日在苏联电影第十五周年之际,斯大林在给电影总局舒米亚茨基的信中说:

> 苏维埃政权所掌握的电影是一种巨大的、不可估计的力量。
> 电影具有从精神上影响群众的特别巨大的可能性,它帮助工人阶级及其政党以社会主义精神教育劳动者,组织群众为社会主义而斗争,提高群众的文化水平和政治战斗力。①

再讲一下斯大林如何对待文化遗产的问题。我们知道,十月革命前后,无产阶级文化派曾否定文化遗产,提出建立纯粹的无产阶级的阶级文化的主张,当时曾遭到列宁的严厉批评。与此同时,在文学界也出现过对文学遗产的历史虚无主义思潮。斯大林主张批判地继承和发扬文化传统,正确对待文化遗产。他在刚才提到过的1932年10月先后在高尔基寓所召开的两次座谈会上都谈了这个问题。他在10月20日的座谈会上说:"伊里奇教导我们,不了解和不保存人类的全部旧文化经验,我们就建不成新的社会主义文化。② 辩证法不仅要求否定旧的,而且要求保存它,如

---

① 《斯大林文集(1934~1952)》,中文版,人民出版社,1985年,第38页。
② 列宁于1920年10月2日在共青团第三次代表大会上的讲话中曾这样说:"应当明确地认识到,只有确切地了解人类全部发展过程所创造的文化,只有对这种文化加以改造,才能建设无产阶级文化,没有这样的认识,我们就不能完成这项任务。"(见《列宁选集》,中文版,第4卷,人民出版社,1995年,第285页。)

果你们能向作家们讲清这个简单的道理并使他们相信它，这就不坏。"①斯大林把正确对待旧文化的问题提高到是否遵循辩证法的理论高度。这话主要是针对某些主张"辩证唯物主义方法"的拉普领导人说的。他在 10 月 26 日的座谈会上又说："这里大家都反对旧的，——为什么一切旧的都不好？谁说过这样的话？你们以为在这之前一切都不好，一切旧东西应当消亡？谁对你们这样说的？伊里奇总是说，我们把旧的拿来，用它来创造新的。推陈出新，为我所用。我们有时用旧东西的糟粕来掩盖自己，让自己觉得暖和些。不要害怕，不要急于把一切都消灭。"②他的这一看法得到了在座的高尔基的赞同。在这之后，在文学研究中恢复了"人民性"的概念，文学界普遍重视古典文学遗产的批判继承，重视出版古典文学作品，许多古典名著进入了中学课堂，而在 1937 年普希金逝世一百周年时举办了盛大的纪念活动。这一切显然是得到斯大林的同意和支持的。

以上简要地介绍了斯大林的文学思想。从中可以看出，他对文学的一些基本问题的论述与马克思、恩格斯、列宁是一致的，而有时根据客观情况的变化，在少数问题上作了发挥，提出了一些新的看法。当然，他的某些个别论点和提法还可以讨论。但是可以认为，他基本上继承了和在一定程度上发展了马克思列宁主义的文学思想。他的文学思想并没有过时，他的某些观点仍然保持着巨大的现实指导意义。

第三节　斯大林关于社会主义现实主义的论述

苏联文学的创作方法问题的提出。——斯大林不

---

① 《书刊大检查——苏维埃国家内的作家和新闻记者（1917～1956）》，文件汇编，民主国际基金会、大陆出版社，2005 年，第 265 页。

② 《文学问题》1991 年第 5 期，第 167 页。

同意拉普的"辩证唯物主义方法"。——确定"社会主义现实主义"作为苏联文学的创作方法。——"社会主义现实主义"写入第一次苏联作家代表大会通过的苏联作家协会章程,正式成为苏联文学基本的创作方法。——这一创作方法对苏联文学的发展的积极作用和消极影响。

我们知道,在1934年召开的苏联第一次作家代表大会上,社会主义现实主义被确定为苏联文学的基本创作方法。过去在谈到这一创作方法时,对斯大林的论述以及他在将其确定为苏联文学基本创作方法方面所起的作用语焉不详。下面根据已经发掘出来的各种文献资料专门谈一谈这个问题。

一

苏联的社会主义文学萌芽于20世纪初。当时在新的历史条件下,一批革命作家在继承19世纪俄罗斯批判现实主义文学传统的基础上有所创新,创作了一批作品,其中最有代表性的是高尔基的《母亲》。这些作品具有不同于以往俄罗斯的批判现实主义文学的明显的特点。十月革命的胜利为这种新文学的发展创造了极为有利的条件。涌现出了一大批新作家,他们很快成为文坛的主力军。他们创作出了一大批新作品,其中那种不同于传统的现实主义的新特点更加凸显出来。苏联文学界的许多著名人士各显其能,纷纷提出各种术语来界定这种新的文学现象,这些术语包括"无产阶级现实主义"、"社会现实主义"、"英雄现实主义"、"新现实主义"、"辩证现实主义"等等。其中"无产阶级现实主义"这一术语在一定时间内曾得到比较广泛的采用。值得注意的是,他们都将其称为"现实主义",在"现实主义"前加一个修饰语,以说明它不同于以往的现实主义。

当时最大的作家组织拉普的领导人对这个问题也特别重视。他们开头也提出过一些类似的说法，要求实行现实主义的方针，认为无产阶级文学的道路是宏伟的、英雄主义的和浪漫主义的现实主义的道路。从中可以看出，他们曾一度主张过现实主义和浪漫主义的结合。到了 20 年代末，他们开始制订新的纲领。在1928 年四五月间举行的全苏无产阶级作家第一次代表大会上，法捷耶夫和利别进斯基作了关于艺术纲领的报告，但未能提出具体建议。同年年底拉普书记处专门讨论关于制订艺术纲领问题。在这之后，在 1929 年出版了由上述第一次代表大会文献汇编成的文集《无产阶级文学的创作道路》(第 2 卷)。值得注意的是文集的《后记》中有这样一段话：

> 本文集的作者属于一个通称为"岗位派"的文学批评流派……我们由于在政治方面有共同的观点而联合在一起，同时在艺术纲领问题上也持有共同的立场，把自己看作一个正在形成的无产阶级文学派别；我们正在着手创建一个以制订辩证唯物主义艺术方法为己任的学派。我们是在撕下一切假面具(列宁论托尔斯泰语)的现实主义旗帜下，揭露浪漫主义者掩盖真相和粉饰现实的现实主义艺术的旗帜下行动的。①

这个后记在某种程度上可以看作一篇独特的宣言，表达了拉普领导人此时达成的共识。它宣布自己是一个"正在形成的文学派别"，并提出了自己的艺术纲领。接着法捷耶夫于 1929 年 9 月 22日在拉普理事会第二次全体会议作了发言，这篇发言以"打倒席勒"为题发表在《文学报》上。发言中进一步明确地说：

---

① 《无产阶级文学的创作道路》，第 2 卷，国家文学出版社，1929 年，第 303 页。

按照我们的观点,什么样的方法可以成为并将成为无产阶级基本的、主导的艺术方法呢？我们以为,最彻底的,即辩证唯物主义的方法可以而且将要成为这种最先进的、主导的艺术方法。[①]

接着他又于 1930 年 5 月在列宁格勒州第三次无产阶级作家代表会议上作题为《赞成做辩证唯物主义的艺术家》的发言,这样说道:

无产阶级需要那样一种文学,它能够通过平常的、假象的、所有人都观察到的东西,揭露出现实的、真正的东西,揭露出本质,当然,同时又要保持感觉的具体性和所描写的东西的"直接性",否则它就不成其为文学。

为了实现这项任务,无产阶级艺术家应该站在无产阶级世界观的高度,应该掌握辩证唯物主义方法,并善于在他们的创作中运用这一方法。[②]

这里想专门提一下,在苏联文艺学中"创作方法"(或"艺术方法")这个术语是拉普首先使用的。一般人们都认为他们是把哲学上"方法"的概念移植到文艺学中。但是也有可能是从国外引进的。有的学者指出,18 世纪德国诗人歌德就运用过"创作方法"这个概念。歌德在其《谈话录》里这样说道:"古典诗和浪漫诗的概念现已传遍全世界,引起许多争执和分歧。这个概念起源于席勒和我两人。我主张诗应采用从客观世界出发

---

① A. 法捷耶夫:《三十年间》,苏联作家出版社,1959 年,第 72 页。
② A. 法捷耶夫:《三十年间》,苏联作家出版社,1959 年,第 72 页。

的原则,认为只有这种**创作方法**才可取。但是席勒却用完全主观的方法去写作,认为只有他那种**创作方法**才是正确的。(黑体字是引者改的。)"①歌德从文学与客观世界的关系出发,初步界定了现实主义和浪漫主义这两种不同的创作方法。法捷耶夫在他题为《打倒席勒》的发言中对席勒进行了批判,他对歌德的这段谈话想必是了解的,因此有可能"顺便地"把"创作方法"的术语引了进来。

拉普在制订他们的艺术纲领时,自然要找各种根据。我们知道,拉普一直宣称自己忠于党,与党保持一致,有时甚至以党的代言人的姿态出现。因此他们认为自己的艺术纲领最好能与党的决议和决定一致。他们也许认为他们的"辩证唯物主义方法"是符合俄共(布)中央于 1925 年 6 月 18 日通过的《关于党在文学方面的政策》的决议的精神的,因为《决议》第 6 条这样说:"辩证唯物主义向完全新的领域(生物学、心理学、一般自然科学)渗透的过程已经开始了。在文学领域夺取阵地,也同样地早晚应当成为事实。"②决议讲的是作为世界观和作为哲学上的思想方法的辩证唯物主义,而不是拉普的理论家们讲的创作方法。显然他们未能分清这一点,而把两者混淆起来了。因此决议不能成为他们提出辩证唯物主义创作方法的依据。

由于拉普是最大的作家组织,同时又具有以上所说的那种特殊地位,因此他们提出的"辩证唯物主义方法"便很快流传开来,得到一些人的赞同,但是也为不少人所不理解和不接受。

斯大林一直注视着文学界形势的变化和发展。他曾对拉普表示支持。但是到 20 年代末,当形势的发展要求广泛地团结各派作家共同为发展社会主义文学而努力时,他发现高傲自大、采

---

① 《歌德谈话录》,中译本,人民出版社,1988 年,第 221 页。
② 《苏联文学艺术问题》,中文版,人民文学出版,1956 年,第 5 页。

取宗派主义态度和小圈子手段的拉普已成为文学事业进一步发展的绊脚石,经过再三考虑,决定解散拉普,成立单一的苏联作家协会。1932年4月23日联共(布)中央做出了《关于改组文艺团体》的决议,并着手筹备召开第一次苏联作家代表大会和成立苏联作协。这是斯大林作出的重大决策,下面还要详细介绍。在组织上采取这一重大步骤的同时,当然需要制订共同的艺术纲领。确定苏联文学的基本创作方法的问题显得更加迫切需要解决。斯大林同时具体抓了这个问题。

《关于改组文艺团体》的决议公布后,联共(布)中央政治局成立了一个由斯大林、卡冈诺维奇、波斯特舍夫、斯捷茨基和格隆斯基组成的委员会,以处理被解散的拉普的领导人的申诉,实际上是为与他们交换意见和讨论问题搭了一个平台。根据委员会成员、当时备受斯大林信任和重视的格隆斯基的回忆,委员会所做的一件重要工作是邀请拉普的领导人讨论创作方法问题。

二

在开会讨论的前一天,斯大林把格隆斯基叫去谈话。根据他的回忆,他到斯大林那里时,看见斯大林正在读拉普领导人不同意中央决议的声明。斯大林问他对这些声明有什么看法,他说应当对他们的无理要求进行谴责和批驳。这时斯大林说:"改组文艺团体的组织问题中央委员会已经解决了,绝对没有重新作出决定的任何理由。没有解决的是创作问题,其中主要的是关于拉普提出的辩证唯物主义创作方法的问题。明天开会时拉普的人毫无疑问会提出这个问题。因此我们在开会前需要确定自己对它的态度:是接受它,或者相反,还是否定它? 您对此有什么建议?"①格隆斯基说他没有现成的建议,在回答斯大林的问题时说

---

① 《文学问题》1989年第2期,第146页。

了三点：一、坚决反对接受拉普的创作方法，认为他们把马克思列宁主义的哲学（辩证唯物主义）机械地搬来用到文艺上；二、讲了革命前的进步文学的创作方法批判现实主义，认为它没有引导文学脱离资本主义社会；三、指出现在的文学是批判现实主义文学的进一步发展，是在完全新的历史条件下，在无产阶级社会主义运动时期形成的，它不是从一般民主的观点，而是从工人阶级及其斗争的观点来观察社会生活的所有现象的。他认为无论就社会理想还是就审美理想来说这都是全新的文学，新的创作方法应该反映它的这些特点，他建议称之为**无产阶级社会主义的现实主义**，而称为**共产主义现实主义**则更好些。①

斯大林听了格隆斯基的建议后回答说：

> 您正确地指出了苏联文学的阶级的、无产阶级的性质，正确地说明了我们整个斗争的目标。但是艺术创作方法应当能团结所有的文艺活动家，我们有无必要在它的定义中专门说明甚至强调苏联的文学和艺术的无产阶级性质？试想，这样做没有多大必要。指出工人阶级斗争的终极目标——共产主义，这也是对的。但是要知道我们暂时还把从社会主义过渡到共产主义的问题作为**实际**任务提出来。会有这样一天，这个任务无疑将作为**实际**任务在党面前提出来，但这事不会很快就发生。把共产主义作为实际目标提出来，您就有点跑得太快了。您找到了解决问题的正确办法，但是表达得并不完全恰当。如果我们把苏联文学的创作方法称为**社会主义现实主义**，您以为如何？这个定义的优点，第一，在于它简短（总共只有两个词）；第二，好理解；第三，指出了文学发展的继承性（在资产阶级民主的社会运动时期出现的批判

---

① 《文学问题》1989年第2期，第146～147页。

现实主义文学过渡到、转变为无产阶级社会主义运动阶段的社会主义现实主义文学）。①

格隆斯基没有坚持自己的提法,同意了。

由此看来,对斯大林和格隆斯基来说,苏联文学是现实主义文学这一点是毫无疑义的,这与文学界的许多人看法相同。问题在于如何界定这种新的现实主义文学。格隆斯基提出了自己的看法,斯大林作了修正,最后定名为"社会主义现实主义"。事情就这样决定了。

斯大林建议格隆斯基在第二天召开的会议上发言批判拉普的辩证唯物主义创作方法,声明党不支持这个方法,决定用另一个方法——社会主义现实主义方法来代替它。格隆斯基回答说,最好还是由斯大林自己来讲,这样更好和更有权威。

斯大林把这次谈话的内容告诉了委员会的一些成员,要他们对第二天的会议做好充分准备,"因为同拉普领导人的争论将会是很不轻松的"。

出席第二天会议的有委员会成员以及拉普和沃拉普等团体进行申诉的五六人,其中包括阿菲诺盖诺夫、伊列什、基尔顺和雅申斯基。会上这些申诉者提出了两个建议:一、在统一的苏联作家协会内成立享有自治权的独立的无产阶级文学分会;二、接受拉普的辩证唯物主义艺术创作方法为统一的作家协会的基本创作方法。

根据格隆斯基的回忆,会议由波斯特舍夫主持。会上发生激烈的争论,申诉者很快在组织问题上作了让步(收回了在作协内成立无产阶级文学分会的建议),但他们坚持自己的创作方法坚持了很长时间,而且态度坚决。基尔顺发言不少于十五次,阿菲

---

① 《文学问题》1989 年第 2 期,第 147~148 页。

诺盖诺夫发言四次,其余的人也表了态。委员会方面主要由斯大林讲,他发言十至十五次,斯捷茨基则两次发言,耐心地向他们说明他们的错误,最后终于说服了他们。他们终于收回了他们的辩证唯物主义创作方法,赞同社会主义现实主义方法。遗憾的是,这次会议似乎没有做记录,不然的话可以从中了解斯大林对辩证唯物主义创作方法的详细分析和批判以及对社会主义现实主义方法的具体论证。

在这次会议后,格隆斯基于 1932 年 5 月 20 日在莫斯科文学小组积极分子会议上讲话时谈到了社会主义现实主义方法。5 月 23 日《文学报》在关于这次会议的报道(题为《保证文学小组创作活动的一切条件——在莫斯科文学小组积极分子会议上》)中引用了格隆斯基关于社会主义现实主义的一段话。当时他是这样说的:"关于方法问题需要不抽象地提,需要不把这件事说成这样,似乎作家应该先学习辩证唯物主义课程,然后才写作。我们对作家的基本要求是——写真实,实实在在地描绘我们的本身是辩证的现实。**因此作为苏联文学的基本方法的是社会主义现实主义方法**。"后来《文学报》在 5 月 29 日的题为《着手工作吧》的社论里重复了这些话。这是关于这个创作方法的最早的披露。格隆斯基说他在说明社会主义现实主义方法时没有引什么人的话,因为这个说法不是属于单独的某个人的,"它是通过集体的探索和努力找到的,先由政治局的委员会批准,然后又由联共(布)中央政治局确认"。①

上面曾经提到1932 年 10 月斯大林曾先后两次在高尔基寓所与作家们座谈。在这两次座谈会上关于创作方法问题是主要内容之一。他在 10 月 20 日与党员作家座谈时说:

---

① 《文学问题》1989 年第 2 期,第 150 页。

我想关于浪漫主义和辩证唯物主义方法说几句。这个问题我曾与阿维尔巴赫谈过，我有这样的印象，觉得你们提出这些问题和试图加以解决的方法都不对。

　　为什么你们要一位非党作家必须知道辩证法的规律？为什么这位作家应当采用辩证方法写作？托尔斯泰、塞万提斯、莎士比亚并不是辩证论者，但是这并不妨碍他们成为大艺术家。他们都是大艺术家，每个人在自己的作品里按照自己的方式反映自己的时代反映得并不坏。而如果赞成你们的观点，那么就应当承认他们不能成为很好的大语言艺术家，因为不是辩证论者，即不了解辩证法规律。

　　你们把你们在这些问题上的不正确观点灌进作家们的脑袋里，这简直把他们弄糊涂了。例如列昂诺夫曾请求我说一说：有没有、我知道不知道这样一本讲辩证方法的书，读了它马上可以掌握这个方法。瞧，你们对如何把辩证法规律运用于作家的创作所做的错误的繁琐哲学的解释已在很大程度上塞满了作家的脑袋。你们忘记了，对这些规律并不是一下子就能掌握的，并不是任何时候在艺术作品的创作上都必须运用它。①

　　这里斯大林提到著名作家列昂诺夫对他的请求。确实列昂诺夫和另一位著名的非党作家弗谢沃洛德·伊万诺夫大约在1930 年底到 1931 年初给斯大林写过信，信中这样说道："我们非常希望能够见到您，谈一谈当代苏联文学。您就一系列与工业经济、农业等相关的问题发表的意见，使得如何解决我们建设中的许多极其重要的问题变得非常清楚了。而在有关文学的事情方

---

① 《书刊大检查——苏维埃国家内的作家和新闻记者（1917～1956）》，文件汇编，国际民主基金会、大陆出版社，2005 年，第 264 页。

面却缺乏这样的明确的党的观点,这就促使我们恳求您哪怕能抽出很短的时间给我们谈一下,尤其是因为我们非常了解您经常关心这个艺术部门。"①这封信写得言辞恳切,反映了许多著名作家的愿望和要求,同时也透露出他们对拉普推行他们的"辩证唯物主义方法"的不理解和不满。

斯大林接着说:

> 我讲这些话并不想说明作家根本不一定需要了解辩证法的规律。相反,只有掌握思维的辩证方法,作家才能真正地认识和领会他周围发生的现象和事件;只有做到这一点,他才能在自己的创作中达到与革命的社会主义思想相适应的高度艺术性。但是这样的知识不是立刻就能得到的。

> 想当年我也曾是一个非党人士,不了解辩证法的规律,对许多事情弄不清。但是年长的同志们并不因此而推开我,而是教会了我如何掌握辩证方法。我也不是立刻学会这一点。而你们在这些问题上对待非党作家的态度上表现出不能容忍,完全不会做工作。你们不懂得不能要求一位非党作家立刻成为辩证论者。你们对运用于艺术创作的辩证方法的理解是对这一方法的庸俗化。②

斯大林的关于辩证唯物主义方法说了这一长段话,大概是因为在座的党员作家有很大一部分是拉普成员。从这一段话来看,他并不否认作家需要掌握思维的辩证法,但是这只是作家真正认识和了解生活的指导思想,作家要使自己的作品具有高度的思想

---

① 《书刊大检查——苏维埃国家内的作家和新闻记者(1917～1956)》,文件汇编,民主国际基金会、大陆出版社,2005 年,第 194 页。

② 《书刊大检查——苏维埃国家内的作家和新闻记者(1917－1956)》,文件汇编,国际民主基金会、大陆出版社,2005 年,第 265 页。

性以及与之相适应的高度的艺术性,还必须具有对生活的深刻认识和进行创作的艺术才能。同时他反对把辩证唯物主义方法强加于人,尤其是强加于非党作家,因为这个辩证法的规律不是立刻就能掌握的,需要有一个学习和领会的过程,而在暂时未能掌握的情况下,如果作家对生活有深刻了解,仍然能发挥他的艺术才能写出有价值的作品来。斯大林对拉普提出的辩证唯物主义创作方法的批评,除了指出他们的庸俗化倾向外,还指出他们提倡这个方法不利于团结广大作家,尤其是非党作家。

在这次座谈时,斯大林还谈到浪漫主义问题。他说:

什么是浪漫主义? 浪漫主义是现实的理想化,美化。但是应当知道:是对什么样的现实的理想化? 当然,席勒是浪漫主义者。但是席勒属于这样的浪漫主义者,因为他的浪漫主义充满着对贵族资产阶级的理想主义。席勒的理想主义的浪漫主义当代作家是不需要的。莎士比亚也有很多浪漫主义。但这是另一种浪漫主义。

在高尔基创作的第一个时期,在他的作品中也有许多浪漫主义。但是高尔基的浪漫主义是奋起为夺取政权而斗争的新的阶级的浪漫主义。高尔基对人的理想化是对新的未来的人的理想化,是对未来新的社会制度的理想化。作家需要这样的浪漫主义。我们需要这种能把我们推向前进的浪漫主义。我不想以此把浪漫主义与革命的现实主义对立起来。

对我们时代来说,革命的社会主义现实主义应当成为文学中主要的基本的流派。但是并不因此作家就不能利用浪漫主义流派的方法。不过应当知道——什么时候使用某一方法,将其用于什么和如何使用。

马克思阅读和研究的不仅是莎士比亚的作品,而且也阅读和研究大仲马的作品。应当知道，马克思是在什么时候，在什么样的条件下，为什么和为了什么目的阅读这些作家的作品的？应当懂得：他为了什么需要知道这些作家的创作。不应拿马克思来吓唬人。应当理解他的生活、他的工作、他的方法。那样才能既理解浪漫主义，又理解革命的社会主义现实主义；也才能理解它们的运用。①

从斯大林的这段话看来，他并不一概反对浪漫主义，他主张区分美化贵族资产阶级的浪漫主义与对未来的人和制度理想化的浪漫主义，反对席勒的浪漫主义而肯定高尔基早期创作的浪漫主义。他认为社会主义现实主义应当成为文学中主要的和基本的流派，但是与此同时作家也可利用浪漫主义的方法，不过他强调应知道何时使用、用于什么和如何使用。据格隆斯基回忆，斯大林无论在什么时候和什么场合都未曾说过社会主义现实主义和革命的浪漫主义是两个同等的方法这样的话。②

在10月26日的座谈会上拉普领导人之一基尔顺提了这样一个问题："斯大林同志，您如何看待世界观的作用？"斯大林立刻明白他提的这个问题的意思，大声回答道："您是说辩证唯物主义，辩证法。可以成为一个很好的艺术家，但不是唯物辩证论者。有过这样的艺术家。譬如说，莎士比亚。"另一位拉普领导人阿维尔巴赫似乎不大同意，大声地说："是这样，但是，斯大林同志，我们想要创造的是社会主义艺术。"这时斯大林平静地继续说道："我觉得如果有人很好地掌握了马克思主义，掌握辩证唯物主义，他就不写诗了，成为经济领导人或者进中央委员会。现在大家都想

---

① 《书刊大检查——苏维埃国家内的作家和新闻记者（1917～1956）》，文件汇编，国际民主基金会、大陆出版社，2005年，第265页。

② 《文学问题》1989年第2期，第153页。

进中央委员会。"他的话引起哄堂大笑。有人问，难道诗人不能够成为辩证论者？斯大林回答道："不，能够成为。如果他能成为辩证唯物主义者，那就很好。但是我想说，到那时也许他不想写诗了。当然，这是开个玩笑。但是你们不应让艺术家的脑袋里塞满各种论点。艺术家应该真实地表现生活。如果他将真实地表现我们的生活的话，那么他就不能不在其中看到、不能不表现那种把生活引向社会主义的东西。这就是社会主义现实主义。"①

斯大林的说法与他在上次座谈会上讲话基本相同，不过他特别强调对一个作家来说真实地表现生活的重要性，认为只要能够真实地表现出把生活引向社会主义的东西，这就是社会主义现实主义。

三

社会主义现实主义的创作方法提出后，得到许多人的赞同。在1932年11月29日至12月3日召开的苏联作家协会筹委会第一次全体会议上，与会者一致支持这一方法。在这之后，文学界展开了讨论。居于讨论中心的问题之一，是世界观与艺术方法的问题，人们在论述两者的关系时，继续对拉普的辩证唯物主义方法进行批判。再就是社会主义现实主义作为一种新的创作方法的特征问题、社会主义现实主义与革命的浪漫主义的关系问题等等。许多文学界的著名人士都参加了这次讨论并发表了自己的意见。

在这些人当中，卢那察尔斯基的意见引起了广泛的注意。他在1933年2月举行的苏联作家协会筹委会的第二次会议上做过一个题为《苏联戏剧创作的道路和任务》的报告(后来发表时改名为《社会主义现实主义》)，其中谈到了社会主义现实主义。首先

---

① 《文学问题》1991年第5期，第167页。

他指出这也是一种现实主义,是忠于现实的,这种现实主义"富于动能",它"把现实理解为一种发展,一种在对立物的斗争中的运动"。他认为同社会主义现实主义并列的还可以有一种"社会主义浪漫主义",这种浪漫主义跟资产阶级的浪漫主义截然不同等等。① 他对拉普的辩证唯物主义创作方法进行了有力的批判。他不否认一位作家掌握社会学和哲学方面的辩证唯物主义是一件好事,但是"这绝不是说,艺术家应该**先**花很多工夫去考虑怎样用辩证唯物主义的方法写作,怎样把辩证法的规律应用到艺术创作上,**然后**才写作。假如在创作过程中只是死死记住辩证唯物主义的个别原理,也要犯错误"。②

根据格隆斯基的回忆,是政治局指定卢那察尔斯基做那个报告的。事先格隆斯基向他介绍了政治局讨论的情况和最后的意见,并审核了他的报告提纲。因此报告的内容与中央的精神基本上是一致的。斯大林曾给它以高度的评价。

在拉普领导人当中有人立即放弃了他们原有的辩证唯物主义创作方法,接受了社会主义现实主义。其中法捷耶夫表现得最为突出。他在系列文章《旧与新》的第四部分《艺术创作的问题》(发表于 1932 年 11 月 11 日的《文学报》,后改名为《论社会主义现实主义》)中批评了他原来提倡的辩证唯物主义创作方法,说"现在大家已经很清楚,这样提问题是死啃书本,是教条主义的,给苏联文学带来了不小害处"。他赞成社会主义现实主义,承认它是苏联文学中占统治地位的流派,认为它是当代"真正的现实主义",因为"我们国家是正在胜利前进的社会主义的国家,因为按照我们时代的基本倾向真实描绘现实的当代艺术家是以社会

---

① 《卢那察尔斯基论文学》,中文版,人民文学出版社,1978 年,第 54、60 页。
② 《卢那察尔斯基论文学》,中文版,人民文学出版社,1978 年,第 65 页。

主义观点来描绘这个现实的"。① 后来,1935 年 4 月 10 日,他在给那位与他一起共同进行创作方法的理论研究的"战友"利别进斯基写信说:"很遗憾,在拉普时期只有你我两人试图深入研究艺术特性的问题。我感到震惊,我们离真理是那么地近! 但是十分可惜,这一切都由于我们缺乏知识、教条主义和派别斗争受到了歪曲。"②这实际上是在进行自我批评。法捷耶夫参加了将要成立的苏联作家协会的章程的起草。在章程草案公布后,他曾和另一位起草人尤金一起联名发表题为《社会主义现实主义是苏联文学的基本方法》的文章(见 1934 年 5 月 8 日《真理报》),对这一创作方法进行解释。③ 可以说,法捷耶夫是转变得最迅速和最彻底的人。

第一次苏联作家代表大会经过两年多的筹备,终于在 1934年 8 月 17 日开幕了。这次大会历时两周,于 9 月 1 日闭幕。关于这次大会筹备和召开的情况下面还要作具体介绍,这里只讲会上社会主义现实主义是如何被正式确定为苏联文学的基本创作方法的。斯大林没有出席大会,由联共(布)中央委员会书记日丹诺夫代表党中央和苏联政府向大会致辞,他在讲到社会主义现实主义时是这样说的:

> 斯大林同志称呼我们的作家为人类灵魂的工程师。这是什么意思呢? 这个称号给你们加上了些什么责任呢?

> 这就是说,第一,要知道生活,以便善于在艺术作品中把它真实地描写出来,不是繁琐地、不是死板地、不是简单地描写"客观的现实",而是要从其革命发展中描写现实。

> 并且,艺术描写的真实性和历史具体性,必须和那以社

---

① A. 法捷耶夫:《三十年间》,苏联作家出版社,1959 年,第 91、98 页。
② 《新世界》1961 年第 12 期,第 191 页。
③ 见 A. 法捷耶夫:《三十年间》,苏联作家出版社,1959 年,第 125~129 页。

会主义精神从思想上改造和教育劳动人民的任务结合起来。这种文学创作和文学批评的方法,就是我们称之为社会主义现实主义的方法。[①]

高尔基在他的报告中只一般地提了提社会主义现实主义,说它"认定存在是行动,是创造,它的目的是为了人之征服自然界力量,为了人的健康和长寿,为了住在大地上的伟大的幸福,从而不断地发扬人的最有价值的个人的才能,人根据自己的需要的不断增长,要把整个大地改造为联合成一家的全体人类的美妙的住宅"。[②] 布哈林在其关于诗歌的报告里对社会主义现实主义作了理论上的论证,不过他的报告和其他报告一样是经联共(布)中央审定的,并不完全代表他个人的意见。

社会主义现实主义作为苏联文学的基本方法,写进了大会通过的苏联作家协会章程。章程里是这样写的:

在无产阶级专政的年份中,苏联文学和苏联文学批评,与工人阶级一同前进,由共产党所领导,已经创造出了自己新的创作原则。这些创作原则,其形成一方面是由于对过去文学遗产的批判地摄取,另一方面是根据对社会主义胜利建设经验与社会主义文化成长的研究,已经在社会主义现实主义原则中找到了自己主要的表现。

社会主义现实主义,作为苏联文学与苏联文学批评的基本方法,要求艺术家从现实的革命发展中真实地、历史地和具体地去描写现实。同时艺术描写的真实性和历史具体性必须与用社会主义精神从思想上改造和教育劳动人民的任

① 《日丹诺夫论文学与艺术》,中文版,人民文学出版社,1959 年,第 9 页。
② M.高尔基:《论文学》,中文版,人民文学出版,1978 年,第 134 页。

务结合起来。

　　社会主义现实主义保证艺术创作有特殊的可能性去表现创造的主动性,选择各种各样的形式、风格和体裁。①

　　这段话讲了社会主义现实主义的形成过程、它对艺术家和艺术创作的基本要求以及艺术创作的社会作用。

　　尤金在关于作家协会章程的报告中对社会主义现实主义作了详细的说明。他说:"对现实进行描写的真实性并不意味着自然主义地反映现实,不是经验主义地再现随时随地遇到的和每天碰到的东西。对现实的真实描写要求艺术家了解社会发展的历史前景、倾向和规律,在观察到的所有东西中揭示典型的、基本的和有代表性的东西。"他强调指出:"社会主义现实主义就其实质来说是批判的。批判和摧毁旧的东西,批判地对待一切与我们敌对的以及与社会主义精神格格不入的、可是却还扎根于我们生活之中的东西,是社会主义现实主义的重要任务之一。"尤金还谈到不能把社会主义现实主义归结为艺术创作中的一种风格,他说:"风格是从属现象,是社会主义现实主义中的个别因素。在作为方法的社会主义现实主义中,允许有无限多的风格、体裁、形式、手法等。"②大会专门成立一个审议章程的委员会,该委员会对章程草案理论部分有关创作方法的条文提出了一个意见。草案中原来是这样写的:"社会主义现实主义保证艺术创作有特殊的可能性去表现创造的主动性,选择各种各样的形式、**方法**(黑体字是引者改的)和体裁。"委员会建议把"方法"("метод")二字改为"风格"("стиль")。③ 这个意见被接受了。

---

① 《苏联文学艺术问题》,中文版,人民文学出版,1956 年,第 13 页。

② 《第一次苏联作家代表大会(1934 年)》,速记记录,国家文学出版社,第 666 ~ 667 页。

③ 《第一次苏联作家代表大会(1934 年)》,速记记录,国家文学出版社,第 671 页。

就这样,社会主义现实主义写进了苏联作家协会的章程,正式确定为苏联文学的基本创作方法。

综上所述,斯大林在社会主义现实主义确定为苏联文学的基本创作方法方面起了主导作用。他在如何表述这新的创作方法上进行了深入的思考和反复的掂量,最后敲定了"社会主义现实主义"这一术语。然后充分发扬民主,亲自参加讨论和争论,做大量的解释和说服工作,终于取得了绝大多数作家的同意和支持,最后写进了第一次苏联作家代表大会通过的苏联作家协会章程,成为作家们应该共同遵守的准则,因此格罗莫夫称他为"社会主义现实主义之父"①,这是有一定根据的。某些西方人士把社会主义现实主义说成是第一次苏联作家代表大会把共产党的这一指示强加给苏联作家的,这样说是违背事实的。

社会主义现实主义被确定为苏联文学的基本创作方法后,曾对苏联文学的发展起过积极作用,这可由在这之后出现的一大批优秀作品来证明。这个事实是否定不了的。不过后来由于种种原因,也曾产生过一些消极影响。这也是事实。问题在于作家当中有的人对这个方法的指导原则没有正确领会,也有一些"过分热心的"拥护者抱着"宁左勿右"的想法,在实际行动中做得过了头。举例来说,社会主义现实主义自从提出后直到写进章程都称之为苏联文学的"基本方法",这意思是说,这不是苏联文学唯一的创作方法,它还有别的创作方法,尤其是许多人指出革命的浪漫主义也是方法之一。可是在实际上,有的人"独尊"社会主义现实主义,贬低和排斥其他方法。这种倾向也波及艺术表现手法的选用上,只重视写实,而轻视其他手法。这不能不影响苏联文学创作的丰富性和多样性。另一个问题是如何描写现实的问题。

---

① E.格罗莫夫在他的著作《斯大林:艺术与权力》(艾克斯莫出版社,2003年)中讲社会主义现实主义的一节以《社会主义现实主义之父》为标题。见该书第162页。

社会主义现实主义要求艺术家从现实的革命发展中真实地、历史具体地描写现实。现实的革命发展充满新与旧的斗争，因此在描写现实时必须肯定和颂扬新事物，否定和批判旧事物。上面提到尤金在他的报告中强调社会主义现实主义就其本质来说是批判的。可是有的人忽视现实生活中新与旧的矛盾和斗争，把社会主义现实主义描写真实的原则片面理解为主要是肯定和歌颂新事物，不重视揭露现实生活的阴暗面和批判各种阻碍社会前进的旧事物，甚至宣扬"无冲突论"，走上粉饰生活的道路。这不能不歪曲现实，给文学创作造成损害。所有这些做法是违背社会主义现实主义的初衷的，造成的损失不应归罪于社会主义现实主义本身。

上面讲了社会主义现实主义创作方法形成的全过程和基本原则。这样把它的来龙去脉说清楚，把它的基本要求讲明白，对客观地评价这种方法以及总结和吸取经验教训是必要的、有好处的。

第二章　斯大林的文学政策

这一章将按照时间顺序,结合斯大林领导文学的具体活动讲他实行的文学政策。第一节讲20世纪20年代到30年代上半期的情况,重点将讲他作出的解散拉普成立统一的苏联作家协会的决策以及实施这个决策的过程,同时还将介绍扶植文学事业的各种具体措施。第二节从30年代下半期讲起,一直讲到50年代初,其中将讲到大清洗这个全国性的政治运动给文学界造成的后果,以及在文学艺术界开展的历次思想批判(包括1946年对《星》和《列宁格勒》两杂志的批判)产生的影响。斯大林在领导文学的过程中密切注视文学创作的情况,读了许多作品,对其中的某些作品发表了评论,他的这些评论既反映了他的文学观点以及他的审美理想和审美趣味,也在很大的程度上体现了他的文学政策。本章将专设《斯大林的文学批评》一节加以介绍。

第一节　20年代至30年代上半期的文学政策

20年代上半期文学界的情况。——1925年俄共(布)通过《关于党在文学方面的政策》的决议的过程及其主要内容。——斯大林具体抓文学工作的开始。——1932年4月23日联共(布)中央通过《关于改组文艺团体》的决议及其引起的反响。——第一次苏联作家代表大会的筹备过程。——第一次苏联作家代表大会的召开和斯大林对这次大会的看法。——大会前后采取的一系列扶植文学的措施。

斯大林是在 1922 年 4 月 3 日俄共(布)中央委员会全体会议上当选为中央政治局委员和中央委员会总书记的。斯大林担任总书记后的最初一个时期,大概由于各种原因,其中包括他的地位还不稳固,党内斗争十分激烈,而且当时正处于社会经济状况比较复杂,需要制定各种应变的方针和政策,工作千头万绪,因此暂时没有更多地具体抓文学工作,但是他对文学界的情况还是注意的。这几年他就社会主义条件下的民族文化问题发表过几次意见。到 20 年代末,情况才发生了变化。各种具体的政策都是在这之后制定和实施的。

一

1922 年夏天,政治局根据托洛茨基的提议,开会讨论了如何支持年轻作家和艺术家的问题。托洛茨基在 6 月 30 日的信中对党中央可能对从事创作的年轻人丧失影响力表示担心,他写道:"对他们没有或者几乎没有表示任何关心,更确切地说,对个别人的关心是由个别苏维埃工作人员偶然地表示的,或者说是用原始的方法表示的。从物质方面来说,我们甚至把最有才华的和革命的人推向资产阶级的或与我们敌对的出版社,在那里年轻的诗人被迫向他们看齐,就是说隐瞒对我们的同情。"托洛茨基建议由莫斯科和彼得格勒两地的书刊检查总局机关对年轻的诗人、作家和艺术家进行严肃认真的登记造册,为每个诗人设立一个专门的文件夹,收集有关他的传记以及文学关系和政治关系等方面的材料,为书刊检查机关审查通过他的作品和党的批评家进行评论提供依据,同时根据这些材料提供物资上的支持。托洛茨基还提出实行"个性化的"稿酬和创办非党的纯艺术的刊物,为发表具有个人"倾向"的作品提供园地等。①

斯大林对托洛茨基的建议作出了响应。他在 7 月 3 日给政治局委员们写信,信中说:"在我看来,托洛茨基同志提出的通过物质上和精神上支持的办法争取接近我们的年轻诗人的问题,提得很及时。"他认为苏维埃文化现在刚刚开始形成,"看来这种文化应当在倾心于苏维埃的年轻诗人和文学家在新的领域与形形色色反革命的流派和团体进行斗争的过程中成长起来;把具有亲苏维埃情绪的诗人团结成一个核心,并在这场斗争中千方百计地支持他们,任务就在于此。"不过斯大林不同意托洛茨基提出的把文学家托付给书刊检查机关或另一个国家机关来管理的做法,主张让作家们成立自己独立的组织来管理自己。他说:

> 我认为团结年轻文学家最合适的形式是独立的,譬如说"俄罗斯文化发展协会"那样的组织,或这一类的团体。试图把年轻作家拴在书刊检查委员会或某个"公家的"机关上,就意味着把这些年轻人推开,把事情搞坏。最好让一位必须是党外的、但是亲苏维埃的人士,譬如说弗谢沃洛德·伊万诺夫,来领导这样的团体。物质上的支持,直至这样或那样形式的资助是绝对必需的。②

这是斯大林第一次明确提出不赞成由国家机关直接领导和管理作家的做法,而主张成立独立的作家组织,通过它实行领导和管理。后来他就实行这样的方针。

20 年代苏联文学界的一个特点是流派众多,团体林立。从

---

① 转引自《文学的幸福——国家与作家(1925 至 1938 年)文件汇编》,俄罗斯政治百科全书出版社,1997 年,第 9～10 页。

② 《斯大林文集》,第 17 卷,北方王冠学术出版公司,2004 年,第 151 页。

20 年代初开始,陆续成立了一些新的文学团体,如"锻冶场"
(1920)、"谢拉皮翁兄弟"(1921)、全俄农民作家联盟(1921)、"工
人之春"(1922)、"青年近卫军"(1922)、"十月"(1922)、莫斯科
无产阶级作家协会(简称莫普,1923)、左翼艺术阵线(简称列夫,
1923)、构成主义者文学中心(1924)、"山隘"(1924)、拉普(1925)
等。其中"十月"是由"工人之春"、"青年近卫军"以及从"锻冶
场"分裂出来的一部分人组成的,并以它为基础成立了莫普,这是
拉普的前身。到 1925 年 1 月全苏无产阶级作家代表会议后,拉普
才正式成立。各个团体都分别发表了自己的纲领或宣言,陈述了
自己的文学观点。其中一部分团体主要由知识分子组成,它们的
成员都在不同程度上拥护革命,但受到资产阶级文艺思潮和美学
观点的影响,如"谢拉皮翁兄弟"曾宣扬过艺术不问政治,反对任
何倾向性和功利主义;列夫坚持未来派的某些观点,又提出"建设
生活的艺术"和"生产的艺术"的口号,否定艺术的特点,把艺术创
作等同于物品的制作;构成主义者文学中心则宣扬技术第一,忽
视社会矛盾,鼓吹"苏维埃的西欧主义"等等。"山隘"从其成分来
看,既有工农作家,又有知识分子出身的人,其中有些成员曾接受
了托洛茨基否定无产阶级文学的观点,在艺术创作上夸大直觉和
下意识的作用。由少数老革命作家和大批出身工农、多数参加过
革命斗争的年轻人组成的最大的文学团体拉普提倡无产阶级新
文学,大方向是正确的。但是他们当中的不少人患有"左"派幼稚
病,思想上妄自尊大,理论上受庸俗社会学影响,组织上搞宗派主
义和关门主义,这无疑是不利于文学的健康发展和作家队伍的团
结的。各个团体都通过自己创办的刊物宣扬自己的观点,对不同
观点提出批评,在一些重要的文学问题上展开了激烈的争论,整
个文学界处于各行其是的涣散状态。斯大林担任总书记后面对
的就是这样一种情况。

　　当时俄共(布)中央领导和有关部门看到了文学界的状况和

存在的问题,开始进行引导和加强领导。1923 年 4 月,俄共(布)第十二次代表大会关于宣传鼓动和出版的决议中,正式把加强党对文学工作的领导问题提上日程。为了加强出版工作(其中包括文学)的领导,1924 年俄共中央专门设立了出版部。同年 5 月 9日中央就党在文学艺术领域的政策问题召开了专门会议,党的一些著名活动家和各大文学团体的代表出席了会议。会议的任务是起草《关于出版的决议》。这个决议写进了不久召开的俄共(布)第十三次代表大会的决议,其中说道:

> 党在文学方面的主要工作应该面向在苏联广大人民群众提高文化过程中成为工农作家的工人和农民……工农作家成长的基本条件是在党的,尤其是在党的文学批评的全力帮助下在艺术上和政治上更加认真地进行自我修养,摆脱狭隘的小团体主义。
>
> 与此同时,必须经常不断地支持那些从学校里以及通过与共产党员一起同志式的工作培养出来的所谓同路人中最有才华的人。必须进行始终不渝的党的批评,这种批评要在突出和支持有才华的苏联作家的同时,指出这些作家可能由于对苏维埃制度的性质不够理解而产生的错误,促使他们克服资产阶级偏见。
>
> 代表大会认为任何一个文学流派、派别或团体都不能和不应代表党说话,强调必须调整好文学批评问题,按党的观点对苏维埃的和党的刊物上发表的文学样板作品作尽可能充分的说明。[①]

---

① 《关于党的和苏维埃的出版(文件汇编)》,《真理报》出版社,1954 年,第310~311 页。

这里基本上说明了党对各派作家的看法以及对他们的态度，而强调任何派别都不能代表党说话，主要是针对常常以党的代表自居、企图取得文学中的领导地位的拉普的。代表大会的决议使用了"同路人"这个术语。根据一些学者的考证，这个术语是从19世纪德国社会民主党人那里引进的。究竟谁首先使用，说法不一。有人认为卢那察尔斯基在1920年就使用了，有人则认为首先使用的是托洛茨基。它用来表示那些大多不出身于工农，同情和支持革命，但是思想复杂并处于变动状态的党外作家。20年代经常使用这个术语，后来虽然不怎么用了，但是这一类型的作家依然存在，继续在文学生活中起着作用。

　　1925年初，俄共（布）中央决定制定一个关于文学问题的正式文件。为此政治局成立了一个专设委员会，由布哈林、加米涅夫、托姆斯基、伏龙芝、古比雪夫、安德烈耶夫、卢那察尔斯基和瓦列依基斯（当时任中央出版部部长）组成。从这个名单来看，委员会由一些党的重要领导人和知名人士参加，甚至还有一位著名的红军将领。斯大林没有直接参加这项工作，他将其托付给当时还是他的朋友、思想观点还比较一致的布哈林。专设委员会于1925年2月13日召开会议，经过讨论，决定由布哈林起草决议，草案先由瓦列依基斯、布哈林、伏龙芝和卢那察尔斯基审议，然后提交委员会讨论。在专设委员会3月3日召开的会议上伏龙芝发表了讲话，他说："在文学领域里，也像在所有艺术领域里一样，无疑应当努力使无产阶级争得牢固的地位，这一原则性路线我认为是正确的。"他对岗位派提出了批评，说道："他们所推行的实际上是行政强制的路线，是通过打击的途径把文学抓到自己手里的路线，这条路线是不对的。通过这样的途径是不能建立无产阶级文学的,倒是有损于无产阶级的政治。"①

布哈林起草这项题为《关于党在文学方面的政策》的决议草案经过讨论和修改,成为俄共(布)中央的正式决议,于7月1日在《真理报》和《消息报》上同时公布。尽管斯大林没有具体参加决议的制定,但是通过时应该是征求他这位总书记的意见,求得他的同意的。因此可以作这样的推断,他是认同这项决议的,或者虽有保留,但没有明确地提出反对意见。决议关于文学界形势的估计、关于文学艺术的本质问题、关于无产阶级作家和"同路人"以及各个流派的政策问题、关于加强党的领导问题等,都作了说明。决议指出,"正如一般阶级斗争在我国没有停止一样,阶级斗争在文学战线上也没有停止。在阶级社会中没有而且不可能有中立的艺术,虽然一般艺术的阶级本性,特别是文学的阶级本性,其表现形式拿政治来比,要更为无限地多样。"决议接着指出,在实行无产阶级专政时期,摆在无产阶级政党面前的任务之一是从思想上把技术知识分子和其他一切知识分子从资产阶级那里争取过来,使他们为革命服务。决议强调"文学方面的领导权是属于整个工人阶级的","无产阶级作家的领导权现在还没有,而党应当帮助这些作家赢得掌握这个领导权的历史权利","在用一切方法帮助他们成长,并千方百计地支持他们及其组织的同时,用一切手段防止他们当中出现摆共产党员架子这种最有害的现象","用一切方法与那种对旧文化遗产和文学专家的轻率和蔑视的态度作斗争"。决议还提出"农民作家应受到友好的接待和享有我们无条件的支持",帮助他们在创作上不失掉农民文学特色的前提下转移到无产阶级思想的轨道上来;对"同路人"的总的要求是"得体地和谨慎地对待他们,即采取为保证他们尽快地转到

---

① 《十月革命前后的苏联文学流派》,中文版,下册,上海译文出版社,1998年,第557~559页。

共产主义思想方面来提供一切条件的态度"。决议强调"在正确无误地认清各个文学流派的社会阶级内容的同时,党总的说来绝不能因对**文学形式方面**的某一流派有好感而使自己受到束缚",提倡"各个集团和派别的自由竞赛"。①

在当时实行新经济政策的条件下,决议的精神总的说来是比较民主和宽松的,允许创作的多元化和不同流派的自由竞赛。

到 20 年代末,苏联国内的形势发生了巨大变化。经济恢复时期已经结束,新经济政策不再实行,社会主义建设全面展开。1928 年开始实行第一个五年计划,1929 年开展了农业集体化。新经济政策时期曾一度活跃起来的资本主义势力受到了致命打击。社会主义深入人心,整个社会的情绪发生了明显的变化,群众的政治热情普遍高涨。在这总的形势下,文学界也相应地出现一些新的动向。首先被称为"同路人"的作家思想上都有不同程度的转变。不少人开始接受社会主义,进一步向苏维埃政权靠拢。"红色伯爵"A. 托尔斯泰开始承认他作为艺术家的一切都是十月革命给予的。曾是"谢拉皮翁兄弟"的成员的费定后来在回忆录里谈到如何逐渐感觉到和最后承认"我们的目标是共同的",这就是"创作战争和革命时代的新文学"。许多人认识到为了实现共同的目标,必须加强团结。在这方面著名诗人、"列夫"的首领马雅可夫斯基表现得最为突出,他主动提出加入拉普,并建议"列夫"的其他成员也这样做。不同派别的作家曾经做过一些实现联合的尝试。由于作家们思想发生了变化,一些文学团体开始不再坚持他们提出的纲领,派别活动也有所减少。应该说,当时的形势对加强作家队伍的团结是有利的。

与此同时,无产阶级作家队伍进一步壮大,到 20 年代末,总

---

① 《关于党的和苏维埃的出版(文件汇编)》,《真理报》出版社,1954 年,第 343~346 页。

人数达到四千来人。早已成为最大的文学团体的拉普，影响也愈来愈大。应该说，这个组织曾在团结年轻作家和组织文学生活方面发挥过一定的积极作用。但是它的领导人可以说有一种天生的"左"派幼稚病，"唯我独革"，妄自尊大，排挤和打击思想观点不同的人，乱扣帽子，乱打棍子，而在组织上实行小团体主义和关门主义，把一切与他们思想和志趣不合的人拒之门外。在创作上，则根据他们的庸俗社会学观点，提出了一些似是而非的口号。上面提到过，俄共（布）十三大的决议以及伏龙芝的讲话曾对拉普的这些表现提出过批评。但是几年过去了，拉普领导人仍我行我素，在某些方面甚至变本加厉。他们无视"同路人"当中发生的变化，继续采取一律排挤和打击的政策，甚至提出了"没有同路人，只有同盟者或者敌人"的口号，公开认为在新形势下，许多"同路人"作家已经不能再"同路"了，他们已变成敌人了。他们对作家当中要求团结的呼声置若罔闻。一个突出的例子是他们没有对马雅可夫斯基提出加入拉普的要求表示由衷欢迎的态度，在接纳他时对他进行教训，提出一大堆要求，要求他"必须同过去决裂"，同"习惯的重负"和对诗歌的"错误见解"决裂等等。就是对已参加拉普的作家，他们也进行无端的挑剔，例如对肖洛霍夫就是如此，认为他还不是真正的无产阶级作家。拉普内部也派别斗争不断。到二三十年代之交，出现了拉普领导人与以别泽绵斯基、维什涅夫斯基、罗多夫等人为首的"文学阵线派"之间的论战，发生了与以比尔－别洛采尔科夫斯基为代表的"无产阶级戏剧派"之间的争执，争执的双方甚至直接向斯大林"告状"，寻求他的支持。更为严重的是，在领导班子内部老成员阿维尔巴赫、利别进斯基、基尔顺、谢利瓦诺夫斯基、叶尔米洛夫和法捷耶夫与新成员潘菲洛夫、伊利延科夫、斯塔夫斯基等人之间出现了分歧并发展成为公开的冲突。而在创作方面，拉普领导人继续提出各种口号，例如"诗歌杰米扬化"、"撕下一切假面具"、"为伟大的布尔什维主义艺术而斗争"等,并且如同在上面讲斯大林的文学思想时已经分析过的那样,把艺术方法和哲学方法混为一谈,无视艺术认识世界和反映世界的特殊性,提出了辩证唯物主义创作方法作为苏联文学的基本方法,在文学界引起了很大的思想混乱。总之,文学界尽管发生了一些积极的变化,但是还处于人心涣散、争吵不休的状态之中。

二

上面提到过,斯大林在担任总书记的一定时间内,由于种种原因,没有具体抓文学工作,不过他对文学是关心的,对文学界的情况是了解的。到 20 年代末,他本人的情况发生了重要的变化。首先,他先后战胜了托洛茨基派以及季诺维也夫和加米涅夫的新反对派,随后又粉碎了托季联盟,接着又击败了布哈林集团,在党内斗争中取得了决定性胜利,巩固了自己作为党的最高领导人的地位,政治威望大大提高。在他的领导下,社会主义建设已全面开展起来。也许可以说,到这时他已有余力具体抓他一向关心的文学。他大概是从 1929 年开始这样做的。这一年他先后写了三封有关文学的信(《答比尔–别洛采尔科夫斯基》《答拉普的共产党员作家们》和《致费里克斯·康同志》),与一批乌克兰作家座谈,发表了与文学创作有关的文章《群众的竞赛和劳动热情的高涨》。他看到了文学界发生的变化和存在的问题,便着手解决这些问题。

自然,制定与新的形势相适应的方针政策问题处于他注意的中心。其中的一个重要方面是如何加强作家队伍的团结问题。在他的领导下,联共(布)中央有关部门开始酝酿关于党在文学方面的政策的新决议,从 1930 年 3 月起,着手做这项工作。从 1931 年 1 月由当时的中央宣传鼓动部长斯捷茨基负责起草的决议草案来看,文学政策尚未作重大的改变,对拉普的工作基本上还是肯定的,说它"在党的领导下基本上贯彻了正确的路线,成为团结所有共产主义力量的中心和文学政策的支撑点"①,根本没有提出解散它的问题。可是一年多后,1932年4月23日联共(布)中央通过的《关于改组文艺团体》的正式决议却提出了这个问题,并决定成立单一的苏联作家协会。这决议大概是主要根据斯大林的意见重新起草的,斯大林曾亲笔对草稿作了增删。其中是这样说的:

几年前,当文学中还存在实行新经济政策头几年特别活跃起来的异己分子的相当大的影响,而无产阶级文学的干部还很薄弱的时候,党曾用一切办法帮助成立和巩固文学艺术方面的独特的无产阶级组织,目的是为了巩固无产阶级作家和艺术家的阵地。

现在,当无产阶级文学艺术干部已经成长起来,新的作家和艺术家已经从工厂和集体农庄中涌现,现有的无产阶级文学艺术组织(伏阿普、拉普、拉姆普②等)的框架已显得狭窄,并且有碍于艺术创作的重大发展。这种情况造成这样一种危险,可能使这些组织从一种最能动员苏联作家和艺术家参与解决社会主义建设任务的手段变成培植封闭的小圈子的手段,脱离当前的政治任务和大批同情社会主义建设的作家和艺术家。

因此必须相应地改组文艺团体并扩大其工作基础。③

---

① 《文学的幸福——国家与作家(1925至1938年),文件汇编》,俄罗斯政治百科全书出版社,1997年,第103页。

② 伏阿普为全苏无产阶级作家协会联合会的简称,拉姆普应为拉普姆,是俄罗斯无产阶级音乐家协会的简称。

③ 《关于党的和苏维埃的出版(文件汇编)》,《真理报》出版社,1954年,第431页。

根据以上所说的原因,联共(布)中央决定解散伏阿普和拉普,成立单一的苏联作家协会。

决议以简明的语言讲了文学界的形势已发生了显著变化,原有的无产阶级文学艺术组织已不能适应新的要求,反而会对艺术创作的发展起阻碍作用,因而决定解散拉普等团体,成立单一的苏联作家协会。这是斯大林果断地作出的一项重大决策。关于斯大林为什么下这么大的决心解散拉普,曾有过各种各样的推测。例如有人认为拉普成员大多年轻好胜,桀骜不驯,狂妄自大,有时甚至目无中央,斯大林并不喜欢他们,不过在20年代上半期新文学的力量还比较薄弱的情况下,不得不借重他们,而等到情况发生变化,就把他们抛开。又如有人根据拉普的一些领导人曾在尖锐复杂的党内斗争中一度站在托洛茨基一边这一点,就认为斯大林不信任他们,一直伺机搞掉他们等等。这些说法并不完全符合事实,因此需要说一说斯大林与拉普之间的关系。

拉普成员除了少数老一代革命作家外,大多是一些年轻人。他们是在国内战争结束后参加到文学战线来的一支文学新军。其中有的人是放下枪杆拿起笔杆的,有的人则是离开车床和犁杖进入文学创作队伍的。法捷耶夫曾这样描述当时的情况:"我们一浪接一浪涌进文学界,我们人数很多。我们带来了自己的生活经验,自己的个性。"①这些人政治热情高,他们坚持文学的社会主义方向和现实主义的写作方法,反对形形色色的资产阶级思想和颓废的文学观点,同时有一定的生活积累,并且勇于探索,敢于创新,给文学创作带来了新的思想、新的人物和新的题材,创作出了一批有分量的作品。斯大林对这样一支新文学的队伍自然是欢迎、支持和依靠的,并寄予厚望。这支文学新军很快建立了自己的作家组织,这就是上面提到过的作为瓦普核心的拉普。拉普的

①　A.法捷耶夫:《三十年间》,苏联作家出版社,1959年,第464页。

成立,恐怕与斯大林不无关系。它是1925年1月召开全苏无产阶级作家代表会议后正式成立的。1月10日斯大林曾就召开代表会议一事给瓦普写信,接着于2月2日与出席会议的代表谈无产阶级文学问题。在这期间,他还多次会见当时拉普的主要领导人瓦尔金。可惜至今未见斯大林的信件的原件和他的谈话记录,不然可以了解具体情况。

拉普的领导人虽然自视甚高,有时甚至显得比较狂妄,俨然以文学界的领导者自居,但是他们对党的领导还是尊重的,曾一再作这样的表示。有人认为这是他们吸取了无产阶级文化协会的教训。当年无产阶级文化协会曾坚持自治的组织原则,遭到了列宁的严厉批评,随即进行了改组,成为教育人民委员会的一个部分。拉普领导人曾经不止一次地宣布要服从党的领导,严格实行党的路线和方针政策。虽然有时与党的有关职能部门有过龃龉,但是对中央是顺从和忠诚的,对斯大林尤其是如此。1929年12月,在斯大林五十岁生日时,拉普的二十位著名活动家,其中包括阿维尔巴赫、阿菲诺盖诺夫、叶尔米洛夫、马特·扎尔卡、基尔顺、利别进斯基、绥拉菲莫维奇、法捷耶夫等,给"亲爱的斯大林同志"写信表示祝贺(此信刊登于《在文学岗位上》第12期)。还有一件事可以说明他们对斯大林的忠诚。1931年6月斯大林在经济工作人员会议上发表了题为《新的环境和新的经济建设任务》的讲话,拉普领导人立即作出反应,通过了一个关于斯大林的讲话和拉普的任务的决议,强调讲话中提出的全部问题也是关于无产阶级文学为列宁主义创作方法而斗争的问题等等,当然这是牵强附会的和可笑的,但是从中可以看出拉普领导人对斯大林的一片忠心。由此可见,斯大林不可能因为拉普的领导人"不听话"而把这个组织解散。

拉普的一些领导人和活跃分子,例如早期的瓦尔金和列列维奇以及后来的阿维尔巴赫等人,确实曾支持过托洛茨基,但是很难说这影响了斯大林对拉普的态度，以至于要把它解散。应该说，拉普的这些人物都很有政治头脑，例如阿维尔巴赫早在 1925 年见到托洛茨基失势后，就在公开场合当众宣布与托洛茨基主义断绝关系，而且确实也是这样做的，他曾与接受托洛茨基观点的"山隘派"首领沃隆斯基进行了坚决的斗争。斯大林对他们还是比较信任的，先支持瓦尔金，后又支持阿维尔巴赫担任拉普的主要领导人，尤其是阿维尔巴赫担任总书记的时间较长，一直到解散拉普。至于到 30 年代下半期大清洗时这些人遭到惩治，主要是因为在那样大规模的政治运动中相当普遍地出现了扩大化问题。

那么斯大林究竟对拉普是什么态度呢？他在上面提到过的于 1929 年 2 月 28 日《答拉普的共产党员作家们》这封信中首次比较明确地说明了他对拉普的看法。这封信具体讲的是拉普领导人与"无产阶级戏剧派"的代表人物比尔－别洛采尔科夫斯基之间的争执。拉普的刊物《在文学岗位上》对比尔－别洛采尔科夫斯基进行了攻击，把这位写有《风暴》和《地下的声音》等剧本的无产阶级剧作家称为"失去本阶级属性的流氓无产者"，"客观上的阶级敌人"等。斯大林认为这种批评基本上是不正确的，而且问题在于"拉普在文学战线不会作正确的部署，不会在这条战线这样配置力量，以便能够在战斗中自然地赢得胜利，也就是说，能够打赢与'阶级敌人'的战争"。这里他没有就事论事，而把拉普对比尔－别洛采尔科夫斯基的批判和否定看作他们不会在文学战线上作正确的战斗部署的问题。接着他进一步发挥说："一位不能在战线上把自己的突击师和力量薄弱的师、骑兵和炮兵、正规军和游击队部署在适当位置上的军事长官就不是好长官。一位军事长官如果不善于考虑所有这些不同的部队的特点并在统一的和不可分割的战线上进行不同的使用，说句难听的话，这算什么军事长官？我担心拉普有点像这样的军事长官。"他还说：

"你们自己想一想,你们总的路线基本上是正确的;你们有足够的力量,因为你们拥有一系列的机构和机关刊物;你们作为工作人员,毫无疑问是有能力的和与众不同的;进行领导的愿望非常强烈,然而你们战线上的力量以及战线本身都安排得不对,结果听到的不是和谐的声音,而经常是一片噪声,取得不了成就,而是遭到失败。"他责备负有领导这一战线的使命的拉普得到了很多,但是"忘记了谁得到的多,对谁的要求就高的道理"。① 从这一大段话可以看出,斯大林肯定拉普的大方向基本上是正确的,认为他们负有领导文学这一重要战线的使命,但是责备他们不会组织自己的战线,不会正确配置力量,造成自己的战线上的一片混乱,因而是一个蹩脚的"军事长官",辜负了党和人民的重托。斯大林在信的末尾说:"至于说到我对拉普的态度,那么我的态度还像过去一样是亲近的和友好的。这并不意味着我放弃根据我的理解对它的错误提出批评。"②这可能只是安慰的话,实际上斯大林对拉普的态度已发生了变化。

从以上所说的情况看来,斯大林作出关于改组文艺团体和解散拉普的决定,是为了解决文学战线上的混乱状态,加强文学界的团结和对文学工作的领导。他的撤换拉普这位"军事长官"和重组文学战线的想法,可能在写这封信时已经产生了,不过他还在犹豫。这大概是上述 1931 年的决议草案基本上肯定拉普的原因。在这方面,可能高尔基的态度起了一定作用。高尔基对拉普没有好感,认为他们的派别斗争是"浪费精力",反对他们迫害"同路人",希望结束这种状态。他趁回国时见到斯大林的机会,多次谈到拉普在文学政策方面的过激行为。斯大林认真地听取了他

---

① 见《旗》1990 年第 1 期,第 198－199 页,斯大林的信的原件保存在俄罗斯文学艺术国家档案馆,全宗 2181,目录 1,单库 124,第 1～5 张。

② 见《旗》1990 年第 1 期,第 200 页。斯大林的信的原件保存在俄罗斯文学艺术国家档案馆,全宗 2181,目录 1,单库 124,第 200 页。

的意见,这也许是促使他下决心解散拉普的一个原因。

三

关于改组文艺团体的决议公布后,斯大林曾在两次与作家座谈时对解散拉普的问题作了详细的说明。由于拉普成员大多是共产党员,因此 1932 年 10 月 20 日他与共产党员作家的座谈在一定程度上是与拉普成员的对话。他说:

> 为了真正理解中央关于改组文学团体的四月决议的目的和意义,必须讲一讲这一决议通过前文学战线上的状况。当时是什么情况呢?当时有许多文学团体。从基层涌现了一大批年轻的和有才能的新作家并成长起来。所有这些巨大的作家群体需要进行领导。需要把他们的创作引向实现党给自己提出的目标。而我们看到的是什么情况呢?我们一方面看到各文学团体之间的斗争,另一方面则看到在这些文学团体内工作的共产党员们之间的争吵。

> 在这场争吵中,拉普成员起了并非次要的作用。在这场争吵中拉普成员站在最前列。要知道你们干了些什么?你们推举和赞扬自己的人,避而不谈不属于你们团体的作家,对他们进行造谣中伤,从而把他们推开,而本来是应该把他们吸收到你们组织里和帮助他们成长的……

> 谁需要这样做?党不需要这样。这就是说,一方面你们进行争吵和造谣中伤不符合你们心意的作家。另一方面,在你们身旁大批非党作家正在成长和增加,他们得不到任何人的帮助,成为无人照看的人。而党把你们放在这样的位置上,要求你们不仅聚集文学力量,而且应当领导整个作家群体。

> 须知就实质而言,你们是一个居于中心地位的领导集

团。但是这个居于中心地位的集团没有进行领导,而只是发号施令,搞行政命令和自高自大。现在我看到,中央作出关于解散拉普和改组所有文学团体的决定至少晚了一年。早在一年前就可以清楚地看到,文学由一个集团垄断的做法不会有什么好处。垄断集团早就应该解散了。[①]

不过斯大林对拉普的历史作用作了肯定,他说:

当年,在一定历史阶段拉普作为一个吸引和集聚文学力量的组织还是需要的。但是它做了这件具有历史意义的必要的事,成为一个占据垄断地位的团体后,就僵化了。拉普成员不理解下一个历史阶段,没有看清广大知识分子阶层转向我们和作家的文学力量的成长。成为领导集团后,你们没有看清文学已不是一个集团,而成为一片海洋。

拉普的领导没有及时看清所有这些过程。拉普里没有能够看清和理解新的形势,能够带领自己的团体沿着新的轨道前进的人。你们在做了有益的有历史意义的事后,不能继续前进。你们僵化了。党不能容忍派性。派性在文学发展的新阶段成为阻碍。既然文学运动出现了新的潮流,应当掌握这股潮流。而你们垄断了文学而且掌握了所有能影响人山人海的非党作家的手段,却不会带领他们,不会把他们团结在自己的周围。[②]

斯大林在这一大段讲话中在肯定拉普所起的历史作用的同

① 《书刊大检查——苏维埃国家内的作家和新闻记者(1917～1956)》,文件汇编,民主国际基金会、大陆出版社,2005年,第261页。

② 《书刊大检查——苏维埃国家内的作家和新闻记者(1917～1956)》,文件汇编,民主国际基金会、大陆出版社,2005年,第261～262页。

时,指出了它的主要问题,主要是它成为垄断集团后便停滞不前,大搞派性,看不到文学界发生的变化,成为文学发展的障碍。因此解散它已成为顺理成章的事了。

同样,在 10 月 26 日举行的与党内外作家的座谈会上,关于解散拉普的问题自然也是斯大林讲话的一个重要部分。由于谈话对象中有不少党外作家,因此斯大林讲话的侧重点有所不同。他主要谈到党员和党外群众的关系问题,认为拉普的主要问题之一是不能正确对待党外作家,因此要把它解散。他这样说道:

> 党员人数少,而党外群众要多得多。如果大批党外工人不跟党走,那会有什么结果? 这就是说,应当善于施加影响,引导他们跟着自己走。推开一位同情者,——我这里讲的不是敌人,今天就不讲敌人了,——是很容易的,而赢得他的信任却很难。"散布恐惧",把人们抛开,这很容易,而把他们吸引到自己这边来却很难。我们为什么解散拉普? 就是因为拉普脱离党外作家,不再做党在文学方面的事。他们只是"散布恐惧"……
>
> 而"散布恐惧"是不够的,应当"散布信任"。就是这样。这就是我们为什么决定消除文学中的任何宗派主义的原因。宗派主义制造不健康气氛,不能引起信任。我们解散了所有团体,并且打击了最大的团体拉普,因为它要对宗派主义负责。现在我们将要求所有党员作家实行这一政策。①

原拉普总书记阿维尔巴赫在会上承认拉普的错误,说"我们没有考虑到从事文学的知识分子发生的转变"。女作家绥甫林娜在发言中表示不相信阿维尔巴赫的话。斯大林认为这是由阿维

---

① 《文学问题》1991 年第 5 期,第 163～164 页。

尔巴赫造成的,是由拉普造成的,说绥甫林娜说了实话,说出了大家的想法。接着他进一步发挥道:

> 我们应当重视党外作家。他们处于党外,但是了解生活,能够进行描写。他们也做着我们的事。作家要比你们想的多得多。现在从学了文化的青年中涌现出了成千上万新作家。这是我们的幸福。大多数人是党外作家。应当善于和他们一起工作。这就是将要成立的作家协会的任务。在协会里应当为每一位拥护苏维埃政权、同情共产主义建设的作家创造工作的条件。[1]

决议公布后,有关部门向拉普的一些领导人和主要成员下达"通知",对拉普作了全盘否定,并要求他们在通知上签字画押。于是法捷耶夫、阿维尔巴赫、基尔顺等人给中央领导写信表示反对。斯大林干预了这件事,一方面劝说他们收回他们的声明,同时取消了要他们签字的要求,一场风波才告平息。[2]

上面在讲斯大林的文学思想时已经说过,决议公布后联共(布)中央政治局曾成立一个以斯大林为首的五人委员会以处理被解散的拉普的领导人的申诉。委员会曾邀请拉普人士开会,听取他们的意见和对他们做说服工作。斯大林在解决了组织问题后,接着又抓了确定苏联文学的创作方法的问题。具体情况上面已经作了详细的介绍,这里不再重复了。

接下来讲在斯大林具体领导下筹备召开第一次苏联作家代表大会和成立苏联作家协会的经过。改组文艺团体的决议公布

---

① 《文学问题》1991 年第 5 期,第 164 页。

② 见《文学的幸福——国家与作家(1925～1938 年文件汇编)》,俄罗斯政治百科全书出版社,1997 年,第 134～136 页。

后不久,根据联共(布)中央组织局 5 月 7 日的决定,成立了以高尔基为名誉主席的苏联作家协会筹备委员会,执行主席为格隆斯基,吉尔波丁为书记,成员包括文学界各方面的人士,总共 24 人。

格隆斯基当时任《消息报》和《新世界》杂志的主编。他很受斯大林的信任,可以经常见到斯大林。不过他在文学界影响力较小。他作为筹委会主席,协调能力较差,筹备工作进展缓慢。原来决定代表大会不晚于 1933 年 5 月召开,接着又推迟到 6 月 20日。当时虽然初步确定了议程,但是准备工作尚未完全就绪。不久格隆斯基病倒,由尤金担任筹委会责任书记。代表大会再次推迟。到 1934 年 5 月,斯大林亲自点将,通过组织局作出决定,由中央书记日丹诺夫负责领导召开代表大会的工作。于是日丹诺夫雷厉风行地干了起来。

在他的领导下,筹委会通过了关于大会的一项决议,6 月 16日《真理报》公布了这项决议,其中对大会开幕日期以及主要议程作了规定。根据这项决议,高尔基将在会上做关于苏联文学的报告,吉尔波丁等人将做专题报告,最后是选举苏联作家协会领导机构。在大会开幕前夕,根据党内传统的做法,召开了筹委会党组的会议以统一思想。会上特别强调大会应该不讨论组织方面的问题,不谈谁上谁下的问题,关于作协的领导班子的问题将由党中央决定。日丹诺夫工作做得很细,对筹委会提出的大会主席团名单和各个工作机构的组成一一作了审定。而这一切都是按照斯大林的要求或根据斯大林的习惯做法进行的。斯大林本人在作了布置后,自己便到索契休假去了。不过他与留在莫斯科领导政治局工作的卡冈诺维奇和日丹诺夫保持着密切的联系。从某种程度上说,斯大林虽然不在莫斯科,但是从南方进行着"遥控"。

四

如上所说,第一次苏联作家代表大会终于在 8 月 17 日开幕,9 月 1 日闭幕。大会在莫斯科著名的圆柱大厅举行。全苏各民族的五百九十七位代表出席了大会,其中大约三分之一的人是共产党员和共青团员。此外,还有四十位世界各国的作家参加,其中包括中国作家胡兰畦。这确实是一次作家的盛会。在高尔基致开幕词后,联共(布)中央书记日丹诺夫发表了讲话,接着由高尔基做关于苏联文学的长篇报告。在这之后,宣读了给斯大林的致敬信,其中充满着对斯大林的颂扬之词。根据日程的安排,大会听取了关于各加盟共和国的文学的报告以及各个专题报告,中间穿插着代表们的发言。专题报告共有十来个,其中包括马尔夏克的关于儿童文学的报告,拉狄克的题为《当代世界文学和无产阶级艺术的任务》的报告,斯塔夫斯基的题为《论我国文学青年》的报告,戈尔布诺夫的关于出版社帮助初学写作者的工作的报告等。由于斯大林曾在他的讲话中特别重视戏剧创作,因此除了吉尔波丁做了关于苏联戏剧的报告外,还有波戈廷、基尔顺、A. 托尔斯泰做了副报告。

这里要专门讲一下关于诗歌的报告。尤金曾提出让叶莲娜·乌西耶维奇做这个报告。高尔基得知后表示反对,要求让布哈林来做,而不让任何别人做,语气非常坚决。布哈林在 1929 年因右倾错误遭到批判,被撤销政治局委员职务。他在 1934 年 1 月举行的第十七次党代会上被迫承认了错误,发表了忏悔的讲话,甚至要大家团结在斯大林周围,会上当选为候补中央委员。他与高尔基关系比较密切,在高尔基的要求下,担任了《消息报》的总编,地位有所恢复。现在作为筹委会名誉主席的高尔基又提出让布哈林做关于诗歌的报告。斯大林虽然内心不同意,但是为了表示尊重高尔基的意见,不与高尔基把关系搞坏,便被迫同意了。

布哈林在大会前似乎曾给斯大林写信并把报告草稿送给他过目。至于斯大林是否提过意见和作过修改，现已无法确定，因为原件没有保留下来。布哈林的报告讲了苏联诗人的创作以及诗学和苏联诗歌创作的任务。他虽然肯定杰米扬·别德内依和马雅可夫斯基的诗歌创作并给予很高评价，但是把他们归入"转折时期"，与已故的勃洛克、叶赛宁和勃留索夫放在一起，言下之意，似乎他们的时代已经过去了。而在《同时代人》一节里则突出帕斯捷尔纳克，称他为"当代最优秀的诗歌巨匠之一"，说他"不仅把一整串抒情的珍珠用自己的创作之线连接起来，而且创作了一系列非常真诚的革命作品"。① 他的这些说法遭到了被排挤出同时代人而被列为已经过去的转折时期的诗人别德内依和共青团诗人别济缅斯基等人的坚决反对。尤其是别德内依，反对最为激烈，他用讽刺的语气说："请看一下发给你们的已经印出来的布哈林的报告。那里我的情况如何？布哈林搬出叶赛宁的尸体，把这尸体放在我身上，上面撒了马雅可夫斯基的骨灰。就这样。安息吧！让我们讲活着的人。确实，在这之后是用大字表明的《同时代人》的部分。原来我已不是布哈林的同时代人了。"② 而布哈林坚持己见，在结束语里对别德内依等人的批评进行了反击。这场论战使得代表大会这一支力图谱成的和谐的乐曲出现了一个刺耳的不和谐音。

大会在听取尤金所作的关于苏联作家协会章程的报告后通过了章程，其中规定社会主义现实主义为苏联文学的基本创作方法。这在上面已经说过了，不再重复。最后选举产生了苏联作家协会的领导机构。刚才提到过，日丹诺夫在大会开幕前要求不要过多讨论组织问题和人事安排问题，曾打算在会议快要结束时让

---

① 《第一次苏联作家代表大会速记记录》，国家文学出版社，1934年，第495页。
② 《第一次苏联作家代表大会速记记录》，国家文学出版社，1934年，第557页。

代表们投票表决一下就行了。可是作为筹委会主席的高尔基在大会开幕前的8月2日就给斯大林写信，专门谈这个问题，提出了自己的意见。首先他指出，作为筹委会责任书记的尤金和《真理报》总编梅赫利斯是"一条路线上的人"。他根据尤金在《真理报》上发表的《论共产党员作家》一文，认为他们想要组织一个集团，对作协发号施令，而这个集团的成员由于缺乏智力以及对文学的过去和现在极不了解，"无权对文学实行真正的和必要的思想领导"。接着他对尤金文章中提到的共产党员作家（其中包括绥拉菲莫维奇、巴赫梅季耶夫、革拉特科夫、法捷耶夫、潘菲洛夫、维什涅夫斯基、利别进斯基、丘马德林等）逐个进行了评述，认为他们不适于担任领导职务。然后他说，文学家协会应该由最可信赖的、有思想的人来领导，并附上了他认为合适的人选的名单。高尔基在信的末尾说：

> 即使所提的作协理事会组成人员的名单被通过，我也要恳求免除我主持作协的工作，因为身体不好，文学工作又太忙。我不善于做主持工作，更弄不清各个集团玩弄政治的狡诈手段。我作为一个文学工作者带来的好处会多得多。我积累了许多题材，可是没有时间来写这些题材。①

他所附的名单未能找到，但是在他档案材料中保存着一个作协理事会主席团和书记处的名单，其中有加米涅夫、卢波尔、埃德曼、米基坚科、弗谢沃洛德·伊万诺夫、雅先斯基、吉洪诺夫、曼采夫、梅日拉乌克等人的名字。斯大林收到信后，没有给他回信。在大会即将闭幕时，高尔基从日丹诺夫那里得知他所反对的那些人将进入作协理事会理事候选人名单，便写信表示反对，这次没

---

① 《文学报》1993年3月10日。

有给斯大林写信,而是写信给联共(布)中央表明自己的态度。信中说:

> 这么说来,没有多少文化的人将要领导比他们文化高得多的人。自然,这不会在理事会里为进行友好的和同心协力的工作创造必要的气氛。我个人了解这些人在"制造"各种各样的内讧方面很精明而有经验,完全感觉不到他们是共产党员,不相信他们的真诚。因此我拒绝和他们一起工作,因为珍惜我的时间,认为自己无权把它花在反对不可避免地立即就会出现的小事的"争吵"上。①

在这之前,日丹诺夫和卡冈诺维奇已把拟订好的理事会和主席团成员的候选人名单呈交斯大林审阅,并说明未与高尔基商量,说高尔基想要让加米涅夫等人进入理事会和主席团。斯大林要他们就这些问题提出具体建议,然后发电报对作协领导机关的人员组成作了具体指示,并批评高尔基说:

> 高尔基对党的态度不端正,在自己的报告里只字不提中央关于拉普的决定。结果他的报告讲的不是苏联文学,而是别的什么事情。②

斯大林虽然对高尔基很有意见,但是从大局出发,作了一些妥协,一方面吸收了高尔基所提名单中的多数人,另一方面也把高尔基反对的(除利别进斯基和丘马德林外)列入了理事会候选

---

① 《苏共中央通报》1990 年第 5 期,第 217～218 页。
② 《斯大林与卡冈诺维奇通信集(1931～1936)》,俄罗斯政治百科全书出版社,2001 年,第 466 页。

人名单。大会经过投票,选出了由 101 人组成的新成立的作协的理事会。理事会第一次全体会议又选出了理事会主席团,并选举高尔基为主席,他没有推辞。

但是还有一个问题需要解决,即组成能得到高尔基认可的并能与他合作的负责日常工作的书记处,尤其是第一书记的人选特别重要。而从中央信任的和活动能力较强的党员作家中很难找出这样的人。直到大会闭幕前夕才确定当时任联共(布)中央党的领导机关部副部长的谢尔巴科夫出任这一职务。这事也是请示斯大林后最后决定的。8 月 29 日,卡冈诺维奇和日丹诺夫向斯大林提出几个可供选择的人选,其中包括乌加罗夫、尼古拉·波波夫、康斯坦丁·谢尔盖耶夫、谢尔巴科夫等人。8 月 30 日斯大林回答说,可以让乌加罗夫或谢尔巴科夫担任理事会责任书记。① 两人最后选择了谢尔巴科夫。据谢尔巴科夫在日记中的记载,8 月 31 日卡冈诺维奇打电话把他叫去。他进卡冈诺维奇办公室时,看见日丹诺夫也在座。卡冈诺维奇说要派他去当作家协会的书记。接着把他叫到政治局,莫洛托夫问他愿意不愿意从事文学工作? 他回答说,可以作为读者搞文学。莫洛托夫说要派他去当领导人,他坚决推辞,但是在座的卡冈诺维奇和日丹诺夫都举手赞成,事情就这样决定了。当天晚上他和日丹诺夫一起去见高尔基。高尔基很好地接待了他,但是仍心有戒心。② 9 月 2 日理事会第一次全体会议选出了以谢尔巴科夫为第一书记的由五人组成的书记处。到此,这次在苏联文学史上具有重要意义的大会圆满结束。

上面说过,大会期间斯大林不在莫斯科而在索契休假。不过

---

① 《斯大林与卡冈诺维奇通信集(1931～1936)》,俄罗斯政治百科全书出版社,2001 年,第 465 页。

② 见《书刊大检查——苏维埃国家内的作家和新闻记者(1917～1956)》,文件汇编,民主国际基金会、大陆出版社,2005 年,第 329～330 页。

在这期间机要通讯员不断给他送各种材料。有的材料的数量相当多,后来存了档,有的则不知去向。现在大致可以断定,在大会上所作的报告中至少有两份报告曾送给他审阅,这就是高尔基和布哈林的报告。他还收到过高尔基的密信。与此同时,在莫斯科的卡冈诺维奇和日丹诺夫遇有问题及时向他请示,请他作出决断。因此斯大林虽远在南方,但对大会进行的情况是了解的,而且如上所说,对一些重大问题作出了最后的决定。

大会结束后,日丹诺夫于9月3日给斯大林写信,向他作了汇报。信中写道:

> 亲爱的斯大林同志:召开苏联作家代表大会的事情结束了。昨天非常一致地选出了理事会主席团和书记处的人员。书记处我们补充了拉胡季和库利克。谢尔巴科夫被很好地接受了。送走尤金时人们却很冷淡。
>
> 高尔基昨天在全体会议前又一次想要进行挑剔,对不止一次地与他商量过的名单提出批评。(这种说法与他在8月29日给斯大林的信中的说法不一致。——引者)这一次他抱怨开代表大会时把扎祖勃林的名字从理事会的名单中去掉,并抱怨加米涅夫没有进书记处。他曾不想参加和主持理事会全体会议。设身处地想一想也可怜他,因为他太累了,说他想要到克里木休息。当时只好对他施加相当大的压力,结果全体会议开得很好,老头对领导人的一致十分赞扬。
>
> 大会开得很好。这是所有作家,包括我们自己的和外国的作家的一致反应,他们全都因会开得好而非常高兴。
>
> 曾经预言代表大会将开得不成功的那些最本性难移的怀疑论者现在被迫承认它的巨大的成功。
>
> 作家看到了党和国家对自己的态度,代表大会充分听取了在会上作了出色发言的工人和集体农庄庄员代表的要求。

作家看到了我国文学的成长和文学家集体正在不断成熟。代表大会上出现了这样的情况,小团体为理事进行的争吵和拉普的情绪在会上已无地位。代表大会**不理睬**这些。

中央在开会前曾对共产党员进行了提醒,他们都很好地按照要求做了,尽管有人责备他们的发言很差劲。做到了很多天里"组织问题"退居次要地位,全部注意力为创作问题和思想问题所吸引。有几次会议中间没有休息,但是谁也没有离开。

接着日丹诺夫谈到了会议期间出现的两个问题。首先讲了布哈林关于诗歌的报告引起的争执。信中说:

最大的风波是围绕布哈林的报告,尤其是他的结束语出现的。由于共产党员诗人杰米扬·别德内依等人要批评他的报告,布哈林惊慌了,请求进行干预,防止出现政治攻击。我们在这件事上帮了他,召集大会领导工作人员开会,指示共产党员同志们在批评中不作任何反对布哈林的政治结论。然而批评还是相当猛烈的。布哈林在结束语里简直是用粗野的语言回敬自己的论敌。此外,他把事情说成这样,似乎他的报告的所有论点,直到具体诗人的分类和把马雅可夫斯基奉为典范等,都曾得到有关部门(指政治局。——引者)的赞同,同时曾对他直接指出,在这位或那位诗人的诗歌技巧的评定问题上他可以只代表自己说话。在这里布哈林也表现出是形式主义者。他在结束语里把报告中所犯的形式主义错误更加深化了。此外他想要压服批评自己的人。现把布哈林的结束语的未经修改的速记记录寄上,其中特别标明一些攻击的话,他没有任何权利在大会上这样说。因此我们要求他在大会上发表声明,此外还建议他修改速记记录,他都这样做了。

布哈林的结束语经过修改和压缩去掉了其中最激烈的话，于9月3日发表在《真理报》上。

第二个问题是关于高尔基的表现问题。信中说：

> 高尔基的麻烦事最多。在大会的中间他再次发表退休的声明。我奉命说服他收回声明，我就这样做了。高尔基在闭幕词里讲了中央关于拉普的决定所起的作用，他不大愿意这样做，说明他不那么同意这个决定，只是应该怎么说就怎么说了。我深信一直有人怂恿他采取各种行动，诸如要求退休，提出他自己拟订的领导人名单等。他总是说共产党员作家不善于领导文学运动，对阿维尔巴赫的态度不正确等等。在大会快要结束时他也受大家的热情的感染，改变了颓丧和怀疑的心情，力图离开"惹是生非的人"，投入到文学工作中去。①

高尔基确实对一些问题有自己的看法，并且依仗自己的特殊地位，常常公开地提出来。日丹诺夫在信里提到他并不那么赞同中央关于改组文学团体的决议，在压力下，在闭幕词中只轻描淡写地提了提，他是这样说的：

> 全苏文学家代表大会指出，在代表大会各次会议上突出地和充分地表现出来的文学家内心的和思想上的团结，是列宁－斯大林的党的中央于1932年4月23日通过的决议的结

---

① 见《书刊大检查——苏维埃国家内的作家和新闻记者(1917～1956)》，文件汇编，民主国际基金会、大陆出版社，2005年，第332～333页。

果,这个决议谴责了文学家们根据与我们整个苏联文学的伟大任务毫无共同之处的动机组织的小集团,但是并不否定根据各自不同的创作工作的技术问题而实行的联合。①

从这段话看来,他在对决议的看法上还是有保留的。

斯大林给日丹诺夫写了一封简短的回信。信中说:

> 大会总的来说开得很好。不过,1)高尔基的报告从**苏联文学**的观点来看,有些平淡;2)布哈林把歇斯底里的成分加入到辩论中,惹了事(别德内依很好地并用辛辣的讽刺把他顶了回去);3)发言者不知为什么没有利用中央关于解散拉普的决议来**揭露**它的**错误**,——尽管有这三个不足之处,大会还是开得很好的。②

到这时,斯大林作出的重大决策已全部实现。第一次苏联作家代表大会的召开和苏联作家协会的成立,是苏联文学发展史上的一件大事,从此结束了文学界各流派和团体纷争的局面,基本上实现了作家队伍的团结。有人说这是苏联当局硬把各派作家拉到一起的。这并不符合事实。当时代表们热情都很高,积极主动地发言,而且绝大多数人赞成作家的联合,这是事实,代表大会的速记记录可以为证。另一方面,代表大会通过讨论,通过了作协章程,确定社会主义现实主义为苏联文学的基本创作方法,结束了关于创作方法上的争论。现代主义和形式主义的文学思潮暂时退居次要地位,或者像苏联某些人所说的那样,被克服了。

---

① 《第一次苏联作家代表大会速记记录》,国家文学出版社,1934 年,第 680 页。

② 见《书刊大检查——苏维埃国家内的作家和新闻记者(1917~1956)》,文件汇编,民主国际基金会、大陆出版社,2005 年,第 342 页。

这对发展社会主义文学是有利的。统一的苏联作家协会的成立，还使苏维埃政权便于实行各种扶植和赞助文学的具体措施。下面就讲一讲这方面的情况。

五

根据蔡特金的回忆，列宁在十月革命后曾经说过，革命的胜利"已使苏维埃国家成为艺术家们的保护人和赞助人"。[①] 20 年代苏联政府也力图采取各种措施扶植文学事业，但是当时文学界处于分裂状态，作家分为相互争吵的各个派别，这给具体实施造成很大困难。随着关于改组文艺团体的决议的公布和苏联作家协会筹备委员会的成立，以斯大林为首的党和政府就开始真正担负起保护人和赞助人的责任，采取一系列具体措施。首先为作家进行文学创作创造所必需的物质生活条件，其中包括调整稿酬以增加他们的实际收入，以及改善他们居住条件等。1933 年 3 月 27 日，苏联中央执行委员会和人民委员会曾作出一项改善科研工作者居住条件的决定。7 月 7 日又作出一项决定，其中说道："为了保证作家能进行最有效的文学活动，特决定作协会员在居住权利方面享有与科研工作者同等的权利。"[②] 当时作家的居住条件确实很差。高尔基曾在 1934 年 3 月给斯大林的信中指出"许多人的居住条件糟透了"，他列举了一些作家（其中包括舒霍夫、什托尔姆、米尔斯基、吉洪诺夫、亚先斯基等）的情况，恳请斯大林再给文学家盖一座楼。[③] 有关部门当年就决定在莫斯科盖一幢有二百套

---

① 《列宁论文学与艺术》，中文版，人民文学出版社，1983 年，第 434 页。

② 《文学的幸福——国家与作家（1925 年～1938 年文件汇编）》，俄罗斯政治百科全书出版社，1997 年，第 162 页。

③ 《新文学评论》1999 年第 6 期，第 257 页。

住宅的房子。① 在这前后，开始筹划建"作家城"。

1933 年 7 月俄罗斯联邦人民委员会作出了兴建"作家城"的决定，并拨了款。② 1934 年，随着文学基金会的成立决定此事由它承办，地址改为彼列杰尔金诺。几年后，根据德国设计师的设计，建成了五十幢两层的木质结构的房子。首批入住者有绥拉菲莫维奇、列昂诺夫、加米涅夫、巴别尔、爱伦堡、皮利尼亚克、弗谢沃洛德·伊万诺夫、卡西利、帕斯捷尔纳克、费定、伊里夫、叶甫盖尼·彼得罗夫等人。后来建筑面积有所扩大，陆续有一批知名作家成为那里的住户，其中包括卡维林、扎鲍洛茨基、法捷耶夫、西蒙诺夫、卡达耶夫、楚科夫斯基等人。70 年代初，允许在那里设立纪念馆，先后出现了帕斯捷尔纳克、楚科夫斯基等人的纪念馆。此外还开辟了墓地，帕斯捷尔纳克、楚科夫斯基、罗伯特·罗日杰斯特文斯基、塔尔科夫斯基等人的遗骨就埋葬在那里。就这样，彼列杰尔金诺这个许多著名作家生活和工作过的地方，就与苏联文学发展的历史联系在一起，不少著名作品是在这里写成的，有些事件是在这里发生的，它开始成为不少文学爱好者向往的地方。1988 年，莫斯科州执委会将其定为历史文化保护区进行保护。

在保证和改善作家的物质生活条件方面所采取的最重要的措施是设立文学基金会。这项工作于 1933 年初开始筹划，1934 年 7 月 27 日中央政治局批准了人民委员会关于成立文学基金会的决定。于是文学基金会正式宣告成立。根据章程，基金会是苏联作家协会下属的组织，其基本任务是"协助苏联作家协会会员提高其文化和生活福利以及改善其物质状况，并通过创造必要的

---

① 《文学的幸福——国家与作家（1925 年～1938 年文件汇编）》，俄罗斯政治百科全书出版社，1997 年，第 176～177 页。

② 见《文学的幸福——国家与作家（1925 年～1938 年文件汇编）》，俄罗斯政治百科全书出版社，1997 年，第 162～163 页。

物质生活条件帮助正在成长的作家"。根据这项基本任务,基金会应该进行以下工作:1)在会员暂时丧失劳动能力和成为残疾人的情况下,通过津贴、贷款和补助等方式对他们及其家属提供物质上的帮助;2)为会员及其家属安排医疗服务,尤其是提供疗养院的治疗;3)负责作家及其家属的文化和生活方面的服务,并采取措施改善他们的居住条件;4)在会员创作新的文学作品时,用借贷的方式向他提供必需的物质资料,组织他们进行创作出差收集文学素材并提供经费等。从这些规定看来,基金会确实考虑得比较周到,努力为作协会员从事文学创作提供帮助,使他们能够顺利地和安心地从事文学创作。

　　章程还规定基金会享有以下权利:1)有权建设和开办疗养院和休养所、创作之家、残疾人之家、食堂、幼儿园、托儿所以及其他为会员及其家属服务的设施;2)为了集资,有权举办文学晚会、音乐会,组织讲座、辩论会和演出等,并且有权开办出售文学书籍的书店等;3)有权开办和经营为满足会员及其家属日常生活需要的生产企业(例如缝制修补衣服和鞋、修理日常生活用品的店铺以及洗衣房、装订间等)。根据这些规定,基金会陆续在莫斯科和全国各地建立了各种设施,以供会员及其家属使用。

　　基金会要办这么多事,那么它的经费从何而来呢?根据人民委员会的决议,经费大概有以下几个来源:1)从各文学出版社和文学杂志编辑部抽取其出版和发表的文学作品的稿酬的百分之十;2)从所有大小文艺演出的全部收入中分别抽取百分之二和百分之零点五;3)作协会员根据章程缴纳一定的会费;4)文学基金会所属财产和资本的收益。此外,还有国家的财政拨款(数额为以上全部收入的百分之二十五)。[①] 基金会通过上述渠道,积累了

---

　　① 见《文学的幸福——国家与作家(1925 年~1938 年文件汇编)》,俄罗斯政治百科全书出版社,1997 年,第 166 页。

雄厚的资金,拥有上面所说彼列杰尔金诺作家城的大片地产,开办了中央文学会堂和作家食堂,在全国各地设立了许多创作之家以及相当数量的诊疗所和疗养院,同时还开办了苏联作家出版社等等。它在帮助作家解决生活上的困难以及改善他们居住条件和其他物质生活条件方面起过重要作用,这使得他们能够安心进行创作。

苏联解体后随着作家组织上的分裂,基金会成为对立的两大派激烈争夺的对象,管理权曾一度落入基金会聘用的人员手中,结果彼列杰尔金诺作家城的大片地产被侵占,基金会所属诊疗所被卖掉,开办的企业严重亏损,而这些人自己却利用各种手段牟取私利,聚敛了大量财富。尽管后来这些人被解雇,但基金会的损失已无法挽回,管理未能走上正轨,谈不上很好地为作家服务。许多作家提起这件事,都非常痛心。

上面讲的是以斯大林为首的苏联领导人在物质生活方面帮助作家,使他们能安心地和顺利地进行创作的措施。当然,所有这些措施,特别是通过文学基金会的赞助活动,首先得益而且得益较多的是文学界的名人。上面已经提到,作家城的别墅建成后,首先入住的就是这些人。不过普通作家也根据规定得到各种实惠,在不同程度上改善了生活,这无疑给他们的创作活动提供了物质上的保证。下面再讲一项对发展文学事业来说极其重要的举措,这就是为培养和提高年轻作家成立以高尔基的名字命名的文学院。文学院创办的过程是这样的:1932年9月,联共(布)中央、中央执行委员会和人民委员会决定庆祝高尔基文学活动四十周年,成立以他的名字命名的文学院成为庆祝活动的内容之一。1933年2月28日高尔基在给斯大林的信中谈到此事,说它是"一件非常严肃的事",要求斯大林参与,"因为这完全是一件新的事情,需要不玩弄复杂的文字游戏,在严格研究历史资料的基础上把它办好"。信里附上了他寄给当时还是作协筹委会主席的格隆斯基的办文学院的方案。① 斯大林在回信中征求高尔基的意见,要不要把这个"文学高校"办在文学家俱乐部里或者在它旁边?② 1933 年 3 月 22 日,联共(布)中央文化和宣传部批准了《高尔基文学院条例》。同年 12 月 1 日,在庆祝高尔基文学活动四十周年时,文学院宣告正式成立。苏联作家协会成立后,它成为作协的下属机构。

文学院内设有面授部和函授部、研究生室、两年制高级文学讲习班。许多著名作家,其中包括阿谢耶夫、革拉特科夫、弗谢沃洛德·伊万诺夫、卡维林、列昂诺夫、帕乌斯托夫斯基、谢尔文斯基、苏尔科夫、费定等人,曾在其中任教。后来文学界的许多活跃人物都是这个学院的毕业生,他们当中有阿扎耶夫、阿利格尔、安东诺夫、阿赫马杜林娜、巴克拉诺夫、邦达列夫、维诺库罗夫、加姆扎托夫、卡扎科夫、马图索夫斯基、米哈尔科夫、纳罗夫恰托夫、奥沙宁、列凯姆丘克、罗日杰斯特文斯基、西蒙诺夫、索洛乌欣、田德里亚科夫、特里丰诺夫、费多罗夫、恰科夫斯基等等。

苏联解体后,高尔基文学院没有因作家协会的分裂而停办,克服各种困难继续培养着文学人才。2008 年 12 月,该院庆祝成立七十五周年。据现任院长塔拉索夫说,文学院在其存在的七十五年里,培养了将近一万名"人类灵魂工程师","其中许多人不仅在俄罗斯,而且在全世界成为著名人物",并列举了其中一些人的名字。③

上面说过,十月革命胜利后,大批工农青年和红军战士涌上文坛。如何培养和提高他们的问题成为一个迫切需要解决的问题。但是由于主客观的原因,当时未能采取重大措施。30 年代上

---

① 《新世界》1998 年第 9 期,第 175～176 页。
② 《新世界》1998 年第 9 期,第 176 页。
③ 《消息报》2008 年 12 月 1 日。

半期文学院的成立,虽然晚了些,但是它仍旧在培养人才方面发挥了巨大作用,成为冶炼苏联作家的大熔炉。苏联文学取得重大成就,高尔基文学院是功不可没的。

20年代末到30年代初,是斯大林大力抓文学的时期。他在深入了解文学界情况的基础上,抓得具体而又细致,花费了大量的时间和精力,而且在这个时期他的民主作风还比较好,能够以平等的态度对待作家,主动接近他们,认真听取他们的意见,甚至在一些问题上与他们进行争论。作家在他面前也敢于直言。因此他作出的决定基本上符合作家的愿望和要求,得到了他们之中多数人的赞同和支持。第一次苏联作家代表大会的召开和单一的作家协会的成立,结束了文学界长时间的纷争,而各种支持文学的具体措施的实施,使作家能安心创作,不断提高自己的文学水平。这无疑对苏联文学的发展是很有利的。

第二节　30年代下半期至50年代初的文学政策

大清洗运动对文学界产生的影响。——30年代末采取的一些奖励作家的措施。——斯大林文学奖金的设立及其评奖工作。——苏联作家协会领导机构的改组和领导人的更换。——对文学界的形式主义的批判。——对《星》和《列宁格勒》两杂志以及左琴科和阿赫马托娃的批判。——对世界主义的批判。

第一次苏联作家代表大会的召开和苏联作家协会的成立,结束了文学界分裂的局面,而各种扶助文学的具体措施的实行,使作家的基本生活需要有了保证。应该说,多数作家对此是比较满意的。作家们普遍期望能够有一个没有各种思想政治上的纷争、生活比较安定的稳定时期。但是形势并没有按照他们的愿望发展。

30 年代下半期进行了大清洗,在这之后不久爆发了卫国战争,战后国内国际形势也比较复杂,所有这些不能不对斯大林的文学政策产生影响。

一

在第一次作家代表大会闭幕后三个月基洛夫的被刺,在国家的政治生活中掀起了一场轩然大波。这使得党的十七大后变得稍有缓和的斗争变得更加尖锐起来。这时已不把斗争对象看作党内一般的反对派,而认为这些人已蜕化成为政治上的两面派、杀人凶手和特务间谍;已不单纯地对他们进行揭露和批判,而是开动专政机关对他们进行镇压。1936 年 8 月,对所谓的"托洛茨基 - 季诺维也夫反苏联合中心"的成员进行审判,季诺维也夫、加米涅夫等十六人被处死刑;1937 年判处了所谓的"托洛茨基平行反苏中心"的成员拉狄克、皮达科夫等十三人死刑;1938 年 3 月则审判了所谓的"右派托洛茨基反苏联盟"的首领布哈林、李可夫等二十一人。处以极刑的有不少过去党和政府的领导干部。此外还对军队进行清洗,逮捕和处决了图哈切夫斯基等一批军事将领。所有这些案件在社会上引起了极大反响。大致从 1937 年起,清洗的范围扩大到社会各界,发展成为一个清查和消灭所谓的"托洛茨基分子和特务间谍"的大规模的肃反运动。相当多的人被指控为"人民的敌人"而遭到逮捕,其中一部分人被处决。在这场运动中,1934 年联共(布)十七大选出的一百三十九名中央委员和候补中央委员中,有八十三人受到惩办。根据统计,从 1936 年到 1938 年这三年里,有一百六十多万人受到惩办,其中判处死刑的达到三十八万多人。

1938 年初,联共(布)中央一月全会已发现扩大化的严重问题,指出大量轻率地开除党员是错误的。1 月 26 日《真理报》专门就此发表题为《为被错误地开除的人平反,严厉制裁诬告者》的社论,特别指出,有一批谋取私利和向上爬的人参与到了党内清洗的工作中,这些人为表现自己和求得升迁以及表明自己是警惕性高的党员,干得很卖力气,而隐蔽的敌人与他们配合行动,高喊提高警惕性和要求开除毫无过错的党员,以掩盖自己的罪行。社论要求对这样的人进行严惩。11月,苏联人民委员会和联共(布)中央委员会通过正式决议,开始纠正"简单化的做法",特别指出有"人民的敌人"和"外国情报机关的特务"打入中央和地方各级内务人民委员部的机构,有意歪曲苏联法律和制造混乱,毫无根据地进行大逮捕等等。决议禁止内务人民委员部和检察院进行大规模的逮捕,要求严格按照法律行事,并警告这些机关的工作人员如对苏联法律和党的指示稍有违反,将追究其法律责任。在这之后,内务人民委员叶若夫被解除职务,纠偏工作全面展开,纠正了不少冤假错案,仅1939年一年,就释放了三十三万人,在整个纠偏过程中总共有八十万人恢复了名誉。[①] 于是这场大清洗运动基本上告一段落。

有人认为,斯大林搞大清洗只是为了消灭自己的政敌和巩固自己的专制统治,这未免把这一复杂问题简单化了。30年代下半期,苏联国内形势和国际形势都比较复杂。就国内来说,一方面社会主义建设取得重大成就,敌对阶级的力量大大削弱,但是还在进行反抗,阶级斗争并没有熄灭。党内斗争并没有停止,反对派还在进行活动,而且苏联当局根据所获得的情报发现,他们正在与国外敌对势力勾结起来。而从国际方面来说,苏联处于资本主义的包围中,处境比较困难。法西斯主义在德国和意大利的得势,使得苏联开始被战争的阴云所笼罩。这种情况下,肃清内部的反革命,无论对保持国内稳定还是对防止敌人内外勾结搞垮苏联来说,都有其必要性。可以说,这也是"备战"的一部分。德国

---

① 见 A. 叶利谢耶夫:《1937年的真实情况》,亚乌扎出版社,2008年,第332页。

发动侵苏战争后,苏联国内没有发生里应外合的叛变活动,其重要原因之一是相当彻底地肃清了反革命。曾在大清洗高潮中任美国驻苏大使的戴维斯在1941年战争爆发后说:"全世界大部分人曾认为1935年~1939年对叛徒的审判和大清洗是令人非常气愤的和忘恩负义的行为,是歇斯底里的表现。然而现在可以看得很清楚,这些做法证明斯大林及其亲密战友具有惊人的远见。"①

当然,这次肃反运动犯有扩大化的严重错误。斯大林作为最高领导人和决策者对此负有主要责任。首先,他没有对当时苏联国内的阶级斗争形势作科学的和实事求是的分析和判断,没有能严格区分敌我矛盾和人民内部矛盾这两类不同性质的矛盾,以至于夸大了敌情,扩大了打击面,没有把本来可以争取的人争取过来,而且伤及无辜。其次,没有严格依法行事。当时曾出台了一系列违背通常的法律程序的临时性的法规和决定,甚至在一段时间内把生杀大权交给所谓的"三人小组",②听任他们草菅人命。再就是重用了一些投机分子,这些人为了取得信任和求得升迁,或者为了掩盖自己的劣迹和罪行,表现得异乎寻常的积极,赫鲁晓夫就是这样的人。同时没有对执法机关的干部进行严格的审查,结果混进了一些异己分子,这些人利用手中的权力胡作非为,大搞刑讯逼供,制造冤假错案。主要由于这些原因,这次大清洗运动在相当彻底地肃清反革命的同时,冤枉了不少好人,造成了许多人间悲剧。尽管不久发现了这些问题并大力纠偏,但是大错已经铸成,而且很难弥补。这场肃反扩大化的受害者有很大一部分是党政各个部门的领导干部和骨干以及知识界各个方面的精英,因此它造成了人力资源的巨大损失,后果难以估量。而且各种破坏社会主义法制的胡作非为造成了恶劣的政治影响。这使

---

① 转引自《对话》杂志1996年第4期,第60页。
② "三人小组"由各地党委书记、检察部门和内务人民委员部机关的领导人组成。

得相当大的一部分人产生恐惧心理，变得谨小慎微，人人自危，丧失了刚刚形成的主人翁感，结果他们的政治积极性受到很大影响。还有人因而对社会主义制度的优越性产生了怀疑。这样一来，社会主义的思想阵地不是更加巩固了，而是在一定程度上遭到了削弱。

还有一点应该特别指出。这场大清洗被西方人士以及苏联国内的持不同政见者紧紧抓住，将其作为反苏反共的重要筹码。他们将其称为"大恐怖"（"Большой террор"），任意夸大、歪曲和捏造事实，制造种种谎言，将其描绘成一场残杀无辜的闻所未闻的人间惨剧。他们进一步把苏维埃政权建立后直到50年代宣判的各种政治案件与所谓的"大恐怖"同等看待，如同俄罗斯著名历史学家佩哈洛夫所说的那样，这些"谎言的制造者"在受害者的人数问题上展开了一场"竞赛"。有人提出创纪录的几千万到上亿人，而不想一想当年苏联的人口总数只有一亿七八千万人。有人别出心裁，把未能正常养儿育女的受惩治者的未出生的子女也计算在内。他们把苏联的社会主义制度描绘成专制独裁的极权主义制度，把斯大林说成是残暴的专制君主，甚至是杀人魔王。

那么事实究竟如何呢？1954年2月1日，当时的总检察长鲁坚科、内务部长克鲁格洛夫和司法部长格尔舍宁联名给赫鲁晓夫呈送了一份报告，其中说道，从1921年到1954年因反革命罪而判刑的三百七十七万七千三百八十人，其中处死刑的为六十四万两千九百八十人。"改革"年代以雅科夫列夫为首的平反委员会根据档案材料研究和核实，得出的数字为：从1917年到1990年因反革命罪受到惩办的三百八十五万三千九百人，其中处死刑的为八十二万七千九百九十五人。后来不少学者根据档案材料反复研究和核实，列出了从1921年到1953年因政治原因受到惩办的人的人数，累计起来，总共为四百零六万零三百零六人，其中被判处死刑的为七十九万九千四百五十五人。总的说来，上述三组数字尽管时限有所不同,差别并不很大,比较可信。而那些"谎言的制造者"写文章写书和利用其他方式广泛宣传这些谎言,其目的是为搞垮苏联造舆论,对后来苏联解体起了相当大的作用。

下面具体讲一下文学界的情况。大清洗并不肇始于文学界,文学界也不像军界那样,进行了专门的清查,而只是受到这场运动的浪潮的冲击,然而造成的后果也是严重的。上面说过,这场运动重点是清查"托洛茨基分子和特务间谍",因此文学界过去曾经跟随过托洛茨基、赞成过他的观点、参加过托洛茨基反对派的一些活动以及与这个派别有过这样或那样联系的人首当其冲。上面提到过,拉普的一些领导人和骨干分子曾经一度赞成托洛茨基的观点,有人甚至参加过托洛茨基派的活动。尽管他们早已公开声明与托洛茨基派断绝任何联系,但是这时翻出他们的老账,进行了惩治。这些人当中有拉普前后的领导人罗多夫、列列维奇、阿维尔巴赫、基尔顺、谢利瓦诺夫斯基、佐宁、阿菲诺盖诺夫等等。文学团体"山隘"的一些主要成员曾一度赞成过托洛茨基的某些文学观点,这次也成为"整肃"的对象,其中包括列日涅夫、维肖雷、伊万·卡达耶夫、扎鲁金等人以及他们的"精神领袖"沃隆斯基。此外,受惩治的还有"列夫"成员特列季亚科夫,诗人克留奇科夫和帕维尔·瓦西里耶夫,小说家皮利尼亚克和巴别尔,新闻记者兼作家科利佐夫等等。其中皮利尼亚克被指控为日本情报机关的特务,巴别尔也被加上了为法国情报机关收集情报的罪名。

科利佐夫的情况富于戏剧性,需要专门讲一讲。他曾得到斯大林的信任,被派到正在进行内战的西班牙采访,写成和出版了《西班牙日记》一书,得到了斯大林的肯定以及法捷耶夫和 A. 托尔斯泰的赞扬。这位新闻记者一时声名大噪,当选为苏联科学院通讯院士。可是几天后他突然被捕,不久被判处死刑。后来才知道,他被捕是由于当时担任西班牙国际旅总政委的安德莱·马蒂的告密。马蒂给斯大林写信说,科利佐夫曾与西班牙的托洛茨基组织有过接触,他的妻子是德国情报机关的特务。被捕后,科利佐夫供认不讳。据西蒙诺夫回忆,他1949年与法捷耶夫一起访问中国时,闲谈中说起了科利佐夫,说直到现在也不相信此人真正有罪。法捷耶夫说他在科利佐夫被捕后一两个星期曾给斯大林写过一个简短的报告,说许多作家和他自己不相信科利佐夫有罪,并要求见斯大林,以便向他汇报文学界对此事普遍的反应。不久斯大林接见了他,问他:"这么说,您不相信科利佐夫有罪?"法捷耶夫回答说,他不相信,也不愿意相信。于是斯大林反问他:"那么您认为我相信,您认为我愿意相信?我也不愿意,却不得不相信。"说罢,叫来了波斯克廖贝舍夫,吩咐他把材料让法捷耶夫读一读。这材料是科利佐夫的供词,其中什么都写了,包括同托洛茨基分子的联系等等。读的时候法捷耶夫简直不相信自己的眼睛。读完后他又回到斯大林那里。斯大林问他:"怎么样,现在不得不相信了吧?"法捷耶夫回答说:"不得不相信。"最后斯大林说,如果有人问,又必须回答时,可以把自己读到的告诉他们。[①]科利佐夫的案件说明,文学界著名人士被整是经斯大林同意的,同时他在对他曾经信任过的人不得不采取惩罚措施时也曾表现出无奈。

在这场运动中受到牵连的作家是相当多的。据统计,在第一次作家代表大会选出的一百〇一名理事会成员中有三十三人被宣布为"人民的敌人",而出席大会的五百九十七名代表中,有一百八十人遭到惩办。[②] 大清洗中究竟有多少作家受到惩治,至今未见有具体数字。苏联《民族友谊》杂志编辑部的一位名叫别尔托夫的工作人员多年来根据各种出版物的材料建立了一套卡片,

① 见 K. 西蒙诺夫:《我这一代人的看法——关于斯大林的思考》,书籍出版社,1990年,第50~51页。

② 《文学的幸福——国家与作家(1925年~1938年文件汇编)》,俄罗斯政治百科全书出版社,1997年,第126页。

根据他到 1988 年底收集到的材料，从 30 年代到 50 年代牺牲的作家（包括被处死的和死在劳改营的）为一千二百人，幸存者为六百人。① 应该说，其中的相当大的一部分人是在大清洗中受到惩治的。这对当时只有两千五百多名会员的作协来说，比例是相当大的。

在大清洗中，并不是所有要逮捕的人的名单都呈交斯大林签署，在清洗作家队伍时，也是如此。不过在惩办著名人士时，需要取得他的同意和许可。甚至可以作这样的推测，有些大作家之所以免遭厄运，是因为他事先有过关照。例如布尔加科夫、A. 托尔斯泰等人大概因此而安然无恙。斯大林并不十分看重阿赫马托娃的诗作，大概因为考虑到她的名望，对她采取宽容态度。大清洗前，她曾因第二个丈夫普宁（艺术科学院教授）和儿子列夫·古米廖夫（莫斯科大学学生）被捕而写信向斯大林求情，请求"还她丈夫和儿子"，同时由于帕斯捷尔纳克为她求情，斯大林批示释放了两人。在大清洗时，没有触动这位女诗人。

再说诗人曼德尔什塔姆，他在 1933 年 11 月写了一首猛烈攻击斯大林的诗，于 1934 年 5 月因此而被捕。布哈林在给斯大林的信中替他说话，于是他被从轻发落被流放到沃罗涅日。在流放期间他对斯大林的态度发生了变化，写了颂扬斯大林的诗。1937 年他流放期满，回到了莫斯科。后因作协领导人告他的状，再次被捕，被流放到远东，1938 年 12 月死在那里。另一位诗人帕斯捷尔纳克在大清洗中被人揭发有问题，而且他拒绝在作家协会起草的一封赞同判处图哈切夫斯基等人死刑的信上签名，因而很有可能被捕，由于斯大林说了话才没有动他。得到斯大林保护的还有肖洛霍夫。这三人的具体情况将在后面讲斯大林与作家的关系时再作详细介绍。顺便说一下，斯大林还保护了诗人马雅可夫斯基

---

① 《图书评论报》1989 年 1 月 6 日。

的女友莉丽娅·勃里克。1937年军队大清洗时，勃里克后来的丈夫被判处死刑，她作为家属也将受到惩处。斯大林知道后，把她的名字从逮捕的名单上勾掉了。

从以上所说可以看出，斯大林对文学界被认为有问题的人与对待党政军各个部门的同样的人的态度似乎有些细微的差别，显得不那么心狠手辣，毫不留情。这一方面大概是由于他重视和爱好文学艺术以及爱才惜才的缘故，但是更重要的是，由于文学界的"异己者"只能造成一定的思想混乱，而政界军界的所谓"暗害分子"的存在，可能直接影响社会的稳定和危害国家的安全，而对斯大林个人来说，是对他的地位和权力的一种很大的威胁。但是尽管如此，文学界仍然可以说是肃反扩大化的一个"重灾区"。这种情况的造成，一方面是由于在执法机关和作协领导机关内部有一些人为了表现自己积极和取得信任，利用手中的权力整人，把作家的种种陈年老账都翻腾出来，大做文章，无限上纲，甚至为了讨好斯大林，把某些作家以前在与斯大林讨论问题时发表的不同意见和所谓的"不敬之词"也作为罪证。另一方面，在作家内部由于过去多年的争论，积怨颇深，运动开始后，进行相互揭发，弄得真假难辨，这也是不少人受到牵连的原因之一。总而言之，从这场运动中是有许多教训应该吸取的。

肃反扩大化使得文学界在实现大联合后暂时出现的乐观情绪和欢快气氛一扫而光，对作家们的心理产生了明显的影响。他们比较普遍地变得小心谨慎，为了自己的安全，再也不敢大胆地发表意见，更不敢像过去那样与斯大林进行争论，开始一味颂扬斯大林，进一步助长了当时已经开始形成的对他的个人崇拜。而在创作中，许多人已不大敢于大胆地揭露现实生活中的矛盾和斗争，害怕被扣上否定新时代和新生活的政治帽子，逐步地形成了粉饰生活的倾向。这对创作来说不能不产生消极的影响。

二

值得注意的是,在大清洗开始纠偏时,苏联政府给一批作家授了勋。此次授勋是秉承斯大林的意志进行的,照他的说法,目的是为了"提高苏联文学的意义以及作家的作用和地位"。他还说,这次授勋,可能漏掉一些人,但"这并不说明所有未被授勋的人要比获得勋章的人差一些,——还有不止一次的机会授予他们勋章"。① 授勋的初步名单由法捷耶夫和巴甫连柯拟定后,呈报给了中央书记安德烈耶夫。安德烈耶夫审阅后,向斯大林报告说,一系列作家"无论就败坏他们的名声的材料的性质,还是就近年来他们在苏联文学中的分量来说,应该从名单中去掉"。② 斯大林对这些情况自然是了解的,但是他决定给名单上的所有人授勋。1939 年 1 月 31 日,苏联最高苏维埃主席团发布命令,分别授予一百七十二位作家列宁勋章、劳动红旗勋章和荣誉奖章,"以表彰他们在发展苏联文学方面取得的成绩和成就"。获得最高勋章列宁勋章的有二十一人,其中包括阿谢耶夫、维尔塔、革拉特科夫、瓦连京·卡达耶夫、马尔夏克、米哈尔科夫、巴甫连柯、彼得罗夫、波戈廷、特瓦尔多夫斯基、吉洪诺夫、法捷耶夫、肖洛霍夫等俄罗斯作家以及少数民族文学的一些代表人物。这一次被 E. 格罗莫夫称为下了一场"勋章雨"的慷慨授勋,除了斯大林所说的目的外,可能还有对作家进行抚慰的意思。

1939 年还有一项重要的举措,这就是决定设立斯大林奖金。在斯大林生日的前一天,即 12 月 20 日,苏联人民委员会为庆祝斯大林六十岁寿辰,通过了《关于设立斯大林奖金》的决议,决议只

---

① 《亚历山大·法捷耶夫(书信和文件)》,高尔基文学院出版社,2001 年,第 82 页。

② 转引自 E. 格罗莫夫:《斯大林:艺术与权力》,艾克斯莫出版社,2003 年,第 328 页。

规定每年给科学和艺术的活动家授奖,没有包括文学家和文学批评家。1940 年 2 月 1 日,人民委员会又通过了一项单独的决议,决定增设诗歌、小说、剧本和文学批评奖等四个文学奖项,奖金各为十万卢布,每年评奖一次,于 1941 年开始评奖。后来又把各个奖项分为一等奖、二等奖和三等奖,授予不同数额的奖金(分别为十万卢布、五万卢布和三万卢布)。

评奖从 1941 年开始,直到 1952 年,在战争年代也没有停止。每年的评奖活动成为文学界的一件大事,吸引了许多作家和热心的读者的注意。在十多年的时间里评出了大量获奖作品。在获一等奖的小说中,有 A. 托尔斯泰的《彼得一世》和《苦难的历程》,肖洛霍夫的《静静的顿河》,爱伦堡的《巴黎的陷落》和《暴风雨》,费定的《早年的欢乐》和《不平凡的夏天》,法捷耶夫的《青年近卫军》,巴甫连柯的《幸福》,瓦西列夫斯卡娅的《虹》,尼古拉耶娃的《收获》,潘诺娃的《旅伴》,阿扎耶夫的《远离莫斯科的地方》,拉齐斯的《走向新岸》等等;获一等奖的诗作有马尔夏克的《儿童诗选》,吉洪诺夫的长诗《基洛夫同我们在一起》和其他诗篇,特瓦尔多夫斯基的《春草国》和《瓦西里·焦尔金》,伊萨科夫斯基的《诗歌选》,安托科利斯基的《儿子》,涅多戈诺夫的《村苏维埃上空的旗帜》,英贝尔的《普尔柯夫子午线》和《列宁格勒日记》等等;获一等奖的剧作则有特列尼约夫的《柳波芙·雅罗瓦娃》,波戈廷的《带枪的人》,柯涅楚克的《前线》,列昂诺夫的《侵略》,维什涅夫斯基的《难忘的 1919 年》等等。应该说,在获二等奖和三等奖的作品中也有少数并不逊于获得一等奖的作品的佳作。同时也不可否认,获奖作品中也有一些应时之作。但是大多数作品反映了俄罗斯大地上发生的巨大变迁,忠实地记录了建设新生活的艰辛和取得的巨大成就,热情地颂扬了苏联人民奋起保卫祖国,在反法西斯战争中建立的伟大功勋。许多作品在当时和以后相当长的一段时间曾广为传诵,对一代又一代人起了教育作用。一些具有代表性的佳作跨出了国界，产生了巨大的国际影响。然而在苏联剧变后，情况发生了变化。除了其中的个别作品仍得到肯定外，绝大部分都不再提了。应该说，这只是暂时现象。文学史上的许多事实证明，真正有价值的作品是不会被遗忘的。苏联政府设立斯大林文学奖金，主要是为了鼓励作家努力创作精品杰作，而通过评奖的结果，又可展示和肯定创作上取得的成绩。此外，也可作这样的推断，给作家评奖也像给他们授勋一样，也是为了表明党和政府对作家及其劳动成果的重视，以平复大清洗中他们的心灵在不同程度上受到的创伤。

斯大林对以他自己的名字命名的文学奖是很重视的。奖金设立之后的前几年因正逢战争年代他似乎没有亲自参加评奖活动。战后就不同了，他参加了多次审批会，会上不仅发表自己的看法，而且有时还与不同意见的人进行争论，有的作品就是在他认可和坚持下被授予奖金的。这似乎是斯大林以独特的方式进行的文学批评。下面在讲他的文学批评时将具体介绍这些情况。

三

上面已经讲过，在苏联作家协会筹备的过程中和成立前后，就已开展多方面的活动。斯大林决定成立单一的作家组织的目的，就是为了通过它把所有作家联合在一起，加强对他们的领导。他对这个组织的领导班子的建设是很重视的。作协成立时，为了尊重高尔基的意见并能与他合作，临时派了党的领导干部谢尔巴科夫担任主持理事会主席团日常工作的责任书记。高尔基逝世后，谢尔巴科夫回到了党的领导工作岗位上，由得到斯大林信任的斯塔夫斯基接替他的工作。斯塔夫斯基参加过国内战争，发表过一些中短篇小说，曾任拉普理事会书记。对这样一位创作上没有突出成就、名望不高的作家担任作协主席团责任书记这一重要职务，文学界本来就有相当多的人不那么赞成。加上他工作中出现不少问题,于是有不少作家,包括 A. 托尔斯泰、法捷耶夫等著名人士在内,对他提出尖锐的批评。联共(布)中央出版和出版社部部长尼基京了解这些情况后,于1938年2月28日向斯大林、卡冈诺维奇、安德烈耶夫、日丹诺夫和叶若夫写了报告。报告首先指出:

> 目前苏联作家协会的状况令人极其不安。担负着在政治上和组织上**团结**作家群众以及为苏联文学的思想和艺术的高质量而斗争的使命的这一文学家的创作团体愈来愈成为管理文学事务的独特的官僚机构。
>
> 最近两年,联共(布)中央1932年4月23日的决议实际上受到作协领导的忽视。协会没有对作家做任何认真的工作。居于它的注意的中心的不是作家及其活动,而主要是各种各样的经济事务和只与文学挂点边的争吵。
>
> 协会变成了一个巨大的办公厅,在那里没完没了地开会。那些不想脱离协会的文学家,由于忙于接连不断地参加会议,变得没有时间写作。

报告在谈到作家协会领导机构的情况时说,经过大清洗后,领导机构大大减员,理事会主席团无所事事,几乎不开会,"实际上所有的事都由书记处决定,大部分由斯塔夫斯基同志一个人拍板"。报告接着说道:"斯塔夫斯基同志由于无力在思想上和组织上领导大作家,便采取命令主义和单纯发号施令的做法。他不去团结优秀作家,却开始挑动本来就已存在的纠纷和小团体主义。在这位作协书记的周围形成了一个准文学家的集团,这些人起劲夸奖差劲的、缺乏艺术性的作品,攻击所有不合'领导'心意的人。"报告在举了一些例子说明这些问题后说,对作协的这种状况不能再容忍下去了,需要设法改变,并提出了两点建议:1.扩充主席团;2.成立坚强的、有工作能力的书记处,更新现在的领导,推举一位掌握政治策略、在作家中享有威信的党的工作者来进行领导。①

上面接到这个报告后,便由中央出面连续召开三次会议听取作家们的意见。会后,中央书记安德烈耶夫向斯大林作了汇报,说"斯塔夫斯基实际上个人取代了作协的主席团和书记处,并且他的全部行动引起了作家们对作协的不满"。他提出需要撤销斯塔夫斯基的职务,此外,中央还需要就作协工作的实质通过一项决议。② 于是中央作出了让斯塔夫斯基"长期休假"的决定,成立由巴甫连柯、索波列夫等人组成的五人小组暂时领导作协。1939年1月,中央政治局决定由法捷耶夫接替斯塔夫斯基,2月作协理事会书记处开会,正式选举法捷耶夫为责任书记。此次作协主要领导人的更换历时一年多,说明斯大林对免去他信得过的斯塔夫斯基的职务有过犹豫,经过再三考虑,才起用法捷耶夫这位同样得到他信任的著名作家。

作家协会成立后没有像预期的那样在团结作家和促进文学事业发展方面发挥重大作用,却出现了那么多的问题,这当然与主要领导人斯塔夫斯基这位平庸的作家在同行中威信不高,却又刚愎自用、独断专行、拉帮结派有关。这样的领导人是应该撤换的。不过原因不仅在于此。可以说,这与作协成立后实行的体制不无关系。作协本应该是一个创作团体,它的主要任务是团结广大作家,组织他们学习正确的文艺思想和深入生活,研究和讨论创作中出现的各种问题,交流创作经验以达到共同提高的目的等等。可是作协成立后,在它下面除了设立研究和讨论创作问题的

---

① 《文学的幸福——国家与作家(1925年~1938年文件汇编)》,俄罗斯政治百科全书出版社,1997年,第268~272页。

② 《文学的幸福——国家与作家(1925年~1938年文件汇编)》,俄罗斯政治百科全书出版社,1997年,第276页。

各种委员会外,还把从物质上支持和赞助作家的机构文学基金会连同所属的各种机构和设施以及创办的企业都交给作协领导,交给作协领导的还有高尔基文学院、苏联作家出版社以及一批文学刊物。这样一来,作协成为一个分支机构很多、从事多方面活动的庞大组织,其职能大为增加。后来有人将其称为"文学人民委员部",看来有一定的道理。于是就像上面尼基京在报告中所说的那样,作协变成像一个独特的官僚机构,那里整天没完没了地开会,讨论各种与文学创作并无多大关系的问题,很少注意作家及其活动,而担任领导工作的作家又抱怨没有时间写作。看来,要从根本上改进作协的工作,需要对作协的体制作一些重大的改变。联共(布)中央曾根据安德烈耶夫的提议,拟订过一个关于作协工作实质的决议草案,但未通过正式决议。这个问题就搁置起来了。

作协的主要领导人"换马"后,工作仍然起色不大。上面主要对思想政治工作薄弱、对被认为有问题的作品把关不严表示不满。根据保存下来的档案材料,联共(布)中央曾打算追究作协领导的责任。当时中央曾拟订过一份题为《关于苏联作家协会主席团的工作》的决议草案,对主席团的工作提出严厉批评,特别指出:"作协没有注意到阿夫杰耶科的反苏维埃作品以及像列昂诺夫的《暴风雪》、卡达耶夫的《小房子》、卡扎科夫的《当我一个人的时候》、格列博夫的《开诚布公地》等思想上有害的和反艺术的剧本的出现,以至于中央被迫出面加以禁演。"①不过最后没有成为正式决议。

不久战争爆发。作协的正常工作秩序被打乱。一方面忙于组织作家到前线采访,另一方面又要安排好把年老体弱和有病的

①　转引自 E.格罗莫夫:《斯大林:艺术与权力》,艾克斯莫出版社,2003 年,第342 页。

作家撤离到后方的工作。可是作协领导人组织工作能力较差,没有把莫斯科作家的撤离工作做好,法捷耶夫因而受到了批评,他不得不写信给斯大林进行解释。他本人几次上前线采访,后来根据乌克兰克拉斯诺顿沦陷期间地下组织青年近卫军的成员英勇斗争的事迹写一部长篇小说。他自然无暇注视整个文学创作的情况,及时发现问题并加以解决。而斯大林在战争期间仍然十分关注文学界的思想政治动向和创作情况。他在肯定一些作品的同时,也发现了一些有问题的作品,例如左琴科的《日出之前》。因此联共(布)中央书记处于1943年作出决定,要求加强对文学杂志的监督和提高编辑人员的责任感。由此看来,斯大林对法捷耶夫的工作并不满意。大概由于这个原因,1944年2月作协主席团召开扩大会议,决定解除法捷耶夫的职务,选举吉洪诺夫为主席团主席。这是作协领导人的又一次更换。

吉洪诺夫虽然在文学界威望较高,但是他是一位党外人士,缺乏从事领导工作的实际经验,因而他担任主席团主席后并没有大的作为。1946年发生了关于《星》和《列宁格勒》两杂志事件(下面将要作详细的介绍),他不能不负有"领导责任"。于是斯大林决定又一次更换作协领导机构,成立书记处以取代原来的主席团,重新起用法捷耶夫,让他当作协理事会总书记。根据西蒙诺夫的回忆,事情的经过是这样的。1946年8~9月间他返回莫斯科后,作协主席团的全体成员被叫到日丹诺夫那里去开会,说是要讨论今后的工作问题,具体地说,是讨论今后成为作协实际领导机构的组成人员问题。讨论了两次,提出了人选,西蒙诺夫也被推荐为候选人之一。两三天后,日丹诺夫又召开会议,说他已把讨论的情况向斯大林作了汇报,并已作出决定。① 根据决定,作

---

① 见 K. 西蒙诺夫:《我这一代人的看法——关于斯大林的思考》,书籍出版社,1990年,第95页。

协领导机构为书记处,书记处由十三人组成,总书记法捷耶夫,副总书记西蒙诺夫、吉洪诺夫、维什涅夫斯基和柯涅楚克,书记中除列昂诺夫和戈尔巴托夫(兼党组书记)外,其余为少数民族作家。此次改组后的作协领导机构和人员直到斯大林逝世后于1954年召开第二次苏联作家代表大会时才作了改变。

四

从30年代下半期起,斯大林已不像在前一时期那样,花很多的时间和精力抓文学和文学界的问题,不过他对文学界的思想动向和创作情况还是很重视的,同时对戏剧、电影和音乐也很注意,经常观看各种演出。据报道,斯大林在1936年1月17日会见了根据《静静的顿河》改编的歌剧的创作人员并与他们进行了座谈,指出歌剧应广泛采用民歌的曲调,形式上应该通俗易懂,技巧上力求达到最高水平,同时强调"与人民格格不入的形式主义的危险性"。差不多与此同时,他观看了肖斯塔科维奇的歌剧《姆岑斯克县的麦克白夫人》。这部歌剧是由19世纪俄罗斯作家列斯科夫的同名小说改编而成的。小说写的是旧俄商人家庭的一起情杀案。肖斯塔科维奇在改编时把作为凶手的女主人公变成一个值得同情的受害者,艺术上作了大胆的尝试,有的场景多层次的声部交错重叠,以急促喧闹的不和谐响加以渲染。斯大林观看后特别不满。不久,《真理报》秉承他的看法于1月28日发表了题为《纷乱代替音乐》的专论,指责歌剧的音乐充满"刺耳的噪音"和"疯狂的节奏",是用"过左的喧嚣来代替自然的、人类的音乐",是"用廉价的标新立异的方法创造新奇的花样的小资产阶级形式主义的挣扎和野心"。于是开始了一场对形式主义的批判。著名导演梅耶荷德导演的一些戏也被认为具有形式主义倾向,要求他改正错误,多导演现实主义的戏剧。这场批判还波及其他艺术部门。报刊陆续发表了《芭蕾舞的矫揉造作》《建筑中的不和谐》

《论乱涂乱抹的画家》等批判文章。作家也起而响应,3月13日莫斯科作家开会讨论形式主义问题,一些著名作家在会上发言,引起了人们的重视。不过这场争论延续的时间并不长。

上面提到过,斯大林特别重视戏剧和电影在群众中产生的广泛影响,因此密切注视着这方面的创作。他曾先后肯定和赞扬一些优秀剧作,例如柯涅楚克的剧本《在乌克兰的草原上》和他在战争年代创作的《前线》,还有列昂诺夫的《侵略》等,同时也对一些他认为有问题的作品提出了批评。1940年8月15日,《真理报》发表了题为《一部不真实的影片》的专论,对根据阿夫杰延科的小说《我爱》拍摄的影片《生活的规律》提出严厉批评,主要指责它对苏联的生活进行了粗暴的歪曲。关于这次批判,后面还要详谈。上面曾经提到过,战争期间他发现乌克兰作家杜夫仁科的剧本《烈火中的乌克兰》表现出民族主义倾向,立即提出了批评。

卫国战争结束后,在1946年8、9月间通过了关于《星》和《列宁格勒》两杂志的决议以及批判阿赫马托娃和左琴科这两位作家的运动,成为文学界的一个重大事件。

这场运动在1946年上半年就开始酝酿了。4月13日,在斯大林主持下政治局举行了会议。他在会上对进一步改进党的机关的工作,其中包括加强文艺战线的领导作了明确指示。4月18日,日丹诺夫在联共(布)中央的会议上作了传达。他说,斯大林的指示"是在承认意识形态领域的工作存在严重的缺点和遭到严重的失败的情况下作出的"。[1] 接着他传达了斯大林对文学界的批评,说道:

> 斯大林同志尖锐地批评了我们的大型杂志,并且提出了我们的大型杂志也许甚至应该减少的问题。这是由于我们

---

① 《斯大林文集》,第16卷,第2版,第1册,UTPK出版社,2011年,第738页。

不能保证所有杂志保持应有的水平。斯大林同志举出大型杂志中最差的是《新世界》，下面紧接着的是《星》。斯大林同志认为相对比较好的或最好的是《旗》杂志，接着是《十月》，排在后面的是《星》《新世界》。斯大林同志指出，要满足所有这四家杂志的需要，精品佳作和有重要意义的作品就显得不够，这已说明杂志的数量很多。同时他列举了一系列质量差的作品，指出《星》发表了《时间的道路》，接着又发表了伊万诺夫的《在柏林城墙下》。斯大林同志给了《为了那些在海上的人们》以很好的评价。

至于说到文学批评，斯大林同志作了这样的评价，说我们没有任何批评，已有的那些批评家是受他们为其服务的作家们供养的，是朋友义气的奴隶。他们的任务是夸奖一些人，辱骂所有其余的人，如果我们想要谈论如何活跃批评，那么我们应当不从活跃本位主义的批评开始。我们提出过这个问题，要把批评集中于大型杂志，但是没有什么结果，批评并没有活跃起来。

斯大林同志提出了关于文学的问题，关于像电影、戏剧、艺术、文学等部门的状况的问题。斯大林同志提出，我们应当从这里，从宣传部门来组织这种批评，也就是宣传部门应成为进行文学批评的主要机构。因此斯大林同志提议创办一份这样的报纸并要宣传部团结和吸收一批文学批评家进行工作，因为斯大林同志讲的是我们需要客观的、独立于作家的批评，也就是说，需要的是只有宣传部门才能组织的批评，这是一种客观的，不顾情面、没有偏心的批评，因为斯大林同志直接谈到我们现在的批评是有偏心的。①

---

① 《斯大林文集》，第 16 卷，第 2 版，第 1 册，UTPK 出版社，2011 年，第 739～740 页。

斯大林的话说得既明确又具体，把大型杂志根据好坏排了队，对近来发表的一些作品作了评价，并且根据新创作的好作品不多，提出减少杂志数量的问题。他特别对文学批评表示不满，讲了如何改进的具体意见。可见他已决定要对文学报刊进行整顿了。列宁格勒的领导和宣传部门负责人应该是听了传达的。也许是因为他们缺乏政治上的敏感性，也许由于其他原因，在斯大林讲话后，接连做了几件几乎是"背道而驰"的事。6月26日，列宁格勒市委常委批准《星》杂志新编委会名单，左琴科成为编委之一。7月6日，《列宁格勒真理报》发表了盖尔曼的文章，赞扬左琴科。7月底，《星》第5、6期合刊（这一期是原来的编委会签发的），未经左琴科同意，从儿童刊物《穆尔济尔卡》转载了他的《猴子奇遇记》。

于是中央开始采取具体行动。8月2日，中央政治局作出了《关于改进〈真理报〉的措施》的决议，这份决议虽然是针对《真理报》的，但是实际上是对所有报刊下了改进工作的指示。过了五天，即于8月7日，中央宣传部领导人亚历山大罗夫和叶戈林向日丹诺夫呈送了《关于〈星〉和〈列宁格勒〉两杂志不能令人满意的状况》的报告，直接提出了解决两杂志的问题。报告说，"这些杂志最近两年刊登了一系列思想上有害和艺术上很差的作品。"报告提到许多作者的名字，特别指出了左琴科及其《猴子奇遇记》。报告还附上他们草拟的联共（布）中央决议的草案，其中批评了苏联作协及其列宁格勒分会"让杂志受一批文学家操纵，没有进行领导"。① 紧接着于8月9日，由联共（布）中央组织局出面召开会议讨论这个问题。会议由马林科夫主持，斯大林、日丹

---

① 《文学战线（1932年——1946年）：政治检查史》，文件汇编，俄罗斯农村百科全书出版社，1994年，第191、197页。

诺夫、列宁格勒党组负责人以及苏联作协领导人吉洪诺夫、维什涅夫斯基等和两杂志的负责人出席了会议。似乎亚历山大罗夫在会上做了关于两杂志的报告，但报告记录未保存下来。从保存下来的材料来看，许多人在会上发了言，斯大林最后发表了总结性讲话。

斯大林在讲话中首先强调指出报刊的政治性。他说：

> 我们列宁主义者认为，各种杂志，不管是科学杂志还是文艺杂志，无论如何不可能是不问政治的。我这样说，是因为许多作家，许多担任责任编辑的人和其他的人认为政治是政府的事，是中央的事。他们说，政治不是我们的事。如果有人写得好，有艺术性，很漂亮，——就应当采用，而不管那里有把我们的青年引入歧途和毒害他们的腐朽的地方。我们与许多文学家以及那些在编辑部里占据领导岗位的人的分歧就在于此。直截了当地说，我们要求领导文学的同志和从事写作的人按照缺了它苏维埃制度就不可能存在的政治行事，不用藐视一切和无思想性教育我们的青年，不要让左琴科之流来教育人，因为他们宣扬无思想性，这样说道："让你们和你们的批评去见上帝吧。我们想要休息休息，快乐地生活，笑一笑。"因此他们写毫无内容的、空空洞洞的东西，甚至不是特写和短篇，而是某种催吐剂。能容忍文学界的这样的人吗？不，我们不能收留这样的人用来教育我们的青年。请你们这些编辑同志、编委会成员们和作家重视这一点。苏维埃制度不容许用藐视一切的精神，用无思想性教育我们的青年，因此我们的文学家同志们应该改变自己的观点。左琴科在写东西。我们另一些同志很忙，而且不是任何时候都给他们留出地方，而给左琴科留了。这就叫做对全民事业的非

政治态度。①

以上斯大林强调文学的教育作用，讲了反对非政治化的问题。接着他讲第二个问题，即非政治化产生的只讲友情、不进行批评的偏向。他问道：

> 是友情高，还是国家利益高？我认为是国家利益高。人们往往看风使舵。不应当害怕有人批评。没有批评什么也干不成。再多说一点。一个人如果不能自己批评自己和检查自己的工作，不能在每天结束时向自己提出"我今天工作得怎么样"的问题，这样的人不可能成为苏维埃人，这样的人是胆小鬼。再说一点。这个人没有讲自己的真实情况的勇气。因此许多人就不喜欢受到批评。而我们在有人批评时则表示欢迎。这不是愉快的事，但是我们欢迎，因为没有这样的批评，一个人可能烂掉。机体的病不及时治疗，它的魔掌就会伸向更深处。疾病发现得愈快就愈好，愈有生命力，痊愈得也就愈快。各个活动家们，我们当中的任何人都是如此。应当勇敢地迎接批评，应当有勇气对自己每天的工作进行总结，并且问自己：我是否能把工作做得更好？不错，我取得了成果。那么是否能取得更大的成果？只有在这样的条件下才能造成使人自我完善和不断前进的环境。我们的那些文学领导人也缺乏这种精神。他们为了讲友情却想要放弃青年的利益，放弃国家的利益。这是不行的。②

在讲了关于批评和自我批评的道理后，斯大林接着谈到杂志

---

① 《斯大林文集》，第16卷，第2版，第1册，UTPK出版社，2011年，第372页。
② 《斯大林文集》，第16卷，第2版，第1册，UTPK出版社，2011年，第373页。

的编辑部应该怎样做的问题。他说,编辑部至少需要有一位懂得文学的、有一定权威的、能够有充分权利给作者提意见的人,能够进行批评,帮助年轻作家的人。他还说:

> 如果编辑们给自己定下一条谁也不得罪的规矩,只重视阿赫马托娃昔日的声望,而不看她现在写的是微不足道的东西,不能当面对她说:"听着,现在是 1946 年,而不是三十年前,也许您过去写得好,而我们办的是现在的杂志。"应当有勇气这样说。难道我们的杂志是私人企业,是独立的集团?当然不是。在别的国家,那里杂志是像工厂那样的产生利润的企业。如果它不产生利润,那就停办了。这是资本家某些集团、英国的勋爵的私人企业。谢天谢地,我们不是这样的情况。我们的杂志是人民的杂志,是我们国家的杂志,谁也无权使其适应那些不想承认我们的任务和我们的发展的人的口味。阿赫马托娃等人,——这与我们有什么相干呢?我们有我们的要求——教育青年,满足他们的需求,把新的一代培养成朝气蓬勃的、相信自己的事业和不怕艰难险阻、准备克服任何障碍的人。难道安娜·阿赫马托娃还有那位只会讲粗俗故事的左琴科能教育这样的人吗?干吗还要对他们讲客气呢!我们就需要这样的编辑,他们不怕对作家说实话,他们把教育青年、使他们成为信奉列宁主义的布尔什维克作为自己的目标。假如我们过去不是以相信自己的事业的精神教育青年,那么我们就不能打败德国人。你们是知道这一点的,你们最好知道这一点。因此就应当选用这样的编辑,他能勇敢地办事,不左顾右盼,只考虑国家的利益和正确

教育青年的利益,——这是最主要的。①

在具体谈到《星》和《列宁格勒》两杂志时,斯大林说,如果《星》主编萨亚诺夫有勇气切实领导起这份杂志,不把它变成"邮箱"和"仓库",而办成能真正领导作家的刊物,那么他赞成萨亚诺夫留任。他再一次提到左琴科,这样说道:"不能让左琴科进来,因为不是我们应该改变趣味爱好。应当让他改变。不愿改变,那就让他见鬼去吧!"斯大林提出停办《列宁格勒》杂志的问题,理由是他认为创作出来的合格作品满足不了两份杂志的需要,不如只办一份杂志,这样既可以保证发表的作品的质量,又可以有足够的纸张。② 会上诗人普罗科菲耶夫曾表示希望保留《列宁格勒》杂志,但斯大林坚持自己的意见。

最后斯大林特别提出如何对待从前线归来的军人的问题。他要求编辑部对这些人要像对待别人一样,不管他们有什么功劳和头衔,要是他们的作品写得好,就表示欢迎;写得不好,只好请他们好好学习。③

根据参加会议的一些人的记录和回忆,斯大林除了上述总结性讲话外,在会议讨论过程中还发表了一些看法。维什涅夫斯基在苏联作协主席团和理事会联席会议上进行传达时说,斯大林在会上曾插话批评许多作家崇拜西方和外国人,根据他的回忆,斯大林是这样说的:苏维埃人三十年来一直走在前面,从来什么都不怕,现在许多人开始张皇失措,丢掉了尊严,这使人感到痛心。根据他的回忆,斯大林还几次谈到左琴科,说道:"此人对战争视

---

① 《斯大林文集》,第 16 卷,第 2 版,第 1 册,UTPK 出版社,2011 年,第 374～375页。

② 《斯大林文集》,第 16 卷,第 2 版,第 1 册,UTPK 出版社,2011 年,第 375～376页。

③ 《斯大林文集》,第 16 卷,第 2 版,第 1 册,UTPK 出版社,2011 年,第 376 页。

而不见,对火热的战争视而不见。在这个题目上他一句话也没有说过。左琴科的那些写鲍里索夫市的小说,写猴子的奇遇能提高杂志的声誉吗? 不能。"①参加会议的《星》杂志副主编卡皮察回忆道,当主编萨亚诺夫试图对该杂志为什么刊登《猴子奇遇记》作说明时,斯大林气愤地打断他说:"无论是主编还是书记,起码的要求都没有。这是一篇空虚无聊的短篇。对头脑和心灵都无好处。这是给平庸粗俗的东西提供阵地。只有诽谤者才会制造出这样的作品。左琴科对苏维埃人有怨气……你们的左琴科是个流氓! 粗俗的写作匠!! ……看到了吗? 猴子觉得在笼中比自由自在还要好。处在禁锢中比处在苏维埃人中间还要舒服。"②话说得很不客气,居然用了骂人的字眼。

阿赫马托娃在十月革命前就已成名,曾是阿克梅派的代表人物之一。斯大林无论从思想上还是从艺术上对她的诗歌并不欣赏。可是阿赫马托娃名气很大,据说1946年春天她到莫斯科参加诗歌朗诵会,进会场时全场起立,鼓掌表示欢迎。斯大林得知后非常生气。列宁格勒的两家杂志重视她的诗作,从1944年5月到1946年8月发表了她的将近四十首诗,这在当时来说,数量是相当可观的。在讨论两杂志的会上,当作协列宁格勒分会负责人、诗人普罗科菲耶夫试图为这位女诗人辩护时,斯大林打断他的话,问道:"在她那里,除了旧的名声,还能找到什么?"普罗科菲耶夫列举了他认为的阿赫马托娃的几首好诗,斯大林反驳说:"也只有一首、两首、三首诗,就完了,再也没有了。"③根据维什涅夫斯基的回忆,斯大林说阿赫马托娃根本担负不起培养新一代人的任务,强调不能迁就阿赫马托娃,不能谁也不得罪,"不得罪像阿赫

---

① 《青春》1988 年第 8 期,第 70 页。

② 《涅瓦》1988 年第 5 期,第 413 ~ 414 页。

③ 《文学战线:1932 年 ~ 1946 年,政治检查史(文件汇编)》,俄罗斯农村百科全书出版社,1994 年,第 203 ~ 204 页。

马托娃这样的人,杂志就不成其为杂志了"。①

　　上面提到过,斯大林曾认为办得最差的文学杂志是《新世界》,然后才是《星》。那么他为什么只拿《星》和列宁格勒的另一份杂志开刀呢? 根据西蒙诺夫的分析,斯大林那样做,是因为他对列宁格勒一直存在着猜疑,认为"那里可能存在着建立某种精神自治的企图",至于为什么拿左琴科和阿赫马托娃作为靶子,那么他所考虑的"与其说是他们本身的问题,不如说是阿赫马托娃所获得的令人吃惊的并带点示威性的巨大声望……以及左琴科回到列宁格勒后所处的名声太大的地位"。② 有的学者经过研究后提出,这次批判与领导集团内部的争权斗争有关,是以日丹诺夫为一方和以马林科夫、贝利亚为另一方的斗争的表现。他们认为马林科夫和贝利亚利用斯大林对列宁格勒的猜疑以及对左琴科和阿赫马托娃的不满制造事端发动这场批判斗争,目的在于削弱当时作为第二号人物的日丹诺夫的势力。在他们看来,左琴科和阿赫马托娃只不过是一场政治斗争的牺牲品罢了。在事情发生过程中确实也有一些令人感到奇怪之处,例如《猴子奇遇记》是在作者并不知晓的情况下在《星》杂志转载的,这时又正好批准左琴科为该杂志的编委,可能是有人指使这样做的,为兴师问罪制造借口。不过这仅只是一种分析意见,是否符合实际,需要进一步用大量事实和材料来证明。

　　上述组织局召开的会议结束后,联共(布)中央于 8 月 14 日通过了《关于〈星〉和〈列宁格勒〉两杂志》的决议。决议基本上根据斯大林讲话的精神,批评了两杂志为左琴科、阿赫马托娃提供文学论坛和发表其他作家的一些低劣作品的错误,指出了两杂志

---

① 《青春》1988 年第 8 期,第 70 页。
② K.西蒙诺夫:《我这一代人的看法——关于斯大林的思考》,书籍出版社,1990年,第 95,93 页。

编辑部犯错误的原因,要求采取有力措施纠正这些错误。决议根据斯大林的意见,决定停办《列宁格勒》杂志,把列宁格勒的文学力量集中在《星》周围。决议批评苏联作家协会理事会及其主席吉洪诺夫未能采取办法改善两杂志,批评列宁格勒市委和联共(布)中央宣传部放弃了对两杂志的领导和未给予应有的监督。尽管斯大林曾同意让《星》主编萨亚诺夫留任,但是决议还是批准中央宣传部副部长叶戈林兼任《星》杂志主编。在决议的未公布部分则写明给列宁格勒市委书记卡普斯京以警告处分,给市委宣传部长希罗科夫以撤职处分。

决议通过后的第二天,即8月15日,日丹诺夫在列宁格勒召开的党员积极分子大会上作报告。事先斯大林审阅了这份报告,只作了少量修改,对它表示肯定,说道:"我读了您的报告。我认为报告写得很好。"①日丹诺夫曾在列宁格勒工作,那里有的领导干部过去是他的同事和部下,他同长期居住在列宁格勒的左琴科和阿赫马托娃关系也不错。但他在报告里批判左琴科和阿赫马托娃时话说得很厉害。他这样做,也许为了表示自己与这些人划清界限,也许还有别的原因。

9月4日,苏联作家协会理事会主席团通过决议,解除吉洪诺夫作协理事会主席的职务,帮助《星》杂志和作协列宁格勒分会在根据中央决议精神,在最短期间内实行根本的改组,开除左琴科和阿赫马托娃作协会员的会籍。在这前后各地召开了各种批判会,报刊上开始发表批判文章,一时形成了一股批判的浪潮。

这场匆忙发动的批判运动与30年代的大清洗有明显的不同。它着力于思想批判,而不是搞政治清洗,打击面没有扩大,惩罚措施也主要限于开除当事者的作协会籍。这场运动延续的时

---

① 《20世纪的俄罗斯:当局和从事艺术创作的知识分子(文件汇编)》,国际民主基金会出版,1994年,第606页。

间并不长。上面说过,斯大林的讲话和中央的决议曾明确要求各刊物不发表左琴科和阿赫马托娃的作品。但这禁令很快在斯大林本人的同意下取消了。1947年9月《新世界》就发表了左琴科的十篇游击队的故事。至于说到阿赫马托娃,虽然对她也进行了严厉的批判,但是用词稍稍客气些。当局对她的态度也很快有所变化。她于1951年2月14日恢复了苏联作家协会的会籍。

8月9日组织局召开的会议第二项议程是讨论影片《灿烂的生活》,斯大林也发表了讲话。他批评了这部影片,在这次会议后,联共(布)中央于9月4日通过决议,禁止它上演。同时在这次会议上斯大林还对两部历史题材的电影《海军上将纳希莫夫》和《伊万雷帝》提出了自己的看法。具体情况将在后面讲文学批评时进行介绍。此外,联共(布)中央还于8月26日通过《关于剧场上演节目及其改进办法》的决议。就这样,在1946年8月到9月这一短时间内,联共(布)中央在斯大林亲自领导下,接连通过了关于文学艺术问题的三个重要决议。

这些决议,尤其是关于两杂志的决议,当时曾产生过重大影响。但是到后来,主要是在斯大林逝世后,便逐渐被否定。尤其是到了20世纪80年代所谓的"改革"时期更是遭到了彻底的抛弃,被称为"毁灭性的决议",说它掀起了对文艺工作者的"揭露和迫害的浪潮"。以戈尔巴乔夫为首的苏共中央应列宁格勒市委和苏联作协领导人的请求,于1988年10月20日郑重其事地作出了取消1946年关于两杂志的决议的决定。一些文学报刊纷纷发表文章说明所谓的事实真相,对斯大林及其指示的主要执行者日丹诺夫进行揭露批判和咒骂。直到今天,在有关的档案材料已经公布、基本事实已经搞清的情况下,俄罗斯文学界仍有不同看法和争议。那么究竟应该如何认识这场由两杂志和两位作家引起的运动呢?

首先应该明确一点:当时提出的问题是否实际存在,决议是否无的放矢？这要从战争结束后社会情绪的变化说起。当时人们比较普遍地因取得战争胜利而感到喜悦和自豪，在某种程度上打破了大清洗后比较沉闷的气氛。相当多的人在这场残酷的战争中历尽艰辛，经历了血与火的考验，变得比较坚强和自信，原先的那种谨小慎微的心理有所改变，变得敢于说话，敢于发表意见。与此同时，不少红军指战员追击敌人出了国界，到过西欧的一些资本主义国家，对那里人们的物质生活和思想状况有了实际的了解，其中有人根据所见所闻觉得资本主义制度并不完全像过去国内宣传的那样，思想上产生了一些疑问。他们回国后对亲戚朋友讲了国外的情况，使得这种怀疑情绪有所扩散。当然不能排除有人产生了崇拜西方的思想。再就是许多人希望胜利后生活能有所变化，变得比较宽松、自由和富裕。上面所说的这些变化，在被称为社会情绪的晴雨表的知识界（尤其是文艺界）显得最为突出。不可否认，在少数知识分子当中自由主义思想有所抬头，也确实有崇拜西方的情绪的一些表现。另一方面，国际形势发生了重大变化。战争结束后西方主要资本主义国家开始对苏联发动"冷战"，进行反苏反共宣传是其主要内容之一，文学艺术则被当作重要的宣传工具。斯大林是在敏锐地觉察到国内国际形势的变化的情况下采取行动的。西蒙诺夫认为斯大林那样做，是要设法"把有点放松了的知识分子重新牢牢控制起来，打掉他们的幻觉……让他们安分守己一点"。[①] 这样说似乎也有一定道理，因为斯大林确实要加强对知识分子的领导，但是不单纯是为了让他们安分守己，而是从战略高度考虑问题的。他感觉到如果当时出现的自由化倾向不及时克服，文学发展的方向将被改变，它将不再为培养社会主义新人和巩固社会主义制度服务，而为国内外敌对

---

① K.西蒙诺夫：《我这一代人的看法——关于斯大林的思考》，书籍出版社，1990年，第93页。

势力所利用,成为思想上腐蚀人民群众和为颠覆社会主义制度制造舆论的工具。五六十年代苏联文学发展的方向逐步被扭转后出现的"解冻文学"、暴露文学和持不同政见者文学就起了这样的作用。到"改革"年代,文学界人士除了继续造舆论外,还直接参与了搞垮苏联的斗争。沉痛的历史教训说明,斯大林当时抓文学界出现的问题是有英明的远见的。

其次,要看斯大林在发动这次批判时所讲的一些道理是否站得住脚。上面已经详细介绍了他在组织局召开的会议上的讲话和讨论时的插话。归纳起来,其主要内容有以下几点:强调文学对年轻一代的教育作用,并进一步指出它对巩固社会主义制度的重要作用;要求发扬爱国主义精神,反对西化和崇洋媚外;强调在不同制度下各种杂志的不同性质,指出在资本主义条件下杂志是用来赚取利润的企业,而在社会主义条件下则是属于人民的;指出开展正确的文学批评的重要性,反对只讲朋友义气、不讲原则、胡乱吹捧等等。应该说,他讲的这些话是符合马克思主义的,是有道理的。

那么是否可以说,这次批判进行得完全正确呢? 当然不能这样说,而且应当认为某些做法是错误的,而且造成了不好的影响。事情发生在 1946 年干旱的夏季。当时战争结束只有一年多,遭到严重破坏的经济刚刚开始恢复,现在碰上严重的干旱,很有造成歉收和饥荒的可能。30 年代的饥荒记忆犹新,这使得领导人有一种危机感。联共(布)中央正忙于采取抗旱措施,可是这时文学艺术领域又出了问题需要解决,在这种情况下只好匆忙上马,显得急躁而缺乏周密的考虑和充分的准备。而战争胜利后斯大林威望进一步提高,对他的崇拜几乎发展到神化的地步,在这种情况下,他已不像 30 年代初那样能发扬民主,听取大家的意见。加上进入暮年的他,性格中原有的粗暴的特点也凸显出来。因而在讲话和插话中辱骂左琴科和阿赫马托娃,而日丹诺夫也跟着这样做,有时甚至话说得更厉害。堂堂党和国家领导人在公众场合使用粗俗的语言,甚至出口伤人,这是很不应该的,这不仅是对被骂者的侮辱,实际上也是他们的自我贬损。即使他们讲得再有道理,人们也听不进去了。后来有人就只抓住他们骂人的话,不提他们阐述的观点,对决议进行全面否定。这样一来,不仅没有解决问题,而在某种程度上起了相反的作用。

这次运动的一个主要问题是试图单纯依靠行政命令解决文学界这一复杂的意识形态领域的问题。当然为了解决问题可以适当采取一些行政命令手段,例如撤换不称职的领导人,配备有较高思想理论水平、懂行而又作风正派的人担任有关部门的负责人,以加强领导。同时也像斯大林所指出的那样,可以开展文学批评,批判错误倾向。不过这种批评不仅像斯大林指出的那样应该是不讲朋友义气和铁面无私的,而且应该是充分说理的,而不能像当时流行的那样惯于扣帽子和打棍子。至于说到如何帮助作家纠正创作中的不良倾向,这是一个比较复杂和比较困难的问题,不能指靠通过一两次批评和帮助,收到立竿见影之效。这是因为作家要使自己创作有所改变,不仅要有新的理性认识,而且要有实际的生活体验。至于说具体文学作品的看法,那么也应考虑到这是一种特殊的精神产品,有时其性质和价值不易一时认清,在作评价时也应采取慎重的态度。总而言之,要解决文学界出现的问题不能采取所谓"骑兵奔袭式"的方法,不能靠通过一两个决议和下一两道命令,而要求对作家做耐心的、艰苦细致的思想工作,只有这样才能产生一定的效果。

关于两杂志的决议通过后已经过去六十多年了,现在应该冷静地对它进行分析,从中汲取有益的经验和教训。

五

1946 年 8 月在讨论两杂志时斯大林曾批评过崇拜西方和外

国人的表现。一年后的 5 月,他和莫洛托夫、日丹诺夫接见苏联作协领导人法捷耶夫、西蒙诺夫和戈尔巴托夫时,又着重谈了这个问题。他说苏维埃爱国主义的主题非常重要,而一般知识分子,例如科技界的知识分子、教授、医生,往往缺乏苏维埃爱国主义感情。他还说:"他们毫无理由地崇拜外国文化。总觉得自己还没有长大,不是百分之百的大人,习惯于认为自己处于永远是学生的地位。"他提到一位拜倒在外国人面前失去了自己的尊严的教授,说到这里让日丹诺夫拿出一份文件,叫法捷耶夫读给大家听。文件讲的是医学科学院通讯院士克柳耶娃和她的丈夫罗斯金擅自把研究恶性肿瘤生物疗法的专著送到西方出版而受到追究的事。斯大林对此事十分重视,认为这种行为是崇拜西方、缺乏自信和出卖机密的行为。根据他的指示,联共(布)中央写了一封关于此案的密信分发给各级党政机关要求进行讨论并把讨论结果上报。法捷耶夫读的就是这封信。读完信后,斯大林说:"应当消除妄自菲薄的习性。"[①]后来这封信在报上发表了,于是开始了一场反对妄自菲薄、反对缺乏自信和自尊、反对毫无理由地崇拜西方的斗争。

作为苏联作协总书记的法捷耶夫在贯彻党的总书记的这一指示方面显得比较积极主动。在他一个月后召开的苏联作协理事会全体会议上做的报告中,有一部分的题目就叫做《论苏维埃爱国主义和在外国面前卑躬屈节》,并提到文艺学家维谢洛夫斯基有卑躬屈节的表现。这就引起了关于这位文艺学家的一场"讨论",实际上主要是对他的批评。受到批评的还有其他一些文艺学家。1948 年 12 月 20 日法捷耶夫在苏联作协理事会全体会议上讲话,分析了戏剧创作落后的原因,指责马柳金、博尔夏戈夫斯

---

① K.西蒙诺夫:《我这一代人的看法——关于斯大林的思考》,书籍出版社,1990年,第 94～95 页。

基之类的戏剧批评家"不去揭露资产阶级思想和对当代资产阶级文化的五体投地的崇拜,不去批判挖空心思拼凑出来的形式主义的作品或其中粗暴地歪曲苏联生活中的新事物的苏联剧作家,使其站不住脚"。① 他把矛头对准了某些他认为崇拜西方的戏剧批评家。但是出人意料的是,法捷耶夫的讲话在报刊上没有反应。根据博尔夏戈夫斯基的说法,这是由于当时担任宣传部领导人的谢皮洛夫并不赞同法捷耶夫的意见,可是法捷耶夫却得到联共(布)中央和莫斯科市委书记波波夫的支持,后者在会见斯大林时说法捷耶夫受到戏剧批评家的中伤,斯大林听了非常生气,说了一句:"这是反爱国主义势力对中央委员法捷耶夫的攻击。"②于是联共(布)中央作出决定,开展一场重点批判戏剧批评家的反世界主义的运动。

1949年1月28日《真理报》发表了题为《关于一个戏剧批评家的反爱国主义集团》的编辑部文章。据说这篇文章是由法捷耶夫和萨斯拉夫斯基执笔的。文章严厉谴责了苏联的主要戏剧批评家,说他们拜倒在西方面前,缺乏爱国主义精神,辱骂本国作者的优秀作品,把腐朽的无思想性和形式主义塞到苏联艺术中来。被指名批判的有尤佐夫斯基、博亚吉耶夫、博尔夏戈夫斯基、马柳金、霍洛多夫、吉尔维奇、瓦尔沙夫斯基,不久又加上阿尔特曼。在这些人当中,除了马柳金是俄罗斯人、博亚吉耶夫是亚美尼亚人外,其余全都是犹太人。这使人觉得这次批判具有反犹的色彩。接着一些文学刊物(例如《十月》《旗》《新世界》等)纷纷发表批判文章,形成了一定的声势。同时对所谓的"世界主义者"的活动进行了揭发。但是斯大林没有下令把这反世界主义的思想运

---

① A.法捷耶夫:《三十年间》,苏联作家出版社,1959年,第393页。
② A.博尔夏科夫斯基:《命运的宠儿的笔记》,苏联作家出版社,1991年,第69页。

动升级为政治刑事案件,对当事人只进行批判,没有逮捕他们。这次来势汹汹的运动延续的时间并不长。1949年4月7日《真理报》发表了《世界主义是美国反动派的思想武器》一文,强调世界主义的政治的一面,没有提到戏剧批评家。这是一个讯号,说明将不再当众批判具体的人,而将集中力量与敌对的思想观点作斗争。这样及时"刹车"应该说是对的,否则就会批判的调门愈来愈高,牵涉的人愈来愈多,甚至有可能在批判盲目崇拜外国这一种偏向的同时,出现否定学习和借鉴外国先进文化的必要性的另一种偏向。

支持和引导对文学领域中"无爱国心的世界主义"的批判,似乎是斯大林在其文学活动中采取的最后一个影响比较大的行动。在这之后,他在1950年还曾批评过别利克,说他宣扬拉普理论,把他称为"现在的拉普分子",但是在文学界没有产生像批判世界主义那样的影响。

回顾一下斯大林实行的文学政策,那么可以看出,前期(二十年代至30年代上半期)与后期(30年代下半期至50年代初)有一些明显的差别。在前期,尤其是在30年代上半期,在破旧的基础上确定了领导文学的指导思想和原则,建立了一整套具体的规章制度,可以说有较多的建树。在这一时期,尽管也利用行政命令手段领导文学,但是能够注意发扬民主,在一些重大原则问题上广泛听取广大作家的意见,因此所采取的不少政策措施受到作家的支持,效果比较好而较少失误。后一阶段在国内外复杂的政治形势影响下,没有在进一步完善已建立的领导文学的新体制上下功夫,而是一个接一个地通过决议批判各种错误倾向和纠偏,而且有时把问题估计得过于严重而采取过火的说法和做法,伤害了一部分作家。这一阶段斯大林已不像30年代初期那样比较讲民主,而是显得专断,有时甚至表现得比较粗暴。这样做显然无助于解决问题,甚至会产生相反的效果。这些教训应该认真汲取。

第三节　斯大林的文学批评

斯大林的文学批评的标准。——对魏列萨耶夫、皮利尼亚克和爱伦堡的作品的评论。——对布尔加科夫的《土尔宾一家的日子》和《逃亡》的评论。——对肖洛霍夫的《静静的顿河》和《开垦的荒地》等小说的评论。——对列昂诺夫的《侵略》和柯涅楚克的《前线》等剧本的评论。——对根据阿夫杰延科的小说拍摄的影片《生活的规律》和爱森斯坦导演的影片《伊万雷帝》第2集的评论。——在斯大林奖金获奖作品审批会上对一系列作品的评论。

斯大林在1920年3月参加乌克兰共产党第四次代表会议时填的登记表中,在"职业"一项中写道:"作家(政论家)"。"作家"("писатель")一词意义比较宽泛,包括文学家和一般写作者。他这样填写大概是因为他曾发表过许多政治性文章。但是他否认自己是批评家。1930年1月17日,他在给高尔基的信中提到他不能满足《文学学习》杂志的负责人之一加米古洛夫要他写文章的请求,写道:"没有时间! 此外,我算什么批评家,真是见鬼!"① 过了不久,他又在给别济缅斯基的信中说:"我不是文学专家,当然也并不是批评家。但是由于你的坚决的请求,我可以把我个人的意见告诉你。"②斯大林这样说,并不是他故作谦虚。当然他有较高的文学理论修养和审美能力,可是他只是由于对文学的爱

---

① 《斯大林全集》,中译本,第12卷,人民出版社,1985年,第155页。
② 《斯大林全集》,中译本,第12卷,人民出版社,1985年,第175页。

好,而更重要的,是根据领导文学工作的需要阅读各种文学作品和发表评论的,而不是从事一般的文学研究和文学批评的。因此只能在一定意义上称他的这一活动为"文学批评"。他很少像通常的文学批评家一样发表各种长篇大论的专门评论文章,他对各种作品的评论散见于他的报告、讲话、书信、批示、审批斯大林奖金获奖作品时的发言等等之中,长短详略不一,有时甚至只是短短的一两句话,但有时即使只是一两句话,产生的影响却很大。

一

在讲斯大林的文学批评时,需要讲一下他的文学批评的标准问题。上面在讲他的文学思想和文学观点时已经涉及这个问题,现在从文学批评的标准的角度再集中地比较简略地讲一下。首先是关于政治标准与艺术标准的关系问题。斯大林作为一位政治家,当然把政治标准放在第一位。他特别重视文学作品的政治倾向性,肯定具有革命的、社会主义的倾向的作品,而对具有相反倾向的作品则持批判和否定的态度。由于他重视文学的社会作用,在谈到某一部作品时,经常指出它是否需要,是否对我们有用,是否有利于教育人民群众、特别是年轻一代的问题。有时他也免不了要求作品符合具体的方针政策,这使得政治标准显得比较狭隘了。另一方面斯大林也十分重视作品的艺术性,高度颂扬那些既有正确的政治倾向,又有很高的艺术水平的作品,而对那些政治倾向性上存在一些问题,但在艺术上达到较高水平的作品不简单地否定,而是采取分析的态度。

斯大林把真实性当作评价文学作品的一个十分重要的标准。他要求文学作品真实地反映生活,具体展示出生活的丰富性和多样性,深刻揭示生活中的矛盾和斗争,从而描绘出实际生活的真实面貌。一方面他反对歪曲苏联社会生活和丑化苏维埃人的倾向,另一方面也反对掩盖矛盾、美化和粉饰生活的"无冲突论"的表现。

　　还有一个标准是作品是否易于为人民群众所接受,艺术形式是否为人民群众所喜闻乐见,语言是否生动活泼,而又通俗易懂。上面提到过,斯大林本人的审美趣味是在传统的现实主义文学的熏陶下养成的,他不欣赏现代主义的那些内容晦涩难懂、语言佶屈聱牙的东西,这一点正好是与人民群众的要求相吻合的。最后斯大林特别指出,在评价一部作品时,应该重视它的总的倾向,因为它的价值是由总的倾向决定的,而不是它的个别细节。

　　上面大致讲了一下斯大林评价作品的标准和原则,接下来讲他对具体作品的评论。首先讲他对魏列萨耶夫的长篇小说《在困境中》的看法。

　　小说的故事发生在国内战争时期克里木半岛某地。在红军和白军的争夺下,此地曾两度易手。小说既写了白军和马赫诺匪徒的残暴,也写了建立苏维埃政权后肃反人员的横行霸道。小说女主人公卡佳为帮助女友解决住房问题求告无门,说了一句“这蛮横无理当道的世界什么时候才了结”,便遭到逮捕。这位勇敢的姑娘对审讯她的肃反人员说:“我曾经坐过沙皇的监狱,受过沙皇宪兵的审讯。我从来没有见过对犯人的这种野蛮态度,没有见过像你们那样糟蹋人。”小说由于有这样的描写,没有被审查机关通过。

　　1923 年 1 月 1 日,加米涅夫和他的妻子在自己的住处举行了一次半正式的招待会,被邀参加的客人有斯大林、古比雪夫、捷尔任斯基、索科尔尼科夫以及文学家沃隆斯基、杰米扬·别德内依、科甘等人。晚会的主要内容之一是朗读魏列萨耶夫的上述长篇小说的部分章节。客人们听完后,纷纷发表各自的意见。这部小说和魏列萨耶夫的另一部小说《姊妹们》于 1990 年重新出版时,在后记里引用了作者对这次聚会的记录。后记说,当时加米涅夫听了朗读十分生气,指责小说家们不去描写国内战争前线的英雄业绩,却宁愿把精力花在虚构肃反委员会的所谓"兽行"上。杰米扬·别德内依和科甘等人也跟着对小说进行了批评。后记接着说:"然后斯大林发言了。他总的说来对小说持赞许的态度,说国家出版社出版这样的小说当然不适当,但是一般地说,应当出版。"值得注意的是肃反委员会主席捷尔任斯基的态度。他完全同意斯大林的意见,认为小说是真实的。他说:"至于说到能否责备作者似乎污蔑了肃反委员会,那么同志们想一想,我们当中什么事没有呢!"①

斯大林没有讲他赞许这部小说的理由,显然他是同意捷尔任斯基的意见的,认为小说写肃反人员的过火行为并非作者的虚构和捏造,而是符合实际的,因而是真实的。也就是说,是符合他评价作品的一个重要标准的。

1924 年 4、5 月间,斯大林在斯维尔德洛夫大学作题为《论列宁主义基础》的讲演,在其中最后部分即第九部分《工作作风》中提到了两部小说,一部是爱伦堡的短篇小说《共产主义完人》(《Ускомчел》,是《Усовершенствованный коммунистический человек》的缩写),另一部是皮利尼亚克的长篇小说《荒凉年份》。他在剖析"'革命的'臆造主义和'革命的'设计主义的病症"时举爱伦堡的这部小说为例,说道:"有一位俄国作家伊·爱伦堡在他的《共产主义完人》(完善的共产主义的人)这篇小说中描写过一些患有这种病症的'布尔什维克'的典型,说他们立意拟定一个理想的完人的标准……结果竟在这个'工作'中'淹死了'。这篇小说虽然有过于夸大的地方,它正确地抓住了这种病症却是毫无疑义的。"②爱伦堡的这一个短篇带有科幻小说的某种色彩。小说主

---

① 见 B. 魏列萨耶夫:《在困境中·姊妹们》,书库出版社,1990 年,第 377～378 页。

② 《斯大林全集》,中译本,第 6 卷,人民出版社,1985 年,第 163 页。

人公沃佐夫一时心血来潮,根据完美的标准对一生的各个时期进行了精心的设计,可是后来他被由他的设计所产生的"替身"送进了火葬场。斯大林所说的他在"工作"中"淹死了",大概指的是这个结局。斯大林在讲演里告诫人们应以此为鉴,不要迷信这种臆造主义和发号施令主义。

皮利尼亚克的《荒凉年份》写的是十月革命前夕到国内战争时期外省城市奥尔迪宁各阶级和阶层的人物,其中包括商人、旧贵族、市民、农民、神职人员、知识分子等在社会大变动时期的不同表现。其中也写到被称为"穿皮夹的人"的布尔什维克的思想、工作和生活。因此这部小说所描绘的生活画面是复杂的、多方面的。斯大林没有对整部小说作出评价,只是提到其中描写了某些布尔什维克的典型,反映了他们身上的"狭隘的实际主义和无原则的事务主义的病症",说这些人"充满了意志和实践的决心,'干得'很'起劲',可是看不见前途,不知道'干工作是为了什么',因而离开了革命工作的道路"。他还说,这种"无原则的事务主义"与上述"革命的"臆造主义一样,是和真正的列宁主义绝对相反的。① 也许斯大林并不完全赞同小说对其他各个方面的人物的描写,甚至有可能认为关于这个动乱时期的整个画面过于阴暗,但是从他的话看来,他认为小说描写的布尔什维克身上的病症是确实存在的,因此这种描写是符合实际的,真实的。

二

1929年2月2日,斯大林在《答比尔－别洛采尔科夫斯基》一信中对布尔加科夫的《土尔宾一家的日子》和《逃亡》这两个剧本发表了评论。先说《土尔宾一家的日子》。这个剧本是由作者的长篇小说《白卫军》改编而成的。剧情围绕土尔宾三兄妹在国内

---

① 《斯大林全集》,中译本,第6卷,人民出版社,1985年,第164页。

战争中的遭遇和命运展开,着重写了以长兄阿列克谢·土尔宾上校为代表的一批有自己的信念的白卫军军官的悲剧性结局。这位上校看到大势已去,知道败局已无法挽回,意识到人民不跟他们站在一起而是反对他们,便宣布不再顽抗,以避免无谓的牺牲。最后剧情是在远处传来的礼炮声和《国际歌》声中结束的。作者显然是以同情的笔调写以土尔宾上校为代表的白军军官的。剧本于1926年10月上演后,受到了一批文艺界著名人士的尖锐批评。许多观众也不接受。这并不奇怪。因为当时国内战争结束才三四年,人们对白军军官的暴行记忆犹新,还不能对那些参加白卫运动的人采取冷静分析的态度。

斯大林在给比尔－别洛采尔科夫斯基的回信中提到这个剧本时却说:"至于《土尔宾一家的日子》这个剧本本身,它并不那么坏,因为它给我们的益处比害处多。不要忘记,这个剧本留给观众的主要印象是对布尔什维克有利的印象:'如果像土尔宾这样一家人都承认自己的事业已经彻底失败,不得不放下武器,服从人民的意志,那就是说,布尔什维克是不可战胜的,对他们布尔什维克是毫无办法的。'《土尔宾一家的日子》显示了布尔什维主义无坚不摧的力量。"①这里斯大林没有单纯根据作者对自己的主人公的态度来评论他的剧本,而主要看它产生的客观效果和社会影响,断定剧本的益处要比害处多,留给观众的印象是对布尔什维克有利的印象。

同年2月12日,斯大林在与一批乌克兰作家座谈时,再一次提到了布尔加科夫和他的这个剧本。他说:"再以大家都知道的布尔加科夫和他的《土尔宾一家的日子》为例。毫无疑问,他不是自己人。他未必掌握苏维埃的思想方法。然而毫无疑问,他的土尔宾一家毕竟带来了很大益处。"接着他进一步展开说:"关于《土

---

① 《斯大林全集》,中译本,第11卷,人民出版社,1985年,第282页。

尔宾一家的日子》我已经说过,这是反苏维埃的东西,布尔加科夫不是自己人……但是既然这是反苏维埃的东西,那么从中可以得出什么呢?可以得出作者不愿意说的东西。留给观众的主要印象是共产主义具有摧毁一切的力量。那里描写了俄罗斯人……土尔宾一家和他们一帮人的残余,所有这些人像加入俄罗斯军队一样加入了红军。这也是对的。(有人插话:是希望东山再起。)有可能是这样,但是您应当承认,土尔宾本人和他的一帮人的残余这样说:'人民反对我们,我们的领导人背叛了。除了屈服,再也没有什么办法了。'没有另一种力量。这也应当承认……我反对笼统否定《土尔宾一家的日子》中的一切,反对把它说成只产生负面结果的剧本。我认为基本上它的优点多于缺点。"斯大林还指出,不能要求布尔加科夫写出真正的布尔什维克,也不能要求他成为共产党员。①

再说一下布尔加科夫的剧本《逃亡》,它写于1928年。全剧由八个梦组成,暗示白卫分子的逃亡生活如同一场悲惨的噩梦。斯大林在谈到这个剧本时说:"《逃亡》是企图引起人们对某些反苏维埃流亡者阶层怜悯(甚至同情)的表现,也就是企图为白卫分子的活动做辩护或半辩护的表现。像现在这个样子的《逃亡》是一种反苏维埃的现象。"不过他又说:"但是我决不会反对上演《逃亡》,只要布尔加科夫给自己的梦再加一两个梦,描写出苏联国内战争的内部社会动力,使观众能够了解,所有这些自称为'诚实的'谢拉菲穆之流和各种各样的编制以外的大学讲师被赶出俄国,并不是由于布尔什维克的任性,而是因为他们曾经骑在人民的脖子上(不管他们如何'诚实'),布尔什维克把这些剥削的'诚实'拥护者赶走是体现了工农的意志,因此是做得完全正确的。"②

①　《电影艺术》1991年第5期,第135、137、138页。
②　《斯大林全集》,中译本,第11卷,人民出版社,1985年,第281页。

《土尔宾一家的日子》和《逃亡》是姊妹篇,可以说均发端于长篇小说《白卫军》。斯大林在评价前者时,如上所说,作了一定的肯定,而他认为后者是一种"反苏维埃的现象",而加以否定。其实,在《逃亡》里直接写到白军被红军赶出了克里木,写到白卫分子在国外噩梦般的流亡生活,其中有人受到良心的谴责终于自杀,有人则决定不再与布尔什维克作斗争。尽管作者对他的主人公抱同情的态度,但是他这样写实际上也像斯大林在评论《土尔宾一家的日子》所说的那样,客观上显示了布尔什维克的无坚不摧的力量。因此,《逃亡》这个剧本即使没有像斯大林要求的那样再加上一两个梦,留给观众的印象也是对布尔什维克有利的印象。

　　同样是在 1929 年,在这一年的 7 月 9 日斯大林在给当时担任《工人报》编辑的费里克斯·康写信,反驳有人对他为之作序的米库林娜的小册子《群众的竞赛》的全盘否定的评价。他承认作者"由于受了某个讲述者的蒙蔽而写了一些很不确实的东西,这当然是不好的和不可原谅的",但是他反问道:"难道这本小册子的价值是由个别细节而不是由它的总的倾向决定的吗?"他认为价值"在于它**传播了**竞赛的思想,以竞赛的精神**感染了**读者","最重要的就在这里,而不在于个别细节上的错误"。在评论米库林娜的小册子的同时,斯大林谈到了肖洛霍夫的长篇小说《静静的顿河》,这样说道:"当代名作家肖洛霍夫同志在他的《静静的顿河》中写了一些极为错误的东西,对塞尔佐夫、波德焦尔柯夫、克利沃什吕柯夫等人物做了简直是不确实的介绍,但是由此应当得出结论说《静静的顿河》是一本毫无用处的书,应该禁止出售吗?"①

　　斯大林这里提到的塞尔佐夫、波德焦尔柯夫、克利沃什吕柯夫等三人,都是真实的历史人物,其中塞尔佐夫于 1917 年 ~ 1918

---

① 《斯大林全集》,中译本,第 12 卷,人民出版社,1985 年,第 101 ~ 102 页。

年间曾任俄国社会民主工党(布)顿河区委委员、顿河苏维埃共和国人民委员会顿河局副主席;波德焦尔珂夫和克里沃什吕柯夫均为顿河地区革命哥萨克的领导人之一,1918年分别当选为顿河哥萨克革命军事委员会主席和秘书,后被哥萨克白军俘获,被处死刑。斯大林说肖洛霍夫对三人作了"简直是不确实的介绍"。

斯大林关于《静静的顿河》说这几句话,主要是以这部小说为例说明评价一部作品应根据它的总的倾向,而不能单看它的缺点和错误。

斯大林对《静静的顿河》的前两部作出评价后不久,《十月》杂志编辑部不同意小说第3部对维约申斯克暴动的写法,要求作者作重大删改,肖洛霍夫不同意,该杂志从第4期起停止连载。肖洛霍夫通过高尔基求助于斯大林。斯大林和高尔基一起会见了他,了解到他是根据从档案馆得到的材料写的,而且他的写法并不有利于白卫分子,于是同意小说在《十月》杂志上继续连载。

别泽缅斯基的诗剧《射击》和长诗《我们生活的一天》发表后,受到了批评。他给斯大林写信,寻求支持。斯大林在1930年3月19日给他的信中,同意根据作品的总的倾向来评定他的《射击》和《我们生活的一天》这两部作品。他写道:

> 《射击》和《我们生活的一天》我都读过了。这两部作品中既没有任何"小资产阶级的"东西,也没有任何"反党的"东西。这两部作品,特别是《射击》,可以认为是目前革命的无产阶级艺术的范例。
>
> 固然,这两部作品中有些青年团先锋主义的残余。没有经验的读者读了这两部作品,甚至会以为不是党在改正青年的错误,而是相反。但是,构成这两部作品的主要特征和基本思想的并不是这个缺点。它们的基本思想在于尖锐地提出了我们机关的缺点问题,并且深信这些缺点能够改正。不

论是《射击》或是《我们生活的一天》，其中主要的东西就在这里。它们的主要价值也就在这里。这个价值大大地盖过了而且深深地淹没了它们那些很小的、在我看来是正在消失的缺点。①

三

1931 年 3 月《红色处女地》杂志经法捷耶夫同意发表了普拉东诺夫的中篇小说《有好处（贫农纪事）》，引起了一场风波。这部小说是写农业集体化运动的讽刺作品。主要人物"赤诚的主人公"走访了中央黑土区的十多个单位，了解运动发展的情况。小说揭示了运动中干部强迫命令、赶进度的做法以及过火行为的种种表现，但是也写到个别干部根据贫农的心灵状态来决定集体化发展的速度。小说里有这样的一个细节描写：铁匠村的能工巧匠制造了一个只会鼓掌的自动化装置，经常在群众性活动的场面使用。

这部小说发表后，据说斯大林读了非常生气，在发表它的杂志页边上批了"坏蛋"二字。一位曾在《红色处女地》杂志编辑部工作过的女作家说她曾见过斯大林的批语，还说斯大林把副标题中的"贫农"二字改为"富农"。1989 年，女学者丘达科娃在她的题为《斯大林与普拉东诺夫：优先权问题》的报告中也有同样的说法。批评家 B. 瓦西里耶夫进行反驳说，至今谁也没有见过斯大林作了批语的那本杂志，这本杂志至今没有找到。② 可见，斯大林的上述说法还没有确凿的材料可以证明。

不过那时接着发生的事情说明这一传说并非空穴来风。不

---

① 《斯大林全集》，中译本，第 12 卷，人民出版社，1985 年，第 175～176 页。
② 见《我们的同时代人》1990 年第 2 期，第 158 页。

久《红色处女地》发表了法捷耶夫的《关于一篇富农的纪事》的文章,对普拉东诺夫的小说痛加批判,同时也为发表这部小说认了错。接着出现了叶尔米洛夫等人的文章,指责普拉东诺夫诽谤农业集体化运动。如果上头没有指示,这种情况是不会出现的。根据了解情况的人说,在这之前政治局专门开了会,斯大林在会上大发雷霆,批判《红色处女地》刊登"普拉东诺夫的这部富农的反苏维埃的小说",但是至今尚未见到这次会议的记录,因此也就不知道斯大林具体说了些什么。看来,根据传说,斯大林对《有好处》的"文学批评"也就仅只是"坏蛋"二字了,而且还不知道这说的是作者还是小说中的主人公。

1932年上半年,肖洛霍夫同样取材于农业集体化运动的小说《开垦的荒地》(中译本先后译为《被开垦的处女地》和《新垦地》)开始在《新世界》杂志上连载。斯大林在小说第1部尚未连载完毕就进行了夸奖,说它是"一本有趣的书"。据说,《新世界》编辑部读了手稿后对其中描写了消灭富农的场面有意见,不敢发表。肖洛霍夫求助于斯大林,后者批评《新世界》编辑部里"尽是一些不明事理的人",说道:"我们连消灭富农都不怕,怎么害怕写这些! 小说应当发表!"①《开垦的荒地》(作者给自己的小说取名为《流汗流血》)写了农业集体化过程中尖锐复杂的斗争,也有关于运动中过火行为的描写。斯大林并没有表示不满。那么他为什么对普拉东诺夫的小说持全盘否定的态度呢? 也许是他不喜欢普拉东诺夫用讽刺文学的笔法写农业集体化这样严肃的主题,也许他反对作者根据贫农的心灵状态来写这个运动,也许是因为小说在写偏差和过火行为时过了头,也许是认为小说中关于只会鼓掌的自动化装置的描写是针对他的……因为不知道斯大林具体说了些什么,对此只好进行揣测和猜想了。

---

① 《小说报》1995年第3期,第11页。

上面讲了斯大林关于他比较关注写农业集体化题材的作品的不同评价。从 30 年代起，也出现了不少写工业化和改造自然的题材的作品。这里要提一下莎吉娘的《中央水电站》。1931 年，这位女作家在小说完稿后为了使它能早日顺利发表，给斯大林写信，请求他给小说作序。斯大林在回信中说：

> 应当请您原谅，现在没有可能读您的大作和写序言。两个月前我还有可能满足您的请求（我将会愉快地这样做），但是现在——请您相信——由于超负荷的实际工作已无可能满足。
>
> 至于说到为了加快《中央水电站》的发表和让您不受到不知分寸的"批评"，那么我一定会这样做的。请您具体说一下，为了推动这件事，我应该对谁施加压力。①

斯大林也许真的没有时间读这部并不十分突出的作品并为之作序，但是从他决定帮助作者的坚决语气来看，他相信这部写工业化的作品在政治方向上是不会有什么大问题的。

列昂诺夫于 1935 年写了长篇小说《通向海洋的道路》。据当时担任作协理事会责任书记的谢尔巴科夫说，斯大林同志读了，对它很喜欢，肯定了这部作品。

这里要顺便说一下斯大林对奥斯特洛夫斯基的《钢铁是怎样炼成的》和维尔塔的《孤独》的看法。1936 年 5 月 1 日，高尔基在给斯大林的信中对文学创作的不景气和文学编辑工作水平之低表示不满，并以奥斯特洛夫斯基的长篇小说《钢铁是怎样炼成的》和维尔塔的《孤独》为例来加以说明。斯大林在 5 月 21 日给他的

---

① 《书刊大检查——苏维埃国家内的作家和新闻记者（1917～1956）》，文件汇编，民主国际基金会、大陆出版社，2005 年，第 203 页。

回信里这样说:"关于我国年轻文学,我表示同意:它经常缺乏起码的文化。《孤独》和《钢铁是怎样炼成的》也不例外。与此同时应该说,我认为这两部作品对我国文学来说,是一个很大的和重要的优点。奥斯特洛夫斯基的经历您应该是知道的,至于维尔塔,据说他是一位初次发表作品的年轻作家,他笔下的斯托罗热夫(富农)还将在第2部出现。"①从斯大林的话中可以看出,他对这两人的作品基本上持肯定态度。同时他还指出,《孤独》尚未写完,对它下结论为时尚早。

四

斯大林学生时代写过诗,有较高的诗歌才能和鉴赏能力,但不知为什么,很少发表诗歌评论。他器重叶赛宁、马雅可夫斯基和帕斯捷尔纳克等三位诗人。叶赛宁早逝,他未能对其创作进行评述,这在情理之中。他只给马雅可夫斯基作了一个总体评价,称其为"我们苏维埃时代最优秀、最有才华的诗人",但未见对具体作品的评论。帕斯捷尔纳克和他交往较多,他对这位诗人的诗风不十分欣赏,但也未见他明确表明自己的态度。相形之下,斯大林对戏剧和电影的创作十分重视。这一方面固然是由于他从小就爱好戏剧,但是更重要的是,他像上面已经提到过的那样,认为戏剧和电影覆盖面广,易为人民群众所接受,所产生的影响比其他文学体裁要大。他喜欢读剧本、看戏和看电影,一方面这成为他业余文化娱乐活动的重要部分,但是另一方面他这样做又是他领导文学活动的一个重要部分。他阅读新创作的剧本,提出自己的看法和修改意见;一些剧本上演后,他观看演出,继续发表评论。他关注电影脚本的创作及其拍摄过程,对合格的脚本加以肯定,不合格的脚本则要求修改,如再不符合要求,则不许搬上银

---

① 《新文学评论》1999 年第 6 期,第 295 页。

幕。有时中央委员会和中央政治局开会讨论某个剧本和某部电影，并作出决定，由此可见重视的程度。

上面已经讲了斯大林对布尔加科夫的剧本《土尔宾一家的日子》和《逃亡》以及别泽缅斯基的诗剧《射击》的评论。在这前后引起他的注意的还有基尔顺的《铁轨隆隆作响》。这个剧本上演后，他先后观看了几次。但是也有一些剧本他并不十分满意，例如他对斯皮里多诺夫的取材于巴库公社的剧本《二十六名公社社员》就是如此。1929 年 6 月 11 日他在给高尔基的信中对它作了比较详细的评论。他这样写道：

> 我读了斯皮里多诺夫的剧本《二十六名公社社员》。依我看来，剧本写得很差。这是关于极其重要的事件的一般的叙述，而且是粗枝大叶的叙述，作者并不理解这些事件内在的联系。
>
> 从剧本中无法理解巴库的布尔什维克**为什么**和**如何**放弃政权（恰恰是放弃，而不仅是失掉）。这是巴库事件中的主要问题。要么顾全邵武勉和其他同志的声誉，完全不去写二十六名公社社员，如果要写，就不能回避这个主要问题，而用各种琐事来掩盖它。作者在这里犯了一个违背历史真实的大错，并且不只是违背历史真实，而且违背了年轻一代的意愿，他们希望从老同志的错误和失误中（就像从他们的成功和成就中一样）学习一些东西。
>
> 不能赞同作者把**里海的**水兵描写成一伙**十足的**酒鬼和卖身投靠者的做法。这从应符合历史真实的观点来看是不对的。国内战争时期没有这样的情况，尽管这场战争使得甚至是最封闭的机关和团体发生了分化和分裂。当时由于苏维埃俄罗斯的存在这一事实，不可能出现这样的情况。
>
> 令人不可理解的是，剧本里缺少作为主体的工人阶级。

剧情发生在盛产石油的地方,在工人城市巴库,却看不到或几乎看不到作为一个积极行动的和进行斗争的阶级的工人形象。这是不可思议的。但这是事实。

斯大林肯定剧本里有八到十页写得精彩生动,有的人物写得也不错,但是他认为"剧本的这些优点没有能弥补(也不可能弥补)它的重大缺点","总的来说,剧本写得很差"。[①]

从斯大林对《二十六名公社社员》的评论中可以看出,他特别要求写历史事件和历史人物的作品符合历史真实,主要从这个要求或标准出发,对这个剧本作出了基本上否定的评价。

接下来讲一下斯大林对阿菲诺盖诺夫的《谎言》的评论。这个剧本写于1933年初,它的主人公是某工厂的工人、党员尼娜·伊万诺娃,情节围绕她与周围的人的冲突展开。剧中写了尼娜的丈夫、副厂长维克多,工厂委员会委员库利克和党支部委员戈尔恰科娃,厂党支部书记谢罗什塔诺夫,原为高级干部、后因犯机会主义错误被降职成为工厂厂长的纳卡托夫以及他的朋友、副部长里亚多沃依。尼娜的丈夫不是正派人,尼娜与他的关系不好,爱上了里亚多沃依。库利克和戈尔恰科娃都是名利之徒,前者是一个司机,想继续往上爬,后者则觊觎支部书记的职位。他们拉帮结派,打击为人正直、与支部书记谢罗什塔诺夫关系较好的尼娜,歪曲她日记里的话作为借口,坚持要求把尼娜开除出党,并达到了目的。尼娜只好去找里亚多沃依寻求帮助。在他们谈话时,那位犯机会主义错误被降职为厂长的纳卡托夫来找里亚多沃依,向他承认自己进行反党活动。尼娜原来比较尊重纳卡托夫,此时发现自己看错了人。里亚多沃依决定立刻向上汇报,可是尼娜不知为什么却要求不这样做。两人发生了争执。火头上尼娜向里亚多

---

① 《新世界》1997年第9期,第168页。

第二章　斯大林的文学政策　163

沃依开了枪。剧本末尾纳卡托夫误以为尼娜将站到自己一边,然而尼娜表示,她将向上如实汇报纳卡托夫的问题。从以上的介绍可以看出,作者通过女主人公的遭遇,揭示了重大的社会政治问题,尖锐地指出,在社会主义条件下人和人之间应是一种相互信任的关系,不能尔虞我诈,相互倾轧,尤其领导干部和党员,更不能把自己的行动建立在谎言和欺骗上。

阿菲诺盖诺夫把剧本的打印稿寄给了斯大林,并附上了一封信,信中说:"如果您认为它值得注意的话,我将为您的每一个指示以及在页边上所作的每一个批语和记号感到幸福。"①斯大林在百忙之中抽出时间进行了认真的阅读,做了六十多处修改和批注,有的地方勾掉了整个的段落,在稿子的末尾写了对剧本的评论。他写道:

阿菲诺盖诺夫同志!

剧本的思想是丰富的,但是写得却不丰富。为什么您笔下的所有党员(戈尔恰科娃、维克多、库利克、谢罗什塔诺夫)都写成肉体的、精神的和政治上的残疾人。甚至里亚多沃依有的地方看起来没有发育全,几乎是早产儿。唯一的一个奉行始终一贯的和深思熟虑的路线(耍两面派)的是纳卡托夫。他最"完整"。

为什么要让尼娜开枪?这只能把事情搅乱,把一切弄坏。

应当写一个**忠实的、人品好的**和**忘我地忠诚于事业的**工人作为库利克的对立面(睁开眼睛就会看到,我们党内就有这样的工人)。

剧中应该写工人们开会揭露维克多,批倒戈尔恰科娃,

① 《真理报⑤》1998 年 4 月 17～24 日。

恢复事实真相。在您的剧里一般没有**行动**,只有**对话**(如果不算尼娜的毫无意义的和不必要的开枪),就尤其需要这样做。

我认为您写尼娜和她的公婆这几个人物写得比较成功。但是没有最后完成,形象不那么鲜明。

几乎每个人物都有自己(说话的)风格。但是这些风格没有加工好,显得装腔作势,比较粗糙。看来,您急于给剧本收尾。

为什么谢罗什塔诺夫被写成残疾人?您是否认为只有身体残疾的人才能成为忠诚的党员?

剧本以这种样子不能出版。①

斯大林在他的评论中并没有对剧本的主题思想提出意见,只是认为不应把所有党员写成精神上和肉体上的残疾人,批评作者没有塑造出共产党员的正面形象。此外,他不赞同剧本主要写人物之间的谈话和很少写他们的行动的做法,同时对各种人物使用的语言风格提出了意见。

阿菲诺盖诺夫根据斯大林的意见,对剧本作了修改,于1933年写出了第二稿,剧本改名为《伊万诺夫一家》,其中某些情节写得比较缓和,例如把尼娜向里亚多沃依开枪改为她向自己开枪。作者把稿子寄给斯大林,请他提意见。斯大林于1933年11月10日在信上批道:"阿菲诺盖诺夫同志!我认为剧本第二稿并不成功。"②阿菲诺盖诺夫本来打算把剧本排演出来给斯大林试看,得到批示后,马上通知剧院停止排演。这样一来,这个剧本就被长期束之高阁了。

---

① 《斯大林文集》,第18卷,联盟信息出版中心,2006年,第41页。
② 《真理报⑤》1998年4月17~24日。

1940 年列昂诺夫写了一个名叫《暴风雪》的剧本。故事发生暴风雪肆虐的除夕之夜，戏剧冲突主要通过瑟罗瓦罗夫一家不同成员的遭遇表现出现。哥哥斯捷潘不学无术，但当上了厂长；弟弟波尔菲里曾是一个白军军官，国内战争快要结束时逃亡国外。十多年过去了。弟弟在参加西班牙内战后回到了祖国受到了一家人的款待，而哥哥因害怕经济犯罪活动被暴露而受到惩处，匆匆出国。就这样兄弟两人交换了位置。剧中把两兄弟的姨母这位老革命家写成已分不清是非的瞎眼老太婆。应该说，这个剧本描绘的生活画面是比较阴暗的，它的暴露性是比较强的。剧本写成后，为一些剧院所接受，开始被搬上舞台。突然联共（布）中央作出禁演的决定，把它说成恶毒攻击党的反革命剧本。斯大林虽然没有出面，但是中央的禁演决定很可能是根据斯大林的意见作出的。

在战争期间的 1942 年，列昂诺夫又写了一个剧本，名叫《侵略》。剧本主要写老医生塔拉诺夫一家在卫国战争中的表现。主要主人公老医生的儿子费多尔战前受过刑事处分，出狱后不久德军占领了他们的城市。费多尔目睹敌人的种种暴行，便决定起来进行斗争。他要求参加游击队，但因有前科一时没有被批准。这时正逢伪市长做寿，德军司令要前来祝贺。费多尔获悉后一个人守在路口，炸死了这个侵略军头子。被捕后，英勇就义，被绞死在广场上。剧本的主题是反映敌占区人民反抗侵略者的英勇斗争和颂扬爱国主义精神。这个剧本引起了斯大林重视，他打电话对列昂诺夫说："您写了一个很好的剧本！您打算上演吗？您愿意在哪里上演？我支持，我支持……"①前后相比，斯大林的态度截然不同。

斯大林重视柯涅楚克的创作。在战前的 1940 年底，他给这

---

① 《我们的同时代人》1995 年第 6 期，第 196 页。

位乌克兰剧作家写信道:"读了您的《在乌克兰草原上》。写得很出色,——艺术上比较完整,使人开心,非常开心。只是我担心它过于使人开心了:有这样的危险,喜剧过于使人开心会把读者和观众的注意力从它的内容上转移开。"①斯大林肯定这部喜剧,但是担心它过于使人开心,理由是这样可能会转移读者和观众的注意力,这说明他认为喜剧不能专门逗人取乐,仍把它的思想教育作用放在第一位。

在战争年代的 1942 年,柯涅楚克写了剧本《前线》。剧中写军事记者客里空采访前线总指挥戈尔洛夫后,写了两篇赞扬这位将军的报道。其实戈尔洛夫是一个刚愎自用、妒贤嫉能、好大喜功的人。他瞧不起年轻军长欧格涅夫。当欧格涅夫来向他汇报调查结果,原订的作战计划应作修改时,他置之不理,认为下级的职责就是服从命令,而不是提意见和建议。最后莫斯科来电,批准欧格涅夫提出的作战方案,并命令立即执行。作战取得了胜利,而戈尔洛夫不仅不吸取教训,反而对欧格涅夫更加反感,并进行打击报复。最后斯大林下令撤销戈尔洛夫的职务,由欧格涅夫接任。剧中一个人物说:"人民喜欢和需要内行的、聪明的领导。"这大概是剧本的中心思想。

当这个尖锐揭露部队高层领导的矛盾的剧本在《真理报》连载后,西北方面军司令员铁木辛哥对剧本持否定态度,他发电报给斯大林说:"斯大林同志,报刊上发表的柯涅楚克同志的剧本《前线》值得注意。这个剧本会在很长时间内对我们有害,需要禁止它,并追究作者的责任。同时对肇事者进行审查。"②斯大林打电报回答说:"您对这个剧本的评价是不正确的。这个剧本对红军和红军的指挥人员将会起巨大的教育作用。剧本正确地指出

---

① 《斯大林文集》,第 18 卷,联盟信息出版中心出版,2006 年,第 209 页。

② 《斯大林文集》,第 18 卷,联盟信息出版中心,2006 年,第 296 页。

了红军的缺点,对这些缺点闭眼不看是不正确的。应当有勇气承认缺点并采取措施消除缺点。这是改善和提高红军的唯一途径。"①在这个问题上斯大林站得要比铁木辛哥高得多,他承认红军存在着缺点,揭露它并不是对红军的抹黑,而是为了消除它,只有这样红军才能得到改善和提高,不断取得胜利。

这个剧本得到斯大林的肯定后,在全国各地成百家剧院同时上演,产生了很大的影响。顺便说一下,这个剧本当时由萧三同志译成中文在《解放日报》上连载,该报还发表了由毛泽东亲笔修改过的题为《我们从柯涅楚克的〈前线〉里可以学到些什么?》的社论,对它进行了赞扬。

五

斯大林喜欢看电影。30 年代在克里姆林宫里建了电影放映室后,他和政治局委员们常常在开完会后去看电影,许多影片他都看过,并得到他的肯定。后来他加强对影片的制作过程的领导和监督。他抽读电影脚本,提出自己的意见;某些影片拍摄完成后,他首先观看,决定是否公映。现举下面几个例子来说明。

1940 年根据作家阿夫杰延科的电影脚本拍摄了影片《生活的规律》。这部影片的主要情节是:某医学院的毕业生举行告别晚会时,当地共青团州委书记奥格涅鲁博夫突然前来参加,他在晚会上突然开始宣扬放纵的性生活,许多年轻人跟着起哄,大谈低级色情的东西。于是晚会被搅乱,这时学院的团组织负责人站出来反对,制止了放纵行为,维护了共青团的声誉。

影片未经最高领导人观看就放映了,得到了某些人的欢迎,报刊上发表了赞扬的文章。突然《真理报》于 8 月 15 日发表了题为《不真实的影片》的评论文章对它痛加批判,说它污蔑共青团,

---

① 《斯大林文集(1934～1952)》,中文版,人民出版社,1985 年,第 360 页。

歪曲地描写了苏联的社会生活。9月9日联共(布)中央召开了关于这部影片问题的会议,斯大林在会上几次发言,对影片提出了批评。他把矛头主要对准脚本的作者阿夫杰延科,这样说道:

> 阿夫杰延科笔下的应该起来斗争的人,被写成衣冠不整、相貌难看的人,他们简单、灰色,——这样的人怎么能打败敌人?阿夫杰延科的整个错误在于他把一个自己人——布尔什维克——放在次要地位,缺乏描绘这个人的色彩。他那么细心地观察敌人,对他们了解得那么清楚,甚至能从正反两方面来进行描写。对我们的现实却没有仔细观察。很难相信——是不理解还是没有发现?!

他还说,这部影片叫做《生活的规律》,"为什么是规律——没有解释。你们想要什么?'你们这些布尔什维克先生们,不管你们怎么说,有生活的规律,'就是我理解的爱情,它能达到自己的目的,因为是生活的规律。他没有勇气把话说到底,但是有思想的人都知道这是什么。他再次重复说,阿夫杰延科没有足够的色彩来描绘自己人,可以感觉到阿夫杰延科同情一些人和不同情一些人,我想知道他在自己的人物中同情什么人?无论如何不是布尔什维克"。①

由此看来,斯大林像七年前批评阿菲诺盖诺夫的《谎言》一样,认为《生活的规律》的问题不在于写了反面人物,而在于作者把共青团的腐败分子奥格涅鲁博夫等反面人物放在主要地位,而且用同情的笔调把他们写得色彩鲜明,而起来与他们进行斗争的正面人物则显得形象暗淡,苍白无力,很难设想这样的人能在斗争中居于上风,这就没有反映现实的生活,更谈不上什么"生活的

---

① 《斯大林文集》,第18卷,联盟信息出版中心,2006年,第202~203页。

规律"。

再讲一下斯大林对上面提到过的影片《灿烂的生活》第2集的评价。这部影片的第1集曾获好评,并于1941年被授予斯大林奖金。第2集则受到严厉的批评。这部影片反映战后顿巴斯矿区的恢复工作。斯大林在上述1946年8月9日联共(布)中央组织局召开的会议上的讲话中指出:

> 那里描写的当然不是灿烂的生活。其中的一切都是为了引起要求不高的观众的兴趣……也稍稍描写了一些顿巴斯的恢复,不过这部取材于顿巴斯恢复的影片里恢复过程只占八分之一,而且采取不严肃的和令人发笑的形式。

他指责影片制作者生活在优秀工人和英雄人物中间而没有很好地表现他们,批评影片歪曲顿巴斯矿区的恢复工作,把它描写成以过时的技术和陈旧的工作方法来实现的。[1] 总之,认为影片没有反映生活真实。上面提到过的联共(布)中央1946年9月4日通过的《关于影片〈灿烂的生活〉的决议》就是根据斯大林定下的基调作出的。

从30年代下半期起,为了加强对群众的爱国主义教育,培养他们的民族自豪感,文学艺术开始发掘历史题材,创作了一批反映历史事件和表现历史人物的作品,电影也是如此。斯大林对此特别重视。当他读了电影《苏沃洛夫》的脚本,于1940年7月9日给电影委员会主席博利沙科夫写信指出了其中的缺点,要求把苏沃洛夫表现为军事统帅,并在影片中揭示他的军事政策和策略的特点,特别强调他对军事纪律的重视。当时影片已经开拍,导演普多夫金无法对剧本作重大修改,只接受了斯大林的部分意

---

① 见《斯大林文集》,第18卷,联盟信息出版中心,2006年,第423页。

见。影片上映后，斯大林看了还比较满意，没有再提意见。这部影片受到广大观众的欢迎，并获得斯大林奖金一等奖。

再说一下斯大林对影片《伊万雷帝》的评论。斯大林十分重视伊万雷帝这个历史人物。他通过日丹诺夫请爱森斯坦写一个关于这位专制君主的电影脚本。脚本完成后他看了比较满意，于1943年9月13日给博尔沙科夫写了如下便函：

> 电影脚本写得不错。爱森斯坦完成了任务。作为当时进步力量的伊万雷帝和作为他的根据一定目的建立的禁卫军都写得不坏。应当尽快开始拍摄。①

当时正是战争时期，可是政府仍拨出足够的资金拍摄这部影片。1944年第1集完成，斯大林观看后，比较满意。本来他规定电影如果由两集构成，只有全部完成后才能授予斯大林奖金。这次他下令破例授予。

接着爱森斯坦赶写出了第2集的脚本，于1946年8月呈交斯大林审阅。斯大林读后很不满意，在上述联共(布)中央组织局召开讨论影片《灿烂的生活》的会议上的讲话中对它进行了批判。他说：

> 我不知道谁看过它——简直令人厌恶！人完全脱离了历史。把禁卫军描绘成最坏的坏蛋和败类，描绘成美国三K党之类的人。爱森斯坦不懂得禁卫军是进步的军队，伊万雷帝依靠它把俄罗斯统一成一个中央集权的国家，反对那些想要分裂和削弱国家的封建王公。爱森斯坦对禁卫军采取的

---

① 转引自 Г.马里亚诺夫的《克里姆林宫的检查官》一书，电影协会联盟电影中心出版社，1992年，第70页。

是旧的态度。旧的历史学家对禁卫军采取粗暴否定的态度，因为他们像看到尼古拉二世的惩治行动一样来看待伊万雷帝的惩治行动，完全脱离了发生这些事的历史环境。现在我们对禁卫军有另一种看法。当时分裂成为许多封建公国、即分成几个国家的俄罗斯，如果不想再次受鞑靼人压迫的话，应当联合起来。这是谁都明白的道理，爱森斯坦也是应该明白的。爱森斯坦不能不知道这一点，因为有相应的书籍，而他却描绘一些败类。伊万雷帝是一个有坚强意志和个性的人，而爱森斯坦把他描绘成一个意志薄弱的哈姆雷特。这已是形式主义。形式主义对我们有什么用呢？——请您给我们展示历史真实。学习要有耐心，而某些电影导演却缺乏耐心，因此他们把一切都搅和在一起，制作了影片：请你们"吞下去"吧，——尤其是因为影片上有爱森斯坦的商标。应该如何教会人们认真负责地对待自己的职责以及观众和国家的利益呢？须知我们是要用真实、而不是通过歪曲真实来教育青年。①

1947年2月26日，斯大林在就影片《伊万雷帝》问题会见爱森斯坦等人时，再次讲了他的看法，他为了肯定伊万雷帝的历史进步作用，将其同别的历史人物进行比较。他说：

你们片子里的沙皇成了一个像哈姆雷特那样的优柔寡断的人。所有的人暗示他应该干什么，而不是他自己作出决定……沙皇伊万是伟大的和英明的统治者，如果把他与路易十一世进行比较的话（你们读过关于为路易十四世奠定君主专制制度的路易十一世的书吗？），那么伊万雷帝与他有天壤

---

① 《斯大林文集》，第18卷，联盟信息出版中心，2006年，第422～423页。

之别。伊万雷帝的英明之处在于他坚持民族的观点,没有让外国人到自己的国家来,设法让国家不受外国的影响。在表现伊万雷帝的这一方面时,有偏离和不正确之处。彼得一世也是伟大的国君,但是他对外国人采取过于自由主义的态度,大门敞开得太大,允许外国势力进入国内,允许俄罗斯德国化。叶卡捷琳娜进一步这样做。再说,难道亚历山大一世的宫廷是俄罗斯的宫廷?难道尼古拉一世的宫廷是俄罗斯的宫廷?不。这都是德国人的宫廷。

伊万雷帝的一个值得注意的措施是他第一个对外贸实行国家垄断。伊万雷帝是第一个实行的,列宁是第二个。

伊万雷帝是非常残酷的。可以表现他残酷,但是需要指出为什么必须残酷。

伊万雷帝的错误之一在于他没有把五个大封建家族斩光杀绝。如果他消灭了这五个大贵族家族,那么就根本不会有后来的乱世①。而伊万雷帝处死了一些人,后来长时间地忏悔和祷告。上帝在这件事情上妨碍了他……而需要做得更加坚决。②

伊万四世是俄罗斯历史上的第一位沙皇,他专制残暴,因而史称"伊万雷帝"("Иван Грозный")。他在开拓俄罗斯疆土和巩固中央集权的统一俄罗斯国家方面有一定的功绩,起过一定的进步作用。但是他不仅残酷对待政敌,而且镇压过民众的起义,这也是事实。他甚至一时怒起用权杖打死了自己的儿子。著名画家列宾曾创作了《伊万雷帝杀子》这幅名画描绘此事。斯大林赞

① "乱世"("Смута")指俄罗斯的历史上从 16 世纪末到 17 世纪初内忧外患频仍的时期。

② 《斯大林文集》,第 18 卷,联盟信息出版中心,2006 年,第 433～434 页。

赏伊万雷帝,在讲到他所起的历史作用时,甚至把他置于彼得一世之上。这种看法值得商榷。从斯大林评论伊万雷帝的话可以看出,他的心似乎与伊万雷帝是相通的,他的一些为伊万雷帝辩护的话使人觉得这也是他的自我辩护。

斯大林在上述联共(布)中央组织局召开的会议上的讲话中,除了《伊万雷帝》外还讲到另一部取材于历史的影片,这就是《海军上将纳西莫夫》。他也批评这部影片歪曲了历史真实。根据他的意见,联共(布)中央《关于影片〈灿烂的生活〉的决议》也批评了这两部取材于历史的影片。

自从1941年设立斯大林文学奖以来,斯大林经常参加评审工作。现在尚未见到斯大林参加政治局评奖审批会的正式记录,能够看到的只有西蒙诺夫在其《我这一代人的看法——关于斯大林的思考》一书中的回忆和记载。根据西蒙诺夫的了解,斯大林一般都读过推荐上来的作品,尤其是读过可能引起不同意见和争议的作品。他常随身带着一大摞书和杂志来开会,这都是他将在会上向大家推荐的作品。他不仅读作品,而且还读一些评论文章。西蒙诺夫的总的印象是:"斯大林对所有文学问题,甚至是最无关紧要的问题所表现出来的熟悉,简直使我震惊。"[1]不过西蒙诺夫只参加1948年、1950年、1952年这三年的会议,因此他所提供的只是斯大林在全部评奖活动中的发言的一小部分。即使如此,从中也可看出他重视什么样的作品和根据什么样的标准决定作品的取舍。

在1948年3月31日的会议上谈到了爱伦堡的长篇小说《暴风雨》。评奖委员会的初步意见是只授予二等奖,因为它的主要缺点是其中法国人写得比俄罗斯人好。斯大林请与会者发表意

---

① K.西蒙诺夫:《我这一代人的看法——关于斯大林的思考》,书籍出版社,1990年,第138页。

见，他听完后说道："不，我认为，如果说在爱伦堡的小说里法国人写得比俄罗斯人好，那是不对的。也许爱伦堡更了解法国，这是可能的。他当然有缺点，写得不均匀，有时急于求成，但是《暴风雨》是一部大作品。至于说到人物，他写的是中间人物。有这样的作家，他们不写大人物，而写中间的、普通的人物。爱伦堡就属于这一类作家。"斯大林停了一下，又接着说："在他的小说里很好地表现了那些有缺点的人，小人物，有时甚至是有劣迹的人在战争的进程中觉醒了，发生了变化，成为另一种人。能表现这一点就很好。"斯大林从爱伦堡谈到了其他写普通人的作家，特别想起了高尔基，想起了他的长篇小说《母亲》，说道："请看高尔基的《母亲》。那里没有写一个大人物，所有人物都是普通人。"斯大林认为问题不完全在于写大人物和小人物，而在于写得是否真实；人物原来有缺点和劣迹不要紧，只要写出他们经过战争的洗礼变成另一种人，这就是胜利。根据这样的看法，他对爱伦堡的《暴风雨》作了肯定。由于斯大林肯定这部小说，最后仍决定授予一等奖。

接着讨论女作家潘诺娃的长篇小说《克鲁日里哈》。首先有人指出作者描写主人公的客观主义，而斯大林并不简单地认为客观主义态度是绝对不好的。有人批评小说中对工会主席乌兹杰契金的描写，斯大林认为"乌兹杰契金这样的人我们这里还有"，他说，这是"许许多多人当中的一个罢了"。他还说："大家都批评潘诺娃，说在她小说中的人物身上缺乏个人的东西与社会的东西的统一，批评两者之间有这个冲突。难道这在生活中就都那么容易解决、那么容易结合起来吗？常有结合不起来的情况。"最后他用"她的人物是写得真实的"这句话结束了争论。

在这之后，斯大林问到波列沃依最近的短篇小说，有人回答说，这些短篇小说写得不错，不过远不如他的《真正的人》。会上法捷耶夫对为什么不把斯米尔诺夫的长篇小说《儿子》列入授奖作品作了说明，理由是它描写 20 世纪初农村，没有太大的现实意义。斯大林若有所思地说："不错，他写得很好，是一个有才能的人。"他停了一会儿，接着又像询问、又像肯定地说："现在我们是否需要这本书呢?!"这句话集中地表现出斯大林对待作品的历史功利主义态度。

西蒙诺夫所记录的大多是关于小说的讨论。不过有时也提到其他体裁的个别作品，例如他专门谈了关于吉洪诺夫的诗集《南斯拉夫笔记本》。这本诗集得到批评界的一致好评，被列入获奖作品的书单。可是这部作品被从书单上勾掉了。讨论结束后，斯大林就此事作了说明。他说道："是这么一回事。这完全与吉洪诺夫无关，我们对他的诗没有什么不满意的地方，但是我们不能为这些诗歌给他评奖，因为近来铁托的表现极坏。"他像是安慰吉洪诺夫似的又说道："我们不能委屈吉洪诺夫同志，我们不会忘记他，明年我们要给他的新作评奖。至于现在我们为什么不能这样做，要向他解释清楚，不要让他产生疑虑。"①这件事说明，斯大林在评价作品时总是把政治放在首位，甚至要求它符合具体政策的要求。

1950 年的审批会在 3 月 6 日举行。会上先讨论了谢德赫的长篇小说《达乌里亚》，斯大林总的说来对它作了肯定。他说，他读过批评这部小说的文章，认为这些文章说得不对，小说里党的作用写得很好，中心人物乌雷宾娜也写得很精彩。有人批评作者没有很好地描写国内战争时期的英雄人物拉佐，他认为这是因为拉佐在那里比较晚，而写到他的段落都是写得很好的。小说用批判的笔调写哥萨克，但是描写了哥萨克的分化，把哥萨克出身的政委写成运动的灵魂，他也认可这样的写法。斯大林也指出小说

---

① K. 西蒙诺夫:《我这一代人的看法——关于斯大林的思考》，书籍出版社，1990年，第 134 ~ 157 页。

的缺点,具体地说,他认为小说写得冗长繁琐,有的地方过于啰嗦,有的地方叙述缺乏艺术性。

接着会上讨论了潘诺娃的中篇小说《光明的河岸》。斯大林说道:"潘诺娃是女作家当中最有才干的人,我一直把她作为最有才干的女作家来支持。她写得很好。但是如果评价她的这部新作,那么它要比以前的作品差。五年前这样的作品可以给比现在更高的奖金,但是现在不行。潘诺娃为写作品做准备的方式有些奇怪。她抓住一个集体农庄,对它进行细致的研究。这样做是不对的。需要研究几个农庄,许多农庄,然后进行概括。放在一起进行概括,然后才加以描写。她的那种做法,从研究方法上说是不对的。"这里斯大林提出了一个对创作十分重要的问题,即需要在掌握大量素材的基础上进行艺术概括的问题。

接着讨论科普佳耶娃的长篇小说《伊万·伊万诺维奇》。斯大林替这部作品辩护,说三角关系是生活中常有的,小说写它写得很正确,雅库特的生活情景也写得很好,很真实。法捷耶夫对小说持另一种看法,不同意给小说授奖,斯大林坚持自己的意见,法捷耶夫仍不同意,最后还是按照斯大林的意见给这部小说授了奖。斯大林仍然是从真实性的角度出发肯定这部小说的,并没有提出新的论据。值得注意的倒是法捷耶夫坚持自己的意见,胆敢与他进行争论这一点。

斯大林在总结关于卡扎凯维奇的长篇小说《奥得河上的春天》的讨论时说:

> 小说有缺点,那里的描写并非完全正确:写了罗科索夫斯基,写了科涅夫,但是在奥得河那里作战的主要方面军是朱可夫指挥的。朱可夫有缺点,他的某些个性在前线不讨人喜欢,但是应该说,他打仗打得比科涅夫好,不比罗科索夫斯基差。这个方面在卡扎凯维奇的小说中写得不对。小说中

的军事委员会委员西佐克雷洛夫做着司令员应该做的事,在所有问题上都代替了他。结果出现空白,没有朱可夫,似乎他并不存在。这是不对的。小说《奥得河上的春天》写得有才气。卡扎凯维奇能写而且写得很好。这个问题怎么解决呢?给不给他奖金?如果决定给的话,那么应当对卡扎凯维奇同志说,要他以后考虑到这一点和进行修改,知道这样做是不对的。无论任何把他的疏漏放过去是不对的。①

会后西蒙诺夫奉命对卡扎凯维奇作说明。他在同卡扎凯维奇的谈话中了解到,本来小说是按照实际情况写的,但是发表前编辑部大概考虑到这时朱可夫正受到贬黜,便强迫作者作出修改,结果小说才写成这种样子。从斯大林对《奥得河上的春天》的评论中又一次可以看到,他重视作品的真实性,要求它符合史实。

西蒙诺夫参加的第三次审批会是在 1952 年 2 月 26 日举行的。这是斯大林亲自参加的最后一次审批会。这时斯大林精力已经不济,没有亲自主持会议,而由马林科夫担任会议主席。西蒙诺夫还第一次发现,会上讨论的授奖作品斯大林并没有全部读过。这次会议是从讨论兹洛宾的历史小说《斯捷潘·拉辛》开始的。斯大林发表意见说:"兹洛宾很好地揭示了拉辛领导的运动的农民基础和哥萨克基础之间的差别,这一点做得很好。一般说来,在拉辛、普加乔夫和博洛特尼科夫领导的三次运动中,只有博洛特尼科夫领导的这一次运动才是真正农民革命。拉辛和普加乔夫领导的运动都是带有强烈的哥萨克色彩的运动。拉辛和普加乔夫都只不过是容忍了与农民的联盟,不与其计较罢了。他们并不理解农民运动的全部力量和全部威力。"斯大林称赞这部小

---

① 这一次讨论的有关引文见 K. 西蒙诺夫:《我这一代人的看法——关于斯大林的思考》,书籍出版社,1990 年,第 168 ~ 176 页。

说,把作者称为有才华的人,说他写了一部优秀的历史题材作品。看来决定给他授奖已不成问题。

突然这时马林科夫翻了翻一摞文件,说道:"斯大林同志,这里有人调查过,并且送来报告,说兹洛宾被俘期间在德国集中营里表现不好,严肃地对他提出了指控。"听了马林科夫的话,正在踱步的斯大林站住了,并且沉默了很长时间。然后又来回走动起来,到第三个来回时才打破沉默,自言自语地说道:"原谅……还是不原谅?"重复了一遍后,又来回走了两三趟,最后才说道:"原谅吧。"根据西蒙诺夫的说法,斯大林会前不可能不知道关于兹洛宾的档案材料的内容,他来回踱步、问"原谅还是不原谅"的场面很可能是表演给在场的知识分子看的。但是主要问题在于斯大林认为一个人的罪过可以原谅,如果他做出某种杰出贡献的话。他对兹洛宾就采取这种态度。后来查明,兹洛宾在集中营里表现出了超人的勇敢,对那里的苏联地下活动起了重要作用。如果评奖时斯大林不采取这种态度,兹洛宾就要蒙受不白之冤了。

接着会上讨论了几部其他民族的作家的作品,例如图尔松的长篇小说《教师》、扬卡·勃雷利的中篇小说《扎波洛吉耶的黎明》等。斯大林特别建议给叶廖明的长篇小说《罗马的雷雨》授奖,理由是:"我们的作家全都写同样的东西,总是写同样的东西。很少写新的、未知的东西。所有的人都写同样的题材。现在有人写了我们不熟悉的生活。我读后才知道他是什么样的人。原来他是个编剧,曾在意大利待过,时间不长,写了意大利的情况,写了正在成熟的革命形势。有缺点,也许还有疏漏,但是读者将津津有味地读它。它将起有益的作用。"这里斯大林通过肯定叶廖明的小说,劝导作家不要老是写同一题材,而应致力于开掘新的题材。

会上有人提议把女作家奥丽加·齐夫的长篇小说《火热的时刻》列入获奖作品书单。原来斯大林读过这部小说,他针对这个提议说道："小说很有意思，但是我们的小说不知为什么几乎从来都不描写工人的日常生活。工人的日常生活写得很差。所有的小说都不写日常生活，只写竞赛，不写工人的日常生活。柯切托夫的《茹尔宾一家》是个例外，那里写了工人的生活。但这本书是唯一的例外，它讲工人如何生活，得到什么，他的文化需求是什么，他如何生活，如何过日子。而齐夫的书里没有写工人的这种日常生活，既然没有日常生活，也就没有工人了。虽然这本书写得很好，写得很内行。"①这里斯大林提出在写工人时，不能只写他们的劳动和竞赛，还应写他们的日常生活，只有这样才能塑造出符合实际的比较丰满的工人的形象。

在这次会上还决定授予拉脱维亚作家拉齐斯的小说《走向新岸》一等奖。据西蒙诺夫说，这部小说作为艺术作品，斯大林根本不喜欢，但是认为它很重要，这样说道："这部小说艺术上有缺陷，它不如华西列夫斯卡娅的小说，但它对波罗的海沿岸几国以及对国外，具有很大意义。"②

这部小说的作者拉齐斯是拉脱维亚加盟共和国部长会议主席，它写的是在拉脱维亚建设社会主义的事，尽管艺术上不算太出色，但写得比较扎实。它发表后在本加盟共和国受到了批评。甚至该共和国党代会的总结报告也指出小说在思想上的错误，这主要指的是其中把在富农家庭里长大的一个人物作为主要主人公来描写。实际上在这批评背后隐藏着领导集团内部的争权斗争。小说译成俄语发表后，报刊也对拉脱维亚国内对小说的批评进行了报道和宣扬。可能是拉齐斯本人直接向斯大林进行了申诉，也可能斯大林从别的渠道了解到这一情况，便决定进行干预。

---

① 这一次讨论的有关引文见 K. 西蒙诺夫：《我这一代人的看法——关于斯大林的思考》，书籍出版社，1990 年，第 177 ~ 189 页。

② K. 西蒙诺夫：《我这一代人的看法——关于斯大林的思考》，书籍出版社，1990 年，第 179 页。

1952 年 2 月 25 日，即在斯大林奖金审批会举行前一天，《真理报》发表了具名"一批同志"的《就拉齐斯的长篇小说〈走向新岸〉给〈真理报〉编辑部的信》。这封信是《真理报》总编伊利切夫根据斯大林口授记录的，由于伊利切夫不同意署他的名字，才使用"一批同志"的假名。

这封信采取一个比较策略的做法，主要批驳《文学报》1951年 12 月 15 日刊登的佐林发自里加的一篇题为《拉齐斯的小说〈走向新岸〉的讨论》的报道，而没有针对拉脱维亚的批评者们。信中说："佐林断定小说的主要主人公是富农塔乌林的继子、后来与塔乌林一家断绝关系站到人民一边来的埃瓦尔，埃瓦尔是小说的中心，这是不对的。"接着在说明为什么佐林这样认为是不对的之后，指出："拉齐斯的小说的主要优点不在于描写了个别人物，而在于把拉脱维亚人民、人民当中的普通劳动者作为小说的英雄人物，这些人昨天还是胆怯的和备受折磨的，今天精神振作起来，正在创造新生活。拉齐斯的小说是破坏了旧的资本主义制度和建设新的社会主义制度的拉脱维亚人民的史诗。"这封信还批驳了佐林的报道里的其他一些论点，最后做结论说："我们认为，拉齐斯的长篇小说《走向新岸》是苏联文学的重大成就，思想上和政治上从头到尾都是站得住的。"①斯大林同样是根据思想政治倾向来肯定这部小说的。尤其使他满意的是，这部小说贯穿着无产阶级国际主义思想，作者一再强调是苏联人民把拉脱维亚人民从法西斯的奴役中解放出来，引上社会主义道路的。在这种情况下，艺术水平的问题自然被置于次要地位了。

关于拉齐斯的《走向新岸》的这封信，也许是斯大林最后一次发表的对文学作品的评论。一年后的 1953 年 3 月 5 日他就与世长辞了。上面介绍了斯大林对一系列文学作品的评论，这是他的

---

① 《斯大林文集》，第 18 卷，联盟信息出版中心，2006 年，第 575～577 页。

文学活动的一个重要部分,从中我们可以更加具体地了解他的文学思想、文学观点和审美趣味。他的评论有时也不免有偏颇之处,但是总的说来是符合马克思主义的文艺观的,至今仍有现实意义。

第三章　斯大林与老一代作家和诗人的关系

　　第一、二章先后讲了斯大林的文学思想和他根据自己的文学思想制定的文学政策以及将其付诸实施的情况。他进行这些活动的对象是广大作家。他领导文学实际上是领导作家这个群体，使他们按照党的要求，通过自己的创作为广大人民群众和社会主义事业服务。斯大林在做这项工作时，不限于发号施令，下达各种指示，作出各种各样的决议和决定，而且与作家有较多的接触，给他们做工作，向他们解释方针政策，为他们排忧解难，肯定他们的进步和取得的成绩，有时也对他们思想上的错误和创作上的不良倾向提出严肃的批评。就这样，他在领导文学的过程中，与作家形成了一种多方面的关系。上面在讲斯大林的文学政策和文学批评时，已经列举了他与作家的关系中的一些具体事实作为例证，下面准备比较系统地讲一讲他与作家的关系。

　　斯大林作为一位政治家，首先看重的是作家的政治态度和他的作品的思想政治倾向。另一方面，他有较高的艺术素养和艺术鉴赏力，这使得他又重才和爱才。他自然器重思想政治品质好而又有才华的作家，同时又对思想政治立场存在某些问题但表现出文学才能的作家采取爱护和比较宽容的态度。大概由于他懂得文学和了解文学创作有不同于其他部门的地方，因此对从事此项工作的作家的个性特点、思维方式和生活习惯以及有时显得不同于常人的怪癖之处表示理解，不对他们进行苛求。1935 年 12 月 10 日斯大林曾给斯塔夫斯基写信，要求他重视作家索波列夫，因为从此人的《大修》一书来看是一个很有才能的人，而凡是有才能的人都是"任性的和性格不稳定的",因此不要给他规定写小说的第2部,让他想写什么就写什么,想什么时候写就什么时候写。①据说,曾经担任作协责任书记的党政官员波利卡尔波夫在得知他将被派往作家协会工作时曾经恳求不要这样做,说道:"我习惯于做正常的人的工作,而作家都是一些完全无法管理的酒鬼……"斯大林得知后,这样说道:"请转告波利卡尔波夫同志,我没有另一种样子的作家。"②

斯大林在世时可以说受到了作家的信任和爱戴。许多作家当他们思想认识上出现问题或在创作上和生活上遇到困难时,常常直接给斯大林写信,向他求教和请求他的帮助。从保存下来的信件来看,高尔基、A.托尔斯泰、杰米扬·别德内依、阿菲诺盖诺夫、阿赫马托娃、别泽缅斯基、比尔·别洛采尔科夫斯基、扎米亚京、左琴科、柯涅楚克、帕斯捷尔纳克、皮利尼亚克、法捷耶夫、莎吉娘、肖洛霍夫、爱伦堡等人都曾经这样做。而斯大林一般都作出回应。有的作家更进一步,遇到问题直接要求接见,有时他们的要求也得到了满足。当然有的作家由于受到他的批评而陷入了困境,更严重的是,不少人成为他发动的大清洗的受害者,但是这些情况似乎没有对他在作家当中的威望产生很大影响。不少作家通过不同方式颂扬他。当然进行赞扬的人有的是由于一时感情冲动,有的则是随大流,而且也可能不乏阿谀奉承之徒,但是应该说多数人是真诚的。同时还应指出,当时受到伤害的人当中也可能有一些人一时把自己怨恨的感情深藏在心中而不表露出来。总而言之,斯大林与作家之间形成了一种十分复杂的关系。比较集中地考察一下这个问题,可以加深对斯大林的文学观点和文学政策的认识,甚至还有助于了解他的气质和性格。

----

① 《斯大林文集》,第18卷,联盟信息出版中心出版,2006年,第116页。
② 见《我们的同时代人》1997年第5期,第55页。

斯大林对不同类型的作家都有不同程度的接触。这一章先讲他与老一代作家和诗人的关系。

第一节　与老一代作家的关系

> 斯大林对十月革命后流亡国外的作家布宁的关心。——与 A. 托尔斯泰的关系。——对扎米亚京的态度。——与杰米扬·别德内依的关系。——与高尔基的关系。

这里说的老作家主要指的是十月革命前开始创作并已成名的小说家。19 世纪 90 年代到十月革命前,是俄罗斯文学史上创作比较活跃的时期。90 年代象征派文学开始兴起,出现了一批著名的诗人和小说家。20 世纪初又有未来派和阿克梅派崛起,各拥有一批代表人物。在这时期,俄罗斯批判现实主义也有进一步的发展,出现了像布宁、库普林这样的值得注意的人物。与此同时,产生了一种在继承俄罗斯文学的现实主义传统的基础上有所创新的革命文学,其代表人物为高尔基、绥拉菲莫维奇、杰米扬·别德内依等。

一

大家知道,十月革命后有一大批作家流亡国外,并在那里定居并继续进行创作。斯大林对这些流亡的作家中某些人在国外的情况及其创作是注意的,这可由上面提到过的那份他订购书籍的清单来证明,其中包含着布宁、库普林、别雷、泰菲、阿尔达诺夫等人的作品。应该特别指出的是,他似乎特别看重布宁的才华和欣赏他的文学笔法。尽管这位作家在流亡法国后的一段时间里继续持激烈的反对苏维埃制度的立场,发表了像《可诅咒的日子》

这样的作品。斯大林虽然很不满意,但没有完全改变对他的态度。1933 年在得知诺贝尔奖奖金委员会要把奖金授予布宁时,斯大林认为把奖金授予这位流亡国外的俄罗斯作家主要是一种政治行动,曾指示当时苏联驻北欧国家的大使柯伦泰设法进行劝阻,但未成功。斯大林曾指示苏联驻法使馆注意布宁的思想动向,及时向他汇报。1936 年 A. 托尔斯泰访问法国时曾见过布宁,说他"没有说起要回苏联,但是并没有怀恨在心"。①

1941 年情况发生了变化。A. 托尔斯泰收到布宁从法国未被德国人占领的地区寄来的一张明信片,上面写道,他的处境很糟,正在挨饿,希望得到帮助。A. 托尔斯泰还说,作家捷列绍夫也收到一张明信片,布宁在上面直截了当地写道:"我想回家。"于是A. 托尔斯泰于 6 月 17 日给斯大林写信,请示能不能回答布宁,说他有希望回到祖国,如果不能这样说的话,那么就说苏联政府能否通过驻法使馆给他物质上的帮助。② 但是几天后,苏联卫国战争爆发,此事就无暇顾及了。

但是斯大林并没有忘记布宁。1946 年到法国访问的西蒙诺夫可能遵照他的指示,在巴黎会见了布宁。西蒙诺夫在后来回忆与布宁的谈话时说道:"我想不起来像布宁这样的人曾说过任何不尊重斯大林的话,甚至连语气轻慢的话也没有说过。如果试着把我对他当时的态度的感觉简单地概括一下,那么可以说他对苏维埃政权、苏维埃制度和苏联文学无疑仍抱有怨恨之心,对过去的事仍耿耿于怀,正如后来他在自己晚年出版的最后几本书中所表明的那样,这种怨恨是充满恶意的,不可调和的。但是与此同时,1946 年的斯大林对他来说又是战胜了德国人、捍卫了国家的

---

① 《文学遗产》,第 84 卷,科学出版社,1973 年,第 395 页。
② B. 萨尔诺夫:《斯大林与作家》,第 2 卷,艾克斯莫出版社,2008 年,第 10～11页。

统一和完整的俄罗斯民族英雄。照我的设想,在斯大林建立了这一民族功勋后,布宁会以一种期待的目光来看待未来:在那里,在他无疑认为实行斯大林独裁统治的俄罗斯能否出现某种让现在与过去靠近的改革——什么事不可能发生呢!对布宁这样一个在法国连续生活了四分之一世纪还要多的人来说,想到像拿破仑那样的历史上的例子不是不可能的。"①西蒙诺夫这里只明说布宁一般的思想状况,没有谈到他是否愿意回国这个具体问题。应该说,斯大林是希望他回国的,据说在 1945 年就发给了他苏联护照。西蒙诺夫会见布宁的主要目的之一,可能是为了促成此事。有一种说法,说西蒙诺夫缺乏经验,对布宁不够尊重,言语触犯了他,他本来还在犹豫,这时便下定决心不回国。最后这位著名作家于 1953 年客死异乡。

接着讲一讲斯大林与 A. 托尔斯泰的关系。A. 托尔斯泰出身于贵族,他的一家在十月革命中受到很大冲击。据他说,有一个亲兄弟被杀,另一个受重伤而死,两个叔父被枪决,还有八个亲属饿死和病死。在这场斗争中,他曾站在白军一边,痛恨布尔什维克,认为他们是国家的破坏者,造成一切灾难的罪魁祸首。1918年 A. 托尔斯泰携家眷经敖德萨流亡巴黎,1921 年又移居柏林。后来他在谈到这段时间的生活时这样说道:"侨居国外的这段生活是我生活中最不好过的一个时期。在那里,我才明白,做一个受人鄙视的人,一个脱离了祖国的人,一个无足轻重、无所作为的人,一个在任何情况下都不为人所需要的人,是意味着什么。"②在柏林他靠近了路标转换派,为其《前夜报》撰稿,受到了一些流亡作家的指责,于是他发表了《致恰依科夫斯基的公开信》,陈述了

---

① K. 西蒙诺夫:《我这一代人的看法——关于斯大林的思考》,书籍出版社,1990年,第 88~89 页。

② A. 托尔斯泰:《论文学》,中文版,人民文学出版社,1980 年,第 297 页。

自己的立场。他说，为了使俄罗斯国家能继续存在和得到巩固，他选择承认布尔什维克的政府、促使俄国革命的最后阶段向好的方向发展的道路。他承认他作出这样的选择是很不容易的，但是他下定了回国的决心，说道："良心召唤我不要往地下室里钻，而要我回俄罗斯，哪怕自己是一枚钉子，也要用到被风浪损坏的俄罗斯大船上。"他下定了回国的决心，于1923年回到了苏联。

A.托尔斯泰回国时，国内战争才结束不久，正是百废待兴的时候，各方面困难不少，而人们思想还不稳定，知识界有人还想往国外跑。因此他作出这一决断确实不易。A.托尔斯泰的这一行动在当时产生了积极的政治影响，斯大林是不会不表示欢迎和感到满意的。他对这位从国外归来的昔日的伯爵采取信任的态度。有这样一件事可说明这一点。1930年1月17日他给高尔基的信中谈到出版一些关于"国内战争"的通俗文集的问题，建议吸收A.托尔斯泰和其他文学家参加这个工作。[①] 斯大林重视这个工作，强调不能交给党内反对派的成员拉狄克或他的某个朋友去领导，却提出让在国内战争时曾站在白军一边的A.托尔斯泰参加此项工作，这充分说明他相信A.托尔斯泰的立场已发生了改变。莫洛托夫于1936年11月在苏维埃第八次非常代表大会上谈到A.托尔斯泰时说："谁不知道这位过去的托尔斯泰伯爵！而现在呢？现在是托尔斯泰同志，苏维埃大地上最优秀最受欢迎的作家之一——托尔斯泰同志。这是历史造成的。但是朝最好的方向变化。我们和托尔斯泰本人都同意这一点。"[②]有时人们称他为"红色伯爵"、"苏维埃伯爵"、"工农伯爵"等等。

A.托尔斯泰回国后受到礼遇，他的创作受到重视，党和国家

---

① 见《斯大林全集》，中译本，第12卷，人民出版社，1985年，第154页。

② 转引自B.萨尔诺夫：《斯大林与作家》，第2卷，艾克斯莫出版社，2008年，第7~8页。

在生活上尽可能给予照顾,同时在政治上给以较高的地位。他当选为最高苏维埃代表,担任了苏联作协的领导人,成为科学院院士,被授予列宁勋章。所有这些,都不无斯大林的关照。他曾先后三次被授予斯大林文学奖一等奖,这种情况在文学界也是少有的。而 A. 托尔斯泰对这一切自然怀有感激之情,便尽其所能,首先是通过自己的文学创作进行回报。他完成了在国外开始创作的三部曲《苦难的历程》的后两部《1918 年》和《阴暗的早晨》,写了知识分子走上革命道路最后站到人民一边的曲折经历,对十月革命进行了肯定。接着他开始创作历史长篇小说《彼得一世》,这是符合斯大林提出的继承发扬优良的历史传统和重新评价杰出的历史人物的要求的。他还应艺术委员会的约请,写了剧本《伊万雷帝》,当剧本写成后未能顺利通过时,他曾写信向斯大林求助。1937 年,他写了中篇小说《粮食》,其中写卫国战争期间保卫察里津之役,颂扬了斯大林的英明领导。大概为了表达对斯大林的感激之情,他没有严格按照历史事实来写,出现了一些失实之处,以至于后来为人们所诟病。1939 年斯大林六十寿辰时,A. 托尔斯泰发表了题为《为了祖国! 为了斯大林!》的祝寿文章,特别赞扬斯大林这位人民领袖的平易质朴。总而言之,斯大林与 A. 托尔斯泰之间的关系是相互理解和尊重的关系,两人既不特别亲密,但是也没有出现过争执和纠纷。

从以上所述可以看出,斯大林是关心流亡出国的作家的,是欢迎他们回国的。他不再希望留在国内的作家再往外走。但是有的作家由于种种原因,特别是由于他们受到他们认为不应有的批评以及作品不能发表和上演时,便萌生出国的念头。老作家扎米亚京就是一个突出的例子。扎米亚京学生时代曾从事过革命活动,是俄国社会民主工党布尔什维克派的成员。后不再过问政治,一心从事文学创作。十月革命后他写了长篇小说《我们》。这部采用科幻小说的笔法创作的小说当时被认为是一部怀疑和否定十月革命和新建立的苏维埃制度的作品,在苏联国内遭到禁止,却被译成英、法等国语言在国外广泛流传开来。后来写成的历史情节剧《阿基拉》也被禁止上演。报刊上发表了不少批判他的文章。文学界曾把他的《我们》与皮利尼亚克的《红木》放到一起,进行一场激烈的批判。各个出版社停止出版他的作品。于是他觉得通向读者的最后一扇门被关闭了,对他这个作家作了死刑判决。于是他给斯大林写信,要求出国。信中说:"在苏维埃法典中将犯罪分子驱逐出境是仅次于死刑的惩罚。即使我确实犯了罪和应该受到惩罚,我还是这样想,也没有严重到应判处文学死刑的程度,因此我请求将这一判决改为判处我从苏联驱逐出境,不过要允许我的妻子陪同。如果我无罪,那么请求允许我与妻子一起暂时出国,哪怕只去一年,——只要在我们文学界可以只为伟大思想服务而不必伺候小人,只要在我们这里对语言艺术家的作用的看法有所改变,我就可以立即回国。"信中还说:"我知道,在国外我的处境将很不容易,因为在那里我不能投身到反动阵营里去——我过去的经历可以很有说服力地说明这一点[沙皇时代我参加过俄国社会民主工党(布),坐过牢,两次被流放,战争期间曾因发表反军国主义小说受过法庭指控]。我知道,如果说在这里由于我通常凭良心而不按照命令写作而被宣布为右派,那么在那里由于同样的原因我迟早可能会被宣布为布尔什维克。但是到那里后即使条件再困难,我也不会被迫保持沉默,那里我将设法写作和发表作品——哪怕甚至不用俄语。"①这封信是在1931年6月写的。现在尚未见到关于斯大林对他关于出国的请求明确表态的材料,可能他是默许的。于是扎米亚京在高尔基的协助下于1939年出了国,定居巴黎。

扎米亚京在国外接受了记者的采访,关于自己的政治态度说

---

① 《扎米亚京选集》,苏联作家出版社,1989年,第33～34页。

了一些模棱两可的话。一家捷克斯洛伐克报纸报道说,扎米亚京正在变成叛逃者,正在滑向叛逃者的立场。他得知后,给当时任《消息报》总编的格隆斯基写了一封解释的信。根据格隆斯基的回忆,斯大林得知后给他打电话,问如何看待和处理这封信。格隆斯基在说明信的内容和扎米亚京的立场后说,他已下令不予刊登。这时斯大林就说:"您做得不对。把一个人变成敌人很容易。您得罪了他,就把他变成了敌人。而把一个人变成朋友则比较困难,把一个人变成自己人,这就困难得多。"格隆斯基坚持自己的意见,两人发生了争论。争论了大约十分钟,最后决定这封信先在《文学报》上发表,然后由《消息报》转载,好让国外的人知道。格隆斯基认为这是为留住扎米亚京、让他有朝一日能返回苏联所作的最大努力。[①] 由此可以作这样的推测,斯大林虽然并不赞同扎米亚京的政治观点和并不欣赏他的文学笔法,但还是希望他能回国的。可是扎米亚京没有这样做,于1937年在巴黎去世。

根据格隆斯基的回忆,斯大林还努力争取其他一些老作家。他举谢尔盖耶夫－倩斯基为例。这位著名小说家不承认苏维埃政权,蛰居克里木。斯大林得知后,要格隆斯基去做思想工作,把他从那里请出来。后来谢尔盖耶夫－倩斯基从那里出来了,斯大林几次问起他,向他表示关心。[②] 他的创作受到重视,长篇小说《塞瓦斯托波尔激战》于1941年获首届斯大林文学奖一等奖。1943年他当选为苏联科学院院士。

在老一代革命作家中,斯大林尊重绥拉菲莫维奇,但是两人之间直接交往不多。他与高尔基和杰米扬·别德内依之间的关系就不同了,显得非常密切而又复杂。他曾对两人所起的作用作了高度的评价。根据格隆斯基的回忆,斯大林在一次会议上曾这

---

① 见《青年近卫军》1993年第10期,第218页。
② 见《青年近卫军》1993年第10期,第219页。

样说道:"我们国内有两位大作家——高尔基和别德内依,他们起着党的最杰出领袖的作用,也许还要更大些。"①当然,斯大林的话不无夸张,把这两人并提也并不合适,而且不久他对别德内依的看法发生了重大变化,但可以看出,他非常看重这两人所起的政治作用。既然斯大林提到了别德内依这位诗人和寓言作家,那就先讲一讲斯大林与他的关系。

二

斯大林大概在十月革命前就认识了别德内依。他曾在谈到《真理报》的创办时说,别德内依是否参加了商量办报方针的会议,他记不清了。② 而别德内依后来成为《真理报》和《明星报》的经常撰稿人。十月革命和国内战争时期,别德内依发表了许多脍炙人口的讽刺诗、小品文和寓言,因而声名大振。他曾住在克里姆林宫里与斯大林为邻,常到斯大林家做客,而且还不断给斯大林写信。在 20 年代党内斗争中他站在斯大林一边,1926 年曾写过一首题为《任何事都有一个了结》的诗,指出托洛茨基派无人支持,该是结束这种"不成体统的现象"的时候了。这首诗在《真理报》上发表后,产生了很大反响。当然斯大林感到很满意,说过读这首诗的人比读反对托洛茨基的讲话的人要多这样的话,意思是说它产生的政治影响要广泛得多。由于思想政治观点的一致,两人的关系曾一度非常亲密。斯大林对别德内依非常关心。1928年当他得知别德内依患病时,专门给政治局委员们写信告诉他们别德内依的病情,在他提议下,政治局作出了让病人出国治疗的决定。而别德内依从国外治病回来后,向斯大林详细汇报了治疗的情况。从这件事可以看出,他们的关系非同一般。

---

① 《青年近卫军》1993 年第 10 期,第 218 页。
② 见《斯大林全集》,中译本,第 5 卷,人民出版社,1985 年,第 106 页。

可是到 30 年代初,情况发生了重大变化。1930 年别德内依陆续发表了小品文《从热炕上爬下来!》和《毫不留情》,前者把懒惰和待在热炕上几乎说成是俄罗斯人的性格,后者则要求对策划暴动和企图暗杀斯大林的人采取断然措施,言下之意,苏联有人企图这样做。12 月 6 日,联共(布)中央书记处作出决议,对这两部作品进行了严厉的批评,指责前者污蔑俄罗斯工人阶级,后者传播政治谣言。① 别德内依得知后,于 12 月 8 日给斯大林写信,说他的小品文曾得到莫洛托夫和雅罗斯拉夫斯基的肯定,正在等着斯大林的称赞,"听到一声召唤就高兴地奔向他",竖起耳朵准备听赞扬的话。当他听到对他说《从热炕上爬下来!》毫不中用时,觉得好像被人狠狠地揪了耳朵,使他处于瘫痪状态,往后再也不能写作了等等。信中拐弯抹角地称中央的决议为"绞索",宣称他的"毁灭的时刻到了"。② 信的整个语气是抱怨的,表明他不接受批评。

斯大林收到信后,于 12 月 12 日给他写了回信。他首先指出别德内依对待批评的态度是错误的,这样写道:

> 你把中央决议看作"绞索",看作"我的(即你的)毁灭的时刻到了"的标志。为什么呢?有什么根据呢?一个共产党员不去领会中央决议的实质并改正自己的错误,反而蔑视这个决议,把它看作"绞索",这叫什么共产党员呢?……
> 在该称赞你的时候,中央曾多次称赞过你。当我们党内的个别集团和同志攻击你的时候,中央曾多次保护过你(其实是有些勉强的!)。当不少诗人和作家犯了个别错误的时

---

① 见《文学的幸福——国家与作家(1925～1938 年),文件汇编》,俄罗斯政治百科全书出版社,1997 年,第 85 页。

② 见《文学的幸福——国家与作家(1925～1938 年),文件汇编》,俄罗斯政治百科全书出版社,1997 年,第 86 页。

候,中央纠正了他们。这一切你都认为是正常的和理所当然的。可是当中央不得不批评你的错误的时候,你就突然嗤之以鼻,叫起"绞索"来了。有什么根据呢?也许中央没有权利批评你的错误?也许中央的决议对你没有约束力?也许你的诗超乎一切批评之上?你没有发觉你已经染上某种令人不快的所谓"自高自大"的毛病吗?杰米扬同志,放谦虚一些吧……①

接着斯大林指出了别德内依的错误,反对他歪曲俄罗斯民族性格和丑化俄罗斯工人阶级,认为他那样写是对俄罗斯无产阶级的侮辱,也是对苏联无产阶级的诽谤。上面在讲斯大林的文学观点时已对此作过介绍,这里不再重复。信中接着说:"既然如此,你还想叫中央默不作声! 你把我们的中央看成什么了? 你还想叫我因为你原来对我有'历史上的好感'而默不作声! 你是多么幼稚,多么不了解布尔什维克……"②信的末尾在引用了列宁关于大俄罗斯人民的民族自豪心的话后说道:"因此,**无论如何**你必须回到原来的列宁的道路上来。"③

斯大林完全不顾老朋友的面子,话说得很不客气。主要原因恐怕在于思想观点上出现了严重分歧。后来莫洛托夫在被问到斯大林与别德内依的关系时回答说:"在一定时间前他们的关系是好的。大概正好是在集体农庄建设之前是如此。斯大林非常准确和及时地阻止了他。我记得是在1928年或1929年,在集体化之前,杰米扬写了悲观主义的《从热炕上爬下来!》。看来他产生了怀疑,不知我们布尔什维克能否坚持住。对工人阶级说:你

---

① 《斯大林全集》,中译本,第13卷,人民出版社,1985年,第23~24页。
② 《斯大林全集》,中译本,第13卷,人民出版社,1985年,第25页。
③ 《斯大林全集》,中译本,第13卷,人民出版社,1985年,第27页。

怎么还在那里待着,事情进展得不顺利,爬下来吧!"①照莫洛托夫的说法,《从热炕上爬下来!》不仅写了工人的懒惰和不关心国家大事,而且也写了对农业集体化运动的前景的怀疑。根据格隆斯基的回忆,别德内依在1931年底在回答他为什么不写集体农庄时曾经说道:"你们总是讲集体农庄,讲成绩,而人民在挨饿。还需要再看一看集体农庄运动会带给我们什么。"②斯大林当然也不能容忍他对集体农庄运动的怀疑态度。

从此之后,两人之间关系发生了重大变化,变得疏远了。别德内依有时遇到问题还给斯大林写信,斯大林也作出回应,但态度比较冷漠。1932年9月别德内依和其他一些老干部一起将被迁出克里姆林宫。他就此事给斯大林写信诉说自己的心情,提出给他保留藏书室和书房的要求。斯大林回信说:"自然藏书室和书房需要留给您。至于说到个人的情况以及与其相关的迁出克里姆林宫的事,那么是为了不发生在克里姆林宫里不应发生的事端(当然不是由您引起的)。"信中还说:"如把迁出克里姆林宫一事看作是想让您'脱离'或'远离'党和事业的图谋,那是很奇怪的。您自己知道,有几百位负责的和受尊敬的同志(包括高尔基)住在克里姆林宫外,然而谁也不怀疑他们是靠近党、靠近克里姆林宫的。"③从这些话中可以看出,斯大林认为别德内依是无理纠缠,显然对他是不满意的。

然而斯大林和联共(布)中央对这位长期在党的领导下努力进行创作、为革命事业做出重要贡献的老作家还是重视的。1933

---

① Φ.丘耶夫:《莫洛托夫:掌握一半权力的统治者》,奥尔马出版社,2000年,第667页。

② 《书刊大检查——苏维埃国家内的作家和新闻记者(1917～1956)》,文件汇编,民主国际基金会、大陆出版社,2005年,第279页。

③ 《书刊大检查——苏维埃国家内的作家和新闻记者(1917～1956)》,文件汇编,民主国际基金会、大陆出版社,2005年,第248页。

年,在他五十岁生日前,政治局在一次会议上讨论了庆祝他的五十诞辰的问题。事后《真理报》负责人萨韦利耶夫和《消息报》主编格隆斯基奉命拜访了别德内依。在谈话中两人向他传达了政治局会议上的有关发言。当他听到有人对他的某些言行提出批评时,他进行辩解,说他"从来没有离开过党的路线,甚至没有过动摇和怀疑"。他把自己的关于集体农庄运动的右倾言论说成是由于"诗人的特殊的敏感"。谈话中提到了关于普列津特的日记问题。这里要说明一下,普列津特原为苏联中央执行委员会书记处工作人员,后到国家出版社工作。他经常与别德内依来往,并在日记里记下了别德内依的言论,其中有一些对斯大林和其他领导人的"不敬之词"。普列津特被捕后,从他那里搜查出了这些日记,此事引起了有关方面的注意。在这次谈话中,别德内依开头企图否认自己与日记有任何关系,最后才承认"日记问题是他的过错",他说:"我曾与这个坏蛋(指普列津特)打过交道,让他与自己接近,大概在他面前说过一些多余的话。"他在这次谈话中强调他"不会离开党,将要按照党提出的任务和在党领导下进行工作"。最后他决定给中央写信表明自己的态度。①

他给斯大林的信有未定稿和定稿两种版本。在定稿中他对自己的某些做法作了解释,提到了普列津特的日记,说其中主要是谎言,只有一小部分是"被歪曲的事实",即使如此,也不能原谅自己。他说,人们认为他有"动摇",过错也在于他自己,因为他没有发现自己的这些动摇,总是相信"党在任何情况下可以像信赖石山那样"信赖他。在谈到他的五十岁生日时他说,这日子来得不是时候,让政治局议论杰米扬好不好,感到不好意思,请他们不要为这个日子抹上什么颜色而操心。他还说,不一定需要授予他

---

① 见《书刊大检查——苏维埃国家内的作家和新闻记者(1917~1956)》,文件汇编,民主国际基金会、大陆出版社,2005年,第278~279页。

列宁勋章,因为产生了应该不应该授予的疑问,或者担心会不会有朝一日要加以剥夺。最后他表示要继续工作,说道:"将抱着坚定的信心工作,相信我的真正的节日不会消失,不会离开我。这节日将是这样的一天,那时许多污垢和尘土将从我身抖落掉,被风刮掉,——那时一切怀疑将会消除,党、中央和您,亲爱的约瑟夫·维萨里昂诺维奇,将毫不犹豫地对我说:'你是我们的,我们相信你!'。"①从他拐弯抹角的话可以看出,他并不承认自己有多大的问题。

可是联共(布)中央还是在他生日到来时授予他列宁勋章。中央执行委员会主席团在授勋的决定中称他为"杰出的无产阶级诗人",肯定他在文学创作方面作出的贡献。党中央和人民委员会分别称他为"无产阶级诗人"和"无产阶级革命的诗人"。《真理报》则称他为"布尔什维克诗人"和"老真理报人",并重新开始发表他的作品。

由于他没有真正接受批评和改变自己的看法,在新发表的作品中又出了问题。1936年他在喜剧《勇士们》中对10世纪罗斯居民皈依基督教、接受洗礼进行嘲笑,把古罗斯的强盗写成正面人物,却竭力给真正的勇士抹黑。在剧本排演时,莫洛托夫奉斯大林之命前去观看。他观看后对剧本作了全面的否定。于是联共(布)中央政治局立即作出了《关于杰米扬·别德内依的剧本〈勇士们〉》的决定,严厉批评了作者的思想观点和他对俄罗斯历史的歪曲。后来斯大林于1943年会见宗教界人士时曾谈到罗斯接受基督教的问题,他说:"当然,我们不是很好的基督教徒,但是不能否定基督教在一定阶段的进步作用。这件事(指罗斯接受洗礼。——引者)具有很大的意义,因为这是俄罗斯国家向西方靠

---

① 见《书刊大检查——苏维埃国家内的作家和新闻记者(1917～1956)》,文件汇编,民主国际基金会、大陆出版社,2005年,第284页。

拢而不面向东方的转折。"他在谈到民族传统时提到别德内依,说道:"杰米扬·别德内依对历史前景的想法是不正确的。当我们要把米宁和波扎尔斯基的塑像挪得与圣瓦西里教堂靠近一些时,杰米扬·别德内依站出来反对,写文章说,根本就应当抛弃这塑像,把米宁和波扎尔斯基忘掉。我在就这个问题写的信里把他称为'忘本的伊万'。历史我们是不能抛弃的……"①应该说,批评是很严厉的。

为了表明自己与党保持一致,同时为了改善自己的处境,别德内依于1937年写了一篇反法西斯的作品,题目叫做《斗争或者死亡》,署名"康拉德·罗特肯姆菲尔",注明由别德内依译自德文。诗中写道:"像新的但丁,我正行走在法西斯的地狱里。"时任《真理报》总编的梅赫利斯收到稿子后,向斯大林请示。斯大林读后写信给梅赫利斯,要他转告"那位新的但丁即康拉德,也就是杰米扬·别德内依",说他认为"这个寓言或长诗在艺术上平平常常","对法西斯主义的批判苍白无力,也无创见,而对苏维埃制度的批判虽然非常明晰,不过是愚蠢的"。他指示不予发表。② 这说明,斯大林认为别德内依并未真正认识自己的错误,思想观点并未改变,最后决定把他的问题提交中央监察委员会处理。结果这位1912年入党的诗人于1938年8月被开除党籍,接着又被开除作家协会会籍。当时大清洗的浪潮还没有过去。据说曾任中央宣传鼓动部负责人的右派成员斯捷茨基在供词中对别德内依进行了揭发,列举了许多他同情支持右派集团和反对斯大林的言论,但是他没有因此而被捕。由此可见,斯大林对他还是手下留情的。

---

① Г.马里亚莫夫:《克里姆林宫的检查官》,电影工作者协会联合会"电影中心",1992年,第86页。

② 《书刊大检查——苏维埃国家内的作家和新闻记者(1917～1956)》,文件汇编,民主国际基金会、大陆出版社,2005年,第477页。

卫国战争爆发后,原来情绪比较低落的别德内依思想振奋起来,重新拿起笔作为武器,投入了保卫祖国的战斗。这时已不再重提他过去的问题,报刊发表了他创作的大量充满爱国主义情感,对法西斯侵略者进行无情揭露、讽刺和鞭挞的诗篇。他在某种程度上重新得到了承认。

1944年7月10日联共(布)中央组织局通过了纪念俄罗斯寓言作家克雷洛夫逝世一百周年的决议,7月15日中央政治局批准了这一决议。塔斯社根据这一决议于7月30日进行了题为《关于纪念克雷洛夫逝世一百周年》的报道,其中说,苏联人民委员会成立了纪念"伟大的俄罗斯寓言作家克雷洛夫"逝世一百周年的筹备委员会,并说明筹委会主席为A.托尔斯泰,包括三十五名委员。在委员的名单中没有别德内依的名字。

别德内依得知后,觉得自己受到无端的冷落,很不高兴,便于8月5日给斯大林写信。他从作家的武器——语言的力量说起,举了自己的两篇作品作为例子来说明它产生的巨大影响。接着谈到他如何向古典作家学习技巧,说他学生时代的第一位老师就是"人民作家当中最人民的、天才的寓言作家克雷洛夫"。他说,他并不是毫无原因地作为一个寓言作家引起人们的重视和出名的。他还说:

> 大家都知道,寓言作为语言武器,作为一种最困难的文学形式,从逝世的克雷洛夫手中掉落后,没有任何人拾起它,而在诗歌理论教科书里这样说:"寓言是一种死绝的文学形式。"
>
> 我毫不畏惧地拾起了克雷洛夫扔下的武器,使这"死绝的形式"复活,像现在所说的那样,把它用来武装工人阶级。在激进的"大报"上出现一系列关于我的文章,其中之一的标题为《克雷洛夫爷爷的孙子》。

而现在发生了这样一件意外事：上星期六在所有报纸上刊登了筹备克雷洛夫爷爷逝世百周年纪念活动的人员的大名单。但是没有邀请他的孙子参加。

　　我本来决定忍受。但是遗憾的是，此事没有被人注意：在作家当中——不仅在作家当中——流传开了流言蜚语：说什么杰米扬还有问题，离开他远一点。

　　信中接着说，他中风后已行动不便，言语不清，让他当筹委会委员已无必要，但是他将写纪念文章。最后他提到1938年被开除党籍的事，他说："从党里可以从很多门出来，我就从其中一些门里出来了。但是要回到党里只有一条路：工作，立功。我这样看待自己的工作。现在突然出现我可能失去工作的情况，这说明我将失去回到党里的可能。这是主要的！"①

　　别德内依说他是克雷洛夫寓言诗的传统的继承者和他的"孙子"，这是符合事实的。自从克雷洛夫逝世后，一直后继乏人，寓言诗这一体裁的创作没有得到明显的发展。别德内依确实继承和发展了克雷洛夫的传统，创造性地运用这位老前辈的经验，创作了大量短小精悍、尖锐泼辣的作品，深受群众喜爱，产生了巨大的影响。因此在纪念克雷洛夫逝世一百周年时，忽视这位主要的传人，应该说是不对的。

　　斯大林收到信后，没有像以往一样给别德内依写回信。但有关部门采取了补救措施。8月9日，《真理报》发表报道说，苏联人民委员会批准别德内依为纪念克雷洛夫逝世一百周年活动筹委会主席（可能为副主席之误。——引者），决定出版由别德内依主编的克雷洛夫全集。在11月21日举行的纪念大会上，别德内

---

　　① 《书刊大检查——苏维埃国家内的作家和新闻记者（1917～1956）》，文件汇编，民主国际基金会、大陆出版社，2005年，第545～547页。

依发了言。

根据别德内依的女儿柳德米拉的回忆,她的父亲曾与伏罗希洛夫谈过话,后者答应给"需要知道的人"讲一讲谁是克雷洛夫的继承者的问题。伏罗希洛夫当天就给斯大林打电话,说他不止一次地赞赏别德内依的作品。斯大林"含糊不清地说了一句什么,就把电话挂上了"。几天后,别德内依就被任命为筹委会副主席。1963 年 12 月 7 日,伏罗希洛夫亲笔在柳德米拉的回忆上写道:"以上所说符合实际,我现在还清楚记得这整个'故事'。"①

由纪念克雷洛夫逝世一百周年引起的这件事,是别德内依与斯大林最后一次打交道。半年后,即于 1945 年 5 月,这位诗人和寓言作家就因病去世了。

别德内依去世后,他的作品不断结集出版。1950 年国家文学出版社出版了他的选集,军事出版社出版了他的集子《亲爱的军队》。斯大林十分重视此事,他发现这两部文集在选材和编辑工作上存在很大问题,主要是入选的某些作品不是经作者修改过的最后的定稿,有的甚至是作者本人淘汰了的东西,这就使得出现一系列政治上的歪曲。联共(布)中央书记处于 1952 年 4 月 24 日专门通过决议指出这些问题,批评和处分了有关的人员,并责成国家文学出版社于 1952~1953 年在认真审订的基础上出版高质量的别德内依文集。而斯大林未等到这新的文集的出版就去世了。于是他与这位老诗人和老朋友的恩恩怨怨也就最后结束了。

三

最后讲一讲斯大林与高尔基的关系。根据目前所能看到的

---

① 见《书刊大检查——苏维埃国家内的作家和新闻记者(1917~1956)》,文件汇编,民主国际基金会、大陆出版社,2005 年,第 548 页。

材料,斯大林与高尔基之间的直接交往大约始于20世纪20年代末,到1936年高尔基逝世,前后约七八年。在这之前,斯大林想必早就知道和了解高尔基这位与布尔什维克党有着密切联系的大作家。1917年在十月革命前夕,当时高尔基在他主办的《新生活报》上刊登了加米涅夫和季诺维也夫反对布尔什维克党中央关于武装起义的决定的声明,并发表了他自己撰写的《不能沉默》一文,否定群众的革命热情,要求布尔什维克党中央公开驳斥关于近期内采取暴力行动的"传闻",斯大林在《工人之路报》上发表《"有许多公牛围绕我"》一文,对高尔基进行了严厉的批评,称他为"吓得魂不附体的神经衰弱者",并且指出,"俄国革命淘汰了不少权威人士","后来被革命抛弃的'名人'有整整一大串","我们担心高尔基会被'死命地'拖到他们那里去,拖到档案库里去"。①当时文章没有署名,也许高尔基并不知道是斯大林写的。

斯大林在1922年当上总书记时,高尔基已到了国外。他与国内许多作家和批评家(例如费定、富尔曼诺夫、列昂诺夫、弗谢沃洛德·伊万诺夫、古洪诺夫、马卡连科、革拉特科夫、恰培金、沃隆斯基等)保持着密切的通信联系,会见过一些出国访问的作家,与某些领导人(例如布哈林、加米涅夫、李可夫等)也有信件来往。1924年7月28日他写信给李可夫,对李可夫的关心和邀请他回国的好意表示感谢。② 1925年7月13日他在给布哈林的信中赞扬了俄共(布)中央关于党在文学方面的政策的决议。③ 当时布哈林等人与斯大林的关系还比较正常,他们大概会把所了解的高尔基的情况告诉斯大林。

20年代下半期,斯大林开始大力抓领导文学的工作后,对作

① 《斯大林全集》,中译本,第3卷,人民出版社,1985年,第368～370页。
② 《苏共中央通报》1989年第7期,第211页。
③ 《苏共中央通报》1989年第1期,第246页。

家队伍处于涣散状态很不满意,觉得需要有一个在作家当中享有很高威望并与他们保持广泛联系的人协助他把他们团结起来。同时斯大林了解到高尔基这几年思想发生了明显变化,认为他是最合适的人选,便决定争取他的支持和合作。1927年,在斯大林的授意下,组织了庆祝高尔基从事文学工作三十五周年的活动,并为次年庆祝他的六十岁诞辰作准备。苏联各界表示祝贺的电报和信件像雪片似的飞向当时高尔基居住的地点意大利索伦托,这些电报和信件除了表示祝贺外,还希望高尔基能回到祖国来。正好高尔基也正希望回国看看,于是他在1928年5月28日回到了苏联。他回国时,苏联政府组织了盛大的欢迎,伏罗希洛夫、奥尔忠尼启则、卢那察尔斯基等领导人亲自到车站迎接。在当天举行的庆祝斯维尔德洛夫共产主义大学成立十周年的大会上,高尔基与斯大林见了面,也就是从这时起,两人开始了直接的交往。

　　格隆斯基通过与斯大林在不同场合的接触,觉得斯大林一直持有这样的看法:高尔基是一个大人物,他不仅是一个作家,而且是一个巨大的政治人物;不仅是一笔艺术资本,而且是一笔政治资本,需要爱惜。同时格隆斯基还在政治局和各种委员会的会议上听斯大林说过,高尔基是一个搞艺术的人,容易受情绪和感情的支配,感情可能使他偏向一边,无意之中做出损害党的事情来,因此政治局委员们应和他多接触,了解他对各种事情的态度,以便及时纠正他。① 应该说,斯大林对高尔基的看法是与列宁的看法相似的,当年列宁也在高度评价高尔基作为艺术家的才能和所起的作用的同时认为他"在政治上最没主见而且惯于感情用事"。② 斯大林根据他的这种看法,一方面重视和尊重高尔基,给了高尔基很高的荣誉,亲自提议把高尔基的故乡下诺夫哥罗德市

① 《青年近卫军》1993年第10期,第218页。
② 《列宁全集》,中文版,第47卷,人民出版社,1990年,第435页。

改名为高尔基市,以高尔基的名字命名莫斯科的一条大街和莫斯科艺术剧院,隆重庆祝高尔基从事文学活动四十周年。他对高尔基的各种要求尽量予以满足,对高尔基提出的编写出版《国内战争史》《工厂史》等书籍和创办《我们的成就》《在国外》等杂志的建议给以大力支持,甚至当高尔基为反对派领袖求情,请求安排他们的工作时,虽然心里很不愿意,也表示同意,例如布哈林当上《消息报》总编,加米涅夫先后担任科学院出版社社长和苏联科学院世界文学研究所所长,在很大程度上是高尔基说项的结果。

而从高尔基这方面来说,他对斯大林实行的路线和政策是支持的。他赞扬当时正在开展的农业集体化运动,认为把个体农民组织到集体农庄里从事集体生产是改造农民的很好的途径。1930 年 1 月 8 日,在农业集体化运动的高潮中他给斯大林写信说:

> 在党十分坚决地把农村转入集体化轨道后,社会革命具有了真正的社会主义性质。这几乎是一种天翻地覆的变革,这比党以前所做的一切要多得多,深刻得多,我们正在消灭存在了几千年的制度,这种制度造就了一种极其畸形的人,他们的那种本能的保守性和私有者的本性令人吃惊。[①]

30 年代初,苏联先后揭露出了一些破坏活动,其中包括"工业党"案件、"劳动农民党"案件、"食品托拉斯"案件等。高尔基看了有关报道后非常气愤,决定写一个剧本(即后来没有写完的《索莫夫和别的人》)来谴责这些破坏者。斯大林得知后非常高兴,写

---

① 《苏共中央通报》1989 年第 7 期,第 215 页。

信给高尔基表示支持,并且给他提供了有关案件的材料。① 高尔基在回信中说他对这些破坏活动和右派在其中所起的作用感到震惊,为国家政治保安局所做的工作感到高兴。② 1930 年 9 月,"食品托拉斯"案的四十八名被告被处决,德国"保卫人权同盟"发表了抗议书。高尔基写了《致人道主义者》一文进行反驳,并写了《致工人和农民们》一文,对西欧各国的劳动群众进行解释。他把这两篇文章的初稿都送给了斯大林审阅,并且表示,如果需要作修改和压缩,他不会有任何意见。③ 后来这两篇文章在斯大林作了个别修改后发表在《真理报》和《消息报》上。在这之前,高尔基还发表了《如果敌人不投降——就要消灭他》一文,赞成当时进行的镇压行动。这在政治上对斯大林是很大的支持,斯大林自然是很满意的。他在 1931 年 3 月 18 日给高尔基的信中赞扬说:"从您的文章可以看出,在您的身上洋溢着一股积极进攻的战斗豪情。非常好!"④

高尔基赞同苏联对罪犯实行劳改的政策,他在 1929 年参观了索洛夫基劳改营后,写了一篇特写,叙述了他和劳改人员的谈话和劳改营的生活,认为劳改是改造人的一条新的途径。1933 年他又赞扬国家政治保安总局组织劳改人员开凿白海波罗的海运河的做法,应邀在劳改人员中涌现出的突击队员的大会上发表讲话,并为记述这项工程的文集《斯大林白海波罗的海运河》作序,再次赞扬劳改政策和肯定国家政治保安局在这方面所做的工作。这个看法高尔基一直没有改变,他在 1935 年发表的《论文化》一

---

① 见斯大林 1930 年 10 月 24 日给高尔基的信,载《新世界》1997 年第 9 期第 173 页。

② 见高尔基 1930 年 11 月 2 日的回信,载《新世界》1997 年第 9 期第 174 页。

③ 见 M. 高尔基 1930 年 11 月 17 日给斯大林的信,载《新世界》1997 年第 9 期第 176 页。

④ 见《新世界》1997 年第 9 期,第 184 页。

文中把对待罪犯的这种态度看作是无产阶级的积极的人道主义的表现。① 这又是在政治上对斯大林的支持。这里顺便要讲一下高尔基对人道主义看法的改变。从 20 世纪 20 年代中期起，他开始用阶级观点来看待这个问题，反对抽象地谈论全人类的爱，不仅肯定在推翻资产阶级统治的斗争中使用暴力的不可避免性，而且肯定无产阶级夺取政权后实行专政也是必要的，认为这样做既是为了镇压被推翻的资产阶级的反抗，也是为了改造社会和改造人。他在 1934 年发表的《无产阶级的人道主义》一文中集中地阐述了他的这些看法。据高尔基本人说，"斯大林同志非常赞同这篇文章"。② 由此可见，他与斯大林在人道主义这个带有根本性的问题上有着一致的看法。

但是这并不是说斯大林已完全打消了对高尔基的疑虑。最使他不放心的是高尔基对反对派领袖的态度。他知道高尔基尊重布哈林、加米涅夫、李可夫等人，与他们保持着友好关系。高尔基也不隐讳这一点，他在 1929 年 11 月 27 日给斯大林的信中不赞成党内的"摩擦"，认为现在这样做不会像过去那样有助于"精选优秀人物"，只能造成相当多的"两条腿的废物"。③ 两天后，他在得知布哈林、李可夫和托姆斯基三人发表悔过声明、有可能"恢复党的生活"后非常高兴，又给斯大林写信表示自己喜悦之情。④ 对此斯大林大概不会满意。上面说过，高尔基曾多次替反对派的领导人说话，斯大林从尊重和团结高尔基出发虽然按照高尔基的意见做了，但是心里是很不愿意的。不过在高尔基与反对派的关系的问题上还有另一个方面。高尔基看重的是布哈林等人的学识以及他们的某些品质，但是并不赞同他们的观点，尤其是在农业

---

① 《高尔基文集》，第 27 卷，国家文学出版社，1953 年，第 463 页。
② 《高尔基文集》，第 27 卷，国家文学出版社，1953 年，第 558 页。
③ 《苏共中央通报》1989 年第 3 期，第 184 页。
④ 见《新世界》1997 年第 9 期，第 169 页。

集体化问题上。1933年1月,当高尔基得知李可夫和托姆斯基在联共(布)中央委员会和中央监察委员会联席全会上发言承认了自己的错误时,便给李可夫写信,赞扬他们两人勇于承认错误,说"这是深刻的'党性'的完美表现,是一种与党有机地、不可分割地联系在一起的感情"。信中还说:"我的这封信很可能是不合时宜的,并相信是您所不需要的……不过我认为我有权利写这封信,因为我也犯过错误,对无产阶级强大的创造力和列宁的党的英明估计不足。"①同一天,高尔基给罗曼·罗兰写信说:"我认为右倾反对派领导人……李可夫和托姆斯基承认党的总路线的正确性这一点有巨大意义。这是党的重大胜利,它解除了右派的武装,把其中最优秀的人争取了过来。"②从这两封信可以看出,高尔基认为以斯大林为首的党中央的路线是正确的,右倾反对派所持的立场是错误的,他为他的那些反对派朋友们放弃错误立场而高兴。有人说,高尔基知道并且参与了布哈林和李可夫与亚戈达的反斯大林联盟的活动,并且与生理学家巴甫洛夫一起策划成立一个新党,这完全是一种缺乏任何事实依据的推测。

20年代末到30年代头几年,是斯大林与高尔基的关系比较密切、见面次数较多、信件来往也比较频繁的时期。这大概是由于斯大林正在考虑解决作家内部的纷争,成立统一的作家协会的问题。他有不少问题需要同高尔基商量,争取他的支持。首先是如何看待拉普的问题。上面说过,1929年2月,他接连写了《答比尔－别洛采尔科夫斯基》和《答拉普的共产党员作家们》这两封信,在后一封信里批评拉普把比尔－别洛采尔科夫斯基称作"客观上的阶级敌人"的错误说法,指出他们"不善于正确地建立文学的阵线"。高尔基对拉普批评家对待其他作家的粗暴态度也是很

① 《苏共中央通报》1989年第7期,第219~220页。
② 《青年近卫军》1993年第10期,第225页。

不满意的,1928 年 5 月他在《论被捧起来的作家和"初学写作者"》一文中不指名地批评了他们。可见斯大林和高尔基在对拉普的看法上有相似之处。

1929 年 6 月 10 日,高尔基在第二次回国暂住时出席了无神论者联盟第二次全国代表大会开幕式,在那里见到了斯大林。斯大林谈到他写了上述两封信,答应寄给高尔基看。6 月 11 日,斯大林给高尔基写信,附上了这两封信。这是两人通信的开始。大概斯大林批评拉普的信给高尔基留下了深刻的印象,因此他于 11 月 29 日在向斯大林为《文学学习》杂志约稿的信中说:"您写给'岗位派'的信就很好,把它的内容扩展一下就行。"①

在这前后发生了拉普分子攻击高尔基的问题。事情的经过是这样的。皮利尼亚克因把他的小说《红木》送到德国柏林出版而受到批判。8 月 26 日沃林在《文学报》发表《最无法容忍的现象》一文对皮利尼亚克进行了严厉的谴责。接着马雅可夫斯基、弗谢沃洛德·伊万诺夫、卡达耶夫等著名作家也都表了态。9 月 15 日全俄作家协会召开紧急会议,决定解除皮利尼亚克的主席职务。高尔基本来对皮利尼亚克这个作家并不欣赏,对他的某些作品也持否定态度,但是不赞成对他采取这样的做法。就在全俄作协开会的同一天他发表了《论精力的耗费》一文,对皮利尼亚克的行为作了分析,然后说,这里要谈的不仅只是皮利尼亚克,"我一生都为对人采取慎重的态度而斗争……我们对待人们的态度是否够慎重呢?我们是否充分珍重他们的工作和才能,对他们的错误和行为是否过于严厉呢?……我们是否善于培养助手,带领同路人一起前进呢?我觉得我们还没有能够做到。"他还说:"我们养成了愚蠢的习惯,先把人拖上荣誉的钟楼,过了一些时候又把他们从那里抛到尘埃和污泥中去。"最后他提出应当反对耗费人

---

① 《新世界》1997 年第 9 期,第 169 页。

的精力。这篇文章发表后,遭到新西伯利亚拉普领导人的猛烈攻击。在这之前,高尔基曾在《无产阶级应当培养自己的文化大师》一文中指名批评了新西伯利亚拉普领导人库尔斯,于是库尔斯乘机报复,在他主编的《当代》杂志上发表了新西伯利亚无产阶级文化派的抗议书,称高尔基为"老奸巨猾和巧妙伪装的敌人",接着又在9月22日的《苏维埃西伯利亚报》上发表了《高尔基的耗费了的精力》一文,说他庇护苏联的形形色色的皮利尼亚克分子。

斯大林对皮利尼亚克并没有好感,认为此人是一个专门观察和描写我们的革命的阴暗面的同路人。① 这次对皮利尼亚克的批判,开头他至少是默许的,《真理报》和《消息报》曾发表文章支持对皮利尼亚克的批判可以证明这一点。他对高尔基的干预很可能是不赞成的。但是由于新西伯利亚拉普分子的行为过于放肆,为了团结高尔基,同时也是为了教训其他的拉普分子,联共(布)中央于1929年12月25日作出了《关于部分西伯利亚文学家和文学组织反对马克西姆·高尔基的言行》的专门决议,指出"部分西伯利亚文学家的此类言论……从根本上背离了工人阶级的党对伟大的革命作家马·高尔基同志的态度",宣布给西伯利亚无产阶级文化派的党组以严重警告处分,解除了库尔斯的职务。②

联共(布)中央的决议的发表使事情发生了转折。高尔基一方面为事情的了结感到高兴,另一方面并不赞成采取惩罚手段。他在1930年1月8日给斯大林的信中说,他认为他受到攻击的现象"是完全自然的、不可避免的",他"并不希望一定要令人不快地或敌对地惩罚那些写我的人"。他还说:"……'骂不沾人,不必较真',挨骂并不妨碍我生活,反而激励我工作。正如您所知道的,我是一个无党派人士,也就是说,所有针对我的这一切均与党及

---

① 见《答拉普的共产党员作家们》,刊登于《旗》1990年第1期第199页。

② 《真理报》1929年12月26日。

其领导人无关。让他们去骂吧。"①也许他由于考虑到问题已经解决，便没有再发表已写好的回答论敌的《还是那些话》一文。这篇文章到六十年后，即到1989年才与世人见面。②

通过这件事斯大林进一步感到文学界的这种纷争不已的局面存在和发展下去不利于文学的发展，便下决心解决作家队伍的团结问题。高尔基对文学界的状况也不满意。他在1930年9月给国家出版社理事会主席哈拉托夫的信中也说过类似的话，认为小团体作风和相互争吵是"文学战线的灾难"，并且抱怨党对文学战线的事过问得太少，觉得中央应采取措施结束这种状态，把相互敌对的作家们召集到一起，向他们说明团结起来的必要性。③可见，在加强作家队伍的团结和设法使他们联合起来这一点上，斯大林和高尔基的意见是一致的。

联共（布）中央于1932年4月23日作出了《关于改组文艺团体》的决议后，斯大林尊重高尔基，请他担任苏联作家协会筹委会名誉主席，并请他在第一次代表大会上做主旨报告。高尔基没有推辞。在大会筹备和召开过程中曾有过分歧和矛盾，主要是高尔基提出让布哈林做关于诗歌的报告，还有在新成立的作协领导班子的组成上也提出自己的不同意见。斯大林虽不同意，但作了让步和妥协，使问题得到了解决。高尔基由于他的要求得到了满足，情绪是高的，除了做报告外，还就具体问题发了言，最后做了总结。最后高尔基当选为苏联作家协会主席团名誉主席。斯大林和联共（布）中央考虑到高尔基对作家中的党员干部有意见，专门调派了党政干部谢尔巴科夫担任负责日常工作的书记，以便能使他能够接受和工作上能够合作。总之，大会圆满结束，苏联文

---

① 《苏共中央通报》1989年第7期，第215页。

② 见《高尔基和他的时代》，第1辑，遗产出版社，1989年，第6～9页。

③ 见《高尔基档案》，第10卷，第1册，科学出版社，1964年，第216页。

学界实现了大团结。详细情况已在第二章作过介绍,这里不再重复。

在第一次作家代表大会召开前后,文学界曾有过一场关于语言问题的争论。事情的起因是这样的。国家文学出版社组织了关于潘菲洛夫的小说《磨刀石农庄》的讨论。潘菲洛夫在发言中提到了苏联文学的语言问题,并且自负地说他使用的是"千百万人的语言"。高尔基认为潘菲洛夫滥用方言土语,在他的作品里文理不通的问题十分严重,便写了《关于一次讨论》一文,对他的说法提出异议。这篇文章发表在 1934 年 1 月 28 日的《文学报》上。2 月 6 日《文学报》发表了绥拉菲莫维奇在《磨刀石农庄》讨论会上的发言,这位老作家夸奖了潘菲洛夫,说"人们现在向潘菲洛夫的作品学习,将来还要根据它们来研究我们的时代"。高尔基见后写了《致绥拉菲莫维奇的公开信》,坚决反对他的这种说法,并且认为他的发言不仅是要抬高潘菲洛夫,而且包含着一种明显降低文学质量的企图。高尔基在列举了所谓的"灵巧的作家"的一些充满"胡言乱语"的"产品"后提出,必须为肃清文学中的文字垃圾而进行无情的斗争,为文学语言的简练明快而斗争,为正当的技巧而斗争,坚决反对降低文学的质量。[①] 高尔基就语言问题发表的意见,符合他重视作品的艺术质量的一贯思想,但是他选定潘菲洛夫作为批评的靶子却是另有原因的。据一位俄罗斯学者分析,这是因为 30 年代初高尔基曾介入了拉普内部的派别斗争,支持阿维尔巴赫而反对潘菲洛夫,对潘菲洛夫没有好感。[②] 事实确实如此。高尔基曾在 1932 年 1 月 25 日给斯大林的信中赞扬阿维尔巴赫"是一个非常聪明、极具天赋的人,他的才能

---

① 《文学报》1934 年 2 月 14 日。
② 见《未知的高尔基》一书,第 4 辑,遗产出版社,1995 年,第 74~75 页。

还没有能得到真正发挥,他还需要学习",并且说:"对他要爱护才行。"①而在 3 月 24 日给斯大林的另一封信里对"潘菲洛夫－绥拉菲莫维奇集团"进行了批评。②

高尔基在这场争论中设法争取斯大林的支持。他把下一篇争论文章《论灵巧》在发表前送给斯大林审阅。这篇文章继续谈纯洁文学作品的语言的重要性和必要性,同时又着重批评了剧作家维什涅夫斯基。斯大林在给高尔基的回信中说:"《论灵巧》一文需要尽快发表。这些'灵巧的人',尤其是维什涅夫斯基之辈,应该敲打敲打。"③这篇文章于 2 月 28 日同时刊登在《真理报》和《消息报》上。接着高尔基又写了《论语言》一文。斯大林阅后只在"这种对文学的态度是潘菲洛夫及其集团的其他好汉那样的教师和'生活导师'教给青年的"一句中勾掉了"及其集团的其他好汉"这几字,④就交付发表。《真理报》在发表这篇文章时加了一个相当长的编者按,表示"完全支持高尔基为坚持文学语言的质量和进一步提高苏联文学而进行的斗争",同时认为潘菲洛夫关于苏联文学的"新语言"的议论"在政治上是幼稚的",不应以此来掩盖"匆忙、马虎和草率的写作"。⑤ 日丹诺夫在第一次作家代表大会上代表联共(布)中央的讲话中专门提到了这次关于语言的讨论,他说:"我们必须有艺术作品的高度技巧,在这方面,阿列克谢·马克西莫维奇·高尔基在为文学作品的质量和为文明的语言的斗争中给予党和无产阶级的帮助是异常宝贵的。"⑥可见,这时斯大林和联共(布)中央在关于语言的争论中是支持高尔基的。

① 《新世界》1998 年第 9 期,第 157 页。
② 《新世界》1998 年第 9 期,第 168 页。
③ 《新文学评论》1999 年第 6 期,第 255 页。
④ 《新文学评论》1999 年第 6 期,第 260 页。
⑤ 《真理报》和《消息报》1934 年 3 月 18 日。
⑥ 《第一次全苏作家代表大会速记记录》,国家文学出版社,1934 年,第 5 页。

潘菲洛夫在《真理报》的编者按发表后给高尔基写信,表示在语言问题上完全同意高尔基的意见,不过否认他曾说过受到高尔基批评的那些话。他的信是在1934年4月23日写的。可是到了9月,他在自己主编的《十月》上发表《论费解的简练》一文,重新挑起争论。1935年1月他又在《真理报》上发表《致高尔基的公开信》,把高尔基对他的批评称为"最坏意义上的训斥"。高尔基当即写了给潘菲洛夫的答复,他除了反驳潘菲洛夫外,还对《真理报》的"多变"表示不解。《真理报》拒绝发表高尔基的答复。《真理报》的这种出人意料的态度引起了许多猜测。有人说这是斯大林要教训一下高尔基,有人则说这是梅赫利斯知道高尔基在给斯大林的信里说过他的坏话,乘机进行报复。

从现在发表出来的材料来看,当年斯大林对潘菲洛夫的小说《磨刀石农庄》是肯定的。1929年在《磨刀石农庄》第1部问世后不久,斯大林在会见乌克兰作家时提到了这部小说,要大家读一读。据说1934年1月召开联共(布)十七大时,根据斯大林的命令,曾把这部小说分发给代表们阅读。① 可是正好在这时高尔基对潘菲洛夫和他的小说提出了批评,这就有意无意地拂逆了斯大林的意旨。显然斯大林是从政治角度肯定《磨刀石农庄》的,因为它反映和宣传了农业集体化运动。可是有很高艺术鉴赏力的斯大林不能不看到潘菲洛夫的小说艺术上的缺点,觉得高尔基的话是有道理的,如果让潘菲洛夫所代表的倾向发展下去,就会影响别的年轻作家,有可能导致整个文学创作的艺术水平的下降。另一方面,斯大林还考虑到,第一次作家代表大会即将召开,为了把这次大会开好,需要同高尔基保持良好关系,因此决定在关于语言的讨论中支持高尔基。第一次代表大会的召开总的说来是顺利的,但是如上所述,也发生过一些争执,斯大林想必对高尔基的

---

① 见《文学报》2002年3月27日~4月2日。

表现并不完全满意。不过现在没有材料能够说明潘菲洛夫在作家代表大会后是根据斯大林的意思重新挑起争论的。但是他对高尔基说话很不客气，摆出一副有恃无恐的样子，而且他的致高尔基的公开信发表在《真理报》上，该报又拒绝刊登高尔基的答复，——所有这一切使得一些俄罗斯学者作出这样的推断：潘菲洛夫的做法至少得到了斯大林的默许，《真理报》发表潘菲洛夫的信和不发表高尔基的答复不是梅赫利斯个人的决定，因为不经斯大林许可这位总编是绝对不敢这样做的。他们认为，斯大林想通过这种方式提醒高尔基，今后并不是他的所有要求都能得到满足。这当然只是一种推断。不过从这个事件中可以看出斯大林和高尔基在评价文学作品上的差异。斯大林作为一位政治家，他虽然也看重作品的艺术性，但是首先考虑的是它的政治意义。而高尔基在注意思想内容的同时，更注意作品的艺术质量。

上面说过，1936年苏联文艺界曾有过一场关于形式主义的讨论。这场讨论是由肖斯塔科维奇的歌剧《姆岑斯克县的麦克白夫人》引起的。这部歌剧于1934年初上演后，开头曾受到广泛的好评。《真理报》等报刊曾刊登过赞扬的文章。可是当斯大林表示很不喜欢时，《真理报》便于1936年1月28日发表了题为《混乱代替音乐》的专论，对歌剧进行了严厉的批评。

高尔基看到《真理报》发表的文章后，便于3月上旬给斯大林写信，把这篇文章的发表比作朝肖斯塔科维奇头上"砸了一砖头"。他解释说，他这样说指的不是批评本身，而是批评的语气，而且这批评本身也不能使人信服，没有说明"混乱"是为什么？它在何处和如何表现出来，这里需要对肖斯塔科维奇的音乐作出技术上的评价。① 只看这封信似乎觉得高尔基并不那么赞成这次对形式主义的批判。其实不然。为了全面说明自己的观点，他于4月9日在《真理报》上

---

① 见《文学报》1993年3月10日。

发表了《论形式主义》一文。文章从理论上和从文学艺术的发展上讲了形式主义的形成和本质,然后指出:"作为一种'方法',作为一种'文学手法'的形式主义,往往是用来掩盖心灵的空虚和贫乏的。一个人想同人们说话,可是他没有什么可说的,便令人厌烦地、啰哩啰嗦地、虽然有时也用一些巧妙选择的华丽字句来谈他所看到的一切,然而这一切都是他不能够了解、不想了解或害怕了解的。人们运用形式主义,是由于害怕朴素的、鲜明的、有时还是粗野的词汇,害怕对这种词汇负责。有些作者把形式主义用作掩饰自己思想的手段,这样一来,人家就不会一眼看穿他们对现实生活的那种反常的敌视,不会看穿他们想歪曲事实和现象的意义的意图。不过这已不是语言的艺术,而是行骗的艺术了。"他在谈到不久前开展的关于形式主义的争论时说:"关于形式主义的争论,我当然是欢迎的。从作家代表大会以来,已经过去十九个月,早就应该有所争论了。不过我觉得,关于形式主义的争论结束得太快了。既然这个争论不是发生在作家协会内部,而是从外面提出的,这就有一个疑问:难道仅仅谈论几句就把这件事结束了吗?我觉得,关于形式主义的争论可以加深和扩大,把关于我们行为的形式也包括进去,因为在我们的行为中可以看到某种使人莫名其妙的东西。"①这是高尔基在逝世前两个多月写的,对形式主义的本质的分析有其独到之处。他肯定这次批判形式主义的必要性,并对文学界没有认真展开就匆匆结束表示不满。

与此同时,高尔基对《真理报》在文艺问题上的"变化无常"提出了意见。他在刚才提到过的给斯大林的信中指出了《真理报》开头赞扬肖斯塔科维奇的歌剧后又狠批的不正常做法。5月1日他在给斯大林的另一封信里指出了该报对斯维特洛夫的剧本《偏僻的外省》的前后截然不同的态度。他说,这并不是"它在文学方

①　M.高尔基:《论文学(续集)》,中文版,人民文学出版社,1979年,第324～326页。

面急剧改变看法的唯一事实"。他在信中没有明确提出一年多前《真理报》在关于语言的争论中对潘菲洛夫的态度的改变，但是为了使斯大林清楚地知道他说的是什么，便又举出文学作品语言上存在的问题，并以两部作品为例，一部是奥斯特洛夫斯基的《钢铁是怎样炼成的》，另一部是维尔塔的《孤独》。[①] 上面提到过，斯大林在回信中承认年轻文学常常缺乏起码的文化知识。《孤独》和《钢铁是怎样炼成的》也不例外。但是他认为对我国文学来说这两部作品是重要的和不可轻视的正面现象。这里斯大林回避了关于《真理报》的观点多变的问题，只谈了对这两位年轻作家和他们的作品的看法，大概意在提醒高尔基对他们的创作要进行全面分析。这里又一次反映出他们两人在评价作品时着重点的不同。

从以上所述可以看出，斯大林和高尔基在政治观点和大政方针方面，在有关文学的问题上，虽然有过分歧和摩擦，但是总的说来，是基本上一致的。他们是相互信任和相互关心的，两人在一段时间内见面的次数比较多，信件来往也比较频繁。根据扎米亚京的回忆，斯大林与高尔基的别墅相距比较近，斯大林常去看望高尔基，于是一人手里握着烟斗，另一人夹着烟卷，喝着酒，促膝长谈，一谈就是几个钟头。[②] 根据现在看到的材料，从 1929 年 6 月到 1936 年 6 月高尔基逝世，斯大林虽像后来在一封信里自白的那样，"在写信方面像猪那样懒惰"，[③]但还是写了十七封信，此外还有 1932 年 9 月 25 日在高尔基从事文学活动和革命活动四十周年时发的如下贺电："亲爱的阿列克赛·马克西莫维奇！我衷心祝贺你并紧紧握你的手。愿你长寿和健康地工作，使全体劳动人民欢欣鼓舞，使工人阶级的敌人胆战心惊。约·斯大林。"高尔基

---

① 《新文学评论》1999 年第 6 期，第 291 页。

② E.扎米亚京：《作品集》，苏联作家出版社，1989 年，第 357 页。

③ 《新文学评论》1999 年第 6 期，第 289 页。

则给斯大林写了五十二封信,再加上1929年12月斯大林五十寿辰时发给他的简短的贺电和1932年11月阿利卢耶娃自杀后给他发的慰问电。

从他们来往的函电就可以看出,斯大林尊重高尔基,关心高尔基的生活和身体健康,对高尔基提出的建议认真听取,在多数情况下加以采纳并付诸实施。斯大林根据高尔基的请求,认真阅读他送来的稿子,有时不客气地进行修改,对其中的一些文章进行了赞扬(例如《无产阶级的人道主义》《与集体农庄庄员的谈话》等),也对个别文章提出了意见。例如,他在肯定《无产阶级的人道主义》一文的同时,对高尔基接着写的《论法西斯的恐怖》一文作了较多修改,并且写了这样几句话:"亲爱的阿列克赛·马克西莫维奇!我认为此文不必发表。这将会冲淡前一篇关于人道主义的文章产生的影响。"①斯大林这样做,说明两人的关系已达到亲密无间的程度。

高尔基也在他的书信里表达了自己对斯大林的感情。他在1931年11月12日的信中这样写道:

> 我在莫斯科消夏时曾向您表白了我对您的深切的同志式的爱戴和尊敬之情。现在请允许我再次表达这样的感情。这不是恭维话,而是向一个同志真诚吐露的心声:我由衷地敬重您,您是一个真正的人,一个坚定的布尔什维克。能让我这样吐露心声的机会并不多,这您是知道的。我也理解您的难处。紧紧握手,亲爱的约瑟夫·维萨里昂诺维奇。②

1932年11月阿利卢耶娃自杀后,高尔基如同上面提到过的

---

① 《新文学评论》1999年第6期,第263页。
② 《新世界》1997年第9期,第189页。

那样给斯大林发电报表示慰问外,还写信表示自己在听到这个噩耗后的心情,信中说:

> 我相信,您,约瑟夫·维萨里昂诺维奇,此时需要的不是我用语言来表达对您这个具有非凡勇气和巨大精神力量的人的深切爱戴和敬仰。但是我要说,在这些对您来说也许是异常艰难的日子里,我真恨不得留在莫斯科。①

高尔基关心斯大林的人身安全,曾几次写信提醒他注意。例如,1930 年 11 月 17 日在给斯大林的信中说:

> 这些冒险分子想暗杀您和亚戈达的消息令我愤慨和不解! 我们在保证党内要人的人身安全方面做得太差了。有人带着炸弹从早到晚在卢比扬卡广场转悠,却没有被任何人发现! 真是怪事。②

1931 年 12 月 1 日又一次写信提醒斯大林注意自己的安全:

> 对您的暗杀活动一直没有放松,应当说,现在更加疯狂了。可是您呢,亲爱的同志,据我所见所闻,却非常不小心,常常在夜间出入于尼基塔大街 6 号。我深信,您没有权利这样做。万一歹徒害了您的性命,谁来接替您呢? 请您不要生气,我有权利表示担心和提出忠告。党和国家的所有领导人都应加倍注意保护自己的人身安全。令人担忧的案件时有发生,坏蛋是善于选择时机的。不是有人提出要消灭德国共

---

① 《新世界》1998 年第 9 期,第 173 页。
② 《新世界》1997 年第 7 期,第 176 页。

产党嘛，——总之，反对共产党人的斗争愈演愈烈，而"莫斯科是共产党人的力量源泉"。杀害共产党人，尤其是杀害大人物，现在成了救国救亡之举。因此我才非常为您担忧。而且不只是我一个人在担忧。问题当然不在于我的担忧，而在于好像有必要立即进行总动员。真诚地希望我的这些话能引起您的注意。①

1935 年 3 月 21 日，联共(布)中央政治局通过了《关于苏联中央执行委员会机构和叶努基泽同志的通告草案》，其中指出，在叶努基泽的纵容下，在中央执行委员会机构中形成了几个由原公爵夫人、贵妇人、白卫军子女及其他"敌对分子"组成的反革命集团，其主要目的是"组织对苏维埃政权和党的领导人，首先是对斯大林的恐怖行动"。高尔基得知后，完全信以为真，于 3 月 23 日给斯大林写信说：

> 越是临近战争，形形色色的坏蛋就越是千方百计地加紧迫害您，以使苏联群龙无首。这是自然的，因为敌人清楚地看到：您是无人可以替代的。您做了大量的非凡的工作，博得了亿万人民对您的信任和爱戴，这是事实……请保重。世界(全世界)所有的卑鄙家伙及坏蛋对您的仇视，就像所有忠诚的、真挚的革命者对您无比热爱一样，令人信服地、确信不移地说明您的伟大，说明您的工作具有非凡的意义。

他还说，他是看到那份决议草案后感到压抑和心情沉重的情况下写这封信的。② 自然，这是他当时的思想感情的自然流露。

---

① 《新世界》1997 年第 9 期，第 191 页。
② 《史料》1999 年第 5 期，第 116~117 页。

从以上事实可以看出,斯大林与高尔基之间的关系是异常亲密的。有人承认他们直接交往的头几年是如此,但是后几年显得疏远了。情况并不完全如此。后来虽然直接接触有所减少,但是两人的思想感情并未发生明显变化。有的人把他们之间的关系说成相互利用的关系,说高尔基在这方面施展了他的"外交手腕"。这种说法也是缺乏根据的。高尔基是一个重感情的人,有时不免表现出感情用事,耍外交手腕并不符合他的性格。他与斯大林的关系和感情建立在建设强大的苏维埃国家和发展苏联的文化事业的共同目标之上。他们的这种亲密的同志关系一直保持到高尔基逝世。

　　高尔基是在1936年6月18日逝世的。他从得病到去世的情况是这样的:5月27日他从克里木休养地回到莫斯科,6月1日去看儿子马克西姆的墓碑,受了凉,引发了肺炎。6月3日病情加重,著名医生进行会诊,采取积极的治疗措施。从6月6日起《真理报》开始发表高尔基的病情公告。6月8日出现危象,注射大剂量樟脑后有所好转。斯大林和其他领导人前去探望。6月10日夜,斯大林和其他领导人再次探望,被医生挡在门外,斯大林留了如下便条:"我们夜里两点来看望您。听说您脉搏很正常(八十二次上下)。医生们不让我们进来见您。只好服从。我们大家向您问好,向您表示衷心的问候。"①在便条上签名的还有莫洛托夫和伏罗希洛夫。斯大林等人于6月12日又一次前去探望。6月17日高尔基开始咯血,出现心力衰竭现象,处于昏迷状态。6月18日上午11时10分去世。6月19日报上发表了医学结论,对病情和死因作了具体说明。在高尔基逝世后的一段时间内,并没有人对他是正常死亡这一点产生和提出疑问。

　　可是到了1938年在审判"右派－托洛茨基集团"时,却把高

---

① 《新文学评论》1999年第6期,第296页。

尔基说成是根据托洛茨基的指示被谋杀的。曾任内务人民委员的亚戈达供认这个指示是由他执行的，具体参加这一谋杀行动的有高尔基的前家庭医生列文和莫斯科大学教授普列特尼奥夫、高尔基的秘书克留奇科夫和亚戈达本人的私人秘书布拉诺夫，他们用错误的医疗方法，加速了高尔基的死亡。而托洛茨基本人在高尔基刚去世时发表的《马克西姆·高尔基》一文中并没有想到要就作家的死因做什么文章，只说"高尔基已感到没有什么话可说了，所以他辞世了"，并且还"带着崇敬和感激之情"断定"这位大作家和大人物永远载入了开辟新的历史道路的人民的史册"。①他在审判"右派－托洛茨基集团"后的1939年写的《约瑟夫·斯大林》一文中改变了说法，他说，在进行审判的日子里，无论是指控还是供认毒死高尔基，"对我来说都是荒诞的凭空捏造"，可是"近来的消息和对情况所作的进一步分析使我改变了先前的看法。审判中的一切并非都是谎言……并非所有的下毒者都坐在被告席上。其中最主要的一个下毒者还曾用电话指挥审判呢。"他说的这个"最主要的下毒者"自然指的是斯大林。他还分析了斯大林要除掉高尔基的动机，说在国内不满情绪日益增长的形势下高尔基已成为一个危险人物，无法使他保持沉默，又不能逮捕他、流放他和处死他，因此假亚戈达之手以"不流血的方式"除掉身患疾病的高尔基，成为斯大林的唯一选择。托洛茨基还指出，高尔基去世后就有人怀疑是斯大林加速了这位作家的死亡，因此对亚戈达的审判"负有顺便为斯大林辟谣的使命"。②就这样，托洛茨基把指使者的帽子反扣到斯大林的头上。

　　1938年的这起所谓"医药谋害案"显然是错案，因此在斯大林去世后，苏联国内的正式书刊已一般采用高尔基是正常死亡的

---

① 《托洛茨基回忆录》，中文版，社科文献出版社，1991年，第120、123页。

② 《托洛茨基回忆录》，中文版，社科文献出版社，1991年，第37～39页。

说法。可是到 80 年代末情况发生了变化。出现了高尔基非正常死亡的各种说法。尽管所有这些说法相互之间有一些差异，但是他们的看法大体上是相似的，这就是：高尔基与斯大林有矛盾，斯大林认为高尔基的存在构成了对他的危险，因而最后把他"除掉"了。这些说法，如同俄罗斯女学者斯皮里托诺娃所指出的那样，这些说法只不过是当年托洛茨基的说法的不同翻版而已。

如果说在以前关于斯大林与高尔基之间是否存在着严重对立的问题还难以作出判断的话，那么最近十余年来随着各种档案材料的解密，尤其是随着斯大林与高尔基之间的来往信件的发表，这个问题已接近于解决了。如同上面已经说过的那样，高尔基在重大问题上支持斯大林，赞成斯大林的方针路线，他们在某些文学问题上有过分歧，但是没有发展到严重对立的程度。根据大量事实得出的这个判断非常重要，因为它从根本上推翻了斯大林要除掉高尔基的说法。

同时应该指出，当年被指控谋害高尔基的医生列文和普列特尼奥夫早已平反昭雪。80 年代又对高尔基的治疗过程作了专家鉴定，得出的结论是诊断和治疗完全正确，用药完全适当，这个结论发表在当时的《医学报》上。著名医学专家恰佐夫院士在其所著《诊断学概论》一书中高度赞扬了为高尔基治病的医生的学识和医学思维。[1] 1992 年秋，当年高尔基去世后被送到苏共中央档案馆保存的材料大部分还给了高尔基档案馆。在归还的材料中包括高尔基的病历，其中逐日逐时地对病情的变化和采取的措施作了详细的记录。[2] 这份材料再次证明了当年对高尔基病情的诊断和治疗都是正确的。

还有一点应该指出：高尔基逝世后立即进行了解剖。根据当

---

① 见《文学报》1989 年 7 月 12 日。

② 见《文学报》1993 年 3 月 10 日。

时在场的克留奇科夫的叙述,高尔基的两叶肺几乎完全"硬化"了,"令人无法理解他是如何活着和呼吸的"。医生们见到这种情况甚至感到高兴,因为可使他们免受误诊的指责。① 克留奇科夫的这段话是在高尔基去世后一个多月由别人笔录的,想必是可信的。解剖时高尔基的脑髓被送往大脑研究所保存。当时最著名的病例学家达维多夫斯基对他的内脏器官作了病理研究,并于1937年在《结核病问题》杂志上发表了研究的结果。这位教授还把这些内脏器官保存在他的教研室里,并在20世纪五六十年代讲课时不止一次地作为典型病例的标本向学生展示。如果高尔基是中毒而死的话,在解剖时是不可能不被发现的。现在许多事实都对正常死亡说有利,看来这个问题可以画句号了。

斯大林和高尔基虽然经历不同,性格迥异,但是由于在一系列重大的社会政治问题和文学问题上有相同或相似的看法,便相互支持,成为关系相当密切的朋友。从那时起,共同的事业把他们的命运紧紧地联系在一起。然而把高尔基看成在所有问题上都支持斯大林的盲目追随者,那是把问题简单化了,是不符合实际的。他们都有各自独特的个性,看问题的角度有所不同,在某些问题上出现过分歧和发生过争执,这是事实。不过也不能因此而否定他们之间的友谊,甚至断定他们是相互对立的。至于他们在某些问题上发生分歧时究竟谁是谁非,需要再作进一步深入研究后才能作出正确的判断。

第二节　斯大林与老一代诗人的关系

斯大林与马雅可夫斯基的关系。——与帕斯捷尔纳克的关系。——与曼德尔什塔姆的关系。——与阿

---

① 见《文学报》1989 年 7 月 12 日。

赫马托娃的关系。

十月革命前的俄罗斯诗坛,异彩纷呈,人才济济。上面说过,当时曾出现几个现代主义的流派,其成员有相当大的一部分是诗人。同时,继承发扬俄罗斯现实主义诗歌上传统的革命诗歌也开始兴起,其代表人物是上面介绍过的杰米扬·别德内依。十月革命后,在现代主义流派的诗人中,许多人流亡国外,其中包括巴尔蒙特、梅列什科夫斯基、吉皮乌斯、格奥尔吉·伊万诺夫、维亚切斯拉夫·伊万诺夫、霍达谢维奇、阿达莫维奇等。但是也有不少人留在国内,例如象征派诗人勃洛克和勃留索夫,未来派诗人马雅可夫斯基和阿谢耶夫,与象征派和未来派有过联系的帕斯捷尔纳克,阿克梅派诗人曼德尔什塔姆、阿赫马托娃等。

斯大林未能与勃洛克和勃留索夫有具体的接触。因为他们先后于1921年和1924年去世了。他虽然看重叶赛宁,由于同样的原因,也未能与这位诗人有更多的交往。至于说到年轻一代的诗人,他关心他们,重视他们的创作,也曾对他们的一些作品提过意见,具体情况将在第四节讲斯大林与新生代作家的关系时再作介绍。因此本节只讲斯大林与他树为样板的马雅可夫斯基,与他有过交往或发生过纠葛的帕斯捷尔纳克、曼德尔什塔姆和阿赫马托娃等四人的关系。

一

先讲斯大林与马雅可夫斯基的关系。根据伊文斯卡娅回忆,帕斯捷尔纳克曾说过,他与斯大林的第一次会见是在1924～1925年,据说斯大林当时会见了马雅可夫斯基、叶赛宁和他,与每个人谈了把格鲁吉亚诗人的作品译成俄语的问题。[①] 不过帕斯捷尔纳

––––––––––

① 见《旗》2001年第10期第187页。

克本人并未留下关于此事的文字记录,马雅可夫斯基也未谈起过这件事。如果确有其事的话,那么可以看出,马雅可夫斯基是斯大林器重和选中的三位诗人之一。

马雅可夫斯基是在十月革命前作为未来派的主要代表之一开始他的创作生涯的。当时他以旧社会的叛逆者的姿态出现,思想带有个人主义、虚无主义和无政府主义的倾向。1912年曾与布尔柳克、克鲁乔内赫和赫列勃尼科夫发表过题为《给社会趣味一记耳光》的文章,宣称只有他们"才代表时代的风貌","时代的号角"将由他们"通过语言艺术唱响",扬言要"把普希金、陀思妥耶夫斯基、A.托尔斯泰等等,从现代生活的轮船上扔出去"。[①] 那时他年轻狂妄,愤世嫉俗,玩世不恭,藐视一切传统。他早期的诗歌形象夸张怪诞,语言奇特,有时不免矫揉造作,晦涩难懂。斯大林作为马克思主义理论家主张文学艺术应真实反映社会生活,重视继承和发扬现实主义传统,对马雅可夫斯基早期的这些表现大概不会满意,对他的作品不会欣赏。

但是不久,随着革命高潮的到来,这位诗人无论在思想上还是在创作上都发生了巨大变化。他在《我自己》里这样讲到自己对十月革命的态度:"参加还是不参加? 对我来说(同时对其他莫斯科的未来主义者来说)这种问题是没有的。这是我的革命。到斯莫尔尼宫去。工作。做了该做的一切。"[②]他又用诗歌的语言讲自己思想的转变的原因,这样说道:

> 我呀,
> 是由诗的天国

---

① 《十月革命前后苏联文学流派》,中文版,上海译文出版社,1998年,第111页。
② 《马雅可夫斯基选集》,中文版,第1卷,人民文学出版社,1984年,第28~29页。

　　　　　　投身向共产主义，

因为

　　世上除了它

　　　　　　再没有我所爱的东西。(《回国!》)

而在投身革命后他把自己比成一艘航船，说自己

在列宁的照耀下，

　　　　　清洗自己，

　　　　　　　为了向革命的大海

　　　　　　　　　　驶得更远。

　　　　　　　　　　(《弗·伊·列宁》)

　　在谈到自己的文学创作时，承认自己起初走的是"知识分子的文艺路线"，"后来逐渐走上了无产阶级的文艺路线"，说他虽无党证，但是"认为执行布尔什维克的一切决议是自己的义务"。①他把自己比成"头号大嗓门的鼓动家"，写了许多歌颂党、歌颂十月革命和革命后的新生活的诗篇，在其中倾注了自己的全部激情，确实称得上苏维埃时代的第一歌手。他崇敬列宁，写了一部长诗和其他一些诗篇来展示列宁的伟大和他的事业的不朽。值得注意的是，马雅可夫斯基在他一些作品中直接写到斯大林。例如在长诗《弗拉基米尔·伊里奇·列宁》中有写斯大林在斯莫尔尼宫领导十月武装起义的诗句。作者这样写道：

　　炮声

　　　使繁忙紧张的斯莫尔尼

---

① 《马雅可夫斯基选集》，中文版，第4卷，人民文学出版社，1987年，第666页。

震得发抖。

楼下是背着子弹带的

机关枪手。

"向左

第三个房间，

他

就在那里。

斯大林同志

叫你们

去。"

又如他在《回国!》一诗中写道：

我希望

人们把钢笔

比做刺刀。

我希望

斯大林

代表政治局作报告，

除了钢

和铁的生产，

也谈谈诗歌的活动。

斯大林关注文学创作、作品读得很多，不可能不注意到这些情况。就思想政治倾向而言，马雅可夫斯基这个时期的创作总的来说是符合斯大林的要求的。

与此同时，马雅可夫斯基的艺术风格和艺术手法也发生了明显变化。那种脱离现实的凭空虚构和臆造的东西少了，构思和形象大都源自人民群众的实际生活,真实而又使人感到亲切。语言运用上不再像过去那样一味追求新奇和杜撰新词,但保持着语言的新颖和奇特,不落俗套。总的说来,马雅可夫斯基的诗歌的语言风格的变化使得他的作品易为人民群众所接受,从而拥有广大的读者群。斯大林当然也会注意到这一点,而且加以肯定。根据卢基扬诺夫回忆,他曾听伏罗希洛夫说过这样一件事。有一次斯大林请伏罗希洛夫和他一起到工会圆柱大厅去听马雅可夫斯基朗诵自己的诗。那一天马雅可夫斯基朗诵了很长时间。在回来的路上斯大林问伏罗希洛夫:"怎么样? 喜欢吗?"伏罗希洛夫回答说:"不。"于是斯大林说:"而老百姓喜欢。既然老百姓喜欢,我们也应该喜欢!"①这里斯大林没有说他自己喜欢不喜欢,只强调既然老百姓喜欢,作为领导人也应该喜欢。他这样说,也许对马雅可夫斯基的艺术风格还有一定的保留,但表示要像人民群众那样喜欢他的作品。这是对马雅可夫斯基的创作的肯定。这一点还可由另一次斯大林听马雅可夫斯基朗诵的反应来证明。1930 年 1 月 21 日马雅可夫斯基在大剧院纪念列宁逝世六周年的会上朗诵了长诗《弗拉基米尔·伊里奇·列宁》的片断,这样的安排本身就是对诗人的作品的肯定。斯大林听完后热烈鼓掌表示赞赏。②

然而出乎人们意料的事发生了。在这之后两个多月,马雅可夫斯基于 4 月 14 日在自己的工作室里开枪自杀,留下了题为《致大家》的遗书,其中写道:"我的死不要责备任何人,请不要散布流言蜚语。死者很不喜欢这样。妈妈、姐姐们和同志们,请原谅——这不是办法(也不建议别人这样做),但是我没有别的出路。莉丽娅,爱我吧。政府同志,我的家属是莉丽娅·勃里克、妈妈、姐姐们和韦罗尼卡·维多利多夫娜·波隆斯卡娅。如果你们

---

① 见《文学白天报》2001 年第 7 期。
② 见《我们的同时代人》1993 年第 11 期第 175 页。

能使她们生活过得去,那就多谢了。"遗书中有一首已开了头的诗,其中有这样的诗句:

> 人们常说——
>
>   "事情坏了",
>
> 爱情的船
>
>   撞在私生活上碎裂。
>
> 我已与生活结清了账,
>
>   不必再列举
>
> 彼此的痛苦,
>
>   不幸
>
>   和委屈。

  遗书还请"拉普的同志们"不要认为他"懦怯",要他们告诉叶尔米洛夫,"应当对骂到底"等等。①

  根据遗书里的说法,马雅可夫斯基自杀的原因是因为"爱情的船//撞在私生活上碎裂"。后来人们根据自己的猜测有各种说法,这里就不讲了。刚给他鼓过掌的斯大林得知这个消息,想必感到很突然,思想感情是比较复杂的。在他看重的三位诗人当中,叶赛宁早在1925年自杀,如今马雅可夫斯基又走上了这条绝路,不能不使他在痛惜之余感到失望,自然会影响他对诗人的评价,使他的态度变得冷淡起来。

  马雅可夫斯基自杀后,报刊发表了不少悼念文章,在举行葬礼的那一天,有十五万人自发地来为心爱的诗人送别。可是当时最大的文学团体拉普却持另一种态度。这个团体一直视马雅可夫斯基为异己,想方设法贬低他。当诗人出于增强文学界团结的

---

  ① 《文学遗产》,第65卷,科学院出版社,1958年,第157页。

愿望申请加入拉普时,拉普领导人要求他"必须同过去一刀两断","放弃旧习惯和错误观点"。就是在马雅可夫斯基加入拉普后,他们也仍然没有把他当作自己人看待。诗人的自杀,更使他们感到自己的看法的正确。他们立即以"拉普书记处"的名义,发表了《拉普的号召书》,说马雅可夫斯基虽然用自己的艺术语言作为武器为新生活而斗争,而自己却成为旧世界习惯势力的牺牲品,这说明与旧世界及其个人主义的斗争是多么的复杂。4月26日,拉普领导人阿维尔巴赫、叶尔米洛夫、基尔顺、利别进斯基、谢利瓦诺夫斯基、苏特林、法捷耶夫给联共(布)中央以及斯大林和莫洛托夫写报告,说马雅可夫斯基的自杀"使苏联作家和部分青年中的一系列病态现象更为严重",而某些共产党员以诗人的"密友"的名义与作家团体"列夫"的一些人联名在报纸上发表悼念文章,这就抹掉了党对马雅可夫斯基的评价与他过去的战友的看法之间的界限,要求中央就这个问题表态。莫洛托夫在信上作了如下批示:"建议由报告的作者中的某人就他们提到的问题给《真理报》写文章。"于是5月9日《真理报》发表了由阿维尔巴赫、苏特林和潘菲洛夫署名的《纪念马雅可夫斯基》一文,其中对诗人进行了有分寸的批评。报告上的批示虽然是莫洛托夫作的,但是很难设想他不经斯大林同意就这样做,甚至有可能这是斯大林的意见。这个批示在一定程度上反映了斯大林对马雅可夫斯基的态度的变化。

1931年1月21日,莉丽娅·勃里克给斯大林写了一封信,其中说道:

> 一年前在纪念列宁的那一天,马雅可夫斯基在大剧院里朗诵了他的长诗《列宁》的最后部分,您当时出席了。
> 现在我们正要出版收入那部长诗的科学院版马雅可夫斯基文集的那一卷。我们想从政治和艺术的角度来纪念这

次朗诵。因此请求您写几句话说说您的印象。这一卷预定在 2 月 1 日付印——因此恳求您及时给以答复。①

斯大林没有回信。这也可说明他对马雅可夫斯基的态度的变化。

将近五年后莉丽娅·勃里克再次给斯大林写信，抱怨马雅可夫斯基去世后受到冷遇，他的文学遗产不受重视。这一次斯大林的态度不同了。这大概是因为在这一段时间里他有了新的考虑和看法。马雅可夫斯基自杀后，斯大林看重的三位诗人只剩下帕斯捷尔纳克一人。斯大林欣赏帕斯捷尔纳克的艺术才华，在一段时间内对他抱有很大希望，而帕斯捷尔纳克也很崇敬斯大林。两人有过直接接触，显得关系非同一般。上面说过，布哈林在 1934 年召开的第一次苏联作家代表大会上作关于诗歌的报告时，虽然说了一些赞扬马雅可夫斯基的话，称他为"无产阶级革命的鼓手"，说他"为苏联诗歌贡献了这么多，已成为苏维埃的经典作家"，②但是把他同已去世的勃洛克、叶赛宁、勃留索夫和尚健在的别德内放在《转折时期》这一节来讲，言下之意，他们的时代已经过去了。因此在一个短时间内帕斯捷尔纳克被看作苏联首屈一指的诗人，大有被树为诗歌界的旗帜之势。但是帕斯捷尔纳克的作品重在抒发个人内心感受，具有远离现实的生活和斗争的倾向，语言过于雕琢，不易为广大人民群众所接受。因此他的创作并不完全符合主张革命功利主义的斯大林对文学的要求。同时斯大林也知道，布哈林对帕斯捷尔纳克的赞扬遭到了文学界许多人的反对。而且帕斯捷尔纳克在代表大会后的表现也不能使斯

---

① 《书刊大检查——苏维埃国家内的作家和新闻记者（1917～1956）》，文件汇编，民主国际基金会、大陆出版社，2005 年，第 196 页。

② 《第一次全苏作家代表大会速记记录》，国家文学出版社，1934 年，第 490 页。

大林感到满意。当时诗人大概为了表示对布哈林的感谢,写了长诗《波浪》献给他。由于诸如此类的原因,可能还有其他原因,斯大林觉得在诗歌界树立旗帜的问题需要重新考虑。也许这时他想起了马雅可夫斯基,觉得这位诗人的创作的思想政治倾向是完全符合要求的,他的作品虽然有时某些形象和语言表达形式比较奇特,但是能为群众所理解和接受,受到广大读者的喜爱,影响很大。此外,如同俄罗斯学者格罗莫夫指出的那样,马雅可夫斯基与帕斯捷尔纳克和吉洪诺夫相比,有巨大的优势,这就是他已经去世,"不可能再有无法预料的行为",树他为样板比较放心。① 在这种情况下,斯大林在收到莉丽娅·勃里克于 1935 年 1 月 24 日写给他的信后立即作了批示。

　　勃里克在信中说:"他去世很快就有六年了,全集只出了一半,而且印数只有一万册。出一卷集的事已谈了一年多,稿子早已交了,而书甚至还没有排版。供儿童读的诗集完全没有重印。书店里没有马雅可夫斯基的书。根本无法买到。"接着谈到设立马雅可夫斯基陈列室的问题,信中这样说道;"马雅可夫斯基逝世后,政府曾决定在共产主义学院设立马雅可夫斯基陈列室,把所有材料和手稿都集中到那里保存。这陈列室至今没有设立。他的材料分散在各处。一部分保存在莫斯科文学博物馆,那里对这些材料根本不感兴趣。这一点可从博物馆的简报上几乎没有提到马雅可夫斯基的名字上看出来。"信中还列举了其他一些情况,然后得出结论说:"这一切合在一起说明我们的各个机构并不理解马雅可夫斯基的巨大影响及其宣传作用和革命的现实意义。"勃里克在信的末尾说:"我一个人无力克服这些官僚主义的漠不关心和阻挠,在作了六年的努力后只好写信给您,因为没有能使马雅可夫斯基的巨大革命遗产发挥作用的别的办法。"应该说,马

---

① 见 E.格罗莫夫:《斯大林:艺术与权力》,艾克斯莫出版社,2003 年,第 94 页。

雅可夫斯基去世后,文学界的许多人和广大读者并没有忘记他,报刊上经常发表纪念他和研究他的创作的文章,他的作品还不断在出版,在勃里克写信时,他的全集已出了十卷。可见勃里克在信中有意地采取某种夸张的说法,这大概是为了引起斯大林的注意。

斯大林的批示用红铅笔直接斜着写在信上,全文如下:

> 叶若夫同志,恳求您注意勃里克的信。马雅可夫斯基过去是、现在仍然是我们苏维埃时代最优秀的、最有才华的诗人。对他和他的作品采取冷漠态度是犯罪行为。我认为勃里克的抱怨是正当的。请与她(勃里克)取得联系或把她请到莫斯科来。请让塔尔和梅赫利斯参与此事,并请做好因我们疏忽而未能做的一切。如果需要我的帮助,我随时都愿意提供。
>
> 此致
> 敬礼!
>
> 约·斯大林

斯大林在批示中强调马雅可夫斯基"过去是、现在仍然是我们苏维埃时代最优秀的、最有才华的诗人",这无疑是在批评和纠正把马雅可夫斯基归入已经过去的时代的布哈林的意见。至于其中"并请做好因我们疏忽而未能做的一切"这句话恐怕包含着某种自责的意思,责备自己未能及时作出这一选择。斯大林把这封信批转给了当时担任中央委员会书记和党的监察委员主席、主管内务人民委员部的叶若夫。批示中提到的塔尔当时任联共(布)中报刊和出版部部长,而梅赫利斯则是《真理报》总编辑。

1935年12月5日,《真理报》在文学版上发表了一篇题为《弗拉基米尔·马雅可夫斯基》的编辑部文章,其中说道:

最近刚出版了马雅可夫斯基全集的两卷（第9卷和第10卷）……但是他的作品我们出版得很不够……

诗人逝世后，曾打算在共产主义学院设立马雅可夫斯基陈列室……但是陈列室至今没有设立。

所有这些情况反映给斯大林同志后，斯大林同志给了马雅可夫斯基的创作这样的评价："马雅可夫斯基过去是、现在仍然是我们苏维埃时代最优秀的、有才华的诗人。对他和他的作品采取冷漠态度是犯罪行为。"

应当普及马雅可夫斯基的优秀作品。不能再对这位我们苏维埃时代最优秀的、有才华的诗人采取冷漠态度了。

这篇文章透露了斯大林作批示的事，并引用了其中的两句话。大概由于一时匆忙，把批示中"最有才华的"（"талантливейший"）写成了"有才华的"（"талантливый"）。这个错误到12月17日的社论中才纠正过来。

这里有两个问题需要做一些说明。一个是莉丽娅·勃里克是通过什么人和什么途径把信送到斯大林手里的，另一个是斯大林为什么把她的信批转给当时主要分管内务人民委员部系统的叶若夫并责成他处理信中提出的问题。莉丽娅·勃里克二三十年后回忆了写信和把信呈送上去的过程。她于1968年3月与库兹明的谈话中说，当时她已与担任列宁格勒军区副司令的普里马科夫结婚，住在列宁格勒。她对马雅可夫斯基死后受到冷遇心里很难受，常对普里马科夫谈起这件事。普里马科夫非常同情，建议给斯大林写信，并自告奋勇地提出找自己的老朋友、克里姆林宫的警卫长马利科夫帮忙，请他把信递交上去。一切进行得很顺利。信写好后普里马科夫把它交给了马利科夫，斯大林当天就收到了,党中央立即给她打电话,叫她马上去莫斯科,等等。① 1975年勃里克在与所罗门·马尔科夫交谈时也谈了这件事,不过与七年前的说法有一些区别。她说给斯大林写信是她自己的主意,没有说是普里马科夫给她出的,只说普里马科夫去莫斯科时把信带去交给了克里姆林宫警卫长,并且没有具体说明这位警卫长的姓名。②

　　莉丽娅·勃里克的谈话发表后,有人对她的某些说法提出了质疑。学者佳季切夫认为,她把自己的信说成是普里马科夫托克里姆林宫警卫长马利科夫呈交给斯大林的,这完全是编造。佳季切夫得出这样的结论的主要根据是:没有材料证明普里马科夫认识马利科夫,而且马利科夫担任克里姆林宫警卫长是在十月革命后的最初几年,1920年夏天就离开了这个岗位。③

　　根据佳季切夫的分析,建议莉丽娅·勃里克给斯大林写信并把信送到斯大林手里的是阿格拉诺夫。此人20年代担任国家政治保安总局秘密处副处长,是莉丽娅原来的丈夫奥西普·勃里克的上司,后来当上了副内务人民委员,一度深得斯大林的信任,能经常见到斯大林。他与勃里克一家关系密切,是他们家的沙龙里的常客。通过他们也认识了马雅可夫斯基,并且很看重诗人的才华。马雅可夫斯基自杀后,他曾和诗人的好友们联名发表题为《纪念朋友》的悼词,其中称马雅可夫斯基为"我们当代最大的革命作家之一"。照佳季切夫的说法,阿格拉诺夫听了莉丽娅·勃里克的抱怨后,便建议她给斯大林写信,并答应把信送给斯大林。佳季切夫还指出,斯大林收到信后把它批转给分管内务人民委员部的叶若夫处理,而没有交给负责文化教育的教育人民委员布勃

---

① 见《图书世界》1989年第5期,第79页。
② 见《文学报》1998年9月9日。
③ 《莫斯科》1991年第4期,第188页。

诺夫和担任作家协会责任书记的谢尔巴科夫，这一点也可说明这封信是通过内务人民委员部的渠道递上去的。研究马雅可夫斯基的生平和创作的著名学者米哈依洛夫认为，虽然佳季切夫没有提出直接的证据来说明阿格拉诺夫在这件事情上所起的作用，但是他的说法比较接近于真实。

如果是这样，那么莉丽娅·勃里克为什么要说是普里马科夫托马利科夫送上去的呢？这可能与普里马科夫和阿格拉诺夫后来的遭遇有关。普里马科夫于1936年8月被捕，后来又被控参加图哈切夫斯基阴谋集团，于1937年6月被处死刑。这里要插一句。当时勃里克作为他的妻子可能受到牵连。但是如同上面已提到过的那样，斯大林考虑到她与马雅可夫斯基的关系，特别关注有关部门不要动她。1957年2月普里马科夫平反昭雪，恢复了党籍，青年近卫军出版社还出版了他的传记，作为"杰出人物的生平"丛书的一种。阿格拉诺夫也于1937年被捕，1938年被枪决。1955年苏联军事检察总院重新审查了他的案件，认为他在内务人民委员部工作期间"系统地破坏了社会主义法制"，不予平反。这大概是莉丽娅·勃里克避而不谈阿格拉诺夫而把普里马科夫抬出来的原因。

斯大林批示发表后，有关方面立即行动起来。各报刊先后发表肯定和赞扬马雅可夫斯基的文章，各出版社重新制订了出版他的著作的计划。1935年12月17日，莫斯科的凯旋门广场改名为马雅可夫斯基广场。此外，还采取了其他一些永久纪念的措施。不久大清洗开始了。上面说过，阿格拉诺夫被捕并判处死刑。叶若夫于1938年11月被解除内务人民委员职务，1939年3月被捕，1940年初被处死刑。批示中提到的塔尔也于1937年被捕。大概由于这些原因，斯大林的批示的全文已不再有人提起，广泛用和宣传的只是批示中"马雅可夫斯基过去是、现在仍然是我维埃时代最优秀的、最有才华的诗人"这句话。

应该说,斯大林的这句话是完全符合实际的。马雅可夫斯基如上所述,毫无保留地接受了十月革命,热情颂扬新生的苏维埃制度和出现的各种新事物,确实是苏维埃时代的第一号歌手,无人可以匹敌。他在艺术上大胆创新,他的诗作形象鲜明,语言新奇,受到广大人民群众的欢迎,就对苏联诗歌的发展所作出的贡献和产生的影响而言,在诗人当中无与匹敌。斯大林的批示对他的作品的进一步传播和影响的进一步扩大以及他在文学史上的地位的确定起了很大作用。在这之后他的许多诗篇几乎家喻户晓,为广大人民群众所传诵,不少诗句已进入人们的日常生活,成为格言和警句。1997年俄罗斯出版了一本由杜申科编的《现代引语词典》,其中收入了民间广泛流传的、出自各种著名人物的著作的引语。马雅可夫斯基高居首位,词典收入二百一十五条,大大超过只有六十七条的帕斯捷尔纳克。但是应该承认,斯大林的批示中有些话说得过于严厉(例如批示中说"对他和他的作品采取冷漠态度是犯罪行为"),而且把问题交给国家安全部门的负责人叶若夫通过行政命令手段去处理,这就有强制执行的味道,使得对马雅可夫斯基的评价和态度问题带有浓重的政治色彩。这样做容易使人产生逆反心理,反而不利于正确评价和对待诗人的创作。斯大林受到批判后,这件事有时被看作是用行政命令手段强行树立文学样板的实例。有人喜欢帕斯捷尔纳克在思想发生变化后的这样一段话:"马雅可夫斯基开始被强行引入就像叶卡捷琳娜时代引入马铃薯一样。这会是他的第二次死亡。不过责任不在他。"[1]这些人将其作为至理名言。其实这个比喻是很不恰当的。第一,马雅可夫斯基不是从外面"引入"的;其次,马铃薯引入后成为俄罗斯人的一种重要的食物,如把马雅可夫斯基比作引入的马铃薯,那也只能说明他的作品已成为重要的精神食粮,而不

---

① Б. 帕斯捷尔纳克:《空中之路》,苏联作家出版社,1982年,第258页。

是他的"第二次死亡"。

20世纪50年代赫鲁晓夫掀起第一个"非斯大林化"浪潮时，斯大林遭到批判和否定，但是斯大林树立的马雅可夫斯基这面旗帜似乎没有受到多大影响。但是到80年代戈尔巴乔夫搞"改革"后出现第二个"非斯大林化"浪潮时，情况就不同了。批评家 Б. 萨尔诺夫认为马雅可夫斯基的形象太高大，提出要缩短他的身材。① 在这之后，他不断遭到贬损，尤其在苏联社会主义制度覆灭后，这位苏维埃时代的颂扬者进一步遭到某些人粗暴的否定。这主要是由于历史走了回头路造成的。随着时间的推移，社会终将重新向前迈进。到那时马雅可夫斯基将一如既往受到广大人民群众的欢迎并且恢复在文学史上原有的地位，同时也将再次证明斯大林在批示中对他所作评价的正确性。

二

接下来讲斯大林与帕斯捷尔纳克的关系。在讲斯大林与马雅可夫斯基的关系时提到过，1924～1925年斯大林可能会见过马雅可夫斯基、叶赛宁和帕斯捷尔纳克这三位诗人。帕斯捷尔纳克在他的书信、随笔、回忆录和文章里并未提到此事，只是后来他的恋人伊文斯卡娅说她曾听到诗人讲过，因此很难说斯大林真的会见过他。根据现在见到的材料，20年代斯大林似乎没有对帕斯捷尔纳克表示过关心，而帕斯捷尔纳克也没有主动地去接近斯大林。这大概主要是由于斯大林没有开始具体地抓领导文学的工作，而帕斯捷尔纳克还没有完全接受苏维埃时代的现实、思想尚处于矛盾和斗争之中的缘故。

到20年代末，帕斯捷尔纳克对现实的态度有所转变，接受了新的生活样式，思想感情发生了明显的变化，自然对斯大林的态

见《星火画报》1988年第19期，第14页。

度也就不同了。1931年他与后来成为他的妻子的格鲁吉亚姑娘涅依高斯到格鲁吉亚旅行。格鲁吉亚美丽的自然风光和独特的风俗习惯使他陶醉,它的历史文化以及各种传说令他赞叹不已,这就加深了他对这一方沃土培育出来的斯大林的认识和了解,产生了一种敬爱之情。从此斯大林的形象就萦回在他心头。这是一种特殊的爱,他爱的是斯大林这位"基督教以前时代的巨人"及其"超凡脱俗的个性",而不是无产阶级的领袖及其革命精神。而斯大林曾写过诗,具有诗人的气质和较高的诗歌鉴赏力,他在某种程度上以一个诗人的眼光来看待另一个诗人帕斯捷尔纳克,不完全以政治家和党的领袖的身份来对待他。他赞赏帕斯捷尔纳克的诗歌才华,对诗人的执拗的性格以及某些不甚适当的言行表示理解和宽容。有人把斯大林的这种态度称为保证帕斯捷尔纳克历经政治风波而安然无恙的"安全证书"。

帕斯捷尔纳克不是"文学活动家",与斯大林的直接接触并不多,不过他善于利用机会来表达对自己心目中的巨人的感情。1932年11月,斯大林的妻子阿利卢耶娃自杀身死。包括法捷耶夫、列昂诺夫、英贝尔、奥列沙等人在内的三十三位作家联名写信向斯大林表示慰问,而帕斯捷尔纳克没有和大家一起签名,而在这封信下面单独写了这样几句话:"我的感情和同志们一样。出事前夕我内心深处不断地想到斯大林;作为一个艺术家这样想,这是第一次。第二天早晨读到了报道。我极为震惊,仿佛就生活在身旁,看到了这一切。"最后签上了自己的名字。这无疑是向斯大林表示,他已开始考虑用艺术形式表达对斯大林的感情的问题。

上面提到过,曼德尔什塔姆曾因写一首猛烈攻击斯大林的诗而于1934年5月被捕。布哈林给斯大林写信替他求情,信中提到帕斯捷尔纳克知道后处于"神经完全错乱"状态。① 布哈林的话恐怕言过其实，斯大林半信半疑，于是 6 月下旬给帕斯捷尔纳克打电话了解情况。事后帕斯捷尔纳克自己没有对谈话内容作文字记录，只讲给家里人和朋友们听，此事流传开来后，出现了关于它的多种"版本"。在斯大林与帕斯捷尔纳克通话时，有两人在场。一是诗人的妻子齐娜伊达，二是他当时的密友维利蒙特。前者在回忆录里这样说道："听了头几句交谈就知道说的是曼德尔什塔姆。鲍里亚(帕斯捷尔纳克的名字鲍里斯的爱称。——引者)说，他对曼德尔什塔姆的被捕感到惊讶，虽然他们之间并无友谊，但是承认曼德尔什塔姆具有一流作家的品质，一直给以应有的评价。他请求尽可能改善曼德尔什塔姆的遭遇，如果可能就将其释放。而总的说来，他想同斯大林见见面，谈一谈更加严肃的问题——关于生与死。鲍里亚与斯大林谈话比较随便，不看眼色行事，不玩弄花招，非常直率。"②而后者也在回忆录里说，斯大林在电话里问帕斯捷尔纳克，您为您的朋友曼德尔什塔姆的事奔走求情吗？帕斯捷尔纳克回答说："说实在的，我们之间从来未曾有过友谊。不如说正好相反。我感到与他交往是个包袱。但是与您交谈，是我一直向往的事。"于是斯大林说："我们老布尔什维克，任何时候都不会不认自己的朋友。至于与您谈与事情无关的事，我没有这个必要。"说着就把电话挂了。③

　　两人都亲眼看见通话时的情景和气氛以及帕斯捷尔纳克的情绪，亲自听到了他对斯大林说的话，只有斯大林的话是帕斯捷

---

　　① 　见《书刊大检查——苏维埃国家内的作家和新闻记者(1917～1956)》，文件汇编，民主国际基金会、大陆出版社，2005 年，第 326 页。

　　② 　转引自 B. 萨尔诺夫：《斯大林与作家》，第 1 卷，艾克斯莫出版社，2008 年，第□～258 页。

　　③ 　转引自 B. 萨尔诺夫：《斯大林与作家》，第 1 卷，艾克斯莫出版社，2008 年，第

尔纳克告诉他们的,照理说,他们的回忆应该有更多共同之处,可是恰恰相反,无论在通话的内容上以及斯大林的语气和态度上都有很大的差异。这大概是因为齐娜伊达作为妻子,偏向丈夫这一边,而后来与帕斯捷尔纳克反目成仇的维利蒙特则偏向了另一边。这就影响了他们的说法的真实性和可信性。阿赫马托娃似乎也曾听帕斯捷尔纳克谈过这件事。有人认为她的回忆比较符合实际。根据她的说法,通话一开始斯大林就说曼德尔什塔姆的问题解决了,责备帕斯捷尔纳克为什么没有为此事奔走,说道:"如果我的诗人朋友遭了难,我会发疯似的去救他。"帕斯捷尔纳克回答说,如果他不四处求告,斯大林就不会知道这件事。斯大林停了一会儿说:"要知道他(指曼德尔什塔姆。——引者)是大师,大师,对吗?"帕斯捷尔纳克回答道:"这一点没有什么意义。"还说:"为什么我们总是谈论曼德尔什塔姆和曼德尔什塔姆,我早就想和您交谈交谈。"——"谈什么?"——"谈关于生与死的问题。"斯大林听了这话,把电话挂了。

斯大林给帕斯捷尔纳克打电话,大概是为了了解一下他是否为曼德尔什塔姆的被捕而焦急不安,同时也想听一听他对曼德尔什塔姆的评价。前一个目的达到了,后一个目的没有达到,因此很不高兴地挂了电话。不过斯大林大概由于了解诗人独特的个性和待人接物的方式,因而事后没有改变对他的态度。这次通话的事流传出去后,不明底细的人把它看成是斯大林对帕斯捷尔纳克"宠信"的表现,开始对他另眼看待。

几个月后,苏联召开了第一次作家代表大会。帕斯捷尔纳克被选入大会主席团,主持过会议,并在会上发过言。有一件事引起了人们的注意。当某单位向大会赠送斯大林的画像时,不知是大会安排的,还是帕斯捷尔纳克"自告奋勇",伸手接过了画像。在某些人看来,此事具有象征意义。上面说过,布哈林在会上所做的关于诗歌的报告中把帕斯捷尔纳克奉为当代最优秀的诗歌巨匠。据布哈林说,他曾把报告原稿送给斯大林过目,当时斯大林并未对这种说法提出异议,可见也是认可的。尽管会上有人表示反对,但是帕斯捷尔纳克的名气却愈来愈大,几乎被许多人看作苏联首屈一指的诗人。

1935年夏天要在巴黎召开作家保卫文化的国际会议。在苏联代表团的名单上本来没有帕斯捷尔纳克的名字。根据斯大林的指示,波斯克廖贝舍夫找他谈话,不仅要他参加会议,而且要他发言。他这样做了,而内心里对参加这样的活动并不感兴趣,心里只惦记着搞创作。

在这一年,帕斯捷尔纳克曾两次给斯大林写信。一次是在11月1日,他在信中请求释放阿赫马托娃的被捕的丈夫和儿子。信中提到斯大林曾责备他对朋友的命运漠不关心,意思是说他接受批评,这次要站出来替阿赫马托娃说话了。这证明斯大林在1934年的电话中确实批评过他。斯大林接到信后立即作出反应,下令释放了被捕的人。

另一次在12月底,在斯大林给莉丽娅·勃里克的信作出批示,肯定马雅可夫斯基"过去是、现在仍然是我们苏维埃时代最优秀的、最有才华的诗人"之后。信的开头首先对斯大林"奇迹般地迅速释放阿赫马托娃的亲人"表示感谢,接着谈到他翻译的《格鲁吉亚抒情诗》,并且这样说道:"我早就想要向您奉献我的劳动的一点小小的成果,但是这一切都是那样的平平常常,看来我的想法永远不能实现了。或者这里需要胆子大一些,不长时间地犹豫不决,一想到就干?"①这表明他一直想写奉献给斯大林的诗,也许已经写了,但没有拿出来发表。最后信中就斯大林关于马雅可夫斯基的批示写了这样一段话:"最后热烈感谢您不久前写下的关

① 转引自 B.萨尔诺夫:《斯大林与作家》,第1卷,艾克斯莫出版社,2008年,第

于马雅可夫斯基的话。这些话符合我自己的感情，我喜爱他，关于这一点写了整整一本书。不过您讲他的几行字对我间接地起了排忧解难的作用。最近在西方的影响下，对我进行可怕的吹捧，夸大我的作用（我甚至因此而病倒过）；开始猜想我有重大的艺术力量。现在，在您把马雅可夫斯基放到首位后，已不对我作这样的猜想了，我就可以像以前那样置身于简朴的宁静之中，轻松地生活和工作，与突发的奇想和神秘莫测的东西为伍，没有这些东西，我就会不爱生活。"①有人曾对帕斯捷尔纳克的这些话是否出自肺腑之言有过怀疑。根据他的性格、价值观念和处世态度，也许他真是这么想的。他不同于追名逐利之徒，不喜欢在公开场合显示自己，而喜欢独居一室静思默想，或与一二友人谈论哲理性问题。他说他病倒了，大概指的是 1935 年夏参加巴黎会议时发生的事，当时他因为不习惯，总是失眠，得了神经衰弱症。

1936 年 1 月 1 日《消息报》发表了帕斯捷尔纳克的两首诗，一首是《我懂了：一切都是活的……》，其中有"感谢先驱们，感谢领袖们"这样的诗句。有人认为这是诗人"与当局妥协"的例子。另一首是《我喜欢任性的脾气……》。第一部分写的是诗人，第二部分则写领袖，把领袖称为"如同地球一样广大的""行为的天才"，说另一个人即诗人为他所吸引，"宛如海绵吸收了他的任何特征而变得沉重起来一样"。这样诗人既颂扬了领袖，又表明了自己对领袖的态度。斯大林没有对这两首诗作出公开的反应，他大概是认可的。

从 30 年代初开始，帕斯捷尔纳克对斯大林充满爱戴的感情，到 1936 年达到了顶峰。这还可由楚科夫斯基的日记中的一则记载来证明。他记的是帕斯捷尔纳克出席 1936 年 4 月召开的共青

---

① 转引自 B. 萨尔诺夫：《斯大林与作家》，第 1 卷，艾克斯莫出版社，2008 年，第 242 页。

团第十次代表大会见到斯大林时的表现,写得比较具体和生动,现引用如下:

> 昨天在代表大会上坐在第六排或第七排。我一回头,看见了鲍里斯·帕斯捷尔纳克。我朝他走去,招呼他到前排来(我身旁有一个空位子)。突然出现了卡冈诺维奇、伏罗希洛夫、安德烈耶夫、日丹诺夫和斯大林。瞧这大厅像发生了什么事一样!而他站着,显得有点疲倦的样子,若有所思,表情庄重。可以感觉到他已非常习惯于掌权的地位,坚强有力,同时又可看出有某种温和的、和善的东西。我回过头来,看见大家的一张张笑脸都带着热爱和温柔的表情,表现出高尚的感情。看见他——只要看见他就行——对我们大家来说都是幸福。这时杰姆钦科(一位集体农庄女突击队员。——引者)总是和他说话。我们大家都妒忌、羡慕——她真幸福!人们满怀敬意地注视着他的每一个手势。我甚至从来都不认为自己能有这样的感情。当人们给他鼓掌时,他掏出了怀表(银质的),带着诱人的微笑给出席会议的指指表,——我们大家便低声说了起来。"怀表,怀表,他掏出了怀表,"——后来散会时,在存衣室的衣架旁都回想起了这件事。
>
> 帕斯捷尔纳克一直对我低声说着关于他的热情洋溢的话,我也这样做,我们俩异口同声地说:"唉,这个杰姆钦科,挡住了他!"(只挡住了一会儿)。
>
> 我是和帕斯捷尔纳克一起回家的,两人都陶醉于快乐之中……①

这也许是帕斯捷尔纳克受到斯大林的人格的感染和吸

---

① K.楚科夫斯基:《日记(1936~1969)》,当代作家出版社,1995年,第141页。

引的最后一次表露。1936 年 1 月底,如上所说根据斯大林的指示开展了对形式主义的批判。莫斯科作家组织也于 3 月 13 日召开会议进行讨论。帕斯捷尔纳克在会上发了言。有人认为他的发言具有反苏维埃的性质,内务部有关部门专门就此事写了报告。党中央文化教育部负责人找他谈话,要他好好考虑。帕斯捷尔纳克口头上接受了劝告,他作了第二次发言,表面上似乎作了检查,实际上并没有改变自己的看法。于是《真理报》总编梅赫利斯给斯大林写信,信中说,由于莫斯科作家会议上没有开展对帕斯捷尔纳克的发言的批判,建议在《真理报》上发表文章来做这件事。如果梅赫利斯的计划得到批准并付诸实施,那么这将出现一场对帕斯捷尔纳克的讨伐,因为文学界反对他的人不在少数。但是斯大林不仅没有同意《真理报》发表批判文章,而且过了不久对形式主义的批判也就停止了。这可以说是对帕斯捷尔纳克的庇护。

不久大清洗开始了。上面提到过,帕斯捷尔纳克曾因拒绝在作协起草的赞同判处图哈切夫斯基等人死刑的信上签名,曾有被捕的危险。在当时的情况下签名不签名可是重大的政治态度问题,何况有人和有关部门告他状和收集了他的不少材料,说他参加了某某组织,有这样那样的活动。根据 3. 马斯连尼科娃的回忆,帕斯捷尔纳克曾对她叙述了当时情况。作协负责人斯塔夫斯基找他谈话,进行威胁,他仍坚决不签。他的妻子这时正怀着孕,恳求他为家庭和将要出生的孩子着想,把名签了,但是他依然固执己见。在当时的情况下,他很有可能被捕。朋友和熟人们劝他给斯大林写信,他心里有些不大愿意,但还是写了。现在信的原件没有找到,根据马斯连尼科娃的回忆,他是这样写的:"……我成长在一个深受托尔斯泰的思想影响的家庭里,从吃奶时开始就吸收了他的思想,他可以支配我的生命,但是我认为自己无权充当决定别人生死的法官。"①据说斯大林知道此事后说了"别动这个远离尘世的人"这样一句话，使得帕斯捷尔纳克免遭一场劫难。

斯大林对帕斯捷尔纳克的上述表现当然不会满意。但是他了解这位诗人的为人和个性以及他执拗的脾气，只批评他脱离实际和远离现实生活，没有把他的言行作为政治问题来看待，因而不加追究。而帕斯捷尔纳克不会不知道上述批判和清洗是秉承斯大林的意志进行的，内心是不赞成的，而且在言论和行动中表现出来。他也知道由于斯大林的庇护，他没有像别人那样遭到批判和惩治，但是他似乎对斯大林没有多大的感激之情。大概由于这些原因两人变得明显地疏远起来。从这时起，斯大林几乎没有再找帕斯捷尔纳克，帕斯捷尔纳克也是如此，而且他参加社会活动也少了，把很大一部分精力放在文学翻译上。遇到问题他不再直接找斯大林了，而去找曾任作协责任书记、后回到党中央领导岗位的谢尔巴科夫。例如 1943 年 7 月和 1944 年 5 月，他曾先后两次给谢尔巴科夫写信，似乎讲的是自己的住宅问题和有关创作的问题，但是他用的是他特有的语言和表达方式，以至于谢尔巴科夫作了这样的批示："请了解一下，帕斯捷尔纳克具体需要什么。"1945 年谢尔巴科夫去世后，他才给斯大林写信。在这封信里除了再次讲包括住宅问题在内的生活问题外，还讲了自己的工作，主要说他五年来一直翻译莎士比亚的作品，国内外对他的译文反应不坏。他提出，艺术委员会能否暗示各个剧院在选用剧本方面不必等上面的指示而自己做主，因为现在剧院常常突然改变决定，放弃那些本身很有力量但没有经过批准和有人推荐的作品。他举了他翻译的剧本《哈姆雷特》的遭遇来说明这一点，说道："莫斯科艺术剧院对《哈姆雷特》就是这样，当代的剧本《伊万

---

① 3. 马斯连尼科娃：《帕斯捷尔纳克的画像》，普里斯采利斯出版社，1995 年，第

雷帝》拦了它的路。"最后信中还说,如果剧院上演他翻译的剧本,将能大大减轻他生活上的负担,因为只靠日常工作的收入虽然可以生活得下去,但很困难。他诉苦道:"我早已年过五十,冬天由于过分劳累右手长时间不能活动,只好学着用左手写字,我的眼睛也经常胀痛。我很不好意思用这些小事来打搅您,在谢尔巴科夫活着的那些年我一直没有这样做,谢尔巴科夫了解我,在极端困难时帮助过我。"①

信中所说的剧本《哈姆雷特》,几年前莫斯科艺术剧院就打算上演,最后决定用帕斯捷尔纳克的译本,并选定了著名演员利瓦诺夫扮演主角,准备排演。为了求得斯大林的支持,利瓦诺夫在克里姆林宫的一次招待会上对斯大林讲了这件事。斯大林并不赞同。这样上演的事就拖了下来。而上面说过,《伊万雷帝》是斯大林授意创作和搬上舞台的。这些情况帕斯捷尔纳克是应该知道的。他在信中还提那样的要求,再一次表现出他执拗的个性,这自然是拂逆斯大林的意旨的,尽管信中有的话写得情真意切,斯大林肯定不会高兴,没有对他的信作出回应。这是帕斯捷尔纳克写给斯大林的最后一封信,从此两人再也没有联系了。

斯大林逝世时,帕斯捷尔纳克心肌梗死后正好在外地疗养院里疗养,未能参加葬礼。1953 年 3 月 12 日《真理报》发表了法捷耶夫的《斯大林的人道主义》一文,其中肯定斯大林的人道主义,认为它与形形色色的基督教人道主义和资产阶级民主派的人道主义有着原则的区别。帕斯捷尔纳克看到这篇文章后,于 3 月 14日给法捷耶夫写信,说读了他的文章后写封信谈谈自己的想法心里才好受些。他写道:

---

① 转引自 B. 萨尔诺夫:《斯大林与作家》,第 1 卷,艾克斯莫出版社,2008 年,第243～244 页。

这突破了一切界限的显而易见的伟大及其一望无际的辽阔是多么的惊人！这躺在灵柩里的遗体以及充满思想和第一次不再动作的双手突然脱离了个别现象的框架，占据了某种体现的原理和极其广泛的共同性的位置，与威力巨大的死亡和音乐，与正在总结自己的时代的本质和来到灵柩前的人民的强大力量相并列。

每个人不由自主地和不知不觉地哭着，一直流着眼泪，而这眼泪你是擦不干的，因为你被共同悲痛的激流冲到一边，这悲痛也触及了你，传遍你的全身，使你泪流满面，充满你的心灵。

广场上吊唁的花圈堆成一座花圈的城市，这是第二座城市，城市中的城市！仿佛整个植物界前来参加葬礼。

这里帕斯捷尔纳克用他特有的比较奇特的比喻和有些晦涩的语言描绘了斯大林的遗容和全民沉痛哀悼的盛大场面。接着信中写了由斯大林逝世产生的想法。他是这样写的：

在世界上所有国家当中，正好是我们的国家，这块我们出生的土地，这块我们过去就因它对这样的未来充满激情和向往而热爱它的土地，成为纯洁生活的祖国，成为全世界公认的停止了流泪和消除了欺侮人的地方，这是多么幸福和令人自豪呀！①

他对苏维埃国家的颂扬，实际上也是对领导国家实现历史性巨变的斯大林的肯定。有人对帕斯捷尔纳克说的是否是心里话表示怀疑，推测他是为了达到某种目的违心地说的。但是根据他

①《大陆》1996 年第 4 期（总 90 期），第 213 页。

的性格和一贯的表现,可以相信他是真诚的。

接下来说一说他对批判个人崇拜的新时期以及克里姆林宫的新主人的看法。在苏共二十大后,在苏维埃政权建立后的第四十个年头,他在得知法捷耶夫自杀身亡后写了一首诗,其中说道,"个人崇拜已溅满污泥",但是在第四十个年头,"对恶和对同一性的崇拜",还有"对恶言恶语和庸俗习气的崇拜"还仍然盛行和受到青睐。再说每天都展示"像猪一样的嘴脸的群像",让人难以忍受。结果有人对这一切忍受不了,喝醉酒开枪自杀了。① 这说明,诗人对批判个人崇拜后出现的所谓"解冻时期"并不那么欢迎,而对新的领导人则持蔑视的态度。

上面说过,帕斯捷尔纳克由于具有所谓的"安全证书",在斯大林时代逢凶化吉,没有受到惩治。可是他却在"解冻时期"由于长篇小说《日瓦戈医生》在国外出版并被授予诺贝尔奖金而受到严厉的批判,被开除作家协会的会籍。年老有病的帕斯捷尔纳克经受不住这样的打击,两年后就去世了。因此有一位名叫巴耶夫斯基的学者说:"毁了帕斯捷尔纳克的,不是斯大林暴政,而是'解冻'。"②斯大林一直把帕斯捷尔纳克看作一位有才华的和独特创作个性的诗人,而帕斯捷尔纳克则把斯大林奉为历史的巨人。他们的关系在不同时期虽有亲有疏,但是他们相互的看法并没有发生大的变化。

三

下面接着讲斯大林与曼德尔什塔姆的关系。斯大林知道这位诗人,但是没有与他有过联系和交往。如上所说,他因写了一首猛烈攻击斯大林的诗而于 1934 年 5 月 13 日被捕。这首诗他是

---

① 见《旗》2001 年第 10 期,第 200 页。

② 见《旗》2001 年第 10 期,第 187 页。

在头一年 11 月写的,写成后曾读给亲戚朋友们听,并在一些场合朗诵,因而迅速传播开来。于是内务部门采取行动,逮捕了他。审问时他供认不讳,当场写下了这首诗。诗的全文如下:

> 我们生活着,感觉不到有国家,
> 我们说的话,十步之外就听不清,
> 而哪里只要传出一言半语,
> 就会令人想起克里姆林宫的山民。
> 他的粗大油乎乎的手指像蠕虫一样,
> 他的像秤砣似的沉重话语一贯正确,
> 一双蟑螂那样的大眼睛挂着微笑,
> 他的两只靴筒闪闪发亮。
> 在他周围聚集着一群细脖子的头头,
> 这些半人半妖的怪物任他玩弄取乐,
> 有的发出吱吱声,有的学猫叫,有的抽抽搭搭,
> 只有他一人指指点点,大声说笑。
> 他发出一道道命令像要给人钉马掌,
> 有人朝大腿根钉,有人则朝额头、眉毛和眼眶,
> 他每判处一次死刑,——心里感到高兴,
> 便挺起奥塞梯人宽阔的胸膛。

　　诗中把斯大林称为"克里姆林宫的山民",因为斯大林出生于高加索的山区。说他的手指"油乎乎",是以当时的一种传说为根据的,据说杰米扬·别德内依曾因斯大林用"油乎乎的手指"翻弄他收藏的珍本感到非常不满。诗的最后说斯大林挺起"奥塞梯人宽阔的胸膛",因为曾有这样传说,说斯大林生身父亲是奥塞梯人耶夫。这首诗既写了斯大林的专制和残暴,又对他进行了丑十又写了斯大林周围"细脖子的头头"和"半人半妖的怪

物",这样既否定了斯大林,同时又否定了以斯大林为首的整个领导集体。当时审讯曼德尔什塔姆的侦查员把它称为"没有先例的反革命文件"。

曼德尔什塔姆被捕后,帕斯捷尔纳克曾找过别德内依帮忙,但是别德内依认为问题严重,劝他不要参与此事。于是他便去找布哈林。布哈林答应了,不过给如此激烈地反对斯大林的人说情,对他来说也是一件棘手的事,何况他受过批判后地位刚有所恢复。这位富有政治经验的人物给斯大林写了一封信,在讲了关于科学院和《真理报》的问题后才提曼德尔什塔姆的事,似乎他并不是专门为曼德尔什塔姆求情。信中首先谈到曼德尔什塔姆在被捕和流放前与 A. 托尔斯泰之间发生的冲突,然后才这样说道:"现在我接到他的妻子的绝望的电报,说他心理崩溃了,想要跳窗自杀等等。我对曼德尔什塔姆的评价是这样的:他是第一流诗人,但绝对是不符合现代要求的;他无疑不完全正常;他觉得自己受了陷害等等。由于一直向我诉苦,而我不知道他是怎么回事和干了什么'越轨的事',因此决定也给你讲讲这些情况。"他知道斯大林对帕斯捷尔纳克比较重视和关心,特地在信的附言中写道,这位诗人"由于曼德尔什塔姆被捕而处于神经完全错乱状态"。①对帕斯捷尔纳克的精神状态的夸张的说法,目的是为了引起斯大林的重视。斯大林立即在信上批道:"是谁给他们逮捕曼德尔什塔姆的权力的?不像话……"②同时给帕斯捷尔纳克打了电话了解情况。

结果曼德尔什塔姆改为被流放到条件比较好的沃罗涅日,并允许由他的妻子陪同。对斯大林为什么决定作宽大处理,有不同

---

① 《书刊大检查——苏维埃国家内的作家和新闻记者(1917~1956)》,文件汇编,民主国际基金会、大陆出版社,2005 年,第 326 页。

② 《书刊大检查——苏维埃国家内的作家和新闻记者(1917~1956)》,文件汇编,民主国际基金会、大陆出版社,2005 年,第 326 页。

的说法。有人认为这是由于斯大林考虑到第一次作家代表大会即将召开，为了不影响作家们的情绪和不破坏当时的气氛才这样做。也有人认为斯大林具有某种"诗歌情结"，特别看重有才华的诗人，其根据之一是他在电话里问帕斯捷尔纳克：曼德尔什塔姆是不是"大师"。言下之意，如果是"大师"，可以考虑从轻发落等等。这些看法也许都有些道理。不过问题恐怕不那么简单，值得进一步研究。

曼德尔什塔姆原来以为他将受到最严厉的惩罚，甚至一度精神有些失常，确实曾想要跳楼自杀。但是最后"化险为夷"，只被判处三年流放。沃罗涅日的条件好于边远地区，虽然不如莫斯科，但是还能正常生活和工作。经过这一次"历险"，曼德尔什塔姆开始进行深沉的思考和反思。他认识他周围的现实并非只具有悲剧性，而且还有英雄主义的一面。他感到自己以前的看法和态度并非都符合实际，对自己某些言行感到后悔，甚至进行自我讽刺和嘲笑。这种思想感情和情绪在他某些沃罗涅日诗篇中表现出来。例如他在1935年5、6月间写的《斯坦司（诗篇）》中说他"像单干户走进集体农庄，//进入一个世界，——人都很好"。诗中还说：

> 是可诅咒的缝隙，荒谬的念头
> 把我们分开。现在要知道，
> 我应当这样生活，呼吸着和布尔什维克化，
> 在死亡之前变得漂亮，
> 还要与人们在一起玩耍。

诗中"我应当这样生活，呼吸着和布尔什维克化"这句话重复。又如在另一首诗里有这样诗句：

我到它（指国家。——引者）那里，到它的中心，

不带通行证就进入克里姆林，

破除了距离的屏障，

有过错的脑袋沉重发胀。

这里诗人已感觉到自己与苏维埃国家已没有距离，完全成为自己人，同时也承认自己过去的错误。

在思想感情和对现实的看法发生变化的情况下，曼德尔什塔姆对斯大林的态度也随之发生变化。这一点体现在他的一些诗歌作品中，尤其是比较集中地体现在《颂歌》中。这首诗写于1937年1~2月，全诗较长，共有七节，每节十四行。作者写这首诗大概有一个时间比较长的酝酿过程，力图通过审视斯大林的全部经历和在现实生活中开展的活动，认识他的巨大力量和历史作用，从而描绘出他的新的肖像。下面只简单讲一讲诗中直接提到斯大林的一些段落。诗中说他"出生在山区，饱尝坐牢的苦楚"，说他经历了"经过原始森林和列宁的十月到实现誓言"的漫长道路。诗人一直觉得"他穿着军大衣，戴着便帽，//张着带着幸福表情的眼睛，站在奇妙的广场上"。诗人特别注意斯大林的眼神，说他的"大眼睛善良得折磨人"。诗中还进一步写道，斯大林的眼神能够移山，通过这种极其夸张的笔法，肯定斯大林的巨大力量。这样的写法已与上面讲过的那首讽刺短诗的写法大不相同。

除了《颂歌》以外，《如果我们的敌人抓住了我……》一诗本来也是作为颂扬斯大林的诗构思的。但是具体写作时却着重写了愿为真理和诗歌献身的精神，只有最后两句提到斯大林，这样写道："在定将免遭腐朽的大地上，//斯大林将唤醒理智和生命。"尽管过渡显得有些突然和不大自然，但是还是很有力量的。

人们对曼德尔什塔姆颂扬斯大林的诗有两种不同的看法。有人认为他写这些诗是因为真正认识到斯大林这位"克里姆林宫

的山民"的正确和伟大;有人则相反,断定这是出于自我保全的本能,是被迫这样写的,并不真诚。这两种看法似乎都有一定的片面性。上面说过,曼德尔什塔姆在沃罗涅日期间思想发生了明显的变化,自然对斯大林的看法也有改变。因此这些颂扬的诗并不是完全为了保全自己昧着良心写的。另一方面,他似乎对斯大林这个历史人物还没有全面正确的了解,因此不能完全排除他颂扬斯大林有某种"补过"的成分,同时也为了求得保护。

　　1937年5月,曼德尔什塔姆流放期满回到了莫斯科,住在郊区某地。当时正是大清洗时期,但他仍然活动频繁,常到城里来看望朋友。朋友们同情他的遭遇,把他看作受难者,给以物质上的帮助。作协负责人斯塔夫斯基看到这种情况很不满意,便于1938年3月16日给内务人民委员叶若夫写了一份报告,其中指出,在一部分作家中对曼德尔什塔姆的问题"有非常不正确的议论","他得到支持,为他募集捐款,把他变成一个'受难者'——一个没有得到任何人承认的天才诗人","瓦连京·卡达耶夫、И.普鲁特等文学家公开为他辩护,话说得很尖锐"。斯塔夫斯基认为这"不单是而且主要也不是"曼德尔什塔姆个人的问题,而是"一批苏联作家对他的态度"问题,他请求叶若夫帮助他解决这个问题。信中还说,最近曼德尔什塔姆写了一系列的诗,但根据读过这些诗的同志们的意见,"并没有特殊的价值"。信中附上了巴甫连柯的评论文章。

　　巴甫连柯在文章一开头就表示不欣赏曼德尔什塔姆的诗,他说:"我过去在读曼德尔什塔姆的旧作时,总是感到他不是诗人,而是诗匠,押韵的作品的冷漠的、带头的编写者。现在在读他最近写的诗时仍然有这种感觉。其中大多数是冷漠的、没有生气没有我认为诗歌最主要的东西——没有激情,没有对自己写的确信。"不过信中也列举了几首较好的诗,并举出关于斯中的诗句,不过他认为从整体来说,"这首诗要比它的个别诗节写得差","诗中有许多不适用于斯大林题材的笨口拙舌的东西"。关于曼德尔什塔姆的诗歌的性质问题,这样说道:"这是苏维埃的诗吗?当然是的。但是只有在《关于斯大林的诗》中我们直接感觉到这一点,而在其他的诗中只能加以猜测。"他的结论是:这些诗不宜出版。[①]

叶若夫收到斯塔夫斯基的报告后,过了将近一个月才交给内务部门处理。他很可能接受了1934年未经斯大林批准就逮捕曼德尔什塔姆的教训,这次便向斯大林请示。可以作这样的推测,斯大林对如何处理这个问题是颇费踌躇的。如果曼德尔什塔姆流放后仍坚持原来的立场,那么完全可以再一次进行惩罚。可是他思想有了较大的转变,写了颂扬斯大林的诗,而且回莫斯科后只是与友人有所交往,并没有出格的言行(斯塔夫斯基的报告中也只说他的朋友对他的同情和赞扬),因此要再次治罪依据不足,不能使人信服。可是不少原来与曼德尔什塔姆意见不合、对他没有好感的作家看到有人支持这个有"前科"的人很不满意。这就成为一个影响作家队伍团结的问题。如果在平时,这也许并不算是一个大问题,然而当时大清洗还在进行之中,在这种形势下,这个问题成为一个影响团结一致共同揭发"人民的敌人"的政治问题。斯塔夫斯基大概从这个观点出发请求叶若夫帮助解决这个问题的。斯大林大概也觉得需要解决这个问题。在促使他最后作出重新逮捕曼德尔什塔姆的决定方面,巴甫连柯的评论文章大概起了一定作用。上面说过,他重视有才华的诗人,曾在给帕斯捷尔纳克打电话时询问曼德尔什塔姆是不是"大师",如今巴甫连柯对他作了很低的评价,他终于决定根据政治要求来解决问题了。不过就现在看到的材料来说,他没有作出明确的批示,大概

① 见 B. 萨尔诺夫:《斯大林与作家》,第 2 卷,艾克斯莫出版社,2008 年,第366~367 页。

他觉得采取"默许"的态度为好。于是曼德尔什塔姆于 5 月 2 日再次被捕和流放,这次决定把他流放到远东,让他远离他的朋友。不幸的是,同年 12 月他病死在符拉迪沃斯托克(海参崴)附近的中转集中营里。

从以上所述来看,恐怕不能像某些人所说的那样,简单地断定曼德尔什塔姆是被斯大林迫害致死的。斯大林曾对这位辱骂他、甚至对他进行人身攻击的诗人抱宽容的态度,而后者随着思想感情的变化认识到自己的错误,转而肯定和颂扬斯大林。这是事实。后来在特殊的形势下才对诗人作出再次逮捕和流放的决定,结果造成诗人过早去世的悲剧,斯大林是负有责任的。这又是一个沉痛的教训。

四

最后讲一讲斯大林与阿赫马托娃的关系。上面提到过,大清洗前的 1935 年,阿赫马托娃的丈夫和儿子被捕,她曾写信给斯大林请求释放他们。这大概是她首次与斯大林直接接触。信中这样写道:

> 我知道您重视国家的文化力量和作家,我就下决心给您写这封信。
>
> 10 月 23 日在列宁格勒内务人民委员部逮捕了我的丈夫尼古拉·尼古拉耶维奇·普宁(艺术科学院教授)和我的儿子列夫·尼古拉耶维奇·古米廖夫(国立列宁格勒大学学生)。
>
> 约瑟夫·维萨里昂诺维奇,我不知道他们犯了什么罪,但是我可以向您保证,他们不是法西斯分子,不是特务,不是革命团体的参加者。
>
> 我从革命一开始就生活在苏联,我从未想要离开理智和

心灵与其结合在一起的国家。尽管我的诗未能发表，批评家的评论使我很多时间感到痛苦，我没有灰心丧气；在精神上和物质上非常难以忍受的条件下我仍继续工作，已出版了一部关于普希金的著作，第二部已经付印。

我在列宁格勒生活非常孤独，经常长时间生病。仅有的与我亲近的两个人被捕给了我经受不住的打击。

我请求您，约瑟夫·维萨里昂诺维奇，还给我丈夫和儿子，相信这样做任何人永远都不会感到后悔的。

斯大林给亚戈达作了这样的批示："普宁和古米廖夫都予以释放，并报告执行情况。"①

一个星期后，两人就回家了。问题这么快就解决了，大概也出乎阿赫马托娃的意料。斯大林作出这样的决定可能有以下几个原因。上面提到过，帕斯捷尔纳克也给他写信替阿赫马托娃说情，这可能起了一定作用。而阿赫马托娃这位高傲的诗人也向他低下了头，而且信写得感情真挚，言辞恳切，这不能不对他有所触动。再就是逮捕普宁和古米廖夫是列宁格勒内务部门未经批准擅自采取的行动，这是他不能允许的。大概由于这些原因，他才迅速下了释放的命令。

斯大林似乎对阿赫马托娃的诗作并不特别欣赏。根据传说，他的女儿斯韦特兰娜却特别喜欢读这位诗人的诗。有一次他发现自己的女儿正在往笔记本里抄写阿赫马托娃的诗。斯大林就说，干吗抄写，找一本书来读就是了。女儿解释道，阿赫马托娃的书很难见到，而且是禁书。斯大林对女儿喜欢阿赫马托娃的诗很不高兴，而女儿则为她辩护。斯大林在妻子自杀后对女儿一直比

① 转引自：B.萨尔诺夫：《斯大林与作家》，第 1 卷，艾克斯莫出版社，2008 年，的 614 页。

较娇惯，见女儿坚持自己的看法，也就不说什么了。从此他就注意起阿赫马托娃来。斯韦特兰娜喜欢阿赫马托娃的诗，恐怕是事实，许多年后，她在给爱伦堡的信中就承认这一点。

1939年秋天，克里姆林宫举行招待会，招待获得勋章的作家。据说当时斯大林问起了阿赫马托娃。关于斯大林的话有几种说法。一种说法是斯大林带着格鲁吉亚口音问道："我们的女王在干什么？"另一种说法是："为什么不出版阿赫马托娃的作品？"后一种说法比较可信，并有文件为证。这个消息传出去后，人们对阿赫马托娃的态度发生了重大变化。作家协会立即吸收她为会员。她的第二次被捕的儿子被判十年徒刑改判为五年，恐怕也与此有关。出版部门闻风而动，在中断了十五年之后快速出版了她的《六本书集锦》一书。这本书出版后非常热销，在读者中产生了相当大的影响。阿赫马托娃大概也从某些人那里得知斯大林的女儿喜欢她的诗，便幽默地把这本书称为"爸爸给女儿的礼物"。

但是阿赫马托娃的作品毕竟不符合当时的政治潮流和政治需要。她的诗集出版后不久，就有人给日丹诺夫写报告，说收入诗集的主要是革命前写的诗，十来首写于1921～1940年的诗也唱的是"老调子"，"诗集中没有写革命题材和苏维埃题材，写社会主义的人的诗"。报告还指出："产生阿赫马托娃的诗歌垃圾和她的'诗歌'里写的东西有两个来源：上帝和'自由的爱情'，而需要的'艺术'形象是从宗教文学里借用来的。"报告提出必须设法阻止阿赫马托娃的诗歌的流传。日丹诺夫在批示中指出，出版这样的集子"简直是耻辱"。问道："阿赫马托娃的这种'带着祷告的淫秽'是怎么出现的？是谁促成的？书籍出版总局是什么态度？"他要求查明情况，提出建议。① 于是联共（布）中央宣传鼓动部经过

① 引自 B. 萨尔诺夫：《斯大林与作家》，第2卷，艾克斯莫出版社，2008年，第

调查后向中央写了报告,最后中央书记处于1940年10月29日作出决定,追究出版诗集的苏联作家出版社有关人员的责任并给以警告处分,禁止出售阿赫马托娃的这本书。

事情的转折显得非常突然,令人难以理解。出版部门的领导人听说斯大林问到为什么不出阿赫马托娃的书,不经过深入研究和独立思考就行动起来,不无迎合之嫌,他们受到批评和处分,不值得同情。问题在于斯大林本人在这个问题上是什么态度,起了什么作用。他问为什么没有出版阿赫马托娃的书的话大概是听了女儿的话后未经全面深入的考虑随口说的。他在了解阿赫马托娃的书的内容及其产生的影响后,大概觉得需要改变这种状况,但自己不便于直接出面,于是把此事交给日丹诺夫办理。不过这只是一种猜测,并不一定符合实际。

卫国战争爆发后不久,列宁格勒遭到德军围困。根据政府的命令,用军用飞机把一些学者、文化活动家和作家撤退到后方。作家的名单是法捷耶夫拟订的,根据斯大林的命令,把阿赫马托娃列入其中。阿赫马托娃本人曾谈到这一点。她说:"我于41年9月28日乘飞机离开列宁格勒。当时列宁格勒被围困。我乘的是军用飞机,由几架驱逐机护航。护航的飞机飞得很近,我担心它们的机翼碰到我们。我被列入斯大林批准的撤退人员名单。名单中还有左琴科……"[1]可见,斯大林并没有忘记阿赫马托娃。还有一件事可说明这一点。阿赫马托娃到了塔什干后,日丹诺夫曾打电话询问她的情况,表示关心。这电话可能是斯大林要他打的。据说她在得了伤寒住院治疗时,得到了特殊的关心和照顾。

而从阿赫马托娃来说,战争爆发后,她的思想感情发生了重大变化,充满了爱国主义和英雄主义的激情,如同她自己所说的

---

[1] 转引自 B. 萨尔诺夫:《斯大林与作家》,第2卷,艾克斯莫出版社,2008年,第701~702页。

那样，"严峻的时代扭转了我，//如同扭转了流水的轨迹"。这自然在这时她写的诗里表现出来。她在《誓言》一诗里写道：

> 愿今日与恋人告别的姑娘，——
> 也把悲痛化为力量，
> 我们对孩子们，对坟墓起誓，
> 谁也不能让我们屈膝投降！

她的《勇敢》一诗表达了誓死保卫祖国、捍卫祖国文化的精神和决心。这首诗曾刊登在1942年3月8日的《真理报》上。

可是1944年阿赫马托娃从后方回来后，无论在思想上和创作上都回到了原来的轨道上。由于前一时期的表现，她已摆脱了战前受批评和遭冷落的状态，受到欢迎和赞扬，刊物上经常发表她的新作。在这些作品中爱国主义和英雄主义的主题不见了，个人复杂的感情世界的展示和日常生活琐事的描绘又成为主要内容。可是她的名气变得很大，甚至出现了不少崇拜者。上面提到过的一件事可说明这一点。1946年4月，一批列宁格勒诗人到莫斯科参加诗歌朗诵会，阿赫马托娃是其中之一。朗诵会在工会圆柱大厅举行，当阿赫马托娃出现在台上时，全场起立，热烈欢呼。据说，有人向斯大林报告后，斯大林生气地问："是谁组织全场起立的？"当然，他是很不满意的。

还有一件事引起了斯大林的不满和怀疑。阿赫马托娃曾会见过当时在英国驻苏使馆工作的语文学家别尔林。此人生于俄罗斯，能说一口流利的俄语，他到驻苏使馆工作，大概负有特殊的使命。据说斯大林得知后，说了这样一句话："原来我们的女王还接见特务！"由此看来，阿赫马托娃的思想政治倾向不合当时要求的作品不断发表出来并受到欢迎，她在作家当中的巨大声望和影响，还有她同值得怀疑的外国人的交往，成为她在1946年8月发动的那场运动中受到批判主要原因。

在 8 月 9 日联共(布)中央组织局召开的讨论《星》和《列宁格勒》两杂志的会议上,斯大林在讲话和别人发言时的插话中讲到如何看待阿赫马托娃时说,不能只重视她昔日的声望,而不看她现在写的是微不足道的东西,在她发表的作品中,也只有一首、两首、三首好诗,再也没有了;像阿赫马托娃那样的人不能对青年起教育作用。详细情况在讲文学政策时已作过介绍,此处不再重复。

如果说斯大林在讲到阿赫马托娃时言辞还不那么激烈的话,那么日丹诺夫在列宁格勒党的积极分子和作家的会议上的报告就不同了。他把阿赫马托娃称为"无思想的反动的文学泥坑的代表之一",说她创作的题材是"彻头彻尾个人主义的",她的诗歌是"奔跑在闺房和礼拜堂之间的发狂的贵妇人的诗歌",她的基本情调是"恋爱和色情,并且同悲哀、忧郁、死亡、神秘和宿命的情调交织着"。他还说:阿赫马托娃是"一去不复返的'美好的旧叶卡捷琳娜时代'古老贵族文化世界的残渣之一","并不完全是尼姑,并不完全是荡妇,说得确切些,而是混合着淫秽和祷告的荡妇和尼姑。"①

阿赫马托娃不仅受到严厉的批判,而且还被开除作家协会的会籍。这对她来说,无疑是一个沉重的打击。而且灾难接踵而来,1949 年 11 月,她的儿子列夫·古米廖夫第三次被捕。她被迫再一次写信给斯大林求情,信中说:

> 我已年老有病,经受不住与独生儿子的离别。
> 恳求您还给我儿子。看到他为苏维埃科学增光而工作,是我的理想。

---

① 《苏联文学艺术问题》,中文版,人民文学出版社,1956 年,第 46~47 页。

对他以及对我来说，为祖国服务是神圣的职责。①

但是斯大林没有回应。据说这时上面有人暗示阿赫马托娃写诗表明自己的心迹，以求得斯大林的理解和宽容，她同意了。于是她写了一组诗，其中包括《领袖用鹰的眼睛》和《1949 年 12 月 21 日》这两首诗，发表在《星火画报》1950 年第 14 期上。前一首诗这样写道：

> 领袖用鹰的眼睛
> 从高高的克里姆林，
> 看到面貌一新的大地
> 洒满了灿烂的阳光。
>
> 他给这个世纪取了名，
> 从它的中叶起，
> 看见人的心灵，
> 变得像水晶一样纯净。
>
> 自己的劳动和事业的成熟的果实
> 他尽收眼底，
> 看到雄伟的建筑，
> 还有桥梁、工厂和园林。
>
> 他把自己的精神灌输进这城市，
> 他让我们免遭灾难，——

---

① 转引自 B. 萨尔诺夫：《斯大林与作家》，第 2 卷，艾克斯莫出版社，2008 年，第 627～628 页。

莫斯科的不可战胜的精神，
因此变得如此坚定和年轻。

人民深怀感激之情，
领袖听见了他们的声音：
"我们前来
是为了说一声，——哪里有斯大林，
哪里就有自由、和平和伟大的土地！"

后一首是对斯大林七十寿辰的迟来的祝贺，这样写道：

愿世界永远记住这个日子，
愿这个时刻将传之永恒。
传说中的这个英明的人，
救了我们每个人，使我们摆脱死神。

全国在琥珀色的朝霞中欢庆，
这种最纯洁的欢乐不可阻挡，——
涌向古老的撒马尔罕和北极圈外摩尔曼斯克，
涌向斯大林两次拯救的列宁格勒。

在导师和朋友大庆的日子里，
到处高唱着感谢的颂歌，——
不管周围是暴风雪肆虐，
还是盛开着紫红色的山花。

所有友好的共和国的城市
也都随着苏联城市欢唱，

欢唱的是戴着镣铐的劳动者，
但他们言语自由，心灵高尚。

他们的思绪不由自主地飞向光荣的首都，
飞向克里姆林官那位捍卫永恒光明的战士，——
半夜从那里传出雄壮的颂歌，
它响彻全世界，如同给予帮助和致敬。

　　阿赫马托娃在写这两首诗时还不知道，她自己本人也有遭到与儿子一样的厄运的危险。国家安全部长阿巴库莫夫给斯大林写了一份报告，其中根据阿赫马托娃的丈夫普宁的供词，说阿赫马托娃一贯具有反苏的情绪，发表过不少攻击党和国家及其领导人的言论，一些同样具有反苏情绪的人经常在家里聚会，议论党的方针政策等等。普宁的供词还说，阿赫马托娃对联共（布）中央关于《星》和《列宁格勒》两杂志的决议采取敌视态度。阿巴库莫夫认为必须逮捕阿赫马托娃，请求斯大林批准。如此说来，当时阿赫马托娃本身的处境岌岌可危，只要斯大林一点头，她就会立刻被投入监狱。

　　斯大林读了阿赫马托娃表明政治态度的诗后，决定不赦免她的儿子，但是不逮捕她本人。在这之后当局对她的态度有所改变，不久恢复了她的作家协会会籍。

　　有人在谈到这两首诗时断定这是阿赫马托娃纯粹为了自救写的，在诗里说的是昧心话，其实她是仇恨斯大林和苏维埃国家的。这种说法恐怕过于绝对和片面。固然她对苏维埃时代的许多事物不能接受，但她毕竟还有一颗爱国心，这在战争年代特别明显地表现出来。她为苏维埃国家的强大感到高兴和自豪。她对斯大林的感情是比较复杂的。一方面她认为斯大林专制和残暴，另一方面又觉得他还能理解人，并未丧失常人的同情心，因而一而再地写信向他求情。她尊重他,甚至对他怀有某种感激之情,特别是她认为战争年代自己能够从被围困的列宁格勒安全撤出,不无斯大林的关怀。因此诗中某些肯定苏维埃时代和颂扬斯大林的话,并非完全是假话。当然这两首诗在相当大的程度上是被迫写的,因此缺乏激情,甚至语言的表述也受到影响,因此当时法捷耶夫就认为虽然符合政治上的要求,但是艺术性较差。

斯大林逝世后,阿赫马托娃的生活发生了重大变化。她的"还我儿子"的要求完全实现,儿子平了反,回到了她的身边。她的创作受到重视,不仅能不断发表新作,而且许多旧作得到了重版的机会,甚至过去未通过审查而被搁置的作品也都与读者见面,受到了欢迎。人们尊重她,甚至有人崇拜她,她似乎真正成为斯大林所说的"女王"。由此可见,在所谓"解冻时期",她的处境与帕斯捷尔纳克完全不同。她把这一切归功于赫鲁晓夫实行的"新政",曾自称为"赫鲁晓夫分子"("хрущевка")。[①]

上面讲了斯大林对诗人的复杂关系,讲了他的态度对他们生活和创作所产生的影响和作用,讲了一连串的悲剧或悲喜剧的出现,从这叙述中斯大林的性格和作风也随之凸显出来,这有助于加深对斯大林的认识。

---

① 见 B. 萨尔诺夫:《斯大林与作家》,第 1 卷,艾克斯莫出版社,2008 年,第 359 页。

第四章 斯大林与"同路人"作家和新生代作家的关系

上面说过,所谓"同路人"作家指的是大多不出身于工农、思想处于变动状态的非党作家。其中只有个别人(例如 A. 托尔斯泰)年岁较大,在十月革命前就已成名,而绝大多数是在十月革命后成长起来的。这里说的所谓新生代作家,人数很多,来自工厂、农村、部队、机关、学校等各个部门,经历各不相同,其中有相当多的人是共产党员和共青团员。他们是在苏维埃时代成长起来的一代文学新人。这两类人构成了苏联作家队伍的主体。斯大林对这两类人的态度有所不同。总的说来,他与"同路人"的关系是复杂的,而对新生代作家则主要采取爱护和扶植的态度。

第一节 与"同路人"作家的关系

> 斯大林与布尔加科夫的关系。——与皮利尼亚克的关系。——与爱伦堡的关系。——与左琴科的关系。——与列昂诺夫的关系。

通常被归入"同路人"的有 A. 托尔斯泰、皮利尼亚克、普里什文、帕乌斯托夫斯基、巴别尔、费定、爱伦堡、弗谢沃洛德·伊万诺夫、列昂诺夫、吉洪诺夫、左琴科等人。刚才提到 A. 托尔斯泰岁数较大,成名较早,斯大林与他的关系已在上面讲老一代作家时讲过了,斯大林与吉洪诺夫的关系也在讲诗人时有所提及。下面着重讲斯大林与皮利尼亚克、爱伦堡、左琴科、列昂诺夫的关系。在这之前首先介绍一下斯大林与那位据阿维尔巴赫所说"连同路人颜色的外衣也没有披上"的布尔加科夫的关系。

一

斯大林首次提到布尔加科夫，是在 1929 年 2 月 2 日《答比尔－别洛采尔科夫斯基》的信中。他在信中对布尔加科夫的《土尔宾一家的日子》和《逃亡》这两个剧本发表了评论，他肯定前一个剧本，认为从产生的客观效果来看，它的益处要比害处多，留给观众的是布尔什维克不可战胜的印象，具体情况上面在讲文学批评时已作过介绍，此处不再重复。

《土尔宾一家的日子》1926 年开始上演，按照当时中央政治局的决议，只许在莫斯科上演，期限为一年。一年期满后，政治局指示延长一年。对这个剧本有不同看法，相当多的人，其中包括某些部门的领导人，持否定态度。无产阶级戏剧小组的一些成员，其中包括比尔－别洛采尔科夫斯基，于 1928 年 12 月给斯大林写信，对"最反动的作者"实际上"得到了最大的优惠"表示反对，并举布尔加科夫为例，说他的"明显反苏的"剧本在莫斯科的三个最大的剧院上演。斯大林在上述答比尔－别洛采尔科夫斯基的信中对布尔加科夫的评价实际上是对他们的看法的反驳。

布尔加科夫的两个剧本的故事情节发生在乌克兰，其中对国内战争的写法引起了某些乌克兰人士的不满。他们认为布尔加科夫的剧本歪曲了乌克兰的革命运动，侮辱了乌克兰人。这可是一个影响民族团结的重大问题。1929 年 2 月一批乌克兰作家访问莫斯科时要求有关部门的领导作出解释，为什么上演布尔加科夫的《土尔宾一家的日子》。2 月 12 日斯大林在会见他们时考虑到客人的看法和情绪，承认布尔加科夫不是自己人，《土尔宾一家的日子》是"反苏维埃的东西"，但是重复在《答比尔－别洛采尔科夫斯基》中所作的评价，说其中说了作者不愿意说的话，给观众留下的是共产主义具有不可战胜的力量的印象，也就是说，对它仍然是肯定的。但是一个多月后，也就是 1929 年 3 月，《土尔宾一家的日子》被禁演了。关于禁演的原因有许多猜测，有人认为这是斯大林看到有人强烈反对，特别是乌克兰人尤为激烈，暂时作出了这样的让步。三年后，这个剧本又重新搬上了舞台，而且长演不衰。

斯大林在肯定这个剧本产生的良好的社会影响的同时，特别喜欢看它的演出。剧院的登记本显示，他先后看了十五次，还没有把他中途进场的次数计算在内，可以说，达到了"百看不厌"的程度。对他为什么对这个还算不上天才的杰作的剧本如此喜爱，又有各种不同的说法。有人认为他从小喜欢看戏，在闹剧本荒时，认为《土尔宾一家的日子》就是好剧本，自然逮住不放了。有人认为他欣赏生动的情节，丰富的色彩，精彩的幽默和演员的演技，特别是那位扮演土尔宾上校的赫麦列夫的演技。根据这位演员回忆，有一次斯大林对他说："您演阿列克谢演得很好。我甚至梦见您的黑胡子（土尔宾的）。忘不了！"①还有人认为斯大林内心深处同情归俄的军官，剧本里有些东西引起他的共鸣等等。所有这些只不过是分析和推测而已，并没有多少说服力。

在《土尔宾一家的日子》被禁演的同时，他的另外两个剧本《卓依卡的住宅》和《火红岛》也遭到同样的命运。正在排演的《逃亡》被勒令停止排演。他的一些散文作品被禁止出版或中断发表。报刊上对他的批评愈来愈激烈。于是他于 1929 年 7 月给斯大林、加里宁、艺术事务总局局长斯维杰尔斯基和高尔基写了题为《声明》的信，陈述了自己的遭遇，最后这样说："在我从事文

① 《关于布尔加科夫的回忆》，阿斯特集团所属阿斯特列利出版社，2006 年，第272 页。

学工作第十个年头快要结束时,我的力量已经耗尽,由于受到迫害,并且知道我的作品在苏联既不能发表也不能上演,我已精神失常,不能这样生活下去了,因此我请求你们,请你们代向苏联政府提出请求,请他们把我和我的妻子布尔加科娃一起驱逐出境。"①

　　大概在布尔加科夫写这封信的前后,斯维杰尔斯基曾与他进行了长时间的谈话,事后给联共(布)中央书记斯米尔诺夫写了报告,说布尔加科夫给人以"受陷害和被判了死刑的人的印象"。说他"愿意和我们一起工作但不让他这样做,也不帮助他",在这种情况下满足他的要求是应当的。斯米尔诺夫把布尔加科夫的《声明》连同斯维杰尔斯基的报告转呈联共(布)中央政治局,并发表了自己对此事的看法。他认为报刊只是批判他,而不设法把他吸引过来和帮助他的做法是不对的,他说,从斯维杰尔斯基的报告来看,有可能把他拉过来。不过他认为布尔加科夫关于允许他出国的请求不应满足,那样做只能增加敌人的人数。②

　　斯大林收到布尔加科夫的《声明》和斯维杰尔斯基的报告后,没有立即表态。这大概是因为他认为在对这个问题的看法上,分歧较大,需要协调各种不同意见,采取慎重态度,因此没有很快作出决定。布尔加科夫等了七八个月,见自己的《声明》如同石沉大海,便于1930年3月28日给苏联政府写了一封长信。他在信中首先表明自己的态度,这样说道:

　　　　在我的所有作品被禁止后,在知道我这个作家的许多公民中便有人给我同一个劝告:

---

　　① 《M. 布尔加科夫:书信,文件组成的传记》,现代人出版社,1989年,第149页。
　　② 见 B. 萨尔诺夫:《斯大林与作家》,第2卷,艾克斯莫出版社,2008年,第430~431页。

写"共产主义剧本"（在引号中引的是原话），此外给苏联政府写悔过信，其中宣布放弃以前我在文学作品里表达的观点，保证从今之后我将作为忠诚于共产主义思想的同路人作家进行工作。

目的是：避免受迫害、过贫困生活和最后不可避免地死亡。

我没有听从这个劝告。

接着信中列举事实，说明自己受批判和遭咒骂的情况。他说，根据保存下来的剪报，发现苏联报刊在他从事文学工作的十年中发表了三百零一篇关于他的文章，其中赞扬的只有三篇，其余二百九十八篇都是敌视地进行漫骂的。信中提到了剧本《土尔宾一家的日子》和《逃亡》以及长篇小说《白卫军》。说作者力图在其中把俄罗斯知识分子描绘成国家的优秀的阶层，具体地说，根据《战争与和平》传统描绘了受命运的摆布在国内战争年代被抛到白卫军阵营的贵族家庭出身的知识分子。这样描写的结果，这些作品的作者"尽管竭力保持冷静，不偏向红军或白军一边，但是与他的人物一起被评定为白卫分子和敌人，而谁都知道，获得了这个头衔，就可认为自己在苏联已是一个不可救药的人"。

信中再一次提出离开苏联的请求，同时又说："如果信中所写的理由没有说服力，我决定将在苏联一辈子都保持沉默，那么我请求苏联政府根据我的专业给我安排工作，派我到剧院去担任编内的导演。"①

这封信是写给政府的，不是给斯大林个人的，可是斯大林却作出了回应。1930 年 4 月 18 日他给布尔加科夫打了电话。根据

---

① 《M.布尔加科夫：书信，文件组成的传记》，现代人出版社，1989 年，第 170～178 页。

后来成为布尔加科夫妻子的叶莲娜·谢尔盖耶夫娜的回忆,这一天的六七点钟布尔加科夫跑来给她说了当时的情况。事情的经过是这样的。午饭后他刚躺下休息,这时电话铃响了,说是从中央打来的,他以为这是有人跟他开玩笑,生气地拿起听筒,只听得里面有人问:"您是米哈伊尔·阿法纳西耶维奇·布尔加科夫吗?"他作了肯定的回答。于是对方说道:"现在斯大林同志将跟您说话。"说着传来了带有明显的格鲁吉亚口音的说话声。他才相信电话真的是斯大林打来的。两人互致问候后,斯大林说道:"我们收到了您的信。和同志们一起读了。您将会得到满意的回答。也许您真的请求允许您出国去?怎么,我们已使您非常讨厌了?"这问题提得有些突如其来,布尔加科夫一时不知所措,没有马上回答。他想了想后说:"最近我想得很多——一个俄罗斯作家能不能不生活在祖国。我觉得不能。"斯大林就说:"您说得对。我也这样想。您想在哪里工作?在艺术剧院?"布尔加科夫回答道:"是的,我有这个想法。但是我提出过,那里不要我。"——"那么您就往那里递个申请。我觉得他们是会同意的。我们需要见个面,和您谈谈。"布尔加科夫激动地说:"是的,是的,约瑟夫·维萨里昂诺维奇,我非常需要和您谈谈。"最后斯大林说:"是的,需要找个时间,见见面,一定这样做。现在祝您一切顺利。"到此谈话就结束了。①

从这次通话中可以看出,斯大林赞赏布尔加科夫关于一个作家不能不生活在祖国的表态,不主张放他出国,同时主张满足他的其他要求,改善他的生活,安排他的工作。他被派到艺术剧院担任助理导演。如上所说,他的剧本《土尔宾一家的日子》也于1932年初恢复上演。虽然要剧院恢复上演的电话是当时斯大林

---

① 见《米哈伊尔·布尔加科夫和叶莲娜·布尔加科娃:大师和玛加丽塔的日记》,瓦格里乌斯出版社,2001年,第497页。

的密友、大剧院和艺术剧院领导委员会委员叶努基泽打的，但是明眼人一眼就可以看出，他是斯大林授意这样做的。

斯大林的电话给布尔加科夫留下深刻印象。后来他在给魏列萨耶夫的信中说："请相信我的鉴赏力，他（指斯大林。——引者）说话有力，清楚，胸怀全国，并且文雅。作家的心中燃起了希望：只要再跨进一步，就可见到他和获悉自己的命运。"①这次通话后，布尔加科夫的情绪发生了一些变化，变得比较乐观。他虽然表示自己离不开祖国，但是总想到外国去看看，并在1931年5月30日给斯大林的信中提了允许他出国访问的要求。斯大林没有回答。1934年他向有关部门提出到西欧旅行两个月的请求，并说明旅行的目的是为了写一本西欧旅行记。有关部门要他向莫斯科市执行委员会国际部申请出国护照。他填了表后等待了二十来天，最后被拒绝了。1935年在巴黎召开作家保卫文化的国际会议时，出席会议的苏联作家代表团成员名单是经斯大林亲自审定的，很想参加这次会议的布尔加科夫未被列入代表团成员名单。这一切说明，斯大林对布尔加科夫还不放心。就这样布尔加科夫出国的愿望和要求始终未能实现，这对他来说是一大憾事。

上面说过，斯大林在电话中主动提出要和布尔加科夫见见面，谈一谈，这使布尔加科夫十分激动，念念不忘。他一直焦急地等待着召唤。实在等不及了，他就给斯大林写信，例如1931年初他就这样做，可是转念一想，专门为此事写信不大合适，信没有写完。同年5月30日，他在给斯大林的一封长信中讲完别的事情后说道："在结束这封信时我想对您说，约瑟夫·维萨里昂诺维奇，我作为一个作家所想望的是被召唤去见您。"②可是斯大林始终没有会见他。这又成为他的一大憾事。对于斯大林为什么改

---

① 《布尔加科夫文集》，5卷集，第5卷，文学出版社，1990年，第462页。
② 《M.布尔加科夫：书信，文件组成的传记》，现代人出版社，1989年，第198页。

变主意,也有各种不同的猜测。有人认为,斯大林电话中的话是随口说出的,而在当时布尔加科夫受到众多人批评的情况下,他作为领导人专门会见这位作家,容易产生不良的政治影响。有人则认为,斯大林只是欣赏布尔加科夫的一些作品,对他只有好奇心,并无重要问题需要与他探讨,因此没有抽出时间来见他。还有人认为,他觉得如果布尔加科夫当面向他提出包括允许出国在内的各种要求,不好直接回答。可是布尔加科夫一直念念不忘此事,逝世前两天还梦见斯大林。斯大林没有履行诺言,给他造成了巨大的心灵创伤。

布尔加科夫的一个写成于1931年的剧本《莫里哀》(原名《伪君子的奴役》,根据中央剧目及演出检查委员会的要求改为此名),于1936年初在艺术剧院搬上了舞台,不久《真理报》于3月9日发表题为《外表华丽,内容错误》的编辑部文章进行严厉批评。在这之前,艺术事务委员会主席凯尔任采夫于2月29日给斯大林莫洛托夫写报告,说剧本作者想要使观众觉得"无产阶级专政下作家的处境与路易十四'动用私刑的暴政'统治下有类似之处"。他建议不用正式禁演的方法,而让剧院将其作为有严重错误的剧本主动停演。① 斯大林在报告上批道:"我认为,凯尔任采夫说得对。我赞同他的建议。"②就这样,《莫里哀》停演了。斯大林考虑到《莫里哀》可能引起负面的政治影响,同意它停演,但是又安慰它的作者。根据作者的妻子的日记里的记载,斯大林似乎说过这样的话:"怎么又把布尔加科夫的剧本撤下来了? 可惜,作者是有才华的。"③

---

① 见 B. 萨哈罗夫:《M. 布尔加科夫:作家与权力(根据苏共中央和克格勃的档案材料)》,奥尔马出版社,2000年,第437、439页。

② 《文学报》1992年7月29日。

③ 转引自 E. 格罗莫夫:《斯大林:艺术与权力》,艾克斯莫出版社,2003年,第135页。

在随后开展的大清洗运动中，像布尔加科夫这个经历和思想都比较复杂而且在文学界和演艺界树敌不少的人，能够安然无恙，大概他像帕斯捷尔纳克那样受到了斯大林的关照。在这次运动中，他没有在要求严厉惩办"人民的敌人"的联名信上签过名。不过他看到那些曾经不断批判过他的"冤家对头"（其中有一些原拉普的成员）被清洗，感情是复杂的。他并不幸灾乐祸，同时对他们也不表同情。可是他帮助过一些受难的朋友，例如当阿赫马托娃在她丈夫和儿子被捕后求上门来时，他给她出主意，帮她给斯大林写信。又如他得知曼德尔什塔姆被捕和被流放后，十分关心，倾囊相助。1938 年 2 月 4 日他给斯大林写信，替流放期满未能回莫斯科的剧作家埃尔德曼求情，请求允许他"回到莫斯科来，毫无障碍地进行文学劳动，摆脱孤独和心灵受到压迫的状态"。这是布尔加科夫给斯大林写的最后一封信。

1936 年初，布尔加科夫产生了写一个关于斯大林的剧本的想法。艺术剧院停止上演《莫里哀》一剧，对他的情绪有所影响，因此他没有开始写作。这样过了一年多，他一直没有动笔。1938 年 9 月 9 日，他的在艺术剧院工作的两位朋友突然前来看他，向他诉苦说，剧院上演的都是老剧目，没有新剧本，这样下去就要完了。只有当代的好剧本才能拯救它。而这样的好剧本只有他布尔加科夫才写得出来。他们曾听说布尔加科夫想要写一个关于斯大林的剧本，于是便请他写出来给艺术剧院，因为领袖的六十诞辰快要到了，艺术剧院不能不有所表示。开头布尔加科夫因艺术剧院停演他的《莫里哀》还在生气，不愿与他们合作，经过劝说，最后同意了。[①] 于是他开始进行创作，于 1939 年 7 月完成，起初取名为《牧师》，后改名为《巴统》。

在他正要动笔时，《真理报》发表了一篇关于联共（布）的历史

---

① 见《E. 布尔加科娃的日记》，书屋出版社，1990 年，第 200～201 页。

的长篇文章,其中特别指出有斯大林参加的巴统工人示威游行的特殊意义,这给了他启发,他决定写斯大林在巴统的革命活动。剧本写成后他曾朗诵给剧院和艺术事务委员会的领导听,得到了好评。于是剧院开始作排演的准备。该院领导决定派一支由演职人员组成的小分队,由剧作者带领到格鲁吉亚进行实地考察,事先给格鲁吉亚党中央书记恰尔克维阿尼正式发函,要求对方支持和协助,信中说明小分队的任务是为排演剧本做准备工作,其中包括"研究音乐材料和党史材料,与剧中展示的各种事件的参加者座谈,作一些速写,收集歌曲等"。①

这次出差还与到黑海边休假结合在一起。于是布尔加科夫和他的妻子带着小分队于8月14日兴致勃勃地坐上了从莫斯科开往第比利斯的火车。但是两个钟头后,在离莫斯科不远的谢尔普霍夫,突然收到了剧院领导发来这样的电报:"出差已无必要请回莫斯科。"本来就有不祥预感的布尔加科夫精神上经受不了,据他的妻子在日记里记载,当时他坐在回莫斯科的车上时,一只手挡住阳光,另一只手抓住她,说道:"我们朝着什么奔跑? 也许——朝着死亡?"②

根据E. 布尔加科娃的日记里的记载,在回莫斯科后的第三天,艺术剧院的两位朋友前来看望得病的布尔加科夫,在谈到《巴统》停排一事时说:

　　……剧本受到上面(大概指的是中央)很不客气的否定。说不能把斯大林这样的人写成浪漫主义的人物,不能把他放到虚构的环境里,让他说虚构的话。这个剧本既不能上演,

---

① 见《M. 布尔加科夫:30年代的剧本》,圣彼得堡艺术出版社,1994年,第660页。

② 见《E. 布尔加科娃的日记》,书屋出版社,1990年,第277页。

也不能发表。

其次，上面把布尔加科夫呈送这个剧本看作是他想要搭一座桥，以便调整人们对自己的态度。①

"上面"大概是为斯大林本人不同意剧本上演寻找理由，可是他们讲的第一个理由不能成立。因为剧本是艺术作品，它就离不开虚构，要虚构一些情节，尽管主人公是历史人物，也不能只说他在现实生活中说过的话，也会有虚构。第二个理由讲的作者创作的动机，但是在评价一部作品时，这并不是主要的。

有人认为斯大林不同意剧本上演和发表，是因为他不喜欢人们挖掘他的童年和青少年时代，并举1938年他给儿童读物出版社写信不同意出版《斯大林童年的故事》这本书为例。可是他不同意出版那本书并不是因为它写了他的童年，而是因为"书里有大量不符合事实、歪曲、夸大和过分颂扬的地方"。② 值得注意的是，就在1939年第比利斯的三个剧院同时上演了格鲁吉亚剧作家达季阿尼的剧本《星星之火》，这个剧本写的也是斯大林青年时代在外高加索，首先是在巴统的革命活动。由此可见，《巴统》一剧被禁并不是因为它写了斯大林青年时代的活动。还有人从《巴统》的剧情上找原因，认为剧本向观众展示斯大林在监狱遭到看守毒打的场面有损这位领袖人物的尊严，因此上面不同意上演。但是即使如此，那也只是剧本个别场面而已，可作删改，不至于因此而否定整个剧本。

那么斯大林本人对这个剧本究竟是什么态度呢？ 在E.布尔加科娃1939年10月18日的日记里有这样的记载：有人打来电话，提到好像在10月10日那一天政府成员到艺术剧院看戏，"总

---

① 《E.布尔加科娃的日记》，书屋出版社，1990年，第278～279页。
② 《斯大林文集（1934～1952）》，中文版，人民出版社，1985年，第196页。

书记在与涅米罗维奇－丹钦科谈话时说,他认为《巴统》这个剧本很好,但是不能上演。"①如果斯大林的话属实,那么《巴统》不是因为剧本本身不好而被禁止上演的,而是另有原因。刚才提到过,"上面"认为布尔加科夫写这个剧本动机不纯,抱有改变人们对他的看法和改善自己处境的目的。当然不能完全排除这种可能,即使如此,只要剧本写得好,这也不是什么大问题,不至于影响它的上演和发表。不过从种种迹象来看,问题还是出在作者身上。在当时相当多的人看来,布尔加科夫甚至算不上"同路人",是所谓的"国内侨民"、"白卫军的讴歌者"和"反苏分子"。斯大林也承认他"不是自己人"。如今这个"不是自己人"的人写的一个好剧本如果上演和发表,肯定会受到欢迎和赞扬,从而提高作者的地位,甚至他有可能被称为最优秀的剧作家而高踞于革命的作者之上,这是当时文学界的正统派所不能接受的,容易产生不好的影响,斯大林不能不考虑到这一点。另一方面,他可能也像一般人那样认为无产阶级的领袖和导师的革命活动应由革命作家来写,尽管布尔加科夫的剧本写得不错,但是觉得如果流传开来,不会给他增添多少光彩。可能由于这些原因,他作出了肯定剧本但不准演出和发表的决定。

《巴统》的被禁,可以说对布尔加科夫是一个致命的打击。他终于一病不起,于 1940 年 3 月 10 日去世。在他去世前一个来月,他的朋友苏联人民演员卡恰洛夫、赫麦列夫、塔拉索娃三人曾给波斯克廖贝舍夫写信说明他的病情,说给他治病的大夫认为要拯救他,必须有高兴的事使他感到强烈震动,激发他与疾病作斗争的力量,使他想要继续活下去。信中还说,布尔加科夫经常提起他对斯大林十分感激,感谢对他的关心和支持,多次回想起十年

---

① 《E.布尔加科娃的日记》,书屋出版社,1990 年,第 285 页。

前斯大林和他通电话的事。信中最后请求把这些情况转告斯大林。① 写这封信的意图很明显，是希望斯大林了解布尔加科夫的情况后有所表示，给他以新的希望和战胜病魔顽强活下去的力量。但是斯大林没有作出反应。布尔加科夫去世后，斯大林的秘书处打来电话问道："布尔加科夫同志是否真的去世了？"听到肯定的回答后，打电话的人就把电话挂了。根据现在见到的材料，斯大林对布尔加科夫之死没有作出任何反应。

1946 年 7 月，布尔加科夫的遗孀在给斯大林的信中说，布尔加科夫临终前嘱咐她写信请求斯大林解决他的文集的出版问题。她恳求斯大林"再一次救救布尔加科夫，这一次救他是让他不至于不公道地被遗忘"。② 这封信是送给波斯克廖贝舍夫转交的，斯大林应该是能看到的，可是他没有作出回应。根据上面列举的这些事实，很难说斯大林一直对布尔加科夫保持着关心和重视的态度。

二

接下来讲斯大林与"同路人"作家中比较有代表性的皮利尼亚克的关系。上面提到过，斯大林 1924 年曾在《论列宁主义基础》的讲演中对皮利尼亚克的长篇小说《荒凉年份》作过评论，可见早就注意这位作家的创作。1926 年皮利尼亚克因发表中篇《不灭的月亮的故事》引起了一场轩然大波，现着重讲一下这件事。

这部小说发表在《新世界》1926 年第 5 期上，它的情节并不复杂，写的是红军高级将领加夫里洛夫并无大病，"一号院的""腰背不弯的人"下令给他动手术治疗，让他听任医生们摆布，结果他被

---

① B.萨哈罗夫：《M.布尔加科夫：作家与权力（根据苏共中央和克格勃的档案材料）》，奥尔马出版社，2000 年，第 440 页。

② 见《M.布尔加科夫：书信，文件组成的传记》，现代人出版社，1989 年，第 545～547 页。

折腾死了。作者估计到读者读了小说会认为它写的是 1925 年秋红军统帅伏龙芝死于手术的事,而"腰背不弯的人"则指的是斯大林,于是便在前言里作了这样的说明:"这个故事的情节会使人产生这样的想法,认为小说的依据和材料来自伏龙芝之死。我个人几乎不认识伏龙芝,勉强有点了解,见过他一两次。我不知道他去世的真实细节,——这些细节对我来说并不重要,因为我的小说的目的并不是报告这位军事人民委员之死。我认为有必要把这一切告诉读者,让读者不到里面去寻找真正的事实和活着的人。"其实,一般读者都知道,小说是艺术作品,其中有艺术加工和艺术虚构,因此不会要求它是如实的报告,所以皮利尼亚克那样说显得有些多余。他没有直接说明小说依据什么素材和要表达什么样的主题思想的问题,而在前言里提到伏龙芝之死,这实际上是承认他的小说的内容与伏龙芝的悲剧有关。那么伏龙芝之死实际情况如何呢?为什么要在这个问题上做文章呢?

为了说明问题,需要先讲一讲 20 年代党内斗争的情况。列宁逝世后,党内斗争十分激烈,但托洛茨基派逐渐失势。1925 年初,托洛茨基被解除军事人民委员职务,他的军权被剥夺。而被任命为新的军事人民委员的是著名红军统帅伏龙芝。托洛茨基反对派对此是很不高兴的。再说伏龙芝的健康状况。在做手术之前的两三年,他就经常胃痛,出血。1922 年 5 月,根据大夫会诊后的意见,他就应当出国去进行治疗。可是他一直拖着。他的同事们曾向斯大林汇报,要斯大林劝说他重视自己的身体。斯大林似乎劝过他。当他被任命军事人民委员、成为国家主要领导人之一后,领导人中斯大林的一派对他尤为关心。不仅斯大林和米高扬,甚至当时站在斯大林一边的季诺维也夫都坚持要他进行治疗。在这种情况下,伏龙芝同意了。他于 1925 年 10 月底住院动手术,结果遭到了不幸。在做手术前的 10 月 26 日他给妻子写了一封信,现这封信已全文公布,其中说道,说经过两次会诊决定进行手术治疗,"个人对这决定是满意的;就让他们彻底看清楚那里长着什么,好进行真正的治疗"。① 有关此事的实际情况大致如此。

关于伏龙芝死于手术的消息传出后,曾引起不同的反响和议论。起初有人怀疑这是托洛茨基指使人干的,因为伏龙芝夺了他的军权。提出这样的怀疑似乎比较合乎情理。后来有人,主要是反对派人士,反过来把伏龙芝之死说成是斯大林强迫他做手术有意造成的,根据是伏龙芝并不完全是斯大林的人。这两种说法都只是怀疑和猜测,没有充分的事实作为依据。同时也有不少人认为责任在于医生。皮利尼亚克的写法显然符合反对派人士的看法。当时他与赞成托洛茨基观点的沃隆斯基比较接近。伏龙芝去世后,沃隆斯基作为治丧委员会成员参加过该委员会的会议,会上自然会谈到有关这次手术的问题。根据皮利尼亚克把小说献给沃隆斯基这一点可以作这样的推断,他是从沃隆斯基那里了解到事情的经过的,并且接受了沃隆斯基的观点,也就是托洛茨基派的观点。

小说发表后立即引起中央领导的注意。联共(布)中央于1926年5月13日作出了《关于〈新世界〉第5期》的决议,其中说道:"鉴于皮利尼亚克的小说《不灭的月亮的故事》是对中央和党的恶毒的、反革命的和诽谤性的攻击,批准没收《新世界》第5期。"决议宣布将皮利尼亚克从《红色处女地》《新世界》和《星》等杂志的撰稿者的名单上除名,禁止任何翻印或重印这部小说的任何做法,修订国家出版社与皮利尼亚克签订的合同,以防止他的那些在政治上无法接受的作品的出版。决议宣布了对有关责任人的处分,特别要求沃隆斯基给《新世界》编辑部写信,表明他拒绝接受皮利尼亚克的奉献,理由应与中央书记处的说法一致,而

---

① 《消息报》2010年10月26日。

在刊登沃隆斯基的信的同时,《新世界》编委会应表明同意沃隆斯基的意见,认为发表这部作品是一个明显的大错误。决议宣布了对有关责任人的处分,并在最后指出,这部小说的整个情节和个别成分"只能根据某些共产党员围绕伏龙芝同志之死进行的诬蔑性的议论的基础上产生,沃隆斯基同志对此有他的一份责任",因此"宣布给他以警告处分"。① 于是沃隆斯基根据决议的要求,给《新世界》编辑部写了信,这封信发表在该杂志第 6 期上,其中说道,作者那样的写法"对伏龙芝同志的亡灵有极大的污辱性,并且是对我们党的恶毒的诽谤",表示拒绝接受他的奉献。皮利尼亚克本人也致信《新世界》编辑部,信中说他没有估计到国内的情况,使得他的小说被别有用心的人用来攻击党,这是他的极大的错误。这封信刊登在《新世界》1927 年第 1 期上。

1929 年,皮利尼亚克因在国外发表中篇小说《红木》再次受到批判,并被解除全俄作家协会主席职务。他承认了错误,表示愿意继续只为苏联文学工作,"因为任何诚实的作家和人都抱这样的态度"。进入 30 年代后,思想有所变化,写了一些反映社会主义建设的作品,其中较有代表性的有《伏尔加河流入里海》。值得注意的是,他把《红木》中的某些人物和情节经过修改作为反面人物和次要情节写入这部小说,这样写,显然有表示承认错误的意思。他还像 20 年代一样,不断出国访问,根据访问的见闻印象和心得体会,写了不少报道性的作品。据他自己说,在《红木》发表前后他曾出国二十来次。由此可见,他还是受到当局的信任的。

30 年代,他曾与斯大林有过书信来往。这可由他在 1932 年 1 月 28 日访问美国回来后给斯大林的信中的话来证明。信中说,

① 《文学的幸福——国家与作家(1925~1938)》,文件汇编俄罗斯政治百科全书出版社,1997 年,第 25~26 页。

访问前斯大林曾写信对他提出要求,他为此感到自豪。① 皮利尼亚克在他的信中向斯大林汇报了美国之行的情况,相信自己的活动是对苏联有利的。他还谈到他回国后有的单位请他做报告讲美国的情况。他的这些活动遭到一些人的非议,请他做报告被认为是政治错误,《真理报》甚至就此发表短评。他要求《真理报》编辑部为他"恢复名誉",未得到明确回答。他只好请求斯大林帮助,这样说道:"想要感觉到自己是苏联公民,并在对苏联作家来说正常的条件下工作。我请求您帮助我恢复苏联公民和作家的权利。"②斯大林没有对他的请求作出正式回答,但是根据格隆斯基的回忆,斯大林在与他的一次谈话中关心地问起皮利尼亚克的物质条件和生活情况,甚至要他尽可能地给予帮助。③

1933 年 7 月 6 日皮利尼亚克又给斯大林写信,这次说的是他在 1932 年访问日本回国后写的小说《石与根》被停止连载的问题。据他估计,原因大概是因为其中较多地引用了他在 1926 年首次访日后写的小说中的话。他解释道,这样做是为了修正以往的说法,说明自己这个苏联作家成长起来了。他还听说停止连载是因为已发表的部分中有些话得罪了一些作家,如果真是这样,那么他就认为文学界的庸俗习气、钩心斗角和小团体主义还没有根除。他请求斯大林帮助他把小说发表完。他还说,他非常希望与斯大林见面,"如果您能找出时间,和您谈谈文学方面的事我将感到幸福,我觉得这些问题我必须和您谈谈"。④

① 《书刊大检查——苏维埃国家内的作家和新闻记者(1917~1956)》,文件汇编,民主国际基金会、大陆出版社,2005 年,第 229 页。

② 《书刊大检查——苏维埃国家内的作家和新闻记者(1917~1956)》,文件汇编,民主国际基金会、大陆出版社,2005 年,第 231 页。

③ 《书刊大检查——苏维埃国家内的作家和新闻记者(1917~1956)》,文件汇编,民主国际基金会、大陆出版社,2005 年,第 232 页。

④ 《书刊大检查——苏维埃国家内的作家和新闻记者(1917~1956)》,文件汇编,国际民主基金会、大陆出版社,2005 年,第 297~299 页。

1934 年 2 月 20 日,皮利尼亚克再次给斯大林写信,这封信很简短,主要是附上了他给他的朋友、曾任在莫斯科出版的《外国文学通报》编委的弗里曼的一封信,其中批驳了美国记者和编辑伊斯特曼对他的攻击。伊斯特曼在 1925 年前曾因出版了《列夫·托洛茨基:一个年轻人的肖像》和《列宁去世以来》这两本书而引起过斯大林的注意。皮利尼亚克在给友人的信中首先批驳了伊斯特曼关于皮利尼亚克是"可出卖的和收买的"谰言。照伊斯特曼的说法,在美国收买他的价钱要比苏联高,可是不知为什么,他却回到了苏联,"写了题为《很好》的谴责美国资本主义的书"。皮利尼亚克说他在 1923 年就认为俄罗斯的共产主义政权是由俄罗斯的历史命运决定的,因此他遵循俄罗斯的历史命运,决定与共产党人一起走。他说,十一年前讲的话,对他来说,今天也必须遵守。他还说,对他来说,这个真理在不断发展,变得更加清楚了:"苏联今天的命运,是各国人民的命运;共产主义的命运不仅是苏联,而且是地球社会主义联盟的命运;我从苏联的同路人作家变成了共产党员作家,尽管我没有党证,这一切,我从一个同路人成为共产党员的这十一年,我有理由为此感到自豪。"他在信的末尾说:"无论如何,唯一的苏维埃国家是苏联,苏联的领袖则是约瑟夫·维萨里昂诺维奇·斯大林。这是事实。"①皮利尼亚克在给斯大林的信里附上他给弗里曼的信,目的是为了向斯大林说明自己的政治立场和政治态度。

1934 年 5 月 17 日皮利尼亚克给联共(布)中央写信,提出允许他到波罗的海沿岸和北欧做一些国家访问请求,斯大林在信上作了这样的批示:"可以满足。"②政治局经过讨论通过决议,允许

---

① 《书刊大检查——苏维埃国家内的作家和新闻记者(1917～1956)》,文件汇编,国际民主基金会、大陆出版社,2005 年,第 306～309 页。

② 见《文学的幸福——国家与作家(1925～1938)》,文件汇编,俄罗斯政治百科全书出版社,1997 年,第 172 页。

他出访。从这件事可以看出，当时斯大林对皮利尼亚克还是信任的。

尽管皮利尼亚克在思想上和创作上确实有变化，他自己甚至认为已从"同路人"变为共产党员。但是他的表现仍然没有得到有关部门的某些领导人和作家队伍中的与他意见不合的人的认可，他们继续以怀疑的目光看待他，对他保持着警惕性。有人没有忘记他在20年代所犯的错误，尤其是没有忘记他在《不灭的月亮的故事》中宣扬了托洛茨基派对伏龙芝之死的看法。因此在大清洗运动中，他这个历史上有过污点并且多次出国访问与外国有比较广泛联系的人自然成为审查的对象。他在当时非常的情况下被定为"人民的敌人"，罪名是"参加过托洛茨基的反苏的从事破坏和恐怖活动的组织"并且充当日本间谍。他于1937年10月28日被捕，1938年4月21日被处决，成为肃反扩大化的牺牲者。有人认为斯大林虽然看重和相信皮利尼亚克，但是没有忘记他在20年代对自己的攻击，因而没有像保护帕斯捷尔纳克那样保护他。当然，这只是一种猜测。

三

再往下讲一下斯大林与爱伦堡的关系。上面提到过，斯大林1924年4、5月间在题为《论列宁主义基础》的讲演中在提得皮利尼亚克的《荒凉年份》的同时，也提到爱伦堡的短篇小说《共产主义的完人》，这说明他也很早就把这位作家的作品置于自己的视野之内。但是由于到20年代末这一段时间里斯大林还没有把文学作为自己工作的重点之一，而爱伦堡大部分时间都在国外，因而他们之间似乎没有发生过直接联系。从20年代末到30年代初，情况发生了变化。斯大林开始直接抓文学问题，而爱伦堡曾一度回国，为当时苏联国内掀起的建设高潮和人民群众的劳动热情所吸引，思想发生了变化，怀疑情绪有所克服。他通过到各地采访和体验生活,于 1933 年 3 月写出了长篇小说《第二天》。小说写成后,他先是把它寄给当时的联共(布)中央出版部,稿子转到了苏联文学出版社。出版社的编辑读了小说后,要爱伦堡的女儿伊琳娜转告父亲,说他写了一部"不好的和有害的作品"。于是爱伦堡采取了这样一个孤注一掷的做法,把小说打印了几百份,编上号,分送给中央政治局委员、各报刊的编辑和作家。① 他把 1 号的那一份留给自己,把 2 号的那一份给了斯大林。结果小说于 1934 年出版了,并被认为是反映社会主义建设的优秀作品之一。问题解决的如此顺利,恐怕主要是因为小说得到了斯大林的肯定。

不久苏联召开第一次作家代表大会和成立统一的作家协会。在会议选举作协领导机构前斯大林给卡冈诺维奇和日丹诺夫写信,提出把加米涅夫、杰米扬·别德内依、尤金和爱伦堡等四人列入主席团委员候选人名单。② 于是爱伦堡成为作协领导机构成员。

在这之后不久,爱伦堡于 1934 年 9 月 13 日第一次给斯大林写信,信中主要提出改组国际革命作家联合会的问题。这个组织是几年前成立的。爱伦堡认为它奉行了拉普的关门主义方针,未能广泛团结各国的革命作家,尤其把许多有影响的著名人士拒之门外,为了说明这一点,他首先举了出席苏联作家代表大会的外国作家代表团的人员组成为例,说除了少数名家外,没有邀请欧美文学的许多代表人物,而被邀请者的名单是由国际革命作家联合会拟订的。接着他给斯大林介绍了这个组织的领导人的情况以及它在各国的活动。他说,领导它的是几位匈牙利的、波兰的

---

① И. 爱伦堡:《人、岁月、生活》,三卷集,第 1 卷,苏联作家出版社,1990 年,第 562 号。

② 见《斯大林和卡冈诺维奇通信集(1931～1936)》,俄罗斯政治百科全书出版社,2001 年,第 465 页。

和德国的三流文学家,这些人长期住在苏联,脱离了本国的生活,不了解西方知识分子在法西斯主义得势后思想发生的变化,而联合会在各国的组织未能根据形势的发展广泛团结作家。他认为在新的形势下,革命作家组织的政治纲领应该是"非常广泛的,同时又是明确的",即"与法西斯主义进行斗争"和"积极捍卫苏联"。根据他了解,西欧和美国的知识分子喜欢听"大人物"的话,因此他认为"成立由著名作家领导的反法西斯组织的意义将是十分巨大的"。他建议解散或从根本上改组国际革命作家联合会及其在各国分会。①

斯大林收到信后,立即作出反应。他在给卡冈诺维奇的信中说:"请读一读爱伦堡的信。他说得对。应当清除国际革命作家联合会内拉普的传统。必须这样做。您和日丹诺夫就抓一下这件事。如果按照(1)与法西斯主义进行斗争,(2)积极捍卫苏联的原则扩大联合会的框架并由爱伦堡同志来领导,这就很好。这是一件大事。请予以重视。"②卡冈诺维奇立即采取行动。

斯大林作出这样的决定,是因为爱伦堡提出的广泛团结各国革命作家的建议符合他当时实行的方针政策。他没有建议让高尔基领导改组后的联合会,而建议爱伦堡来领导,大概是由于高尔基所结识和与其交往的主要是国外的老一代作家,而与新一代作家联系并不多,而爱伦堡则与他们关系比较密切,在他们当中有较高的知名度和威望。1934 年 11 月,苏联驻法大使转告当时在巴黎的爱伦堡说,斯大林有意会见爱伦堡,与他讨论他信中提出的问题。可是爱伦堡回莫斯科后,斯大林没有会见他。这主要是因为斯大林改变了主意。根据了解内情的人透露,斯大林在与

---

① 见 B. 萨尔诺夫:《斯大林与作家》,第 1 卷,艾克斯莫出版社,2008 年,第 612～614 页。

② 《斯大林和卡冈诺维奇通信集(1931～1936)》,政治百科全书出版社,2001 年,第 493 页。

来访的法国作家巴比塞谈话后觉得新成立的组织还是由巴比塞来领导为好。

在这之后,采取了一些广泛团结各国革命作家建立反法西斯统一战线的行动。1935年6月在巴黎举行了由三十五个国家的三百五十名作家参加的保卫文化国际会议,爱伦堡在策划和组织这次会议上起了重大作用。这个举措得到斯大林的支持,他亲自点将组成苏联作家代表团,并且后来根据西方著名人士的要求,增派了帕斯捷尔纳克和巴别尔为代表。1935年12月,国际革命作家联合会宣布解散,然而由于种种原因没有成立新的组织。

西班牙内战爆发后,爱伦堡作为《消息报》的军事记者被派到那里采访,写了不少通讯报道和其他作品。1937年12月他回到了莫斯科。他本来打算作短时间的逗留后回西班牙去,但没有放他走。于是他就给斯大林写信,说明在那里自己还有很多事情要做。斯大林没有回信,但让《消息报》的主编谢利赫转告他说:"在现在的国际形势下,您最好留在苏联。您在巴黎大概还有各种物品和书籍?我们可以设法让您的妻子来一趟,把这一切运来……"①其实当时正值大清洗时期,当时有人揭发他与布哈林关系密切,而被捕的科利佐夫也供认他与外国人的关系非同寻常。根据曾在内务部和国家安全部担任领导工作的苏多普拉托夫的回忆,他曾听见贝利亚说过,1939年斯大林下令逮捕爱伦堡,但这时收到了派驻巴黎的内务部人员发来的电报,其中对爱伦堡为发展苏法关系所作的贡献及其反法西斯活动作了高度评价,于是他没有执行收到了的命令,把这电报给斯大林看。斯大林看了后同意不逮捕爱伦堡。② 当然,这种说法不一定可信,但是当时爱伦堡确

---

① И.爱伦堡:《人、岁月、生活》,三卷集,第2卷,苏联作家出版社,1990年,第160页。

② 见 П.苏多普拉多夫:《特殊行动——卢比扬卡与克里姆林(1930~1950)》,2002年,第548~549页。

实未遭逮捕,有人分析,斯大林改变决定,大概觉得今后爱伦堡对他还是有用,于是网开一面,将其留着了。后来爱伦堡又出国了。

第二次世界大战爆发后,他目睹了法国战败和德军占领巴黎的过程,根据自己的了解和见闻开始创作长篇小说《巴黎的陷落》。小说的第1部顺利地发表了,但是第2部里虽然德国人还没有出现,但已可看出作者往下就要揭露法西斯了。由于当时与德国签订了互不侵犯条约的苏联还与它保持着外交关系,从策略考虑尽可能不主动地触动德国,以赢得备战的时间。因此这部小说的第2部没有通过审查。可是战火日益逼近,眼看德国法西斯就要入侵苏联。就在卫国战争爆发前不到两个月的1941年4月24日,斯大林突然给爱伦堡打电话。据爱伦堡回忆,斯大林说他读了《巴黎的陷落》,认为它很有意思,并说他打算寄一本安德莱·西蒙的书供爱伦堡参考。爱伦堡表示感谢,说这本书已读过了。接着斯大林问他,他是否打算在小说里写德国人;他回答说,他正在写的那部分写的是希特勒军队入侵法国和实行占领的最初几周的情况。他补充说,他担心这部分会不会禁止发表,因为甚至不准他在说到法国人受害时使用"法西斯分子"一词。这时斯大林风趣地说:"您就写吧,我们一起想办法把这第3部也推出去……"这说明写德国人的部分也可以发表了,不必再有所顾忌了。爱伦堡一听这话,立刻意识到战争就要爆发了。他觉得斯大林讲的已不只是文学问题,是要借此把消息透露出来,让大家做好思想准备。① 这部小说完成后,于1942年获斯大林奖金一等奖。

这里顺便提前讲一下爱伦堡的另一部小说《暴风雨》被授予1948年度斯大林奖金一等奖的事。据他说,法捷耶夫曾告诉他,

---

① 见 И. 爱伦堡:《人、岁月、生活》,三卷集,第2卷,苏联作家出版社,1990年,第228页。

评委会本来决定授予它二等奖,在审批会上斯大林问为什么只给二等奖,法捷耶夫解释道,评委会认为小说有思想错误,因为其中的一个主要人物爱上了一个法国女人。斯大林听了就说:"而我喜欢这个法国女人。一个很好的姑娘!再说生活中常有这样的事……"①于是小说便被授予一等奖。

苏联卫国战争爆发后,爱伦堡满怀爱国热情和对德国法西斯侵略者的仇恨,用他的那犀利的笔为武器立即投入战斗,在报刊上连续不断发表了短小精悍、充满战斗激情的文章、通讯、特写、小品文,揭露侵略者的暴行,表达了苏联人民誓死保卫祖国的决心。他的这些作品给苏联军民以巨大鼓舞,并且产生了广泛的国际影响。德国法西斯当局对他恨之入骨,他被称为"斯大林的犹太家人",纳粹的宣传机器把他描绘成要把德国人民消灭光的嗜血成性的恶棍,据说希特勒曾下令捉拿他和处死他。可是完全出乎他意料之外的是,在反法西斯战争即将胜利结束时,《真理报》于1945年4月14日发表了中央宣传鼓动部长亚历山大罗夫的题为《爱伦堡同志把问题简单化了》的文章,指责他把德国说成只是"巨大的匪帮",说爱伦堡的说法并不反映苏联整个社会的意见,说红军"从来不把消灭德国人民作为自己的任务"。文章还说,真正的反法西斯战士发表这样的观点是"奇怪的和不可理解的","苏联人民从来不把德国的居民和统治德国的罪恶的法西斯匪帮混为一谈",并引用斯大林的话来证明这一点。爱伦堡读了这篇文章,认为自己没有错,心里感到很委屈,于是第二天就给斯大林写信,要求斯大林表态,说明他该不该受这样的指责,要不要把写作工作继续进行下去。②

---

① 见 И. 爱伦堡:《人、岁月、生活》,三卷集,第3卷,苏联作家出版社,1990年,第36~37页。

② 见 B. 萨尔诺夫:《斯大林与作家》,第1卷,艾克斯莫出版社,2008年,第620~621页。

不错，爱伦堡在德国军队入侵时曾提出过"消灭德国佬"的口号，号召人民起来与侵略者进行斗争，这个口号为广大军民正确理解和接受，产生过巨大的影响。当时谁都明白，这里所说的"德国佬"指的是德国侵略者。而且像爱伦堡信中所说的那样，当时他就强调"我们不是法西斯分子，决不会搞迫害"。而他在战争后期写的文章里强调"要以与希特勒分子不同的准则对待平民"。因此在这个问题上，他觉得自己是"问心无愧"的。亚历山大罗夫发表这篇文章很可能是根据斯大林的指示写的，至少是经他同意的。如果是这样，那么为什么斯大林几年前不提出批评，而要在战争将要结束时进行纠正呢？有人分析，战争后期苏联红军进入德国境内后，形势和任务已与战争初期大不相同，除了继续追击消灭德国军队外，需要正确对待德国的平民，以取得他们的理解和支持。而红军未能完全这样做，出现了一些问题。爱伦堡在东普鲁士采访时见到了红军抢劫财物、酗酒闹事、调戏妇女等现象，回国后在军事科学院做报告和发表文章时讲了这些情况。内务部门认为这是对红军的诬蔑，立即向斯大林作了报告。斯大林认为要解决这个问题，不能简单重复战争初期的某些口号，需要作一些修正或补充，强调正确对待德国人民的问题。亚历山大罗夫的文章大概是在这种情况下出现的。至于为什么拿过去所提口号并没有错误、现在又提出正确对待德国人民的问题的爱伦堡作靶子，那就不得而知了。

　　爱伦堡就民族属性来说，是犹太人。他在卫国战争结束后被牵扯进了一些与犹太人有关的事件中。首先是对1948年成立的犹太人的国家以色列的态度问题。应该说，苏联当局本来是支持以色列立国的，希望它成为苏联在这一地区的盟友，因此它成立后很快就正式承认。可是以色列并不想跟着苏联走，因此苏联对它的态度有所改变。许多苏联的犹太人对以色列的成立非常关心，他们对以色列首任驻苏公使梅厄夫人表现得十分热情，这就引起了苏联当局的不满。斯大林觉得需要向公众说明一下如何看待以色列的问题。他在1948年9月初到南方休假前指示马林科夫组织人写一篇关于以色列的文章,提出了几个执笔的人的人选,其中第一个就是爱伦堡。马林科夫和卡冈诺维奇等人便找他谈话,他同意了。文章写成后送给斯大林过目,斯大林点了头。于是这篇文章就以"从一封信说起"为题发表在9月21日的《真理报》上。原来斯大林提议文章由几位著名活动家署名,爱伦堡坚持只署他一个人的名字,斯大林没有表示反对。

文章之所以用这样的题目,据说是因为有一位德国的犹太大学生给爱伦堡写信,抱怨西德实行反犹主义,认为所有犹太人要想避免这共同的灾难,只有迁居以色列这一个办法。爱伦堡在他的文章里发表了自己的看法。他认为犹太人不是一个民族,他们注定要在居住的国家里被同化。确实他从来都不赞同犹太复国主义,也就是不赞同重建独立的犹太国家。他在信中告诫读者不要认为以色列的成立可以使犹太人避免灾难和不受伤害。这些话符合斯大林的要求。同时他在文章里引用了斯大林在1931年1月12日答美国犹太电讯社问里的话。斯大林强调指出,"作为彻底的国际主义者的共产党人不能不是反犹太主义的势不两立的死敌"。他还说:"在苏联,反犹太主义是作为一种极端敌视苏维埃制度的现象而受到法律的极严厉的追究的。依照苏联法律,积极的反犹太主义者应判处死刑。"①爱伦堡的这一招非常高明,他在苏联对犹太人的政策似乎有所变动、国内正在出现反犹浪潮的情况下引用斯大林说过的话,实际上是请求斯大林像过去那样对待犹太人,同时他这样做又给犹太人提供了反对各种反犹行为的依据。

如上所说,1949年1月开始对世界主义进行批判,被指名批

---

① 《斯大林全集》,中译本,第13卷,人民出版社,1985年,第28页。

判的是一批戏剧批评家，其中绝大多数人具有犹太血统，因而这次运动具有明显的反犹色彩。在这之前不久，爱伦堡作为主要成员之一的犹太反法西斯委员会被解散。尽管爱伦堡未受到直接冲击，但是他的活动受到了很大影响。他曾在1949年3月给斯大林写信进行诉苦，说从2月开始所有报刊对他"关门"了，作品不能发表，这样一来，"他就丧失了继续进行工作的可能，不能为反对美帝国主义而斗争，不能为祖国服务了"，同时，他的文学工作也受到打击。于是只好写信求助。① 斯大林像往常一样没有给他回信。同年12月在斯大林七十寿辰时，文学界许多人纷纷发表文章和诗歌为他祝寿，爱伦堡也不例外，他的那篇题为《深厚的感情》的祝寿文章很有特色。他充分利用自己周游世界的所见所闻，写了各国人民敬爱斯大林的各种表现，写得具体生动。可是没有表达自己的感情的话。这就显得比那些为了表忠心，一味唱颂歌的人高明。

爱伦堡尽管受到苏联国内反犹气氛的影响，但是当局对他还是信任的，这具体表现在1952年授予他斯大林和平奖金上。在他之前，该奖金只授予外国人，而爱伦堡成为首位获奖的苏联"和平战士"。

然而这时又发生所谓的"医生案件"，一批犹太家庭出身的医生被控犯杀人罪而送上法庭。同时也对被解散的犹太反法西斯委员会的一些主要成员提起了公诉。人们对此有不同看法，俄罗斯人与犹太人的矛盾有所激化，出现了一些暴力事件。据说这时斯大林认为需要由一批犹太的著名活动家出面，写信给《真理报》进行说明。这次他没有找爱伦堡起草，而是采取草拟好信件后交由这些活动家签名后交《真理报》发表的做法。这是1953年初的

---

① 见 B. 萨尔诺夫：《斯大林与作家》，第1卷，艾克斯莫出版社，2008年，第621~622页。

事。草拟好的信中首先批驳了那些自认为是全体犹太人民的"朋友"甚至是代表的人关于所有犹太人具有共同的目标的说法,指出犹太人当中存在着劳动者和剥削者两个阵营,而以色列实际上成为美国侵略势力进攻苏联的基地。信中在谈到"医生案件"时说,罪犯大多是国际犹太复国主义组织收买的犹太人,他们的目的是用有害的医疗方法缩短苏联的活动家和军队领导人的寿命,从而破坏苏联的防御能力。信中强调指出,在苏联实现了大小民族的兄弟般的团结,从事劳动的犹太人在历史上第一次过着自由的欢乐的生活。① 爱伦堡不同意在信上签名,他于1953年2月3日写信给斯大林说明不同意签名的原因。他说,他觉得解决犹太人问题的最彻底的办法是使犹太人与一起生活的各族人民"完全同化",而美国和犹太复国主义的宣传机构竭力要把犹太人分开。他接着说,他担心现在只由犹太人联名发表公开信的做法"可能会增强那些动摇的和不那么自觉的人的民族主义倾向",同时他指出,信中使用"犹太人民"的说法,可能会使民族主义者受到鼓舞,而使那些尚未意识到犹太民族并不存在的人感到困惑。他还说,发表这样的公开信,可能对犹太复国主义者、"崩得"分子以及其他敌人进行反苏宣传起煽动作用。他主张由《真理报》发表文章或系列文章(其中包括由犹太人署名的文章)说明巴勒斯坦以及美国资产阶级犹太人的作用,另一方面,由《真理报》编辑部出面说明绝大多数犹太劳动者是忠于苏维埃祖国和俄罗斯文化的,这就有助于不把部分犹太人孤立起来,克服反犹主义的残余。爱伦堡说自己无力解决这些问题,因此请求斯大林帮助,请他委托一位领导干部告诉他,发表这样的信是否适当,需不需要他签名。最后加了一句:"如果这对保卫我们的祖国和开展和平运动有利,

---

① 见《劳动报》2000年8月22日。

那么我立即就在《致编辑部的信》上签名。"①

这是爱伦堡给斯大林的最后一封信。一个多月后斯大林去世了,可能没有看到这封信。而信中所说的联名信也就没有发表了。

斯大林去世后,爱伦堡敏锐地感觉到社会政治生活即将发生重大变化,并设法通过文学作品将其展示出来。1954年他发表了以"解冻"为题的中篇小说第1部,其中通过主人公之口,反复讲到严冬即将过去,"已到解冻时节","春天就在眼前",已听得见"春天的喧闹声"等等。作者用这种具有象征意义的话说明作为"严冬"的斯大林时期正在过去,被称为"春天"的新时期正在到来。这反映出他对斯大林时代的看法,说明他的思想观点发生了明显的变化。这部小说产生了很大影响,后来人们把斯大林逝世后的一个时期称为"解冻时期"。1959年爱伦堡开始写长篇回忆录《人·岁月·生活》,他根据亲身经历写了世界上发生的一系列重大事件以及他接触过的、有所了解的或有过交往的著名人物,抒发了自己的情感,有时进行了反思甚至忏悔。当然其中写到了斯大林,他总的看法是:斯大林有巨大的智慧,同时有更多的狡诈。这里他在肯定斯大林的智慧的同时,用了"狡诈"这一贬义词来说明这位领袖人物的特点,可能这所谓的"狡诈"也包括斯大林在处理事情时审时度势,权衡得失利弊作出的常人意料不到的决定和采取灵活的策略在内。而爱伦堡这位机敏的作家有时也有这种"狡诈"的表现。

爱伦堡在斯大林时期尽管受过批评,尽管有人告他的状,安全部门整过他的材料,但是他能安然无事,而且受到重用和嘉奖,原因何在呢? 这主要是由于斯大林重视他的才学,而且觉得他有

---

① 见 B. 萨尔诺夫:《斯大林与作家》,第 1 卷,艾克斯莫出版社,2008 年,第 623~624 页。

政治头脑,再加上他在国外有广泛的联系以及较高的威望和较大的影响,因此一直把他视为有用的人才,认为如果很好地加以保护和利用,对发展文学事业和扩大苏联在国外的影响都是有利的。而爱伦堡本人政治嗅觉灵敏,机智而又有胆识,能做到应对自如,进退有度,这对他免遭厄运也起了一定作用。爱伦堡本人在谈到自己在斯大林时期不仅保全了自己,而且受到礼遇时说,这是因为他像"中奖"一样运气好,完全将其看作偶然的事,这未免把问题简单化了。

四

下面讲斯大林与左琴科的关系。斯大林究竟是从何时开始注意左琴科的,只能做一些推测。在他当选联共(布)中央总书记后不久,当时的中央宣传鼓动部副部长雅科夫列夫于1922年7月3日左右根据他的要求书面汇报了作家队伍的情况,列举了各个派别的一些有代表性的人物,说有不少人"处于动摇之中,政治上还没有定型",并举皮利尼亚克和左琴科为例。① 如果斯大林相信报告里的话,那么左琴科给他的第一个印象并不是太好的。1932年3月,国家政治保安局汇报了一些作家对政府帮助俄罗斯作家萨尔蒂科夫-谢德林的儿子一事的反应,说有的人认为此事说明斯大林重视旧知识分子在国家文化生活中的作用,而有的人提起扎米亚京和布尔加科夫直接向斯大林提出请求结果问题得到解决的事,说他们也打算这样做,请求允许出国。在这些人当中就有左琴科。② 斯大林如看到这个报告,肯定对左琴科不会满意。

关于斯大林如何看待左琴科的作品的问题,没有翔实的材料

① 见 B. 萨尔诺夫:《斯大林与作家》,第 1 卷,艾克斯莫出版社,2008 年,第 254 页。
② 见 B. 萨尔诺夫:《斯大林与作家》,第 1 卷,艾克斯莫出版社,2008 年,第 254~255 页。

可以说明。诗人丘耶夫在与莫洛托夫谈话时提到斯大林的养子阿尔焦姆·谢尔盖耶夫曾经说过，斯大林喜欢给他和瓦西里（斯大林的儿子）朗读左琴科的作品。他说："有一次笑得几乎流眼泪，然后说道：'这里左琴科同志想起了政治保安局，于是改变了结尾！'"[①]这里讲的大概是谢尔盖耶夫后来对30年代自己少年时代的回忆，经过丘耶夫的转述，不一定完全符合实际。如果确有其事的话，那也只能说明斯大林喜欢读的是左琴科的那些充满讽刺幽默的青少年读物，并不是他的一般作品。

卫国战争爆发后，左琴科积极为报刊写揭露德国侵略者的文章，与什瓦尔茨一起写了表现希特勒的失败的讽刺剧《在柏林的菩提树下》。列宁格勒被围后，苏联政府决定用军用飞机把一批学者和文化活动家疏散到大后方。体弱有病的左琴科也被列入被疏散人员的名单中。上面说过，阿赫马托娃对苏联政府的这一决定非常感激，而左琴科则不同，他愿意与妻子和儿子一起留在列宁格勒，但最后勉强服从安排，到了塔什干。

在塔什干左琴科写了一些讽刺法西斯的文章，编过电影脚本，参加过一些社会活动。但是这里远离前线，要写反法西斯的作品缺乏素材，而且如果对战争没有切身的感受，难以引起创作的冲动，因而他一时感到有些苦恼。这时便想回过头来写早就准备写的一部题为《幸福的钥匙》的小说。他已为此作了很多准备，收集了不少材料，而且疏散时随身带着。他本来打算等战争结束后再写，只有时把这些材料拿出来翻一翻。但是后来终于忍不住了，决定动笔。这是1942年下半年的事。到1943年下半年，这部改名为《日出之前》的小说发表了前七章。作者通过追述自己从童年到成年的许多生活琐事寻找不幸的原因，并且作了生理学和

---

① Ф.丘耶夫：《莫洛托夫：掌握一半权力的统治者》，奥尔马出版社，2000年，第360页。

心理学的实验,终于找到了不幸的根源并用理性战胜它。这是一部带有自传性的具有某种科研色彩的文学作品。

小说的前七章发表前后,曾得到一些批评家和学术界人士的好评。但是不久情况发生了变化。有人对小说提出批评,接着《十月》杂志决定停止连载。左琴科得知后,立即给斯大林写信进行申诉。他首先强调这是一本"反法西斯主义的书",是为"捍卫理性及其权利"而写的,理由是其中弘扬了巴甫洛夫的条件反射学说,揭露了弗洛伊德的唯心主义错误。他说,《十月》杂志曾不止一次地把小说送给斯彼兰斯基院士审阅,院士认为它"是根据现代科学的材料写的,值得发表和重视"。他接着说,小说未发表完就加以否定,停止了连载,这种只根据第一部分作出评定的做法是不公平的。最后他请求斯大林读一读这部小说,或者下令对它"进行更加认真的审定,至少要审定它的全文"。左琴科不承认他的小说有问题,说其中批判了弗洛伊德的错误,因而具有"反法西斯主义"的性质。这样说既不完全符合事实,又有些牵强附会。不错,小说里有一些批判弗洛伊德的话,但是与此同时,自觉不自觉地运用了弗洛伊德的精神分析法。至于他提出不应该只根据小说的前半部就下结论,这样说似乎有些道理,不过小说的倾向已在前几章表现出来。斯大林对他的信没有作出反应。据左琴科后来推测,这可能是由于斯大林正忙于筹备和参加德黑兰会议,无暇顾及此事。

1943 年 12 月 2 日,联共(布)中央书记处在题为《关于对文艺杂志的监督》的决议中提到由于监督不力,以至于"像左琴科的《日出之前》这样的政治上有害而又反艺术的作品得以渗入我们的刊物"。① 接着《文学与艺术报》发表了德米特里耶夫的题为

---

① 见 B. 萨尔诺夫:《斯大林与作家》,第 2 卷,艾克斯莫出版社,2008 年,第 256~257 页。信上注明的日期有误,据查不是 11 月 5 日,而是 11 月 26 日。

《论左琴科的新中篇》的批判文章,苏联作协主席团召开讨论杂志工作的会议,会上法捷耶夫把《日出之前》称为一部"反人民、反艺术的作品"。

在巨大的压力下,左琴科被迫承认了自己的某些失误。1944年1月8日,他上书联共(布)中央书记谢尔巴科夫,说他仔细检查后"发现书中有重要的缺陷","科学与文学未能得到应有的结合","新的体裁是有缺陷的"。他承认"小说不应以现有的样子发表"。他还说,他为小说失败和"不合时宜地进行试验"而感到心情沉重,"聊可自慰的是,这项工作不是主要的,战争年代还用其他体裁写了很多作品"。他请求原谅他的过失,说这是由于"任务十分困难,看来我无力完成"而造成的。他最后说,"十一月底曾冒失地给斯大林写了一封信",如果这封信已经转交,那么请设法让斯大林也知道他认错了。[①]

而在左琴科上书后的第三天,即1月11日,日丹诺夫在一份请示发表批判《日出之前》的文章的报告上作了批示,说对左琴科"要狠狠地批,让他彻底完蛋"。[②] 于是这篇由戈尔什科夫等四人合写的题为《关于一部有害的小说》的文章便在《布尔什维克》杂志上发表了。对小说的批判进一步升温了。也许日丹诺夫在作批示时尚未见到左琴科给中央的上书,不然他的批示的语气不一定会这样严厉。

但是当时毕竟还是战争时期,当局大概考虑到在这样的时候不适于开展大规模的批判,况且左琴科又在一定程度上认了错,因此除了各报刊暂不发表他的作品以及取消他的某些待遇外,没有采取其他的惩罚措施。到1944年底,他的作品重新出现在报

---

① B. 萨尔诺夫:《斯大林与作家》,第 2 卷,艾克斯莫出版社,2008 年,第258～259 页。

② 见 B. 萨尔诺夫:《斯大林与作家》,第 2 卷,艾克斯莫出版社,2008 年,第 260 页。

刊上,继续受到不少读者的欢迎,在这之前出版社还出版他的书。不久战争结束。他大概没想到在和平的日子里一场批判的风暴正在等待着他。

1946年8月,联共(布)中央组织局召集会议,讨论《星》和《列宁格勒》两杂志,左琴科和阿赫马托娃成为集中批判的对象。上面在讲文学政策时已对这次会议的讨论情况以及对两人的批判作过详细介绍,此处不再重复。斯大林在会上多次提到左琴科时所说的话归纳起来有以下两点:一是指责他在战争时期当各族人民都在流血时,他没有写一行反对德国侵略者的字,却写各种荒诞无稽的东西,有的东西甚至令人作呕,这些宣扬无思想性的东西起不了什么教育作用;二是办杂志不能迎合像左琴科这样的人的口味,不能把篇幅奉送给他们,对他们不能讲客气,不是社会应当按照左琴科的想法进行改造,而是他应当改造,如不改造,就让他见鬼去吧等等。斯大林的语气十分严厉,甚至使用了骂人的语言,而且有些话,例如说左琴科战争时期没有写过反法西斯的作品,并不符合实际。

关于斯大林为什么对左琴科采取如此严厉的批判和否定的态度,有各种说法。有人认为个人恩怨在其中起了一定作用。根据是左琴科在1940年写的《列宁与哨兵》这个故事引起了斯大林极度的不满。这个故事写的是斯莫尔尼宫的哨兵洛巴诺夫不认识列宁,他拦住要进门的列宁,要求出示证件,列宁一下子没有找到。这时旁边的一个人非常生气,大声吆喝道:"快让他进去。这是列宁!"然而列宁制止了那个粗暴的人,出示了找到的证件,并对哨兵忠实执行任务表示感谢。故事刚发表时,其中对那个粗暴的人的外形作了描写,说他留着小胡子。斯大林认为这是影射自己,便伺机惩治作者。左琴科本人也有这样的猜测。然而即使斯大林读过这个故事并怀疑作者是在攻击他,他也不会只根据这一点在那场运动中选左琴科当靶子加以狠狠的批判。他那样做主要是因为在他看来左琴科的作品不仅不能起教育作用,而且具有很大腐蚀性,可是他在读者中影响又很大,因而需要进行无情的打击。

　　左琴科受到斯大林的严厉批评和辱骂后,于1946年8月27日给斯大林写信进行解释,希望求得斯大林的理解。信中讲了他的生活道路,说他"从来不是反苏维埃的人",1918年志愿参加红军,与白军进行过战斗;说他虽出身于贵族家庭,但是从来都是跟着人民走的。接着他讲了自己的创作道路,特别提到了《日出之前》,说自己曾以为它在战争时期也是需要的和有益的,因为它揭示了法西斯"哲学"的根源。他说,并不是他一个人这样认为,几十个人讨论过这部作品,1943年6月中央曾把他叫去,指示他继续进行写作,可是这些人后来改变了看法。他又特别说到短篇小说《猴子奇遇记》,说这是他为儿童刊物《穆尔济尔卡》写的,《星》杂志不告诉他就转载了。大型杂志刊登儿童读物,自然会给人以荒谬的印象。不过他保证,在这个短篇里没有任何寓意的语言和潜台词。左琴科最后说,他写这封信唯一的目的是为了使自己的痛苦有所减轻,因为"在您眼中我成为文学上奸诈的人,成为低级的人或以自己的劳动为地主和银行家的利益服务的人而感到十分难受"。①

　　1946年9月16日,左琴科的妻子薇拉瞒着他也给斯大林写信,不过这封信当时没有寄出去。到1947年下半年,当上面对左琴科的态度有所变化,归还了没收的购物卡,《新世界》与他签了发表《游击队员的故事》的合同时,她又给斯大林写了一封短信,连同一年前写的那封长信托波斯克廖贝舍夫转交斯大林。薇拉在她的这封洋洋洒洒的长信里详细地叙述了她的丈夫的生平、性

---

　　① 见 B. 萨尔诺夫:《斯大林与作家》,第2卷,艾克斯莫出版社,2008年,第273～276页。

格特点和健康状况以及他的创作,特别讲了《日出之前》和《猴子奇遇记》的构思写作过程,强调指出,"在他的创作中从来就没有过任何有意的'幸灾乐祸'、'恶意找茬儿'、'讽刺挖苦'或'诬蔑诽谤',也不可能有"。信中说到左琴科从青年时代起就患有精神变态和神经衰弱症,疾病使他以忧郁的和怀疑的态度来看待周围世界,因此他首先看到的是生活的阴暗的、畸形的方面,而看不到生活和人的本性中光明的、高尚的方面,在描写这些方面时他总是碰到巨大的困难。写信的人试图以此来说明左琴科为什么总是写生活的阴暗面和消极现象的原因,并且承认有时不免出现错误。最后她向斯大林说明写信的目的,这样写道:

> 我写信的目的是为了使您相信,米哈伊尔·左琴科从来不是而且也不可能是反苏维埃的人,不是庸俗的和卑劣的中伤者,所有正直的苏维埃人的事就是他的事,他加以密切关注,总是想以自己的劳动给苏联人民带来利益和欢乐,他不是幸灾乐祸地和居心险恶地描写我们生活的阴暗面,唯一的目的是为了揭露、抨击和改变它。
>
> 我写信的目的是为了使您知道真实情况,我把您看得很高很高,我把您的意见视为最神圣的东西。
>
> 如果他在受了突然的和不公道的打击后能恢复过来,无疑将会写出我们祖国需要的和珍贵的东西,他将在您眼中完全恢复自己的名誉。我非常希望能够这样。①

无论是对左琴科本人的信还是对他的妻子的信,斯大林都没有作出反应。

信中提到左琴科与《新世界》杂志签约发表《游击队员的故

---

① 《独立报》1998 年 4 月 29 日。

事》一事。这些故事是他 1944 年参加了作协列宁格勒分会组织的与游击队员的会见并收集了不少材料后写的,一共三十二篇。1947 年 9 月《新世界》发表了其中的十篇。这些故事的发表是经斯大林允许的,经过如下。1947 年 4 月 22 日,左琴科给斯大林写了这样一封短信,全文如下:

亲爱的约瑟夫·维萨里昂诺维奇!

我斗胆给您寄上我的一本新书。

我写它不是为了改善我的处境。我是完全真诚地并且希望给我的读者和苏联文学带来好处而写的。

如果您喜欢我的这本书并允许它出版,我将感到幸福。

请允许我全心全意地祝您健康长寿。

米哈伊尔·左琴科

斯大林大概觉得这部稿子就思想倾向和内容来说还是合乎要求的。同时他觉得需要缓和一下文学界的紧张气氛以及平息关于左琴科已经死亡的传言,打算同意发表。但是又觉得不便于自己出面正式批准。正好 5 月间他在会见作协领导人时,西蒙诺夫提出从左琴科新创作的游击队员的故事中选出一部分在他主编的《新世界》上发表的问题,请求批准。根据西蒙诺夫的回忆,当时斯大林听了后问日丹诺夫读了这些小说没有,日丹诺夫回答说没有读。斯大林又问西蒙诺夫读了吗? 西蒙诺夫说他读了,并作了说明,说这些小说共有二十篇左右,只从其中选了他认为比较好的十篇。这时斯大林又问西蒙诺夫作为主编是否认为这是好小说,可以发表? 西蒙诺夫作了肯定的回答。于是斯大林说道:"既然您这个主编认为它们应当发表,那么你们就发表吧。至于我们,我们等发表了再读。"①西蒙诺夫满以为是他冒着风险大胆提出发表左琴科的小说的建议的,其实斯大林已经胸有成竹,这时便顺水推舟而已。就这样,左琴科的作品就解禁了。

然而左琴科发表别的作品仍遇到重重阻力。他的剧本《你们在这里会开心》的遭遇就是一个典型的例子。这个剧本写成后,左琴科于1948年7月1日给斯大林写信,请求允许上演或发表。照作者的看法,这是一个"写资本主义世界的讽刺戏剧"。斯大林没有反应。中央意识形态部门的一位负责人谢皮洛夫提出了具体意见,认为剧本总的思想政治倾向没有问题,而主要缺点在于作者在写这重要的社会题材时运用了形式主义方法,剧本没有清楚的情节,人物形象千篇一律,具有公式化的缺点。他建议剧本不予发表和上演。左琴科又把剧本寄给西蒙诺夫,西蒙诺夫也不加理睬。结果剧本就未能与读者和观众见面。为解决生计问题,他只好做一些翻译工作。

斯大林逝世后,左琴科生活中唯一的变化是重新成为苏联作家协会的会员。作协在讨论这个问题时,多数领导只同意重新吸收他为会员而不同意恢复会籍,理由是当年开除他的会籍的决定是正确的。

1954年5月5日,他与阿赫马托娃一起参加了列宁格勒作家与英国大学生旅游团的成员的会见。会见时一个大学生问他1946年的决议和日丹诺夫的报告对他的批评是否正确。他回答道,他不同意这个批评,当时就给斯大林写信作了说明。他的回答赢得了掌声。可是引起了党政机关和作协领导的不满,他又受到了新一轮的批判,一些杂志重新对他关上了门。

左琴科一生的最后几年是在心情压抑、生活贫困、疾病缠身

---

① K.西蒙诺夫:《我这一代人的看法——关于斯大林的思考》,书籍出版社,1990年,第101页。

中度过的，1958 年 7 月 22 日他郁郁而终，离开了这个纷扰的世界。对左琴科这个悲剧性结局的造成，斯大林粗暴的批评以及后来冷漠的态度无疑起了相当大的作用。

五

最后讲斯大林与列昂诺夫的关系。我们知道，列昂诺夫是在20 世纪 20 年代初登上文坛的。斯大林对这位有才华的"同路人"作家是看重的。斯大林的助手曾见到他的桌子上放着列昂诺夫的长篇小说《贼》，上面用红铅笔画了许多杠杠，这说明他仔细读过列昂诺夫的这部作品。① 但是，他觉得对列昂诺夫还不够了解，还有些不放心，结果在高尔基家里演出了使列昂诺夫一辈子也忘不了的一幕。

列昂诺夫晚年对许多人说起过这件事。有的人直接记录了列昂诺夫的话，有的人则用自己的话进行了转述，虽然各人的说法不尽相同，但是基本上相似。这件事发生在 1931 年高尔基回国暂住时。有一天列昂诺夫去看望高尔基，想顺便看看高尔基新买的珍贵古籍。恰巧斯大林也在高尔基家。高尔基给他们作了介绍。这时快要到吃午饭时间，列昂诺夫要走，高尔基把他留了下来。一起吃饭的还有伏罗希洛夫、飞行员丘赫诺夫斯基等人。吃饭时谈到了文学。高尔基说了一些赞扬列昂诺夫的话。这时，根据列昂诺夫描述，斯大林在圈椅里向后一靠，眯起眼睛，一眨也不眨地整整注视了他四五十秒钟。他也直瞪瞪地望着斯大林。最后斯大林说了一句："我知道了。"列昂诺夫说，要是他当时垂下眼睛或转过脸去，那就完了，因为斯大林认为"戴着假面具的人是

---

① 《话语》杂志 1999 年第 2 期，第 43 页。

不敢直视别人的眼睛的"。① 斯大林的"虎视眈眈的目光"和那折磨人的四五十秒钟永远留在了列昂诺夫的记忆里,在这之后,他对斯大林一直保持着敬而远之、小心谨慎和处处提防的态度。而斯大林也从此记住了列昂诺夫,1932 年 10 月 26 日在高尔基寓所的集会上开头似乎对他表示亲近,在别人发言时主动和他交谈,在他发言时插了话。休息时,人们围住了斯大林。离斯大林最近的列昂诺夫向斯大林反映作家很难搞到别墅,没有地方休息和工作。斯大林听了似乎不大高兴,用讽刺的语气说:这是因为你们没有好好找,现在加米涅夫的别墅空出来了,可以搬进去住。② 这无疑给兴冲冲的列昂诺夫泼了一瓢冷水。这件事大概也给他留下了深刻印象。

30 年代初,列昂诺夫受当时全国掀起的社会主义建设高潮的鼓舞,思想和创作上都发生了一些变化,先后写了一些肯定现实、反映改造自然和改造人的斗争以及展望未来的作品,例如长篇小说《索溪》(1930)、《斯库塔列夫斯基》(1932)和《通向海洋的道路》(1935)等。种种迹象表明,斯大林一直在注意列昂诺夫的创作,继续读他的作品。据列昂诺夫本人回忆,他的《通向海洋的道路》发表后,当时担任苏联作家协会责任书记的谢尔巴科夫跑来找他,说他们读了小说,希望他能作一些修改,哪怕把有的段落挪动一下也好。列昂诺夫拒绝了,这时谢尔巴科夫说:"好吧,不止我一个人读过,还有别的人……斯大林同志也读了,他很喜欢。"③可见,谢尔巴科夫要列昂诺夫作些修改,并不只是他个人的意见。

在卫国战争前夕的 1940 年,列昂诺夫写了一个名叫《暴风雪》的剧本。剧情在上面讲斯大林的文学批评时已作过简单介

---

① 见《文学评论》1998 年第 4 期第 42 页、《我们的同时代人》2001 年第 2 期第 104 页和《文学俄罗斯报》2004 年 5 月 28 日。

② 《文学问题》1991 年第 5 期,第 155 页。

③ 《文学评论》1998 年第 4 期,第 43 页。

绍。现在再比较详细地谈一下。这个剧本共分四幕,写了瑟罗瓦罗夫一家人不同的生活遭遇。哥哥斯捷潘不学无术,但爬上了某大厂厂长的高位;他的弟弟波尔菲里则是一个白军军官,国内战争快要结束时在他的帮助下逃到了国外。可是斯捷潘谎称波尔菲里已死亡,骗取了弟媳卡捷琳娜的同意,与她结了婚,收养了波尔菲里的女儿卓娅。就这样他们一起生活了十多年,最后卡捷琳娜终于知道了波尔菲里还活着,不再与斯捷潘过夫妻生活,并把真情告诉了已上了大学的女儿。卓娅觉得自己对人们谈到自己身世时说的是谎话,"窃取了"人们的信任,这样做很不应该,便在除夕夜当着同学们的面说自己的父亲是流亡国外的白军军官。与此同时,波尔菲里在参加了西班牙内战后回到祖国,受到了家里人的款待。而斯捷潘则因上面对他的经济犯罪活动已有所察觉,害怕罪行暴露而受到惩处,便匆匆出国。就这样兄弟两人交换了位置:"白色的"弟弟立场有所改变,回到了国内,而"红色的"哥哥却去了"巴黎的污水坑"。剧中瑟罗瓦罗夫一家还有一个成员,这就是老革命家、两兄弟的姨母玛尔法·卡西扬诺夫娜,作者把她写成一个已分不清是非的瞎眼老太婆。作者一方面对白军军官波尔菲里流亡国外一事给他的家人带来的痛苦和不安进行了具体描述,另一方面对斯捷潘的阴险和伪善进行了揭露,同时对当时的社会政治气氛以及人与人之间相互猜疑的现象进行了渲染。应该说,这个剧本所描绘的生活画面是比较阴暗的,它的暴露性是比较强的。

剧本写成后,很快为莫斯科的两个剧院和一系列地方剧院所接受,动作较快的剧院已开始上演。突然联共(布)中央作出禁演的决定,对它进行了严厉的批评,把它说成恶毒攻击党的反革命剧本。列昂诺夫知道,这是斯大林的意见,至少是经斯大林同意的。他给斯大林写了一封信,信中说:"这个剧本已经上演了,看来是剧院过分相信了我的文学名望，因此，请求您只处罚我一个人。①列昂诺夫后来在谈到这件事时说："我知道这是斯大林本人的意思。我想，他们会来找我，把我抓去，我一夜一夜地等着。但是最可怕的事大概还不是这个，而是不能写作了。如果你不能写作，这是最可怕的。"②

这里就出现了这样一个问题：当时肃反的高潮已经过去，联共（布）正在采取一些纠偏措施，而且列昂诺夫也知道斯大林比较重视他，那么他为什么还那么紧张呢？这大概同他与国家政治保卫总局的关系不大好有关。这个部门的头头似乎对"同路人"列昂诺夫的表现不大满意。列昂诺夫本人曾多次说起 1932 年作家们在高尔基寓所聚会时发生的一件事。当时包括斯大林在内的领导人和一些部门的负责人都参加了这次聚会。在聚会快要结束时，已经喝得醉醺醺的国家政治保卫总局头头亚戈达拍着桌子，吹胡子瞪眼地责问列昂诺夫："你们为什么要在文坛上称霸？"列昂诺夫一听这话觉得不对头，急中生智，也装出喝醉酒的样子，说了几句胡话，应付过去了。③ 后来他谈到这件事时说："什么称霸，我们只不过比拉普的人比较有文化和有才气罢了。"④还有一件事。1933 年，在高尔基的倡议下一批作家前去参观国家政治保卫总局组织劳改人员开凿的白海波罗的海运河工程，列昂诺夫也去了。事后要出版一个文集来赞扬劳改政策。具体负责这件事的是亚戈达的内弟、曾任"拉普"总书记的阿维尔巴赫。此人多次打电话催列昂诺夫写文章，列昂诺夫借故推脱了。对他的这些表现，国家政治保卫总局的头头大概不会满意。⑤ 列昂诺夫不知从

---

① 《文学评论》1998 年第 4 期，第 44 页。
② 《真理报》1995 年 8 月 9 日。
③ 《图书评论报》1999 年 9 月 13 日。
④ 《文学评论》1998 年第 4 期，第 44 页。
⑤ 《图书评论报》1999 年 9 月 13 日。

哪里得知，亚戈达的后继者叶若夫有一个"危险分子"的名单，那上面有他和著名导演爱森斯坦的名字。因此，列昂诺夫觉得自己的处境非常危险，只要斯大林一点头，内务人民委员部的人员就会来半夜敲门，把他抓走，幸好最后平安无事。事后他认为他之所以能逃脱被捕的厄运，是高尔基当年在斯大林面前说的赞扬他的话起了作用。他的这种处境，尤其是《暴风雪》禁演后的感受，使他改变了对现实生活的某些看法，开始深入思考许多问题。就在这时，他产生了写一部名叫《金字塔》的小说的意图，来倾吐胸中的积愤，提出那些使他苦恼的问题和发表自己的见解。

可是不久，形势发生了重大变化。一场全民奋起抗击德国侵略者的卫国战争开始了。列昂诺夫作为一个爱国者也立即投身到了这场伟大的斗争中。他以《真理报》记者的身份到前线采访，写了一些特写和政论作品，同时先后创作了剧本《侵略》（1942）和《列努什卡》（1943）以及中篇小说《攻克大舒姆斯克》（1944）。剧本《侵略》是卫国战争时期出现的优秀剧作之一。它描写了敌占区人民反抗德国侵略者的英勇斗争，颂扬了爱国主义精神。主要情节和主人公上面已经介绍过了，现只作一点补充。按照作者最初的构思，主要主人公费多尔不是刑事犯，而是30年代肃反扩大化的受害者。作者认为那样写，更能说明德国法西斯是"共同的敌人"，从而提高作品的思想性。但是他在不久前刚因剧本《暴风雪》受过批评，为了避开敏感的政治问题，只好改变原来的构思。斯大林读了这个剧本后打电话给列昂诺夫，赞扬他写了一个很好的剧本，支持它上演。于是它几乎在全国所有剧院演出，对全国军民起了鼓舞作用，同时也为作者赢得了巨大的声誉。这个剧本于1943年获斯大林奖金一等奖，当时列昂诺夫给斯大林写信说，他对《侵略》这个剧本被授予斯大林奖金"深感欣喜"决定把奖金十万卢布捐献给总指挥部基金会。斯大林回信说："列昂尼德·马克西莫维奇，请接受我的敬意和红军的感谢，感谢您对苏联武装力量的关怀。"斯大林的信曾公开发表在 1943 年 4 月 2 日的《消息报》上。

列昂诺夫直接写斯大林的文章并不多,现在看到的只有 1946 年 1 月 23 日《真理报》发表的《谈谈第一位代表》和斯大林逝世后 1953 年 3 月 10 日《真理报》发表的《他将始终是巨人》。作者在前一篇文章里把斯大林比喻为"现在世界各地都能看到的太阳",称他为驾驶苏联这艘航船的"船长",肯定他大搞经济建设和积极备战的方针的正确性,指出在战争年代由于把这位"船长"的坚强意志灌输给了每一个人,从而加强了战胜死亡的决心。文章强调说,"如果不是斯大林领导具有雄伟气魄的俄罗斯各族人民,世界的历史将变得大不相同。"文章还说,斯大林"教会我们不要为了大事而吝惜小的东西,这样我们就可以明白某种比生命更珍贵的东西"。由此可见,肯定和颂扬斯大林构成这篇文章的基调。后一篇文章是悼词,从斯大林逝世谈到将近三十年前列宁逝世时的情况,说斯大林"接过了列宁的复杂图纸",建造了"用金属和混凝土、花岗岩和大理石构成的建筑物"并充实和超额完成了马克思和恩格斯的计划,"把几百年压缩为几个五年计划"。文章列举了斯大林作为"第一个社会主义国家的建筑师"在各个方面作出的贡献和取得的成就,强调在各国人民的思想上他"将始终是具有人类各种传说中的英雄人物的所有品质的巨人"。这篇文章的基调与前一篇文章基本相同。

战后的几年,列昂诺夫把主要精力用在创作长篇小说《俄罗斯森林》上。这部作品发表于斯大林逝世的那一年的年底,自然斯大林已不可能发表意见了。开头它曾受到尖锐批评,最后得到多数人的肯定,并于 1957 年荣获首届列宁奖金。

1956 年赫鲁晓夫在苏共二十大上对斯大林发动了批判。列昂诺夫和许多作家一样,思想上受到了很大的震动。他开始重新思考和认识斯大林及其时代,看法和态度发生了一些变化。著名批评家、俄罗斯科学院世界文学研究所所长库兹涅佐夫在谈到列昂诺夫时曾这样说过：这是一个极其小心谨慎的人，他精心掩盖自己对革命的怀疑和内心的痛苦，他的想法和感受只有时通过创作流露出来。[①] 苏共二十大后，他开始修改他过去发表过的作品，把过去不便说或不便明说的话都说了出来，例如剧本《暴风雪》在1963年发表时就是这样的做的。他的另一个剧本《侵略》的1964年修订本也恢复了原有的构思，把主要主人公写成30年代肃反扩大化的受害者。列昂诺夫在作品中一般不直接写斯大林，只有在《俄罗斯森林》的初版里出现过斯大林的形象。作者在后来的版本中将其去掉了。列昂诺夫自然不会忘记他直接写斯大林的文章，尤其在想起那篇奉命写成的《谈谈第一位代表》，心里很不是滋味，总想说明一下当年写这篇文章的情况。晚年他给一家报纸写信，说明是当时担任作协责任书记的波利卡尔波夫强迫他写的。这件事使他很不舒服，一直记在心里，不仅是由于这位独立不羁、不喜欢由别人"命题作文"、甚至不愿意按照别人意见修改文章的作家觉得自己做了一件违心的事，而且由于这是在他自己被提名为最高苏维埃代表候选人时写的，这不免有贪图名利和进行政治交易之嫌。但是从通篇文章来看，除了有个别词句言不由衷（例如文章说，"是我的人民和良心命令我谈谈我们国家第一位代表斯大林同志的"）外，并没有神化和不着边际地颂扬斯大林之处，他对斯大林的看法和评价符合他当时的认识，与他自愿写的《他将始终是巨人》一文是基本上一致的。

上面提到过，列昂诺夫在1940年受批评后开始构思的长篇小说《金字塔》，试图把他对革命和20世纪俄罗斯历史的真实看法，把他关于俄罗斯人民以及全人类的前途和命运的思考全都写出来。这部小说断断续续写了三十余年，经过无数次的变动和修

---

① 《苏维埃俄罗斯报》1999年6月17日。

改,到90年代初还是一大堆没有连接成一个整体的片段。这时列昂诺夫已是九十多岁高龄的老人,双目几乎失明而又患有喉癌,只好请人帮他修改加工,把这些"零件"焊接成完整的小说。经过几位编辑在他指导下两年多的努力,小说终于在1994年上半年出版,几个月后列昂诺夫就与世长辞了。

这部小说完成于苏联剧变之后,它的作者经过社会的大变动,思想情绪以及对小说所描写的时代和各种人物的看法发生了明显的变化,这不能不反映到小说的主题思想的揭示和人物性格的刻画上来。考虑到这一点,在阅读小说时看到其中对革命和社会主义的否定,看到它所描绘的一幅幅社会生活的阴暗画面,就不会感到奇怪了。小说的故事发生在1940年晚秋,一开始就讲到作者因一个剧本获咎,"有一个星期和衣而睡,等待夜里有人敲门",最后总算躲过了被捕的厄运,为了排遣郁闷,到了莫斯科郊外的乡村墓地旧费多谢耶沃。小说叙述了乡村墓地周围的居民们的生活遭际,描写了他们与其他人物的接触和碰撞以及交谈和争论,发表了对一系列重大问题的看法,涉及面很广。小说还写了一个来自外星的人物德姆科夫,这使叙事带有某种神奇色彩。在写这个人物时,作者叙述了他来到人间后的表现和感受以及他与斯大林的一次长谈。下面就专门讲一下小说中对斯大林的描写。

小说在叙事过程中有时也指名或不指名地提到斯大林,而在第3部里用了整整两章(第13、14章)的篇幅描写斯大林请德姆科夫去克里姆林宫晚会上表演魔术(因为德姆科夫来到人间后因有特异功能在一个杂技团里当魔术师)的经过以及晚会上的气氛和斯大林的表现,叙述斯大林在办公室里与德姆科夫谈话的内容。这次谈话长达几个小时,大部分时间由斯大林讲,因此在一定程度上可以说是斯大林的自白。作者作这样的设计和安排,自有其高明之处。他让斯大林主动找外星人谈话,寻求他的支持和合作,说明斯大林有许多解决不了的问题。他把斯大林放在一个不参与人世间的纷争的外星人面前,让斯大林坦率地、毫无顾忌地说出自己的看法和想法,实际上是让斯大林进行自我揭露。在谈话一开始,斯大林对德姆科夫说:"您将听到一些与谈话人的政治面目不相容的怪论。"接着便发起议论来。他说,为了在深渊面前避免危险的纷争,在发动决定性的进攻前需要把群众的热情引导到神化领袖上去,这是使群众在遭到不可避免的痛苦时不感觉到痛苦的唯一方法。他在谈到革命斗争的经验时说,布尔什维克党之所以很快取得了夺取政权斗争的胜利,是因为有效地利用了俄罗斯人的不正常的心理。他认为在"入侵财产的世界"时有不少政治对抗性的极端做法,十月革命时作出的"一切归大家"的承诺虽有利于炸毁社会不平等的堤坝,但也激发了人们的盲目性,冲刷了上帝、祖国、家庭等权威性的东西,终有一天这打击会落到我们自己头上。他说,一个外族的统治者,如果目光短浅,就会在莫斯科的克里姆林宫里睡不好觉;他不相信有古老根基的俄罗斯人可以通过宣传教育和行政手段改造过来,但是又认为俄罗斯民族是他完成既定任务的主要手段。他又说,把基督教抛进垃圾堆还为时过早,提出可以把它的某些道理注入共产主义纲领里去。他还说,劳改营制度可以用来消除反抗和埋怨,充分发挥人的潜力,保证他们"百分之百地燃烧而不留灰烬和黑烟"。他为自己所推行的高压政策和广泛开展的镇压行动辩护。斯大林还叙述了他与俄国历史上的暴君伊万雷帝之间的一场争论。伊万雷帝告诫他不要"在血海中呛死",斯大林反问伊万雷帝为什么要杀那么多大贵族,嘲笑他没有把大贵族杀尽而使国家陷入了混乱。斯大林预见到自己的历史命运,说他的所作所为必然会使自己劳碌一生,并受到下一代人的咒骂,但是他并无改弦易辙的意思。列昂诺夫在写完斯大林的这段独白后声明,斯大林对德姆科夫说的话没有第三者听到,也未作记录,不能认为是"时代的确实可靠的文件"。其实作这样的声明是完全多余的,因为谁也不会这样认为,也不会相信列昂诺夫笔下的斯大林说的话有可靠的依据和符合历史的真实。应该说,小说中描绘的斯大林只是它的作者心目中的斯大林。

不过话又要说回来,列昂诺夫虽然在《金字塔》里用讽刺的笔调写斯大林,像某些批评家所说的那样,把斯大林写成"聪明而又阴险狡诈的暴君",但是他对斯大林并不全盘否定,在晚年的多次谈话中说斯大林是一个非常复杂的人物,认为这样的人物只有像莎士比亚这样的大手笔才能很好地展示。他肯定斯大林的雄才大略,赞扬他在把俄罗斯各个分散的地区联合成一个统一的国家方面所起的作用。因此仍然可以说,晚年的列昂诺夫对待斯大林的态度与过去相比并没有多少实质性的变化。

列昂诺夫在《金字塔》里对斯大林的描写遭到了一些人的反对,而反对最激烈的是洛巴诺夫。这位著名批评家是研究列昂诺夫的创作的专家,曾出版过专著《列昂诺夫的长篇小说〈俄罗斯森林〉》。他一直与列昂诺夫保持着良好的私人关系。与此同时,他也对斯大林有深入的研究和了解,编辑出版过一本名叫《斯大林:同时代人的回忆和文件汇编》的书,发表过赞扬斯大林的长篇文章《伟大的治国安邦者》等。他在读了《金字塔》后,对列昂诺夫在写斯大林时"背离了应有的历史准则和审美准则"非常生气。他说,问题的实质在于:列昂诺夫在写《金字塔》时,受到了想要丑化斯大林、把斯大林写成一个暴君和恶棍的意图的支配。他又说,这部小说写于卫国战争后,而作者居然不记得斯大林在这场战争中所起的作用,不免令人感到奇怪,因为一般说来是不能不记得斯大林是一位伟大的国务活动家的。洛巴诺夫不止一次地而且毫不客气地向列昂诺夫提出不同意见,反对他的这种夸张的、不符合实际的写法。① 列昂诺夫大概也觉得自己做得有些过分，失去了应有的分寸感，根据曾经帮助列昂诺夫整理和加工文稿的女学者奥莉加·奥夫恰连科在一篇文章里透露，这位老作家原则上同意对斯大林的形象作进一步的加工，答应在修改斯大林与德姆科夫谈话这个片断时考虑洛巴诺夫的所有意见，并且一直期待着与他面谈以便进一步交换看法。② 可惜列昂诺夫没有等到与洛巴诺夫见面就去世了。可以作这样的设想：如果列昂诺夫多活一些日子，这位习惯于反复修改自己作品的作家大概会在别人帮助下对斯大林形象作一定的改动，使它变得既比较符合历史真实，又符合他本人对斯大林一贯的看法。

综上所述，斯大林对待"同路人"作家既不歧视，也不苛求。他重视他们当中有文学才华的人，主动团结他们。他们的作品只要对人民有好处，能带来益处，就加以肯定。他还善于发挥"同路人"作家的某些长处和利用他们的某些特点，使之为团结更多的人和扩大苏联文学的影响服务。不过斯大林并不是任何时候和对任何人都能做到这样，有时表现得比较粗暴，甚至破口骂人，这不能不是一大缺憾。

第二节　斯大林与新生代作家的关系

斯大林与法捷耶夫的关系。——与肖洛霍夫的关系。——与米哈尔科夫的关系。——与西蒙诺夫的关系。

新生代作家的创作遍及小说、诗歌、戏剧等各个领域。斯大

---

① 《苏维埃俄罗斯报》1999年5月29日。
② 《明天报》1997年第34期。

林对这一代人比较重视和关心，对他们表示支持，帮助他们解决创作上和生活上遇到的问题。他信任其中的少数人，委以领导作家协会的重任。受他的器重或与他有过较多联系的有小说家法捷耶夫、肖洛霍夫、巴甫连柯、利别进斯基、潘诺娃、潘菲洛夫、西蒙诺夫等，诗人别泽缅斯基以及剧作家比尔－别洛采尔科夫斯基、阿菲诺盖诺夫、维什涅夫斯基、基尔顺、波戈廷、柯涅楚克等。下面具体讲一下他与法捷耶夫、肖洛霍夫、米哈尔科夫和西蒙诺夫的关系。

一

先讲斯大林与法捷耶夫的关系。法捷耶夫于 1901 年出生于一个革命家庭，从小受家庭的熏陶，尤其是母亲对他的影响很大。他很早走上了革命斗争的道路。十七岁时就加入了布尔什维克党，接着参加了游击队和红军，十九岁出任远东共和国人民革命军某部旅政委，在与日本入侵者的战斗中负了伤。1921 年 3 月出席了布尔什维克党的第十次代表大会，是最年轻的代表之一。大会期间参加了平息喀琅施塔得叛乱的战斗，再次负了伤。伤愈后曾在莫斯科矿业学院学习，接着做了一段时间的党的工作，同时开始从事文学创作。法捷耶夫说他懂事后的整个一生是在布尔什维克党的队伍里度过的，自称为"党的士兵"，对党有深厚的感情。他是先成为革命者然后才成为作家的，对他来说不存在接受不接受革命的问题。

斯大林对法捷耶夫这样的人是信任和器重的，曾委以领导苏联作家协会的重任。而法捷耶夫对斯大林这位老一辈革命家和党的领袖则怀有某种敬畏的心情。他曾说过，"我怕两个人——我母亲和斯大林，既怕又爱"。① 应该说，两人在革命和建设的重

---

① 转引自 И. 茹科夫：《法捷耶夫》，青年近卫军出版社，1989 年，第 118 页。

大问题上意见是一致的,对文学的本质和作用也有共同的看法,有时甚至在审美趣味方面也显示出某些相似之处。但是他们毕竟属于两代人,经历和思想理论修养有所不同,所处的地位和从事的工作也不一样,因此对一些问题的看法并不都是一致的。斯大林在重用法捷耶夫的同时有时对他的工作并不满意;而法捷耶夫对斯大林也并不盲目地服从和崇拜,有时敢于提出不同意见,这就使得两人之间形成了一种不那么简单的关系。

法捷耶夫登上文坛后,加入了拉普,不久成为它的领导人之一,并担任已由拉普控制的《红色处女地》杂志的责任编辑。1931年该杂志刊登了普拉东诺夫的小说《有好处(贫农编年史)》,据说斯大林读了极为震怒,在上面批了"混蛋"二字,并在政治局的一次会议上对《红色处女地》编辑部进行了尖锐的批评,批评他们刊登了这部"富农的和反苏维埃的小说"。法捷耶夫得知后急忙作了检讨,并发表了《关于一部富农的编年史》一文,对小说进行了严厉的批判。由于他反应及时,采取的措施得当,一场风暴终于躲过去了,没有丧失斯大林对他的信任。

法捷耶夫作为拉普领导人之一,曾赞同和执行过拉普的错误的方针政策,宣扬过"辩证唯物主义方法"和一些其他的口号。他开头对联共(布)中央的关于改组文艺团体和解散拉普的决议有一定的抵触情绪。正好这时有关部门草拟了一个关于解散拉普的文件向各文学团体征求意见(这个文件没有保留下来),其中大概主要讲了拉普存在的问题。法捷耶夫见了特别生气,便给卡冈诺维奇写信,说这个文件是对他的一种侮辱,在它上面签名表示同意就等于承认"我的至少八年的党内生活"不是用来为社会主义和党的事业而斗争,而是用来搞宗派主义和小团体主义。因此请求卡冈诺维奇把这个文件提交中央审议,以便能够看到这是否是党的意志,而对他来说"党的意志才是不可违背的"。① 后来当法捷耶夫了解到解散包括拉普在内的各个文学团体和成立统一的苏联作家协会的决定确实是以斯大林为首的党中央的重要决策后,服从了党的意志,思想似乎搞通了,这可从他在斯大林会见作家的集会上的表现看出来,当时他显得异常活跃,既领唱歌曲,又主动说快板,看来情绪很高。

在拉普的一些领导人当中,斯大林比较看重法捷耶夫,吸收他参加第一次苏联作家代表大会筹委会。1933 年 5 月在筹委会主席格隆斯基患病的情况下,经斯大林同意,他被任命为筹委会副主席,参与领导筹备工作。② 法捷耶夫还和尤金一起被委以起草苏联作家协会章程的重任。在 1934 年八九月间召开的第一次苏联作家代表大会上他被选入新成立的苏联作家协会的领导机构——主席团。

在代表大会闭幕前后的三四年里,法捷耶夫基本上都是在乌法、索溪以及远东等地度过的。这一方面可以说是"创作出差",另一方面也是由于他与前拉普的朋友们关系不甚融洽。从 1937年起,他同在高尔基逝世后担任苏联作协主要领导的斯塔夫斯基进行了一场斗争。这一年的 3 月联共(布)中央书记安德烈耶夫会见他时问到他对斯塔夫斯基有什么看法,他毫不客气地说斯塔夫斯基"多疑"、"文化水平低和不聪明","不信任人"等等。安德烈耶夫写信给斯大林,建议撤销斯塔夫斯基的职务,由法捷耶夫代替他。后来法捷耶夫又与 A. 托尔斯泰和卡拉瓦耶娃联名发表文章对作协和斯塔夫斯基进行了尖锐的批评。于是联共(布)中央出版部正式向中央作了报告,说现在作协的领导人正在把这个

① 见《亚历山大·法捷耶夫(书信和文件)》,高尔基文学院出版社,2001 年,第35 页。

② 见《"文学的幸福"——国家与作家(1925～1938 年)》,文件汇编,俄罗斯政治百科全书出版社,1997 年,第 157 页。

创作团体愈来愈变成官僚机构,斯塔夫斯基在领导作协方面,"已在政治上和组织上遭到失败","他开始鼓励本来就严重存在的钩心斗角和宗派主义"。① 联共(布)中央于1938年三四月间连续召集作家开会听取意见,最后作出了让斯塔夫斯基"长期休假"的决定。1939年1月在中央政治局的会议上才确定法捷耶夫出任作家协会主席团责任书记,2月作协书记处开会,选举他担任上述职务。斯塔夫斯基和法捷耶夫都是受到斯大林信任的人。如上所说,斯塔夫斯基开头只是被勒令"长期休假",十来个月后才正式决定由法捷耶夫取代他。这说明斯大林作这样的决定是经过反复掂量和慎重考虑的。

现在回过头来讲一下1937年的大清洗中法捷耶夫的表现。文学界曾有各种流言,有人说当年某些作家被捕是经法捷耶夫同意的,逮捕令上有法捷耶夫的签字。有人甚至说某些作家是因法捷耶夫的揭发检举而受到镇压的。这些说法都是没有根据的。即使当时抓人需经作协领导同意(实际上这是不可能的),也不会去找他签字,因为这时他还不是作协的主要负责人,只是由三十七人组成的主席团的成员之一。法捷耶夫的传记作者茹科夫经过长时间的调查,翻阅了被捕作家的档案,没有发现法捷耶夫的签字,也没有看到由他署名的任何检举材料。② 可是却有事实证明,法捷耶夫本人却遭到过诬陷。1937年作协曾收到四份揭发他与托洛茨基分子有联系的材料,使得他不得不在作协党委的会议上为自己进行辩护,他家里一直保存着他在这次会上的发言稿。③

在这场大清洗中,法捷耶夫思想上是有矛盾的,一方面他像许多人一样,认为这场运动是必要的,曾和一些著名作家一起发

---

① 见《亚历山大·法捷耶夫(书信和文件)》,高尔基文学院出版社,2001年,第8~9页。

② 见 И.茹科夫:《命运之手》一书,星期日出版社,1994年,第208页。

③ 见 И.茹科夫:《法捷耶夫》一书,青年近卫军出版社,1989年,第299页。

表文章赞同对"反苏维埃的托洛茨基主义中心"的人员的判决,另一方面看到有些他了解的人遭到清洗时不免对这种做法产生了怀疑,有时站出来替他们说好话。例如他曾写信给党的监察委员会替原属于"山隘派"的作家伊万·卡达耶夫辩护,说他从来认为卡达耶夫是一个"正直的、胸襟坦白的人,因此现在觉得此人与人民的敌人有联系的可能性不大"。① 1937 年在讨论开除利别进斯基党籍的会上,法捷耶夫挺身而出,表示愿以党证和脑袋担保他是一个正直的共产党员。② 尤其是在他成为作协的主要领导人后,更是利用各种方法保护作家。例如 1939 年上面决定要授予一批作家勋章。斯大林问法捷耶夫和巴甫连柯可以授给哪些人,法捷耶夫把一些本人受怀疑或有家属被镇压的作家列入名单,这样做实际上是为了保护他们。

法捷耶夫成为作协的主要领导人后,开始与斯大林有更多的直接接触,关系更加亲密了。据说 1939 年 12 月斯大林过六十岁生日时,他曾应邀到斯大林家里出席祝寿的宴会。他在工作中努力领会斯大林的意图和贯彻党的文艺政策,在处理作协的日常事务方面花费了许多时间和精力。当时文学界在经过大清洗后思想情绪没有完全恢复正常,文学创作还没有大的进展,甚至出现了一些在不同程度上有问题的作品。某些作家对作协的工作表示不满,纷纷向主管意识形态的中央书记日丹诺夫告状。上面提到过,当时书记处曾于 1940 年 9 月起草了一个题为《关于苏联作家协会主席团的工作》的决议草案,对主席团的工作提出批评,特别是指责作协放过了一些"思想上有害的和反艺术的作品"。斯大林不大可能不知道起草决议这件事,这说明他对自己新选定的

---

① 见《亚历山大·法捷耶夫(书信和文件)》,高尔基文学院出版社,2001 年,第 53～54 页。

② 见《法捷耶夫(同时代人的回忆)》,苏联作家出版社,1965 年,第 208 页。

作协领导人并不太满意,但不知何故,后来没有形成正式决议。

在战争后期的 1944 年 2 月,作协主席团召开了扩大会议,决定解除法捷耶夫的职务,选举吉洪诺夫为主席团主席。对为什么这样做有不同的说法。流传较广的说法是法捷耶夫当时正在写长篇小说《青年近卫军》,这是给他的"创作假"。这种说法未必完全符合事实,因为如果是"创作假",那就无须撤销他的职务,只要有人暂时代理就行了。比较可能的原因是上面(主要是斯大林)对他的工作表示不满,最后决定"换马"。

可是吉洪诺夫也不算理想的人选,他担任作协领导人后无所作为。1946 年联共(布)中央发动对《星》和《列宁格勒》两杂志以及阿赫马托娃和左琴科的批判,吉洪诺夫作为作协主要负责人对问题的出现应承担领导责任。于是如上所说,联共(布)中央决定改组作协的领导机构,成立书记处以取代原来的主席团,经斯大林同意,由法捷耶夫担任总书记。据西蒙诺夫说,"总书记"这个称号是斯大林想出来的。就这样,法捷耶夫作为总书记,又回到了作协的领导岗位上。对他来说,1944 年被撤职自然是一件不愉快的事,但是"因祸得福",一方面使他免于承担《星》和《列宁格勒》两杂志的问题的责任,另一方面又使他得以较快地完成《青年近卫军》的创作。

在这之后,法捷耶夫这位新任的作协总书记在全党的总书记斯大林领导下,一如既往地贯彻中央的方针政策,积极开展工作。这样一直到斯大林逝世,在两人的相互关系上没有出现大的波澜。

从以上所述可以看出斯大林与法捷耶夫之间的关系并不那么简单。法捷耶夫为人正直,襟怀坦白,不说假话。他相信党,对党有深厚的感情,如上所说,他自称"党的士兵",而且像爱伦堡所说的那样,是一个"勇敢的、守纪律的士兵,从来不忘记总书记的权力"。① 有时他在一些重大原则问题上思想一时不通,但是只要这是党的意志,是"总司令"的命令,就表示服从和坚决执行。他之所以受到斯大林的喜爱和赏识,这可能是一个重要原因。尽管他有时工作上的表现不完全符合斯大林的要求,斯大林也曾表示过不满甚至一度撤销他的职务,但是始终没有失去对他的信任,最后还是起用他。

法捷耶夫并不像当时文学界某些人那样,对斯大林盲目崇拜,阿谀奉承,用各种方式给斯大林唱赞歌。他作为一个作家,没有写过直接歌颂斯大林的作品。还有一件事可以说明这一点。据科洛索夫回忆,1940 年在为青少年创作社会政治活动家的传记委员会的会议上,有人问法捷耶夫,斯大林的传记是否由他来写?法捷耶夫回答说,他不写传记,理由是如果一位艺术家心中考虑斯大林会不会喜欢,就无法动笔。② 茹科夫根据这些事实得出结论说:"法捷耶夫作为一位作家,不是斯大林的歌颂者。"③ 与此同时,法捷耶夫也不是一个毫无主见、唯唯诺诺、唯命是从的人,在一些具体问题上敢于坚持自己的意见,甚至与斯大林进行争论。有这样两件事可以说明这一点。一件是 1947 年 5 月斯大林和其他领导人接见作协负责人,当时法捷耶夫提出了调整稿酬问题。斯大林说这个问题已经研究过了,并作了决定,意思是不必再讨论了。法捷耶夫说解决得不合理,坚持要重新研究,并说明了理由。斯大林最后同意了。④ 另一件事上面已经提到过,它发生在 1950 年审批斯大林奖金获奖作品的会上。他与斯大林在是否应该给女作家科普佳耶娃的长篇小说《伊万·伊万诺维奇》评奖的

---

① 转引 И.自茹科夫《法捷耶夫》一书,青年近卫军出版社,1989 年,第 118 页。

② 见《法捷耶夫(同时代人的回忆)》一书,苏联作家出版社,1965 年,第 221 页。

③ И. 茹科夫:《法捷耶夫》一书,青年近卫军出版社,1989 年,第 124 页。

④ К. 西蒙诺夫:《我这一代人的看法——关于斯大林的思考》,书籍出版社,1990 年,第 107～109 页。

问题上发生了争论。斯大林列举小说的优点，主张授予奖金。法捷耶夫不同意，认为小说写得很糟，从艺术的角度看不合格。斯大林坚持自己的意见，说"反正我认为应当给小说授奖"，法捷耶夫仍不同意，不高兴地说："那就随您的便吧。"①最后小说只被授予三等奖。如果换一个人，不用说是善于领会领导意图、见风使舵的人，就是比较世故的人，也不会在会上当众同斯大林进行争论，更不会用"不敬"的口气同斯大林说话。而斯大林似乎并没有生气，耐心地和带着好奇听法捷耶夫争辩。从这件事可以看出两人的性格和相互之间的关系。

法捷耶夫在担负领导作协的繁重的行政工作的同时，仍坚持写作。卫国战争期间他曾到前线采访，发表过一些特写。1943年法捷耶夫受共青团中央的委托，开始写反映乌克兰克拉斯诺顿在被德国人占领期间地下组织"青年近卫军"英勇的对敌斗争的小说。小说取名为《青年近卫军》，于1944年底基本完成，1945年在报刊上连载，1946年出了单行本，接着被改编成电影在全国上演，受到读者和观众的热烈欢迎。然而事情突然发生了转折。1947年，斯大林看了根据小说拍摄的电影后，发现不仅在电影里，而且在小说里"有一系列不完善的地方"。② 于是《文化报》和《真理报》先后发表文章对小说提出批评。《真理报》在题为《"青年近卫军"在小说里和舞台上》一文里，在肯定作者"成功地再现了克拉斯诺顿的英雄们的面貌"的同时指出："小说没有写出能说明共青团的生活、成长和工作的最主要的东西——这就是党和党组织的领导和教育的作用……在法捷耶夫的小说里有个别从事地下工作的布尔什维克，可是没有布尔什维克的地下'管理部门'，没

---

① К.西蒙诺夫：《我这一代人的看法——关于斯大林的思考》，书籍出版社，1990年，第171页。

② 见 И.茹科夫《法捷耶夫》一书，青年近卫军出版社，1989年，第258页。

有组织。"①显然文章传达了斯大林的意见。

　　法捷耶夫受到批评后，心情是比较复杂的。一方面，他知道这是党的意志，是"总司令"的指示，应该服从，曾对维什涅夫斯基说："我将重写小说，一次不成，将写两次、三次。一定执行党的指示。"②另一方面，他心里总觉得不舒服，这样说道："你们以为我在看到报上说《青年近卫军》没有正确描写年长一代时心里愉快吗？当然很不愉快，但是我不能不承认，这批评是客观的……在三个不眠之夜后，我决定像每个作家应该做的那样去重写自己的书。"③

　　法捷耶夫花了三年多的时间修改自己的小说，新版本于1951年出版。他本人对自己花这么多的时间修改小说也曾流露过惋惜之情，说过这样的话："你瞧，新增了十章，如果不这样做，我能写一部不比《毁灭》差的中篇小说。"④但是总的说来，他自己对第二个版本是肯定的。1956年初，他在小说即将再版时又认真地说了一遍，深信他付出的时间和精力没有白费，觉得新的章节与以前的叙事有机地融为一体，甚至为过去小说里没有这些章节而感到奇怪。⑤这就是说，最后他从思想上完全接受了斯大林的批评。

　　作协繁忙的工作和各种社会活动，使得法捷耶夫无法进行正常的写作。他一直记住高尔基在第一次苏联作家代表大会前对他的告诫，当时高尔基说，如果他不摆脱这些事务，继续这样下去，那么就有可能毁了自己的创作才能。⑥因此他曾不止一次地给党中央和斯大林写信，要求减少行政工作和社会活动。最后一

①　《真理报》1947年12月3日。

②　《俄罗斯文学》2001年第2期，第178页。

③　А.法捷耶夫：《三十年间》，苏联作家出版社，1959年，第569、570页。

④　И.茹科夫：《法捷耶夫》，青年近卫军出版社，1989年，第277页。

⑤　И.茹科夫：《法捷耶夫》，青年近卫军出版社，1989年，第302页。

⑥　见《旗》1998年第10期，第197页。

次写信是在 1951 年 3 月，他在信中对斯大林这样说道，"自从 1946 年我当选为作家协会总书记后，我这个作家几乎无法进行写作"。他接着说，尽管由于从事各种活动脱离了工人和集体农庄庄员的生活，但是"脑子里充满着各种构思"，而要实现这些构思，"需要有时间去更深入和更全面地了解生活的这些方面"。信中列举了其中的几个构思。法捷耶夫还向斯大林诉苦说，六年来他一直强迫自己"不去做符合我的本性最好的和最强的方面的事，不去做符合我的志向的事"，而这正是在"我风华正茂的时候"。他说："我没有权利故作谦虚，因为我的艺术才能不是我个人的事。我观察我的那些有才华的同龄人所做的事，观察优秀的文学青年所做的事，根据我的年龄和经验不能不看到，许多事我能做得不比他们差，有的事还能做得更好。"最后他请求给他一年的时间写一部长篇小说。① 法捷耶夫的这封信言辞甚为恳切，可是未见斯大林回信，他的要求只得到部分满足。然而最后由于种种主客观原因，他的一些创作构思没有实现，长篇小说《最后的一个乌兑格人》和《黑色冶金工业》均未能完成，这不能不说是一件憾事。

法捷耶夫得知斯大林逝世的消息是在他出院后不久，他把斯大林的逝世称为"落到国家头上的可怕的不幸"，便不顾身体虚弱参加了各种悼念活动，在报纸上发表了题为《斯大林的人道主义》的悼念文章，其中这样说道："斯大林在发展苏联艺术和文学中起了特别重要的作用。任何人也没有像斯大林那样确定了文学作为以共产主义精神教育和改造人的力量的伟大的育人作用，把作家称为人类灵魂的工程师。斯大林发现了和理论上论证了苏联文学中的社会主义现实主义方法，发展了列宁关于苏联文学的党性的学说。斯大林是党就文学问题作出的所有决定的策划者。

---

① 《亚历山大·法捷耶夫（书信和文件）》高尔基文学院出版社，2001 年，第 139～141 页。

他在三十年的时间里指导苏联文学的发展,不断用新的思想和口号鼓舞它,揭露它的敌人,关心和培养作家的骨干,鼓励他们同时又批评他们。"①他这样写,似乎为斯大林领导苏联文学的活动作了一个初步的总结。

斯大林逝世后新上台的苏共领导人迫不及待地开始反对个人崇拜。马林科夫在举行葬礼后第二天召开的苏共中央主席团的会议上说苏联社会的许多不正常现象是由个人崇拜造成的,提出必须停止实行个人崇拜的政策。当时虽然没有公开指名,但是矛头所向是很清楚的。过去存在的一些问题和破坏社会主义法制的行为陆续被揭露出来,这给法捷耶夫的思想以一定的震动,促使他回顾过去,进行反思。在这过程中他发现过去文艺领域的一些问题,尤其是文艺政策方面的问题,对如何改进党对文艺的领导产生了一些新的想法。于是他接连上书苏共新的领导,批评了领导文艺工作方面的官僚主义做法,提出了一些改进意见。但是中央领导人对法捷耶夫的报告不予理睬。法捷耶夫几次要求领导人接见,均遭拒绝。这对他来说是很大的刺激。与此同时,他决定从行政事务和社会工作中摆脱出来,辞去作协总书记的职务,而中央却出乎意料地同意满足他的要求,在1954年第二次苏联作家代表大会召开前决定完全撇开法捷耶夫,撤销作协总书记的职位,内定苏尔科夫为第一书记。代表大会后,法捷耶夫完全退了下来,这时他的心情是很复杂的,一方面他终于摆脱了行政工作,达到了多年来争取的目的;另一方面觉得他是在遭到冷遇和排斥的情况下离开领导岗位的,因此心里感到很难受。

法捷耶夫虽然仍当选为苏共二十大的代表,但因病未能出席大会,因此没有亲耳听到赫鲁晓夫做的反斯大林的秘密报告,他听的是传达。一位作协工作人员这样描述他在听传达时的表情:

---

① 《真理报》1953年3月12日。

"我不时看看法捷耶夫的脸……他的脸平常就是苍白的,这时似乎蒙上了一层铅灰色,而主要的是两眼饱含着泪水。"[①]法捷耶夫对过去破坏法制的事也知道一些,曾仗义执言,为某些蒙受冤屈的作家辩护,总以为各种悲剧主要是由于外部原因,由于阶级斗争的复杂和激烈造成的,各种坏事是叶若夫、贝利亚之流干的,根本想不到这与斯大林有什么关系。听了秘密报告的传达后,一方面他很难以想象斯大林会像赫鲁晓夫所说的那样犯下这么大的罪行;另一方面根据多年来养成的相信党的习惯又不能不相信,思想陷入极度的矛盾之中。他是一个律己很严的人,在斯大林受批判后,他便想到自己长期以来作为作协的领导人对文学界发生的事也负有一定的责任,心里感到悔恨而又无力挽回,十分痛苦。另一方面,他又觉得自己把大好时光花在一般人都可以而且乐于干的行政事务上,没有能充分发挥自己的文学才能,认为自己虚度了一生,思想极度苦闷。如上所说,他曾对新上台的领导抱有某些希望,曾上书建言,但上面不予理睬,这使他完全看不到进行补救和改变现状的前景,以至于陷入了绝望之中。体弱多病也影响他的情绪,再加上创作上遭到了挫折,《黑色冶金工业》无法按照原来的构思写下去。所有这一切因素加在一起,使得法捷耶夫觉得自己活在世上已没有意义,于 1956 年 5 月 13 日开枪自杀,在离开人世之前怀着满腔悲愤给苏共中央写了一封信。

法捷耶夫在他的遗书中一开头就说:"我觉得再也无法活下去了,因为我为之献出自己一生的艺术被党的自以为是而又不学无术的领导给毁了,而现在已不能恢复了。"遗书在讲了文学被毁的一些情况后接着说,"文学这最神圣的东西正在被交给官僚们和人民中最落后的人去折磨,从莫斯科代表会议或党的二十大那样的最高的讲坛上发出了'逮住它'的喊声",这些人反对改变现

---

① И. 茹科夫:《法捷耶夫》,青年近卫军出版社,1989 年,第 314 页。

状，又举起大棒进行威胁。遗书作者总结自己的一生时觉得自己被变成"一匹拉大车的马"，一直都在干着任何人都能干的无数的行政事务，同时回想起了自己受到的种种"警告、申斥、教训以及思想上的开导"，心中愤愤不平。他说："现在那些靠列宁的伟大学说起家的洋洋自得的暴发户们，甚至当他们用这学说发誓时，我也不完全相信他们，因为他们有可能干出比暴君斯大林干得更坏的事来。斯大林至少还是有学问的，而这些人全是不学无术之辈。"他说他曾最后希望哪怕能把这些话说给现在管理国家的人听，可是在三年的时间里尽管他一再请求，他们甚至没有接见他。他在信的最后请求把他安葬在他母亲旁边。① 这封信是一份绝命书，在揭露文学界过去存在的问题时言辞激烈。尤其是由于使他陷入绝望、决定跨出最后一步的直接动因是现领导蔑视他，对他提出的建议不加理睬，绝命书中对这些人的抨击尤为猛烈，并在一定程度上把斯大林与他们区别开来，这一点值得注意。这说明法捷耶夫并没有完全接受二十大上赫鲁晓夫对斯大林的批判和否定。这还可由他在自杀前对一位朋友说的这样一段话来证明，他说："今天我曾去过赫鲁晓夫那里。正在准备召开讨论意识形态问题的中央全会。政治局要我作报告。这么说来，他们召开了在全世界面前丢脸的二十大还不够，还要让我在斯大林坟上跳舞。甭想，下流胚！"②

　　赫鲁晓夫得知法捷耶夫自杀和看到他给苏共中央的信后，非常生气。据莫洛托夫回忆，他给政治局的人"连珠炮似的读完后，马上藏进口袋里"，因为这封信"对赫鲁晓夫不利"。③ 另外还有一种说法，说赫鲁晓夫得知法捷耶夫开枪自杀后，说道："他是朝

---

① 《苏共中央通报》1990 年第 10 期第 147～151 页。

② 《我们的同时代人》1997 年第 6 期，第 125 页。

③ Ф. 丘耶夫：《莫洛托夫：拥有一半权力的统治者》，奥尔玛出版社，2000 年，第 616 页。

党开枪,而不是打自己。"①于是这封信"归了档",对外保密,三十四年后到 1990 年才公开发表。

就这样,斯大林和法捷耶夫前后仅仅相隔三年,就相继离开了人世。两人都是俄罗斯革命斗争造就的重要人物。他们虽然分属两代人,但具有共同的理想和奋斗目标。斯大林虽然也具有文学的天赋,但是选择了从事革命斗争的道路,经过长期的锻炼和考验,最后成为党和国家的领导人;同样具有文学才能的法捷耶夫则在革命胜利后走上了文学创作的道路,成为著名作家和作家协会的领导人。斯大林在领导整个国家的社会主义建设的同时,确定发展文学的指导思想和制定方针政策;法捷耶夫则负责贯彻执行。他们相互信任,紧密合作,共同为发展苏联的文学事业作出了巨大贡献。毋庸否认,他们也有过某些失误,造成过一定的损失。苏共二十大后,有人全盘否定斯大林的同时,把法捷耶夫称为斯大林的"影子"和"棍子",也竭力贬低他和攻击他。但是他们的功绩是抹杀不了的,人们将永远怀念他们。

二

接下来讲斯大林与肖洛霍夫的关系。在苏联作家当中,肖洛霍夫可能是与斯大林接触和交往最多的人之一。根据各种材料统计,他先后曾十六次受到斯大林的接见,曾十五次给斯大林写信,斯大林给他回了四封信。斯大林重视和关心肖洛霍夫,鼓励他进行创作,在他发表作品遇到困难时帮助他解决问题,甚至在他遭到诬陷时保护过他。从斯大林对待肖洛霍夫的态度中,可以看出这位政治家重视文学和具有很高的艺术鉴赏力,器重和关怀有才华的作家。他与肖洛霍夫的关系虽然后期有些变化,但是总的说来,是比较亲密的,相互尊重和关心的,这可由许多事实来

---

① 《苏维埃俄罗斯报》2001 年 12 月 11 日。

说明。

斯大林开始注意肖洛霍夫，大概是在 1928 年 1 月《十月》杂志开始连载《静静的顿河》之后。这位年仅二十三岁的年轻作家的小说受到了他的重视。不久，有人散布流言蜚语，说什么小说是剽窃来的。据肖洛霍夫在给忘年交老布尔什维克列维茨卡娅的信中所说，斯大林曾表示关注，向拉普领导人阿维尔巴赫询问过此事。[①] 1929 年 3 月 29 日拉普领导人绥拉菲莫维奇、阿维尔巴赫、基尔顺、法捷耶夫和斯塔夫斯基等五人发表文章进行批驳，流言才暂时平息下去。然而好事多磨，《十月》杂志编辑部不同意小说第 3 部对维约申斯克暴动的写法，要求删除某些章节和作重大修改，作者不同意，于是该杂志从 1929 年第 4 期起停止连载。肖洛霍夫给新任主编法捷耶夫写信，法捷耶夫也要他进行删改，删除写暴动的章节，并把主要主人公葛利高里·麦列霍夫写成归顺苏维埃政权，成为布尔什维克，否则就不能发表。肖洛霍夫当然不同意作这样的删改，最后只好求助于高尔基。这时高尔基尚居住在意大利的索伦托，他也很想认识这位后起之秀，便邀请肖洛霍夫到意大利去。但由于意大利当局不发给签证，肖洛霍夫未能成行。1931 年高尔基回到国内度夏，会见了肖洛霍夫，读了《静静的顿河》第 3 部的原稿。尽管他并不完全同意小说的写法，但认为应该支持这位有才华的作家和发表他的作品。他给法捷耶夫写信，讲了自己的看法，法捷耶夫仍坚持自己的意见。最后高尔基决定把这问题提交给斯大林解决。他把小说原稿转交给斯大林，并约见斯大林，讲了自己的看法。两人决定把肖洛霍夫找来面谈，以便进一步了解情况和作出决定。

斯大林、高尔基和肖洛霍夫三人的这次会见，是在 1931 年 6 月中旬（一说 7 月中旬）在高尔基的别墅进行的。根据肖洛霍夫

---

① 见《肖洛霍夫书信集》，俄罗斯科学院世界文学研究所出版，2003 年，第 28 页。

事后的回忆，会见时主要由斯大林一个人讲，高尔基默默地坐在一旁吸烟。这大概是因为他已把自己的看法给斯大林说了。斯大林从《静静的顿河》第2部说起，先问小说里为什么把科尔尼洛夫写得这样温和，肖洛霍夫作了回答，斯大林表示同意。接着他问小说中写俄共（布）顿河局和南方战线军事委员会对哥萨克中农的过火行为是根据从哪里得到的材料？肖洛霍夫回答说，档案馆提供了充分的材料，一切都是严格按照文献资料写的，历史学家们回避这些材料，隐瞒托洛茨基分子在顿河地区的胡作非为。他接着说，当时的实际情况是：顿河哥萨克响应顿河局和共和国革命委员会的号召，与红军停止作战，而托洛茨基分子却违背列宁关于与中农结成联盟的所有指示，对停止作战的哥萨克进行大规模镇压，于是他们就起来反抗托洛茨基分子的背信弃义，跑到反革命阵营去了。最后他总结说："人民的悲剧的实质就在于此！"这个回答斯大林自然是很满意的，而且对他最后作出决定起着重要作用，这是因为小说那样写具有现实的政治意义，符合正在进行的反托洛茨基主义斗争的要求。斯大林又问肖洛霍夫：有些人认为《静静的顿河》第3部会使流亡的白卫分子感到高兴，您对此有什么看法？肖洛霍夫回答说，白军有什么可高兴的？小说里描写了白军在顿河和库班地区的彻底覆灭。斯大林表示同意，转身对高尔基说："《静静的顿河》第3部对事件的描写是对我们、对革命有利的！"高尔基同意地点了点头。最后斯大林坚决地说："我们要发表《静静的顿河》第3部！"①由于斯大林拍板定案，拖延了两年多的问题终于最后解决了。《十月》杂志从1932年1月起，又开始连载这部小说。

刚才说过，法捷耶夫曾要求肖洛霍夫写葛利高里·麦列霍夫的转变，写他最后成为布尔什维克，这恐怕并不只是法捷耶夫一

---

① 见《青年近卫军》1994年第4期，第178~179页。

个人的意思。据说当时任联共（布）中央宣传鼓动部部长的斯捷茨基也同意法捷耶夫的意见，他曾给斯大林写信，请求斯大林对肖洛霍夫"施加影响"，让他改变对麦列霍夫的写法，将其写成集体农庄主席并吸收到布尔什维克党里来。斯大林回答道："不能干预艺术家的创作过程，不能强迫他接受什么。对艺术作品不能下判决。只能进行争论。"①这里斯大林又提出了如何正确对待艺术创作和艺术作品的问题。

1929年7月9日斯大林在给费里克斯·康的信里在讲他为之作序的米库林娜的小册子《群众的竞赛》时提到了肖洛霍夫的《静静的顿河》，说其中有一些"极为错误的东西"，但不是毫无用处，不应该禁止出售。这说明这部小说开始连载以来他就十分关注。特别应该指出的是，他把初出茅庐的肖洛霍夫称为"当代名作家"，可见当时他就发现了肖洛霍夫的艺术才华并加以充分的肯定。斯大林的这封信还表明他对文坛上出现的新生力量的器重和关怀。

从1929年起，农村开展了农业集体化运动。肖洛霍夫对这场运动十分关注，总的来说，他是肯定这场运动的大方向的，认为它是农民摆脱贫困的唯一道路，同时又对运动中出现的种种偏差和过火现象表示不满和反对。1929年6、7月间，他曾给列维茨卡娅写过一封信，谈到了他的老家和下伏尔加地区的情况，说那里不仅进攻了富农，而且压垮了中农，贫农在挨饿，引起了社会动荡，有的地方出现了有组织的政治匪帮。而政权机关横行霸道，作威作福，对群众的申诉和要求敷衍推脱。肖洛霍夫看到这种行为非常愤慨，在信中这样说："我举双手赞成：所有的人，包括加里宁在内，凡是虚伪地和假仁假义地高唱联合中农而又扼杀中农的

---

① http://www.stalin.su/blok.php? action = header&id = 52

人,都应该一网打尽。"①言辞非常激烈。列维茨卡娅读了这封信后,觉得肖洛霍夫反映的情况很重要,便把这封信打印出来,删除其中最尖锐的一段话,然后通过关系,把它呈交给斯大林。这时大概许多地方都出现了过火现象。斯大林收到各地的报告和肖洛霍夫的信后,十分重视,于1930年3月2日发表了《胜利冲昏头脑》一文加以纠正。在这之后,于1931年初,会见了肖洛霍夫。这是两人的首次见面。在这次会见时,肖洛霍夫大概对斯大林谈了自己创作一部反映农业集体化的小说的意图,得到了斯大林的支持。肖洛霍夫事后没有叙述这次会见的详细情况,只说了一句:"谈话使我受益匪浅,他鼓励我去实现我的创作构想。"②

肖洛霍夫关于写一部取材于集体化运动的小说的意图,在这场运动开始后不久就已产生。1930年,他曾对应邀到维约申斯克度假的列维茨卡娅透露过自己的想法,说他打算用三个来月的时间写一部反映集体农庄生活的中篇小说,而且不无自信地说,他一定会比别人写得好。也许他说这话的时候已构思得差不多了。斯大林会见他时对他的鼓励,使他更加坚定了信心,甚至加快了创作的步伐。他的构思发生了一些变化,为了描绘出更广阔的生活画面,他决定写一部长篇小说。小说第1部完成后,作者将其交给了《新世界》杂志。该杂志编辑部对其中描写消灭富农的场面有不同看法,拖延着不敢发表。于是肖洛霍夫不得不又一次求助于斯大林。斯大林读了手稿后说:"怎么我们那里尽是一些不明事理的人? 我们连消灭富农都不怕,怎么现在害怕写这些! 小说应当发表!"③斯大林表态后,《真理报》在1932年1月发表了其中的一个片断,题为《走向那里是唯一的道路……》。小说第1部

①　见《肖洛霍夫书信集》,俄罗斯科学院世界文学研究所出版,2003年,第34~36页。

②　见《文学俄罗斯报》2005年5月3日。

③　《小说报》1995年第3期,第11页。

以"开垦的荒地"为题,在《新世界》1932年第1期上开始连载,到第9期连载完毕。

《开垦的荒地》发表后受到读者的欢迎,获得了广泛的好评。斯大林于1932年6月7日在小说第1部尚未连载完毕时就在给卡冈诺维奇的信中说:"《新世界》正在发表肖洛霍夫新的长篇小说《开垦的荒地》。这是一本有趣的书!看来肖洛霍夫对顿河地区集体农庄作了很好的研究。依我看,肖洛霍夫有很高的艺术才能。此外,他是一个责任心很强的人:写的都是他非常熟悉的东西。不像'我们的'轻浮的巴别尔,他有时写的是自己完全不了解的事(例如《骑兵军》)。"①斯大林不仅肯定肖洛霍夫的这部新作,而且又一次对他的创造才能作了高度评价。

照理说,《开垦的荒地》能顺利发表出来并受到欢迎,肖洛霍夫应该感到满意了。但是情况并不完全如此。问题出在小说的题目上。肖洛霍夫给自己的小说取名为《流汗流血》,可是《新世界》发表时可能未征得作者同意,把题目改为《开垦的荒地》。据考证,这个题目来源于斯大林的一篇讲话。斯大林于1929年12月27日在马克思主义者土地问题专家代表会议上发表题为《论苏联土地政策的几个问题》的讲话时说过这样的话:"开垦熟荒地和生荒地问题对于我国农业有极大的意义。"②如果是一般的作者,有的人也许会因为用斯大林的话作他的小说的题目而欣然接受,有的人也许会因题目被改而感到有些不快,但不会有像肖洛霍夫那样强烈的抵触情绪。他在给列维茨卡娅的信中说:"至今我仍厌恶这个题目。瞧,这是多么糟糕的题目!有时自己也被弄糊涂了!真烦人!"③从这件事可以看出肖洛霍夫的性格特点。

---

① 《斯大林文集》第17卷,北方桂冠科学出版公司,2004年,第474页。
② 《斯大林全集》中译本,第12卷,人民出版社,1985年,第137页。
③ 转引自《小说报》1995年第3期第11页。

1932 年 10 月 26 日斯大林和其他领导人在高尔基家与四十余位文学界人士座谈，肖洛霍夫也应邀出席。在会见过程中许多作家纷纷主动接近斯大林，而肖洛霍夫却待在一边，一言不发。斯大林一直注意肖洛霍夫，当法捷耶夫提议为"最质朴的作家肖洛霍夫"干杯时，斯大林站起身来，举起了杯子，这样说道："你们是人类灵魂的工程师。因此我们要为作家们和其中最质朴的肖洛霍夫同志干杯！"说这话时斯大林用目光寻找肖洛霍夫，但未见肖洛霍夫站出来。斯大林在与作家谈话时谈到了《静静的顿河》中麦列霍夫这个人物，说不能认为他是农民的典型代表，白军的将军不可能让没有军官头衔的农民指挥一个师，而在哥萨克那里这是可能的，关于哥萨克，让我们问一问肖洛霍夫。说到这些，他又用目光寻找，但肖洛霍夫却不在他身旁。① 从肖洛霍夫在会见时的这些表现中又可看出他的独特的性格。

上面提到过，1929 年列维茨卡娅曾把肖洛霍夫给她的那封揭露农村的严重问题的信转交给斯大林，引起了斯大林的重视。在这之后肖洛霍夫开始直接给斯大林写信，从 1931 年 1 月到 1933 年 5 月，他总共写了五封反映农村情况的信，尤其是 1933 年 4 月 4 日写的那封长达数十页的信中详细地汇报了他所看到的触目惊心的事，其中主要讲了向农民强征粮食的情况，说地方政府的征粮指标远远超过农民的承受能力，某些干部为了完成计划，采取各种非法手段进行搜查，甚至采取刑讯逼供的办法。结果农民的部分口粮和春播的种子被搜走，农民吃不饱饭，集体农庄有完不成春播计划的危险。斯大林收到信后十分重视，首先考虑解决农民吃饱肚子的问题，立即给肖洛霍夫发电报，感谢他提供情况，要他告知必需的救济粮数字，紧接着给维约申斯克调拨了一万二千普特黑麦。与此同时派一个调查组到维约申斯克进行调查，在证

---

① 见《文学问题》1991 年第 5 期，第 166、168 页。

明肖洛霍夫反映的情况属实后,中央政治局专门召开会议进行讨论,对违法乱纪人员作了处理。不过在处理问题的同时,斯大林给肖洛霍夫写信指出了他的片面性,信中说:

> 我曾对您给我写信表示感谢,因为您在信中揭露了党和苏维埃工作中的毛病,揭露了我们的工作人员为了制服敌人无意中打击朋友并达到非常残忍的地步的现象。但是这并不意味着我**完全同意**您的意见。您看到的是**一个方面**,看得还算清楚。但这仅只是事情的**一个**方面。为了在政治上不犯错误(您的信件不是小说,而完完全全是政治),应当仔细观察,应当善于看到**另一个**方面。而这另一个方面在于你们区(而且不仅是你们区)的可敬的庄稼人实行"意大利式的罢工"(怠工!),并且甘愿让工人和红军没有粮食吃。这怠工是悄悄地进行的,从表面看来是不伤人的(不流血),这一事实并不能改变可敬的庄稼人实质上是在与苏维埃政权进行一场"无声的"战争。一场饿死人的战争,亲爱的肖洛霍夫同志……①

从以上这件事可以看出,肖洛霍夫敏锐地发现当时存在的种种问题并作了真实的反映,而斯大林在迅速采取有力措施解决问题的同时看到了事情的另一面。可见作为艺术家的肖洛霍夫和作为政治家的斯大林对这件事的看法是有差别的。

肖洛霍夫向斯大林"告御状",使得当地受到处分的领导干部怀恨在心,他们用各种手段打击肖洛霍夫以及与他意见一致的维约申斯克区区委书记卢戈沃依和执委会主席洛加乔夫。肖洛霍夫于1934年6月会见了斯大林,向他作了汇报。斯大林答应查明

---

① 《作家与领袖(肖洛霍夫和斯大林通信集)》,瑰宝出版社,1997年,第68页。

情况,但未采取措施。肃反运动开始后,内务部人员制造罪名,逮捕了卢戈沃依和洛加乔夫,肖洛霍夫的处境也十分危险。于是他于 1937 年 6 月来到莫斯科,要求斯大林接见。斯大林没有见他,但是感觉到肖洛霍夫一定有重要事情找他,便先派当时任作协主席团责任书记的斯塔夫斯基到维约申斯克去进行调查。斯塔夫斯基写信向斯大林汇报了调查结果,讲了肖洛霍夫的抑郁情绪,斯大林便决定同他谈一谈,便于 9 月 24 日会见了他。会见时肖洛霍夫对情况作了陈述,为卢戈沃依等人进行了辩护。会见后不久,卢戈沃依等人被无罪释放,恢复了党籍和工作。在这件事情上斯大林又一次支持了肖洛霍夫。

在这之后,肖洛霍夫又于 1938 年 2 月 16 日给斯大林写信,揭露内务部人员制造冤假错案、刑讯逼供、残害忠诚的干部和无辜的群众的行为。信中说:"把被捕的人交给侦查人员处理而不进行任何监督,这种方法有极大的缺陷:它已经导致而且不可避免地会导致错误。"[①]这使得内务部的官员们对他恨之入骨,要把他置于死地。他们编造了肖洛霍夫正在组织暴乱的谎言,对他进行严密的监视并准备将他逮捕。幸好奉命执行这项任务的波戈列洛夫向他通风报信,并建议他到莫斯科去找斯大林寻求庇护。于是肖洛霍夫秘密地绕道到了莫斯科,见到了斯大林。斯大林默默地听了他的陈述,没有立即作出决定。这是 1938 年 10 月 23 日的事。八天后,即 10 月 31 日,斯大林再次会见肖洛霍夫,同时找来了波戈列洛夫和内务部有关人员当场对质,最后证明造谣诬陷进行政治迫害的情况属实。据肖洛霍夫本人回忆,"当时斯大林看着他说道:'亲爱的肖洛霍夫同志,您以为我们会相信这些造谣诬蔑的人,您想错了。'说着狠狠地瞪了在场的内务部人员一眼。他

---

① 《作家与领袖(肖洛霍夫和斯大林通信集)》,瑰宝出版社,1997 年,第 102 页。

们一个个吓得呆住了。"①三个星期后,叶若夫就被解除了内务人民委员的职务。就这样,肖洛霍夫逃过了一场劫难。然而他有一股倔强劲儿,并不就此而改变"为民请命"的初衷,继续揭露各种违法乱纪、残害老百姓的行为。他最后一次给斯大林写信反映这些情况是在 1940 年,当时贝利亚和梅尔库洛夫曾奉命进行调查,向斯大林作了汇报。

如上所述,1933~1938 年这五六年,斯大林和肖洛霍夫交往比较多,而对肖洛霍夫来说,这是他一生中比较艰难的时期。1938 年 2 月 16 日他在给斯大林的信中这样说到自己的处境:"五年时间我勉勉强强地写了半本书。在维约申斯克这样的环境里,不仅不可能卓有成效地工作,而且生活也极端地难以忍受。现在日子过得并不轻松。仇人仍在我周围布置罗网。"②应该说,是斯大林支持和保护了他。斯大林对他基本上做到了有求必应,在了解情况和弄清事实后迅速作出决定,解决他反映的问题,告诉他不必担心,安心工作。当然有时也批评他几句,但完全出于对他的爱护。斯大林之所以采取这样的态度,大概主要是因为看重他的文学才能,认为国家需要这样的人才,同时也可能欣赏他的不说假话、敢于直言和坚持自己意见的性格特点。确实肖洛霍夫比较耿直,敢说实话,有时甚至敢于顶撞,加上年轻,不那么懂得人情世故,有时使人觉得他似乎有些倔头倔脑,目无尊长。但斯大林作为领导人和长者并不计较,甚至有时表露出欣赏的样子。与斯大林接触多了,肖洛霍夫看出了斯大林喜欢敢于讲实话的人这一点。随着年龄的增长和阅历的加深,他没有改变自己在斯大林面前的态度。曾担任过肖洛霍夫的文学秘书的沙赫马戈诺夫有一次问肖洛霍夫,为什么他在斯大林面前表现得那么独立不羁、

① 《小说报》1995 年第 3 期第 40 页。
② 《作家与领袖(肖洛霍夫和斯大林通信集)》,瑰宝出版社,1997 年,第 105 页。

甚至不小心谨慎,肖洛霍夫简短地回答道:"他不尊重卑躬屈节的人!"①

大家知道,大约从20世纪30年代后半期开始形成后来称之为"个人崇拜"的现象。肖洛霍夫是不同意对斯大林进行过分的颂扬的。他没有写歌功颂德的文章,也很少在致敬信和贺词上签名。不过他对斯大林是敬重的,内心怀有一种感激之情。这种感情他有时也显示出来。他在1939年3月17日在联共(布)第十八次代表大会上的发言中曾赞扬斯大林和斯大林的政策,这样说道:"同志们,事情就是这样,而且将一直如此,我们无论在快乐时还是在痛苦时,总是想起他(指斯大林。——引者),想起这位新生活的创造者。尽管斯大林同志个人极其谦虚,他还得忍受我们爱戴和忠诚之情的流露,因为不仅是我们这些在他领导下生活和工作的人,而且全体劳动人民都把对人类的全部希望与他的名字不可分割地联系在一起。"②后来他大概觉得这些话也有过分颂扬之嫌,将其删去了。

1939年12月21日是斯大林六十岁寿辰。肖洛霍夫在12月11日给斯大林写了一封信,信中谈到1936年5月斯大林赠送他的一瓶白兰地,他一直珍藏着,在整整三年的时间里,尤其是在困难时刻曾几次想喝它,但都被妻子劝阻了。信中最后说:"最近经过十三年的努力写完了《静静的顿河》,又恰逢您的生日,因此我将等到21日,在喝之前,像随信附上的文章中的老人那样表示祝贺。"③附上的文章题为《朴实的话》,其中叙述了1933年斯大林从肖洛霍夫信中了解到集体农庄出现饥荒后立即调拨粮食进行救济的事,具体谈到一个农庄收到粮食后开会讨论如何向斯大林表

① 《文学报》2009年12月16日。

② 《文学报》1939年3月20日。

③ 见《作家与领袖(肖洛霍夫和斯大林通信集)》,瑰宝出版社,1997年,第128~129页。

示感谢的问题。农庄主席提出了一个用干巴巴的、公文式的语言写得长长的决议草案准备表决,这时一位老铁匠要求发言,他把粗大的手放在决议草案上,小声地说:"这些都不要,应当给斯大林写一句话:谢谢! 他就全明白了。"于是会议通过了一项所有决议中最短的决议:"谢谢斯大林同志。"作者接着发表议论说:"往往有这样的情况,一个发自肺腑的、轻声说出的词可以代替其他所有的话语,特别是这样的话说得太多的时候……我们伟大祖国的强大和繁荣归功于党和斯大林。人民热爱自己的领袖,自己的斯大林,用的是一种朴实的和表现出大丈夫气概的爱,希望在讲到他时也听到朴实的和表现出大丈夫气概的话。但是我觉得有人用习惯的笔法写决议和文章,有时忘记了在讲到斯大林时可以不用长篇大论表示感谢,热爱他不必常挂在嘴上,评价这位伟大人物的活动时也不能滥用修饰语。"文章最后具体写了老铁匠一家在 12 月 21 日那一天如何为斯大林祝寿。老人给每个人斟上一杯酒,然后说:"今天斯大林六十岁了。他是个好人,愿上帝赐他健康长寿,让他在世上再活这么多年!"① 肖洛霍夫采取上述方法给斯大林祝寿,是煞费一番苦心的。首先他"借花献佛",用朴实的老铁匠的朴实的话,表达自己对斯大林的感情。同时他提到 1933 年的饥荒是"原边疆区领导当中的人民的敌人"造成的,回应了当年斯大林对他看问题有"片面性"的批评,并表明他不赞成时下流行的那种用空洞的和过分夸张的辞藻唱颂歌的做法。

卫国战争爆发后不久,肖洛霍夫作为《真理报》和《红星报》的记者上前线采访。1941 年 9 月 2 日他从前线回来时曾给斯大林写过一封信,说有一系列"对保卫我们国家具有相当重要意义的事实"要向他当面汇报,斯大林不知由于什么原因没有接见他。

---

① 《作家与领袖(肖洛霍夫和斯大林通信集)》,瑰宝出版社,1997 年,第 151~153 页。

1942 年初,他因飞机失事头部受了伤,住了一段时间的院。斯大林得知后表示了关心,在他生日的前夕,邀请他到克里姆林宫共进晚餐,向他表示慰问,祝他生日快乐,并要他好好休养。肖洛霍夫估计近期德国人不会发动进攻,决定回老家休养,于 7 月初,把撤离到尼古拉耶夫卡的一家人搬回到维约申斯克。不幸的事发生了。维约申斯克遭到了敌机的轰炸,母亲被炸死,房子被炸毁,他自己也死里逃生。而斯大林一直惦记着他和他的一家,在他离开尼古拉耶夫卡的那一天,还专门派人给他送来了一个小箱子,里面装的是香肠、奶酪、罐头,还有一瓶酒。据肖洛霍夫回忆,房子被炸后,战士们在清理废墟时发现了那个装着吃剩的食品的小箱子,开始吃了起来,他当时看到这种情景,不禁这样想道:"你们这些小兵,你们该知道你们吃的是谁的香肠,是哪个等级的香肠!"①

1942 年这一年,斯大林也曾在一件事情上对肖洛霍夫表示过不满。当时肖洛霍夫奉命来到莫斯科接待一个外国代表团。当他来到对外文化联络协会大楼的客厅时,发现爱伦堡已坐在那里,不禁心头火起,对他说了一些很不好听的话,转身走了,没有参加会见。他这样做,主要是因为他与爱伦堡关系本来就不好,最近又听说爱伦堡散布谣言,说他把一家人留在德国人那边,自己也准备过去。斯大林得知这个情况后把他叫去。根据肖洛霍夫本人事后的描述,他进了办公室,"看见斯大林站在桌旁,没有伸手,眼神冷漠,一言不发,一直看着我,然后才问道:'肖洛霍夫同志,现在您的一家人在哪里?'"肖洛霍夫作了回答,斯大林看了他一眼,说道:"不过现在我们知道您的一家人在哪里。您把他们送到后方,这就做对了。我们将请哈萨克斯坦的同志们照看他们……"斯大林又问肖洛霍夫现在归谁领导,这时语气缓和多了。

---

① 《小说报》1995 年第 3 期第 51 页。

最后他说："好吧,肖洛霍夫同志,您可以走了。保重自己。党需要您。人民需要您!"①尽管斯大林对肖洛霍夫这种造成不好政治影响的不顾大局的任性行为非常不满,但他作为领导人和长辈表现得非常克制,这主要是因为像他所说的那样,党和人民需要肖洛霍夫这样的作家。

从战争爆发以来,肖洛霍夫根据自己在前线采访时的所见所闻,写了一些报道和通讯,并于1942年6月发表了短篇小说《学会仇恨》,揭露德国法西斯如何残暴和红军战士如何学会了仇恨敌人。值得注意的是,小说的题目取自国防人民委员斯大林1942年5月1日发布的命令,其中这样说道:"战士们变得更加凶猛、更无情了。他们学会了真正仇恨德国法西斯侵略者。他们懂得,如果不知道刻骨地仇恨敌人,就不能战胜敌人。"②我们记得,30年代他曾因小说题目改为《开垦的荒地》而生气,现在却主动地利用斯大林的话,这一点值得注意。

这里还要讲一讲1942年斯大林在给肖洛霍夫过生日时关于创作所讲的一段话。肖洛霍夫传记的作者奥西波夫记录了肖洛霍夫的回忆,当时斯大林是这样说的:"战争正在进行。这是一场艰苦的、非常艰苦的战争。谁将在它取得胜利后把它鲜明地写出来? 就像在《静静的顿河》里那样的出色……那里描写了勇敢的人——有麦列霍夫,波特焦尔科夫,还有许多红军和白军的人物。而像苏沃洛夫和库图佐夫那样的人还没有。而战争,作家同志,正是由这样的统帅赢得胜利的。在您过生日的时候,我想要祝您身体健康,希望您写出一部新的、包罗一切的杰作,其中如同在《静静的顿河》里一样,既真实地和鲜明地描写英勇的士兵,也描

① 《作家与领袖(肖洛霍夫和斯大林通信集)》,瑰宝出版社,1997年,第155页。
② 《斯大林文集(1934~1953)》,中文版,人民出版社,1985年,第330页。

写天才的统帅,这次可怕的战争的参加者。"①奥西波夫认为,这一段话说明斯大林会见肖洛霍夫主要不是为了给这位作家过生日,而是为了交给他一项政治任务,即让他写一部全方位地反映卫国战争的小说,其中不单纯只写普通战士,而且也要写"天才的统帅们",当然首先是要写他斯大林自己。

关于这次会见时斯大林究竟说了什么,有不同的版本。诗人丘耶夫也曾听到肖洛霍夫谈起这件事。根据他的回忆,肖洛霍夫是这样说的:"1942 年斯大林问我:'雷马克写《西线无战事》用了多少时间?'我回答说:'三年'——'那么您也应当用三年时间写一部关于苏联人民取得伟大卫国战争胜利的小说。'"肖洛霍夫接着说:"也许是他脱口而出说了这个期限,也许是有预见性地猜出了战争结束的时间。"②现在已很难弄清斯大林究竟是怎么说的,不过这两种说法有一个共同点,这就是斯大林希望肖洛霍夫写一部反映卫国战争的小说。区别在于后一种说法没有提到小说应该怎么写和写哪些人物的问题,更没有说斯大林暗示写他那样的统帅。

至于说到肖洛霍夫本人,他自己也认为作家不仅应该"用短论和散文向敌人开火",而且应该使用"我们艺术的重炮"——长篇小说。应该说,斯大林的话促使他尽快地写反映战争的长篇小说。他把这部小说定名为《他们为祖国而战》,1943 年 5 月和 11 月发表了其中的部分篇章,1944 年又发表了一些新的章节。这些片断着重写战争初期的情况,描述的主要是红军在战争初期的失利以及指战员们在极其艰苦的条件英勇作战的事迹。肖洛霍夫于 1944 年和 1945 年又写了几章,这一部分到 1949 年才发表出来。应该说,建议肖洛霍夫写一部反映卫国战争的小说的斯大林

---

① 《小说报》1995 年第 3 期,第 50 页。
② 《青年近卫军》1998 年第 5 期,第 241 页。

对此事是关注的,但不知为什么,他没有像以往对《静静的顿河》和《开垦的荒地》那样发表评论。

1943 年肖洛霍夫曾要求会见斯大林。当时斯大林以工作忙为由,要波斯克廖贝舍夫转告肖洛霍夫不能满足他的要求。

1947 年,肖洛霍夫给斯大林写信,说英国、美国和瑞典出版了他的书,给了他一些外汇,他想用这笔钱到瑞典旅行,请求斯大林允许他这样做。信中还说,他已有五年没有见到斯大林了,不敢因这样的小事要求接见,只好写这封信。① 斯大林没有作出反应。

有一件事可以看出斯大林对肖洛霍夫的评价发生了变化。1948 年 1 月斯大林会见了南斯拉夫领导人之一吉拉斯,在谈到当代苏联文学时吉拉斯特别提到肖洛霍夫。据他回忆,当时斯大林说,"现在有更好的",并说了两个他不熟悉的人的名字,其中一个是女作家。②

从以上列举的事实看来,斯大林对肖洛霍夫的态度明显地变得冷淡了,对他并不那么看重了。有人分析,这主要是因为肖洛霍夫在五六年的时间里没有创作出斯大林所期望的关于卫国战争的杰作。当然,自尊心很强的肖洛霍夫对自己受到轻慢也不高兴。因此可以说,两人变得疏远起来。

不过在 1949 年斯大林七十寿辰时,肖洛霍夫仍像十年前那样表示了祝贺,发表了题为《全世界劳动人民的父亲》一文。文章说,对那些为自己扫清了通向共产主义道路和那些正在争取成为自己命运的真正主人的人来说,"过去和现在都没有比列宁和斯大林的名字更珍贵的和更亲切的名字了"。文章引用伊萨科夫斯基的诗句表达了一位普通战士对斯大林的一片忠诚之后,说这位战士"俯下身来,像儿子敬重伟大的父亲那样吻着他的肩膀,用由

---

① 《作家与领袖(肖洛霍夫和斯大林通信集)》,瑰宝出版社,1997 年,第 138 页。
② 《小说报》1995 年第 3 期,第 57 页。

于激动而颤抖的和有点沙哑的声音说:'父亲! 我们的光荣、骄傲、希望和欢乐,祝你长寿!'"①不言而喻,文章作者也用这位战士的话表达了自己的感情。

　　然而与此同时,有一件事给肖洛霍夫和斯大林之间的关系蒙上了阴影。1949 年出版的斯大林文集第 12 卷收录了上面讲到过的斯大林给费里克斯·康的信,其中说肖洛霍夫"在他的《静静的顿河》中写了一些极为错误的东西"。肖洛霍夫很不高兴,于 1950年 1 月 3 日给斯大林写信说:"在您给费·康同志的信发表后,自然有许多读者、文学教师和学生产生了这样的问题:我错在哪里,应当如何正确理解小说中描写的事件和波德焦尔柯夫、克利沃什吕柯夫等人的所起作用。有人要求我作出说明,但是我保持沉默,等待着您的指教。亲爱的斯大林同志,恳求您给我解释一下我所犯的错误在哪里。以后我在出版小说修订本时将考虑您的指示。"②虽然表面上言词比较恳切,但透露出不满。斯大林没有作出回应。这是肖洛霍夫写给斯大林的最后一封信,从这之后,通信中断了。应该指出,斯大林在给费·康的信中是在肯定肖洛霍夫是"当代名作家"的同时指出《静静的顿河》的错误的,并强调即使如此,也"不应禁止出售",可见总的来说他对这部小说是肯定的。后来如上所说,他又支持连载小说的第 3 部。1941 年小说被授予斯大林奖金一等奖。因此肖洛霍夫似乎不必为这封信的公开发表而生气。正好这时国家文学出版社按照计划正准备重版这部小说。突然编辑部接到中央的电话:"你们读一读斯大林的信吧。《静静的顿河》有大错。照这样子不能出版。"③根据俄罗斯学者的研究,没有任何材料证明这是斯大林下的命令。1953

---

①　《真理报》1999 年 12 月 20 日。

②　《作家与领袖(肖洛霍夫和斯大林通信集)》,瑰宝出版社,1997 年,第 140 页。

③　《小说报》1995 年第 3 期,第 59 页。

年小说出了修订本,其中删去了写波德焦尔柯夫和克利沃什吕柯夫的段落,增加了写斯大林会见人民代表的场面。后来小说在收录1956年到1960年出版的文集时恢复了原貌。

据一些研究者的分析,斯大林晚年没有搭理肖洛霍夫的原因之一,在于他体弱多病,没有精力过问这些事。1953年3月5日斯大林逝世时肖洛霍夫不在莫斯科,他从维约申斯克用电话口授了一篇简短的悼词,题目是:《永别了,父亲!》。悼词称斯大林为"亲爱的父亲",说"我们得到的很多东西应该感谢你","你将永远随时随地和我们在一起"。应该说,感情还是比较真挚的。就这样,斯大林和肖洛霍夫在人生道路上永远分手了。

斯大林逝世后,赫鲁晓夫在1956年召开的苏共第二十次代表大会上做了批判斯大林的个人崇拜的秘密报告,掀起了后来被人们称为"第一次非斯大林化"的浪潮。那么肖洛霍夫的态度如何呢?

许多事实证明,当时赫鲁晓夫考虑到肖洛霍夫的声望和影响,曾竭力拉拢他,给他戴高帽,称他为"伟大的苏联作家",说他是"我们伟大时代的有才华的、忠实的历史记述者","他的创作树立了一个极好的榜样"等等,其目的当然是为了在政治上利用他,而且还想让他把自己写进作品以便名扬后世。赫鲁晓夫又力图与肖洛霍夫建立私交,曾在1959年邀请他一起访问美国,访问前专程到维约申斯克看望他。肖洛霍夫自然也作出了一些回应,积极参加各种社会政治活动,发表过一些拥护和支持二十大后的某些方针政策的言论,有时甚至表现得与赫鲁晓夫比较亲热,在苏共二十二大的发言中说他与赫鲁晓夫有一种不大说得出口的"男人的友好爱慕之情"。然而他在内心里并不那么尊重赫鲁晓夫,也不打算通过自己的作品为其树碑立传。根据上面提到过的丘耶夫的回忆,肖洛霍夫曾对他说:"赫鲁晓夫很想让我写他,坐飞机到我这里来,但是我是一个狡猾的老头……"①意思是说,想办法应付过去了。

值得注意的是,肖洛霍夫没有跟着赫鲁晓夫反对斯大林。关于斯大林的个人崇拜,曾经流传过他的一句名言:"有过崇拜,但也有过杰出的个人。"有人问他的女儿斯维特兰娜,肖洛霍夫是否说过这样的话,斯维特兰娜证明确实说过。② 而根据儿子亚历山大的回忆,在苏共二十大后不久,有一次肖洛霍夫看到新来的报纸刊登着揭露个人崇拜的材料时沉思起来,谈起了一次与斯大林的会见。他说,在谈完正事后告辞前进行有问有答的简短的闲谈,他突然问斯大林:"为什么允许如此没完没了地颂扬自己?为什么允许不问场合地唱颂歌,到处挂像和立碑?"斯大林并无恶意地眯起眼睛看了他一眼,带着狡黠的微笑说:"有什么办法呢?——人们需要神。就让斯大林当这个神吧(由于斯大林的格鲁吉亚口音,肖洛霍夫开头把'神'听成'头脑'。——引者)。"肖洛霍夫觉得斯大林本人也只是忍受着这个"崇拜",并相信这一点,而且一直这样认为。肖洛霍夫又说,他不喜欢"崇拜"这个词,最好说"信仰";而信仰应该是崇高的,高尚的,崇高的精神财富也可升格为崇拜的对象。他认为崇高的精神财富是由具体的个人培育和体现的,根据这一点,他就不一般地反对个人崇拜,问题在于是什么样的个人。肖洛霍夫说,"不管你情愿不情愿,在最上面总会出现领袖,出现最高统帅,出现能敢于作出最后决定的人。而事业完全是新的,没有任何经验,这个人不可避免地会有局限性,既然如此,那就会变得毫无理智地冷酷无情,恐怕斯大林还不是可能出现的最坏的典型。"③肖洛霍夫的这些议论与上面提到过

---

① 《青年近卫军》1998 年第 5 期,第 241 页。
② 《话语》2005 年第 2 期,第 19 页。
③ 见《顿河》1990 年第 5 期,第 162～163 页。

的"有过崇拜,但也有过杰出的个人"的说法是基本一致的,同时他对个人崇拜这种社会历史现象作了分析,说明它的出现并不是偶然的。

在苏共二十大后出现反斯大林浪潮的情况下,文学界的一些曾起劲地为斯大林唱颂歌的人转而进行批判,但是肖洛霍夫对斯大林的态度并没有发生大的变化,甚至可以说他对斯大林仍然一往情深。上面提到过的丘耶夫的一段回忆可以说明这一点。这位当时还很年轻的诗人对二十大后全盘否定斯大林的做法表示不满,写了一首诗,其中这样说道:

> 为什么要砸掉斯大林的纪念碑?
> 它们使我们想起,
> 是坚强的和可敬的领袖
> 实现了昔日的强大并留给了我们。

他曾把这首诗在集会上和公共场所朗读,受到了相当多的听众的欢迎,但是也遭到有关部门以及作协组织的批评。1967 年 6 月,丘耶夫随同一批年轻作家到维约申斯克访问。根据他事后的回忆,肖洛霍夫已听说他因写肯定斯大林的诗而受到批评的事,见到后便说:"小伙子,你朗诵一下在莫斯科挨批的诗!"丘耶夫便朗诵起来,听众不少,有人扯一扯丘耶夫的衬衣,叫他停住。肖洛霍夫发现后说道:"您这是也叫我什么也不说。列夫·托尔斯泰头上只有一个沙皇,而我头上有一大批——从区委书记到克里姆林宫的领导人! 过去高喊:'为了祖国,为了斯大林!'现在他们说什么来着? 小伙子,把它读完!"肖洛霍夫听完后泪流满面,拥抱了丘耶夫,亲吻了他,和他谈起了生活和作家的劳动,对他说:"你就这样写……听我这个老头的!"①毋庸赘言,这是肖洛霍夫真实感情的流露。

这里还要讲一下长篇小说《他们为祖国而战》。五六十年代肖洛霍夫继续进行这部小说的创作,构思发生了一些变化,拓宽了叙事的时间和空间,决定从战前写起,一直写到战争胜利结束。1968年他把新写的章节送《真理报》发表,其中写了30年代末军队的大清洗。《真理报》请示苏斯洛夫,苏斯洛夫要求删去写大清洗的场面。肖洛霍夫不同意,几次给勃列日涅夫写信,要求与他面谈这件事。勃列日涅夫拖延着,一直没有搭理。1969年3月,《真理报》刊登了编辑部未经作者同意组织人删改过的一个片断,肖洛霍夫看到后特别气愤,感觉到已无法和上面的人说理,小说再也写不下去了,于是一气之下把要回的手稿付之一炬。

《他们为祖国而战》这部小说之所以有这样悲剧性的结局,主要原因在于其中写了30年代的斯大林和军队大清洗。当时的苏联领导人对斯大林的评价采取回避的态度,因此他们要求肖洛霍夫对自己的小说作删改。而肖洛霍夫不同意这样做,最后酿成了上述的悲剧。现在人们看到的只是当年发表出来的经过删改的片断,这新的几章究竟是怎么写的,已鲜为人知。有人根据小说写了军队大清洗和提到了斯大林,就认为作者采取了反对斯大林的立场;也有人认为他这样写是为了说明战争初期军队指挥系统的薄弱和遭到失利的原因,主要不针对斯大林个人。上面列举的种种事实说明,肖洛霍夫从关心人和关心人的命运出发,对30年代整个大清洗中出现的问题都是持揭露和批判的态度的,在《他们为祖国而战》中似乎继续这样做。当然他并不否认斯大林对军队大清洗中出现的问题负有责任,但是要说他开始否定斯大林,似乎缺乏充分的根据。

---

① 《青年近卫军》1998年第5期,第235～236页。

1970 年肖洛霍夫在与《共青团真理报》记者谈话时谈到了战争年代最高统帅部的工作,他说:"我完全同意朱可夫元帅对这个问题的看法。不能故意歪曲和贬低斯大林在这一时期的活动。第一,这样做不诚实;第二,对国家、对苏维埃人有害。这倒不是因为胜利者不受审判,而首先是因为'打翻在地'不符合我们的利益,不符合真实情况。"①这里他用明确的语言表明自己对斯大林在卫国战争中所起作用的基本看法。

在 20 世纪 20 年代末到 50 年代初,在苏维埃国家的充满尖锐复杂斗争的社会政治舞台上,斯大林和肖洛霍夫这两位巨人——一位政治家和一位艺术家——遇到了一起。他们两人有共同点,这就是信仰社会主义,热爱人民,这是主要的。可是两人又有区别。斯大林作为政治家,首先关心社会发展的方向,关心如何更快更好地前进,着重注意人民群众的长远利益,而在观察思考问题时重理智而不重感情,有时为了解决问题,不惜采取一些强硬的措施。肖洛霍夫作为生活在人民群众当中的艺术家,特别关心具体的人的命运和遭遇,更容易看到前进过程中出现的各种偏差和问题,而且富于感情,常常作出强烈的反应。由于这些差别,他们之间形成了一种复杂的相互关系。斯大林在肯定肖洛霍夫的创作对人民有利和赞赏他的艺术才华的同时,批评过他的片面性,对他某些任性的行为表示过不满;而肖洛霍夫在总体上赞同斯大林实行的路线和政策、对斯大林的支持和爱护表示感激的同时,对路线和政策实行过程中出现的负面现象感到不能容忍并进行有力的揭露,晚年间接地提出斯大林应负责任的问题。长期以来,俄罗斯国内对斯大林与肖洛霍夫之间的关系有各种不同的看法。有人只看到两人之间的共同点和亲密关系,称肖洛霍夫为"典型的、顽固的斯大林分子";有人则相反,几乎把肖洛霍夫说成

---

① 《话语》1995 年第 7~8 期,第 33~34 页。

斯大林的敌人，把两人之间的关系说成相互利用的关系。应该说，这样的看法都是由于没有全面地看问题造成的，而且把问题简单化了。因此在说明斯大林与肖洛霍夫的关系时，应该努力避免这种片面性。

三

再讲一下斯大林与米哈尔科夫的关系。根据米哈尔科夫的回忆，他受到斯大林的注意，是在他发表一首题为《斯维特兰娜》的诗之后，时间是在 20 世纪 30 年代中期。当时刚二十岁出头的米哈尔科夫在《消息报》信访部当一名编外工作人员。他写了一首原题为《摇篮曲》的诗交给了编辑部。恰巧这时他认识了一个名叫斯维特兰娜的姑娘，在见面时对她说："你要不要我明天发表一首写你的诗？"那姑娘根本不相信他能做得到。于是他便跑到编辑部，把将要发表的诗的题目改为《斯维特兰娜》。其中有一节是这样写的：

> 睡吧。不会有人惊动你。
> 你可以放心地睡。
> 我不会叫醒你，
> 你可以在这黑暗的房间，
> 斯维特兰娜，
> 一觉睡到大天亮，
> 做你快乐的梦……

这首诗发表后，那姑娘根本不在意，可是米哈尔科夫却出人意料地被叫到党中央机关，那里一位名叫季纳莫夫的负责人接见了他，告诉他说，斯大林同志喜欢这首诗，问起了诗作者的情况。

根据传说,斯大林曾高兴地给他的女儿斯维特兰娜读了这首诗。①
还有一种传说,说这首诗是作者献给斯大林的女儿的。上面米哈尔科夫已说明了这首诗的发表经过,因此后一种传说是没有根据的。不过名字的巧合对这首诗引起斯大林的注意起了很大作用。

在这之后,米哈尔科夫虽然仍在《消息报》信访部工作,但是如同他自己所说的那样,处处感觉到上面对他的关怀。1937 年他加入了苏联作家协会。有一种说法,说是斯大林把这位初出茅庐的年轻诗人列入将要发展的作协新会员名单的。1939 年,二十六岁的他与老前辈马尔夏克一起因儿童文学创作上取得的成就而荣获列宁勋章。接着他的《儿童诗集》和电影剧本《前线的女友》先后于 1941 年和 1942 年获得斯大林奖金二等奖。他的居住条件也得到改善。据他说,他曾用诗的形式写了这样一份住房申请书:

> 莫斯科苏维埃主席,
> 请您把一个诗人怜惜。
> 这个诗人家里
> 没有写作之地方。
> 他工作条件很差,
> 请您设法让他搬进新房。②

结果他分到了一处两居室的住房,与著名作家布尔加科夫为邻。莫斯科市领导如此"怜惜"这位年轻诗人,很快解决他的问题,大概也与他们了解此人的特殊背景有关。

---

① 见《莫斯科共青团员报》1993 年 3 月 13 日和《文化报》2001 年 3 月 13 ~ 19 日。

② 见《莫斯科共青团员报》1993 年 3 月 13 日。

米哈尔科夫成为苏联国歌歌词的作者之一，同样在很大程度上有赖于斯大林。他在回忆往事时详细地叙述了他和他的朋友埃尔－列吉斯坦写的歌词被选中的经过和斯大林在其中所起的作用。

我们知道，苏联成立后一直没有专门的国歌，而以《国际歌》代替。1942年，以斯大林为首的联共（布）中央决定制定国歌，成立了以伏罗希洛夫和中央书记谢尔巴科夫为首的专门委员会负责此项工作。1943年9月，谢尔巴科夫在给斯大林的书面报告里说，一年多来吸收了一批优秀的诗人和作曲家参加国歌的制定工作，共收到了十九位诗人和八位作曲家的作品，而在这十九位诗人提交的二十七首歌词中，只有古谢夫、吉洪诺夫、多尔马托夫斯基、希洛夫、列别杰夫－库马奇、科雷切夫、戈洛德内等人写的歌词可以考虑，但都不甚理想。谢尔巴科夫向斯大林建议采取内部有奖征求词曲的做法继续征求词曲。

这时卫国战争正在进行。米哈尔科夫以空军的《斯大林之鹰报》记者的身份在前线采访。他没有被吸收参加国歌歌词的创作。他和他的朋友埃尔－列吉斯坦是在从前线采访回莫斯科办事时才听说要制定国歌这件事的。两人便不问是否允许他们参加，决定应征，根据亚历山大罗夫作曲和列别杰夫－库马奇作词的《布尔什维克党党歌》的诗格，写了一首歌词，请作曲家肖斯塔科维奇转交专门委员会，自己又上前线去了。但是他们写的歌词连初选也没有选上，没有列为谢尔巴科夫所说的"可以考虑"的作品。

然而他们两人合作写成的歌词却被斯大林看中了。不久，伏罗希洛夫把他们从前线紧急召回，对他们说："斯大林同志注意到了你们写的歌词！你们千万不要骄傲自满！我们将和你们一起修改！"谈话时，米哈尔科夫发现，在伏罗希洛夫面前放着一本红色封面的书，在第83页上夹着一张书签，这一页印的就是他们俩写的歌词,上面有斯大林的批语。① 后来才知道,前后参加评选的歌词作者共有六十五人,其中包括像别德内依、吉洪诺夫、列别杰夫－库马奇、伊萨科夫斯基、基尔萨诺夫、雷利斯基、斯维特洛夫、阿谢耶夫、希帕乔夫、西蒙诺夫等名家。

伏罗希洛夫向他们传达了斯大林对歌词的修改意见。他们的初稿第 1 行原为"各族自由人民的**高尚的**联盟"。斯大林认为"高尚的"一词不合适,经过考虑,把这一行改为"各自由共和国的**牢不可破的**联盟"。初稿第 3 行原为:"赞美你,根据**民意**建立的……"斯大林认为"**民意**"(народная воля)二字不妥,容易被理解为俄罗斯 19 世纪末的民意党人,后来这一行改为:"万岁,根据人民的意志建立的……"初稿在提到列宁时是这样写的:"列宁为我们照亮了通向未来的道路。"斯大林首先提出应在列宁的名字前面加上"**伟大的**"这一形容词,并在初稿上亲笔加上了它;同时指出"**未来**"(грядущее)一词比较文雅,农村老百姓可能听不懂,后来这一行改为:"伟大的列宁为我们照亮了道路。"斯大林希望歌词里不要称他本人为"人民的 *избранник*"。② 这大概是因为"*избранник*"是一个老词,具有"选出来的人"、"天才"、"宠儿"等多种涵义。米哈尔科夫后来在谈到这些修改意见时,说斯大林既是一个"公正的批评家",又是一个"敏锐细心的审阅者",他竭力要使歌词从科学院院士到集体农庄庄员人人都能听懂,他提出的论据很有说服力,使得你不能不同意。③

米哈尔科夫和埃尔－列吉斯坦根据斯大林的意见,对歌词进行了修改。1943 年 10 月 26 日,斯大林和其他领导人一起听了新创作的歌词的演唱。当天夜里,他又直接打电话给米哈尔科夫和

---

① 见 C. 米哈尔科夫:《从这到那》,奥林波斯出版社,1998 年第 146 页

② C. 米哈尔科夫:《从这到那》,奥林波斯出版社,1998 年,第 151 页.

③ 《独立报》2000 年 12 月 9 日。

埃尔－列吉斯坦说:"我们今天听了国歌。觉得短了些。歌词太少。关于红军什么也没有讲。应当再加一段,以反映我们军队在反对侵略者的英勇斗争中的作用,显示我们的强大力量和必胜信念。"当时莫斯科正在召开苏美英三国外长会议。而在前线,库尔斯克弓形地带战役虽已结束,但强渡第聂伯河和解放基辅的战役还在进行,列宁格勒的围困尚未解除,苏联红军面临着解放白俄罗斯和波罗的海沿岸地区的重大任务。可以说,当时工作千头万绪。可是斯大林居然抽出时间抓国歌的修改和审订工作,足见他对此事的重视。10月28日,他把米哈尔科夫和埃尔－列吉斯坦叫到克里姆林宫。根据米哈尔科夫回忆,他们两人到斯大林的接待室时,看见那里有两位元帅正在等候最高统帅接见。可是斯大林却先叫米哈尔科夫和埃尔－列吉斯坦进去。他们进斯大林办公室时已是晚上十点半,那时政治局委员们都在那里。斯大林要他们两人对新写的第3段歌词进行修改。米哈尔科夫问:是否可以让他们考虑一下,到明天再拿出修改稿来。斯大林说今天就要,叫他们当场就改。后来看见他们比较紧张,安不下心来,就把他们安排到另一个房间,两人才放松了一些,抓紧时间把第3段修改了出来。在修改过程中他们一直没有找到一个合适的词来形容狡诈残暴的侵略者,斯大林在办公室里踱了一会儿步,想了想说,用"**卑鄙**"(подлый)二字如何? 大家同意了。①

米哈尔科夫在他的回忆录里还讲了这样一个细节。歌词修改好后,他又上了前线。有一天部队司令员找到他,说伏罗希洛夫打电话来说有急事,叫他马上回电话。电话接通后,他听见伏罗希洛夫说:"斯大林同志要我问您,可不可以把第2段第2行的一个标点符号改变一下?"米哈尔科夫当然同意了。② 这件事给他

---

① C.米哈尔科夫:《从这到那》,奥林波斯出版社,1998年,第153~155页。

② C.米哈尔科夫:《从这到那》,奥林波斯出版社,1998第156页。

留下了极其深刻的印象,他不止一次谈起过,认为这一方面说明斯大林办事的认真,另一方面也说明他对作家权利的尊重。

歌词确定后,配上了肖斯塔科维奇和哈恰图梁分别谱写的曲子以及亚历山大罗夫所作的《布尔什维克党党歌》的曲子,在大剧院演奏和演唱给政治局委员们和政府领导人听。最后根据斯大林的意见采用亚历山大罗夫的曲子。就这样,国歌的词曲都确定下来了。

这一天斯大林的兴致很高。他提议按照俄罗斯人的习俗喝酒表示庆祝。就在大剧院的客厅里摆上了酒席,斯大林让歌词的两位作者坐在他的左右两边。席间斯大林高兴地说:"我们通过了新的国歌。这是一件大事……亚历山大·瓦西里耶维奇·亚历山大罗夫当年为《布尔什维克党党歌》谱了曲,这曲子最适用于苏联国歌。"说到这里他转身对肖斯塔科维奇说:"您的曲子非常悦耳,但是有什么办法呢,亚历山大罗夫的曲子听起来很雄壮,更合适些。这是强大国家的国歌,其中应当反映国家的强大力量和我们必胜的信念……"①他让谢尔巴科夫当场起草一个关于国歌的决定。决定共分七条,其中除了正式规定国歌采用米哈尔科夫和埃尔-列吉斯坦以及亚历山大罗夫所作词曲外,还决定它从1944年3月15日起正式使用。

根据米哈尔科夫的回忆,这一天晚上斯大林在谈话中间曾经问他是不是党员。当听说他不是党员时,便风趣地说:"这没有什么。我早先也曾经是一个无党派人士……"②宴会上气氛很活跃。埃尔-列吉斯坦提议让米哈尔科夫朗诵诗助兴。斯大林马上提

---

① C.米哈尔科夫:《从这到那》,奥林波斯出版社,1998年,第158页。

② C.米哈尔科夫:《从这到那》,奥林波斯出版社,1998年,第159页。

出要他朗诵《斯焦帕叔叔》①。斯大林一边听着，一边高兴地笑着。米哈尔科夫来了劲儿，又朗诵了他的《给妻子的信》一诗。斯大林听了，脸色变得阴沉起来，过了一会儿说："这诗我不喜欢。其中反映的是四一年的心情。请您写一首反映四四年的心情的诗，寄给我和莫洛托夫。"②米哈尔科夫答应了。不久，他写了《讲给孩子们听的故事》一诗，寄给了斯大林。不久，《真理报》《共青团真理报》《少先队真理报》同时发表了这首诗。看来是根据斯大林的指示这样做的。

还是在1943年，当时苏联文学界决定在第二年隆重纪念俄国著名寓言作家克雷洛夫逝世一百周年。负责筹备工作的 A. 托尔斯泰让米哈尔科夫参加筹备委员会，并建议他写寓言试试。米哈尔科夫知道，写像寓言那样的讽刺作品有很大风险，弄得不好，会惹出很大麻烦。但是他还是答应了，写了五篇寓言，其中包括《喝醉酒的兔子》和《雌狐狸和雄海狸》这两篇，前者嘲讽喜欢听奉承话的狮子，后者则讥刺当时喜新厌旧、遗弃结发妻子的高级军官。写好后寄给斯大林审阅。斯大林没有任何回音，但是不久这几篇寓言在《真理报》上刊登出来了。这大概又是斯大林的指示。③ 在这之后，有的人也跟着写起寓言来。

这里讲的事都是战争期间发生的。在战后的几年里，根据现在看到的材料，米哈尔科夫似乎没有再与斯大林有直接接触。但是斯大林没有忘记他。1950年初，毛主席访苏即将结束时在大都会饭店举行答谢宴会，平时很少参加此类活动的斯大林破例出席了。米哈尔科夫也接到了邀请。根据他的回忆，席间斯大林向布

---

① 《斯焦帕叔叔》是米哈尔科夫写的长诗，其中塑造了一个身材高大、见义勇为、乐于助人的年轻人的形象。这部长诗深受少年儿童喜爱而得到广泛流传，后来有人也把作者称为斯焦帕叔叔。

② C. 米哈尔科夫:《从这到那》，奥林波斯出版社，1998年，第160页。

③ 《话语》1998年第2期，第60页。

琼尼元帅问了一句什么，布琼尼便朝他待的地方点了点头。只见斯大林突然举起杯，相当大声地喊了米哈尔科夫的名字。他以为自己听错了，没有答应。这时他身旁的共青团中央第一书记米哈依洛夫以为是喊自己，急忙朝前迈了一步，可是被警卫挡住了。紧接着斯大林又喊了一声米哈尔科夫的名字，并指着他对毛主席幽默地说："这是米哈尔科夫！他把我们都看作孩子！"米哈尔科夫走过去鼓足勇气回答说："斯大林同志！我并不把你们看作孩子！但是我很愿意为中国的孩子们干一杯！"斯大林对他的回答很满意，说了句"我赞成"。米哈尔科夫与斯大林和毛主席碰了碰杯后，回到了自己原来的地方。事后布琼尼对他说，宴会上斯大林问："那个佩戴着列宁勋章的高个子年轻人是谁？我似乎见过他穿着军服的样子。很像米哈尔科夫。"布琼尼回答说："这就是他！"①可见，斯大林一直记得他。而根据著名汉学家和外交家、当时担任斯大林的翻译的费德林的回忆，在宴会上斯大林指着米哈尔科夫对毛主席说："你瞧，那是我们的斯焦帕叔叔，他比别人高出整整一头，是一位著名的儿童文学作家。"说着招呼米哈尔科夫过去。毛主席问费德林，斯大林所说的斯焦帕叔叔是谁，费德林作了介绍。说话之间，米哈尔科夫已到了跟前。他先向斯大林和毛主席问好，然后举起酒杯说："为地球上全体儿童所敬爱的斯大林同志，为中国的青年一代，为那些在毛泽东同志领导下过上幸福生活的小读者们，干杯！"②当年也参加了宴会的朱子奇同志在他的文章里同样谈到此事，他记得毛主席对米哈尔科夫说："你的面孔很像儿童，红润润的，希望你永远像儿童，为儿童创作！"③尽管各人的回忆在细节上有些出入，但是大体上相同，这说明这件

① C.米哈尔科夫：《从这到那》，奥林波斯出版社，1998年，第163～165页。
② 《我所接触的苏中领导人》，中译本，新华出版社，1995年，第77页。
③ 朱子奇：《心灵的回声》，作家出版社，1998年，第270页。

事都给他们留下了深刻印象,用米哈尔科夫的话来说,它是"很难从记忆里抹掉的"。顺便说一下,1985年米哈尔科夫访华时与朱子奇同志谈起了三十多年前的这段往事。当朱子奇同志说他经过几十年风雨还保持着一颗乐观的童心时,他笑着说,这要感谢尊敬的毛泽东同志的鼓励,现在来到中国真的返老还童了。①

这里还要提一下:就在这一年米哈尔科夫又一次获得了斯大林奖金,这次的获奖作品是写知识分子思想转变的剧本《伊里亚·戈洛文》。

从以上事实可以看出,米哈尔科夫登上文坛后一直受到斯大林的重视和关怀,他在创作上的成长和进步,都是与斯大林分不开的。

斯大林逝世后,特别是在赫鲁晓夫掀起反斯大林的浪潮后,苏联文学界的一些过去曾受到斯大林的信任和扶持并且为斯大林唱过赞歌的人,这时紧跟政治形势,或进行忏悔,与斯大林划清界限,或者更进一步,参加批判斯大林的合唱,否定斯大林和老一辈革命家创立的基业。然而在这样的合唱队员的名单里没有米哈尔科夫的名字。米哈尔科夫这个人,虽说适应政治气候的能力较强,同后来的苏联领导人(其中包括赫鲁晓夫、勃列日涅夫、契尔年科、戈尔巴乔夫等)仍有接触和交往并且受到他们的尊重,他在回忆录《我是一个苏联作家》里叙述了这方面的情况。苏联解体后他虽未与叶利钦有过直接来往,但仍受到新的当局的重视。普京则给他以特别的礼遇,在他九十岁生日时亲自登门祝寿,授予他勋章。因此可以说,他从未受到过冷遇。他的思想和观点也发生了一些变化,这突出地表现在他前后三次创作的国歌歌词中。在上面讲到的1943年的歌词中有"斯大林培育了我们"这样的词句,而在1977年的歌词里去掉了斯大林的名字,只讲列宁的

---

① 朱子奇:《心灵的回声》,作家出版社,1998年,第271页。

作用。2000年米哈尔科夫又创作了俄罗斯国歌的歌词,其中淡化了政治色彩,突出爱国主义思想,歌词中甚至出现了"上帝保佑的祖国大地"这样的词句。尽管如此,他没有全盘否定斯大林。这可由他发表的多次谈话来证明。

米哈尔科夫在这些谈话中提到斯大林时,始终对斯大林采取实事求是的分析态度。一方面他不回避斯大林的错误,承认他错杀了不少人;另一方面肯定他的功绩,把他称为"创造者"。米哈尔科夫肯定斯大林作为最高统帅在卫国战争中发挥的巨大作用,说这次战争所取得的伟大胜利是与斯大林的名字紧密联系在一起的。他又说,是斯大林把苏联从一个落后的国家变成先进的工业化强国,提高了它的国际威望,使它受到世界各国的尊重。他还说,斯大林把国家治理得很好,尽管在他领导时期有过分集权的弊病,但是社会稳定,各方面很有秩序。

对斯大林的文学修养和鉴赏力,米哈尔科夫更是称颂不止。他说,斯大林非常熟悉古典文学和现代文学,书读得很多,如果参加文学问题和文学作品的讨论,那么发表的意见总是很有道理的。他还说,斯大林不仅爱好和重视文学,而且在物质上支持文学事业。米哈尔科夫把斯大林与另一些领导人进行了比较,说后者什么书也不读,却在指手画脚地领导文学,他认为法捷耶夫在绝命书里批评的就是这些人。根据他的看法,斯大林虽然也批判过文学界的一些人,但是毕竟挨批的人不很多,这算不了大问题,糟糕的是下面的负责人根据斯大林的好恶,这也批判,那也禁止,弄得文学界的气氛很不正常。他说,这种看领导脸色行事的人,在斯大林逝世后也出现过不少。[①]

米哈尔科夫根据长期的观察、比较和思考,提出应该区别"共产党人"和"党员"这两个概念。他认为共产党人是道德思想的一

---

① 《话语》1998年第2期,第65～66页。

个特殊范畴，这样的人具有坚定的信念，代表着一种特殊的生活方式和行为方式，而党员只是抱着某种目的加入共产党、怀里揣着党证而已。他对照自己，说自己单凭入党后还信仰宗教这一点就不是共产党人。他认定列宁和斯大林是共产党人，而赫鲁晓夫、勃列日涅夫以及其他领导人都只是党员。他进一步指出，本来比较稳定的苏联之所以一下子覆灭，是因为没有共产党人，有的只是党员。他赞扬斯大林不谋私利，不贪财敛财，不贪图享受，过着禁欲主义者一样的生活。他说，斯大林不为自己建筑豪华的宫殿，不以各种名义出国游山玩水，不搞劳师动众的打猎活动，而是把全部精力用在工作上。他又说，斯大林生活极其简朴，长年穿着一身军装上衣和一双靴子，在沙发上睡觉，人们赠送的大量珍贵礼物他没有留下一件，全都送到了博物馆……在米哈尔科夫看来，与斯大林相比，赫鲁晓夫之流完全是另一种人，这种人享有各种特权，过着阔绰奢侈的生活，他们实际上是一群"腐化堕落的富人"。①

米哈尔科夫还有这样一种看法：斯大林与历史上干了一番大事业的杰出人物有些相似之处，这些人物不那么讲通常的善良和人道，为了实现自己的思想和目标有时不大考虑牺牲的大小。他举彼得大帝为例。当年这位沙皇为实行他的改革和振兴俄国，也采取过暴力手段，伤害过不少人。可是现在人们记得的只是他创建的美丽的彼得堡、他所取得的一系列军事胜利和建立的新的工业。② 也就是说，米哈尔科夫估计随着时间的推移，人们也会主要看到斯大林的功绩，而把他的错误放到次要地位。同时，他认为斯大林也与历史上的某些杰出人物一样，性格具有矛盾性和复杂性，只有像莎士比亚这样的大手笔，才能全面深刻地揭示他的性

---

① 《大陆》1998 年第 2 期，第 345～346 页。
② 《文学白天报》2001 年第 6 期。

格,塑造出符合历史真实的斯大林的形象。①

米哈尔科夫在参观格鲁吉亚哥里的斯大林博物馆时的留言中曾这样写道:"我相信他,他信任我。"②这句言简意赅的话在一定程度上反映了他和斯大林的关系。

四

最后讲斯大林与西蒙诺夫的关系。西蒙诺夫是这一代人当中的后起之秀。他生于1915年,30年代中期才开始从事创作。先是写诗,后来又同时写剧本和小说,而且在这些方面都有重大建树。1938年加入了作家协会,并且第一次出书。战争年代,他作为《红星报》的记者到前线采访,写了大量通讯、特写、诗歌和剧本以及中篇小说《日日夜夜》,抒发了对祖国和人民的热爱,表达了为打败侵略者献出一切的决心,这些作品曾经起过巨大的鼓舞作用。战后仍继续进行创作,写了不少有分量的作品。他有六部作品曾先后获得斯大林奖金,这些作品是剧本《我城一少年》(1942年获一等奖)、《俄罗斯人》(1943年获二等奖)。《俄罗斯问题》(1947年获一等奖)和《异邦暗影》(1950年获二等奖),中篇小说《日日夜夜》(1946年获二等奖)以及诗集《友与敌》(1949年获一等奖)。可以说,获奖作品之多,是创了纪录的。上面说过,评奖的结果最后都是经过斯大林亲自审查批准的,这个年轻作家这么多的各个门类的作品获奖,不会不引起他的注意。据西蒙诺夫说,1946年评奖时,评委的推荐名单中本来没有他的小说《日日夜夜》,后来是根据斯大林的提议被授予奖金的。

根据现在看到的材料,斯大林对西蒙诺夫的两部作品发表过意见。一部是他在战争初期的1942年出版的诗集《同你在一起

---

① 《文学白天报》2001年第6期。
② C.米哈尔科夫:《从这到那》,奥林波斯出版社,1998年,第156页。

和不在一起的时候》。诗集收入了战前写的献给曾是他的恋人的电影演员谢罗娃的诗篇。据说,斯大林看到这本诗集时故作感兴趣似的问它的印数有多少,人们以为他对诗集感兴趣,觉得印数太少。其实他的意思是:"总共只需要印两册,一册给她,另一册给他。"可见,斯大林认为战争时期出这样的诗集是不合时宜的,不过他没有进行严厉批评,只用诙谐揶揄的口气说了上面的话,大概是因为觉得这些诗写得感情真挚,并考虑到作者毕竟是二十七八岁的年轻人。

另一部是西蒙诺夫在战后写的中篇小说《祖国的炊烟》。这部小说创作于1947年,其中写红军军官巴萨尔金在国外工作的感受和对祖国的眷恋之情。他在西方看到了资本主义社会的内在矛盾和腐朽性,认识到今后为社会的进步和光明的未来而斗争的任务落到他的人民身上而感到自豪。不久他回到祖国,尽管看到因战争造成的破坏还面临着很多困难,但是他如同格里鲍耶多夫的《聪明误》里的恰茨基一样,"感到祖国的炊烟分外亲切,分外可爱"。小说发表后,曾得到许多人的肯定。但是问题可能出在它对战后初期满目疮痍,战争的创伤随处可见的情况作了渲染,对艰难困苦的生活进行了较多的描写,于是中央宣传鼓动部的机关报《文化与生活报》发表文章进行了批评,说它违背了生活的真实。这篇文章是根据斯大林指示发表的,斯大林不否认生活中的困难和问题,但认为西蒙诺夫那样写"不典型"。

斯大林虽对西蒙诺夫提出批评,但是并没有改变对他的态度,这可从关心他紧接着创作的剧本《异邦暗影》上表现出来。这个剧本的主题是批评某些科研人员虚荣心强,不问政治,丧失警惕性,以致陷入外国敌对势力的圈套的表现。斯大林读了剧本的初稿后,给西蒙诺夫打电话,肯定剧本是好的,并提出了具体的修改意见。据西蒙诺夫回忆,意见主要有两条:一是剧本的人物认为实验室是个人财产,斯大林认为这样写不对,实验室是人民和政府的财产；二是剧本里政府没有参与任何事情，只是一些科学工作者在活动着，这也不对，政府不能不进行参与。① 这个剧本根据斯大林的意见经过修改后发表和上演了，并如上所说，于1950年获斯大林奖金二等奖。

斯大林不仅重视西蒙诺夫的作品，而且信任他，并委以重任。上面提到过，1946年苏联作协领导机构改组时，西蒙诺夫当选为作协理事会书记处副总书记，而且这位年仅三十一岁的年轻作家在四位副总书记中排名第一，居于年龄和资历都远远超过他的吉洪诺夫、维什涅夫斯基和柯涅楚克之前，成为总书记法捷耶夫的左右手。自然是根据斯大林的意见这样做的。

西蒙诺夫成为作协副总书记后，他的地位有了明显的提高。他开始参加政治局召集的有关文学的方针政策的讨论会和斯大林奖金的审批会，有机会直接见到斯大林，与斯大林进行交谈，并趁此机会发表看法和提出建议。

由于受到斯大林的信任，西蒙诺夫曾多次出国访问。1946年他作为苏联记者组成员先后访问了日本、美国和加拿大，然后又到了法国。1949年他作为苏联文化代表团副团长（团长是法捷耶夫）访问了中国，回国后写了《战斗中的中国》一书。

另一方面，西蒙诺夫作为作协的副总书记，坚决贯彻实行斯大林制定的方针政策，积极支持斯大林在战后发动的批判运动。例如1949年3月26日，他曾与索弗朗诺夫联名给斯大林、马林科夫和联共（布）中央写信，建议开除"反爱国主义的批评家"们的作家协会会籍。②

西蒙诺夫写过一些颂扬斯大林和他表达自己的感情的诗。

① 见《书刊大检查——苏维埃国家内的作家和新闻记者（1917～1956）》，文件汇编，民主国际基金会、大陆出版社，2005年，第594页。

② 见《苏联的国家反犹主义（1938～1953）》，文件汇编，大陆出版社，2005年，第307页。

他有一首题为《严酷的战争》的诗,写于卫国战争爆发后的 1941
年 11 月初和十月革命二十四周年纪念日前夕,其中有这样的
诗句:

> 斯大林同志,你听见我们吗?
> 你应当听见我们,这我们知道:
> 在这严酷的时刻我们首先想起的是你,
> 而不是母亲和儿子这些亲人。
> ……
> 斯大林同志,你的儿子们的心
> 完全和你连在一起,
> 我们坚决相信,我们将和你
> 一起走向战争的胜利。

应该说,诗中表达的感情是真挚的。这样的诗还有几首。同
时,西蒙诺夫在其他作品中也有三四处写了斯大林。

斯大林逝世后,西蒙诺夫写过悼念斯大林的诗。1953 年 3 月
19 日,他任总编的《文学报》发表了题为《作家的神圣职责》的社
论,其中这样写道:“在苏联文学面前非常迫切地提出了一个最重
要、最崇高的任务,这就是为同代人和子孙后代最完美地描绘出
所有时代和所有人民最伟大的天才——永垂不朽的斯大林的形
象。”这篇社论见报后,当时领导苏共中央书记处工作的赫鲁晓夫
极为不满,要求解除西蒙诺夫的《文学报》总编职务。这是他仕途
上遭到的第一次挫折。这次打击给了他很大震动,他开始回顾自
己走过的道路,检讨自己的过去,以便跟上形势。这使得他的政
治观点和文学观点开始发生变化,这种变化在 1956 年苏共二十
大批判个人崇拜后显得比较明显,其主要表现是对斯大林的看法
有所改变。这也反映在他在这之后创作的一些文学作品之中,特

别是在三部曲《生者与死者》中。

三部曲的第一部（也称《生者与死者》）是在苏共二十大后写的，当时正在对斯大林进行批判和揭露，小说作者顺应这个潮流，对战争初期的失利作了较多的渲染，将其与肃反扩大化联系起来，并对造成悲剧的主要责任者斯大林进行了严厉的批评。第二部《军人不是天生的》写于苏共二十二大掀起反斯大林的新高潮之后，其中有不少地方直接写到斯大林，一方面通过主人公谢尔皮林受斯大林接见时产生的直接印象和大失所望的情绪的描写，批判斯大林冷酷无情；另一方面又通过在大本营工作、比较了解情况的将军伊万·阿历克谢耶维奇之口，大讲斯大林的专横、残暴、听不进别人的意见的性格特点，把对斯大林的看法概括为"既是伟大的，又是可怕的"。这实际上是作者本人的看法，他后来在谈到斯大林时重复了这句话。西蒙诺夫在写第三部《最后一个夏天》时，随着赫鲁晓夫的下台国内政治形势又发生了变化，因而在这一部里对斯大林的批评有所缓和。

西蒙诺夫因为政治上敏感和具有较强的应变能力，没有重蹈法捷耶夫的覆辙，不仅保住了自己的地位，而且还有所上升。在苏共二十大上他当选为中央监察委员会委员，一直是苏联作协领导人之一。1965、1971、1974年三次被授予列宁勋章，1974年成为社会主义劳动英雄。他的新作都能顺利发表出来，而且各种旧作不断结集出版。他的三部曲《生者与死者》于1974年被授予列宁奖金。

西蒙诺夫被称为"温和的自由派"。他与那些"激进的自由派"的主要区别在于他并不全盘否定斯大林。他只是对他认为是斯大林的缺点和错误进行批判，随着形势的变化，有时猛烈些，有时语气则比较缓和。赫鲁晓夫下台后的1965年，在卫国战争胜利二十周年的前夕的4月28日，他做了一个题为《历史的教训与作家的责任》的报告，这个报告在二十多年后才在《科学与生活》

杂志1987年第6期上发表出来。报告一方面讲30年代军队的大清洗造成的严重后果以及战争初期的失利的主要原因，认为斯大林应负主要责任。他提出要写好战争史，必须对斯大林对战争的领导作用的真实情况有全面的了解。他强调作家的职责是客观地、借助于文献资料和当事人的见证研究这种作用的一切肯定的和否定的方面，不论是好坏两个方面，还是对斯大林本人来说最重要的方面，既不夸大，也不缩小。他不同意当时流行的在公布由斯大林作为最高统帅签署的文件时删去斯大林的名字而用"大本营"来代替的做法，指出，这样做主观上是在同个人崇拜作斗争，实际上并非如此，只能起妨碍作用，只会引起读者的反感，有时甚至影响正确评价他的错误和罪行。从这篇讲话来看，西蒙诺夫主张根据历史事实全面地和实事求是地评价斯大林。

1966年3月23日，在苏共二十三大召开前，西蒙诺夫给当时任中央第一书记的勃列日涅夫写信，又提出了全面评价斯大林的问题。这封信在三十年后发表在《俄罗斯总统档案馆通报》1996年第5期上。他在信中说，在对待斯大林的态度问题上，许多年来他是一个现在被人称为"斯大林分子"的人，因此现在有更大的责任，在评价斯大林问题时说出"完全的真实"。他又谈到对战争年代斯大林的功过的看法，说他相信当时斯大林为夺取胜利做了自己认为必须做的一切，但这并不能使他忘记斯大林对战争初期的失利以及造成的不必要的牺牲负有直接责任。他再次强调说，斯大林在战争进程中表现出了雄才大略以及巨大的坚定性和坚强的意志，为取得战争胜利作出了个人的巨大贡献，对这一点既不能忘记，也不能避而不谈，不过有一个不可缺少的条件，即同时不能忘记和回避斯大林战前所犯的罪行。信中还谈到，现在需要在人们思想上公开地和明确地分清二十大和二十二大对斯大林所作的"总的非常正确的结论"与一系列诸如赫鲁晓夫个人发表的"按照地球仪领导战争"之类的明显牵强附会的和不公道的论调划清界限。信中提出，由于党内和国内围绕这个问题还有争论，召开二十三大时最好成立一个委员会来客观地研究斯大林各个时期的活动的所有基本事实，并把研究结果提交中央全会审议。当时勃列日涅夫对斯大林的评价问题采取回避态度，他在收到西蒙诺夫的信后打电话告诉信收到了，但是没有同意西蒙诺夫提出的建议，在他的总结报告中没有提出研究和评价斯大林的问题，大会上自然也没有进行讨论。

1979 年 2～4 月间，西蒙诺夫躺在医院的病床上口授了上面多次引用过的《我这一代人的看法——关于斯大林的思考》一书，它首次发表在《旗》杂志 1988 年第 3、4、5 期上。按照他的计划，这只是他讲斯大林的活动的著作的第一部。他只为第二部《斯大林与战争》收集了一些资料，未能进行口授就去世了。这是西蒙诺夫最后的一本书。他并不打算立即发表出来，大概只是想给后代留下一份关于他经历的时代的一份材料。因此他不大考虑人们的反应如何，在口授时不打算迎合潮流和取悦什么人，没有多大的顾忌，只是叙述自己多年来的经历和抒发沉积在内心的感受，因而显得更有参考价值。

在这本书的前一部分，作者叙述了他的家庭状况以及一家人和亲戚的生活遭际，回顾了他青少年时代的生活以及成长为一个作家的过程，讲了自己对斯大林的看法的形成，说那时总的说来有一种自觉地拥护斯大林，同时又不自觉地拒绝接受他的某些东西的心理状态，这就埋下了他所说的对斯大林的双重看法的根子。由于战争年代对斯大林的看法将在第二部专门叙述，于是书中跳过六七年，开始叙述从战后的 1946 年到斯大林逝世这个时期。这时西蒙诺夫作为作协副总书记多次参加过高层召开的会议和其他活动，与斯大林有了直接的交往，因此书中这一部分叙述的是他亲眼见到的斯大林以及斯大林给他的印象。在会见斯大林时主要讨论有关文学的问题。这一部分记录的内容也主要与文学有关。上面在讲斯大林的文学思想、文学政策和文学批评时曾引用过西蒙诺夫的这些记录,现在再概括地说一下。西蒙诺夫从斯大林的言谈话语中发现斯大林喜爱文学,有很高的文学修养,对所有文学问题都非常内行,对此感到震惊。他还发现在审批获奖作品的会上,凡是提出讨论的作品斯大林都读过,有时甚至读过有关的评论。在评定作品时,斯大林总是把政治标准放在第一位,把现在是否需要这本书作为是否应该授奖的重要依据。不过斯大林又认为过多的政论会使作品受到损害,重视作品的艺术性。斯大林主张文学作品应当全面反映生活真实,一方面反对单纯地进行暴露,另一方面也反对粉饰现实,强调生活中是有冲突的,这些冲突应在文学作品中得到反映。西蒙诺夫通过同斯大林的直接接触,对斯大林的为人和性格也有新的了解。他说,他曾多次听说斯大林对人如何残酷,如何粗暴,包括战争年代所依靠的和经常与之共事的军人们也都这么说。但是他一次也没有看到过这样的斯大林。根据他的回忆,在讨论问题时有不同意见可以和斯大林争论,例如在讨论关于稿酬问题以及要不要给科普佳耶娃的小说《伊万·伊万诺维奇》授奖时就发生过这样的事。西蒙诺夫在书中虽然还像多年前他的小说中的一个人物所说的那样,提到了自己既看到斯大林身上伟大的一面,也看到了可怕的一面。但是从他所叙述的与斯大林直接接触后所得到的印象来看,斯大林似乎并不那么可怕。

俄罗斯文学界对西蒙诺夫前后对斯大林的态度的变化有不同的看法。一些人认为他在斯大林生前进行了颂扬,斯大林逝世后背叛了他崇拜过的偶像;另一些人则认为他在评价斯大林及其时代方面摇摆不定并表示不满。女批评家纳塔莉娅·伊万诺娃在其题为《我这一代人对西蒙诺夫的看法》一文中这样说道:"西蒙诺夫就是在70年代末不管怎么说仍继续不仅迷恋于斯大林的人格魅力,而且也为他的治国方略所倾倒。揭露斯大林,'破坏'

他的形象意味着否定自己本人:在斯大林时代他登上文坛,在斯大林时代他加入党和进入文学机构并成为领导——开始作为法捷耶夫的副手和得力助手。在斯大林时代把他提升起来,不能不是由于受到斯大林的赏识。西蒙诺夫一直感激斯大林,——即便是60年代因时局的变化写过一些反对他的东西,那么到70年代就没有再公开地反对斯大林。"①她的这种说法似乎比较符合实际。

　　斯大林在世时,所谓"新生代"的作家大多对他怀有感激之情,曾以不同方式表达这种感情。可是他们的活动一般横跨斯大林逝世前后的两个不同时期。在斯大林逝世后政治形势发生急剧变化、斯大林遭到批判和否定的情况下,他们当中除了少数人成为所谓的"反斯大林主义者"外,多数人虽然在不同程度上承认斯大林的错误和提出了批评,但没有改变昔日的基本态度。上面重点介绍的法捷耶夫、肖洛霍夫、米哈尔科夫和西蒙诺夫就是比较突出的例子。

---

① 《旗》1999年第7期,第204页。

结束语

本书讲了"斯大林与文学"这个课题的几个主要方面,讲了他对文学的爱好和文学修养,讲了他的文学思想和文学观点及其形成,讲了他的文学政策和文学批评以及他与作家的关系。从介绍的情况和列举的大量事实来看,这个课题确实如本书《引言》里所说的那样,内容是丰富的。

从书中叙述的情况来看,斯大林通过学习和领导文学的实践活动,也确实像《引言》里所说的那样,形成了自己的文学思想和一整套文学观点,在某些问题上发展了马克思列宁主义的文学思想。他的论述观点鲜明,逻辑严密,论证精确,通俗易懂,明白晓畅,有时还风趣幽默。当然个别观点是否符合马克思列宁主义还值得商榷。

关于斯大林的文学政策的叙述,在书中占有相当大的篇幅。既讲了政策的酝酿和制定的过程,也讲了贯彻实行的情况;既讲了一些正确的政策产生的积极效果,也讲了一些错误政策造成的消极影响。同时还提到早期和后期在政策和具体做法上的明显的不同。从中既可以看出他制定这些政策的指导思想,也可看出他根据具体情况采取的决策手段。

再就是比较详细地讲了斯大林与作家的关系问题,讲了他对不同类型的作家的不同态度。他器重和信任一些作家,与他们关系比较密切,而对另一些作家的态度则有所不同,从中折射出了他的政治观点、审美趣味和待人接物的态度。

根据毛泽东的说法,"斯大林是一个伟大的马克思列宁主义者,但是也是一个犯了几个严重错误而不自觉其为错误的马克思列宁主义者"。① 从斯大林的文学思想和文学活动来看,情况也是如此。首先,他是一个伟大的马克思列宁主义者,这就是说,他的思想观点基本上是符合马克思列宁主义的。他领导文学工作的成绩是主要的,缺点和错误是第二位的,甚至有时他在采取一些错误的做法时还自以为是在做有利于社会主义文学发展的事情。有人抓住他的这些错误不放,无限夸大,进而否定他的全部文学活动,这是不符合事实的,完全错误的,应该坚决反对。

由于本书是全面讲"斯大林与文学"这个题目的,而且着重于说明情况,这就使得叙述比较简略而没有充分展开,对某些重要问题没有来得及进行详细的分析和作出具体的评价,因此还需要在作进一步深入研究的基础上作更详尽的说明。其中有两个问题甚至需要进行专题研究。一是斯大林的文学思想和文学观点问题,通过进一步研究更加具体地说明斯大林如何继承了马克思列宁主义的文学观点,又在哪些方面有所发展,弄清他的个别论断有无不符合马克思列宁主义原则之处;二是他的文学政策问题,通过进一步研究说明制定政策的指导思想是否正确,这些政策是否符合实际,贯彻实行这些政策的效果如何,出现问题是政策本身造成的,还是实行过程中有偏差等。

应该说,斯大林的文学思想不仅是发展社会主义文学的指南,而且是强大的思想武器;他的文学政策包含着丰富的经验和教训。这是这位伟人留下的一份宝贵的遗产。如果把它研究清楚了,很好地继承下来,这不仅能对我们发展社会主义文学起重要的借鉴作用,而且也可为我们提供批判形形色色的资产阶级文学思想和文学观点的强大的思想武器。因此进一步做好研究工作的意义是十分重大的。我们应努力做好这项工作。

---

① 《毛泽东文集》第 7 卷,人民出版社,1999 年,第 20 页。

附录一 斯大林有关文学的活动纪要

1895 年

6～12 月　在《伊维里亚报》上发表《致明月》(第 123 期)和
《晨》(第 280 期)这两首诗以及三首无题诗。在这三首无题诗中,
一首献给格鲁吉亚诗人 P. 埃里斯塔维(第 203 期),一首写一位
歌手(第 218 期),还有一首结合写景抒发内心感受(第 234 期)。

1896 年

7 月　在《克瓦利报》上发表一首无题诗,写一位名叫尼尼卡
的坚强的老人。(第 32 期)

1910 年

在索利维切戈茨克流放地读了许多书,其中包括不少文学作
品,对颓废派文学不感兴趣。在一次流放者的集会上发表了关于
诗歌创作的看法。

1912 年

4 月　中旬与两位国家杜马代表 И. 波克罗夫斯基、Н. 波列
塔耶夫和两位作家 M. 奥里明斯基、Н. 巴图林商谈《真理报》的编
辑方针,并编排了创刊号。在 4 月 22 日推出的创刊号上发表了
《我们的目的》一文,其中说明吸收工人积极参加办报的问题,强
调"工人作家不是现成从天上掉下来的,他们只是在写作的过程

中慢慢锻炼出来的"。

1913 年

3~5 月 发表《马克思主义和民族问题》一文,主张用"民族区域自治"的方法来解决民族问题,他在坚持民族的区域独立性的同时,认为少数民族拥有发展独特的文化的权利。

1921 年

5 月 2 日 发表《论民族问题的提法》一文,提出应该不限于"民族权利平等",而且应采取实际措施实现民族的事实上的平等,而这些措施之一就是"发展它们的文化"。

1922 年

7 月 3 日 给中央政治局委员们写信,对 Л.托洛茨基提出的通过物质上和精神上支持年轻诗人的建议表示支持,但不同意托洛茨基提出的把这些人托付给书刊检查机关或另一个国家机关管理的办法,主张让作家们成立独立自主的组织来管理自己。

1923 年

1 月 1 日 参加 Л.加米涅夫住处部分党和国家领导人和文学家的聚会,在听了 В.魏列萨耶夫的长篇小说《在困境中》的朗读后,对它表示赞许。

1924(1925)年

本年 分别约见 C.叶赛宁、В.马雅可夫斯基和 Б.帕斯捷尔纳克,谈翻译格鲁吉亚诗歌事。

1925 年

1 月 10 日　就召开无产阶级作家代表大会的问题写信给全苏无产阶级作家协会领导人。

2 月 1 日　会见全苏无产阶级作家协会领导人 И. 瓦尔金。

2 月 2 日　与全苏无产阶级作家协会代表团成员谈无产阶级文学的问题。

2 月 16 日　再次单独接见 И. 瓦尔金。

4 月 15 日　写信给苏联无产阶级大学生第一次全国代表会议，提出要竭力使无产阶级大学生成为社会主义经济和社会主义文化的自觉的建设者。

5 月 18 日　在东方劳动者共产主义大学学生大会上发表题为《论东方民族大学的政治任务》的讲话，对民族文化问题进行了阐述，说道："内容是无产阶级的，形式是民族的——这就是社会主义所要达到的全人类的文化。"

1927 年

7 月 29 日～8 月 9 日　在联共（布）中央委员会和中央监察委员会联席全会上发表讲话，再次说明发展各民族的文化的意思，说这种文化按内容来说是社会主义文化，而按形式来说则是民族的文化，在社会主义时期的文化是无产阶级的内容和民族的形式的结合，同时强调他说的"社会主义时期"只是苏联进行的社会主义建设的时期，而不是指"社会主义的'最后胜利'"的时期。报告还提出反对大俄罗斯沙文主义和地方民族主义倾向的问题。

9 月 16 日　给 М. 乌里扬诺娃写信，回答米赫里逊提出的问题，说他所说的"社会主义时期"只是苏联进行社会主义建设的时期，而不是指"社会主义'最后'胜利"的时期，在这个时期各民族不一定会消失而融合成一个统一的民族，民族的差别和国家的差别还会存在很长时间。

1928 年

5 月　在广祝斯维尔德洛夫共产主义大学成立十周年大会上首次与高尔基见面。

1929 年

1 月 25 日　给 H. 奥新斯基写信，同意他对 B. 比尔－别洛采尔科夫斯基的剧本《地下的声音》的肯定评价，并说作者是"（我们的）最有才能的剧作家之一"。

2 月 2 日　给 B. 比尔－别洛采尔科夫斯基写回信，指出把"左倾"或"右倾"的概念应用在文艺方面（以及在戏剧方面）是不正确的，而运用阶级方面的概念，甚至"苏维埃的"、"反苏维埃的"、"革命的"、"反革命的"等等概念是最正确的。信中还对 M. 布尔加科夫的剧本《逃亡》和《土尔宾一家的日子》作了分析和评价。

2 月 12 日　与一批乌克兰作家座谈。再次讲到民族文化问题，强调发展形式是民族的和内容是社会主义的文化的方针不可动摇。又一次指出"左倾"和"右倾""纯粹是党的现象"，不能把纯粹是党的尺度机械应用到文学家身上。斯大林在讲话中对一系列作品（主要是剧本）进行了评述，多次提到布尔加科夫的《逃亡》和《土尔宾一家的日子》，重复了他对这两个剧本的不同评价。

2 月 28 日　给拉普的共产党员作家写回信，批评拉普领导人"不会在文学战线上作正确的部署和配置力量"，结果"听到的不是和谐的声音，取得不了成就，而是遭到失败"；责备拉普忘记了领导文学战线的使命。

5 月 11 日　为 E. 米库林娜的《群众的竞赛》一书写题为《群众的竞赛和劳动热情的高涨》的序言，肯定这本书的价值在于它

"朴素而真实地叙述了构成社会主义竞赛内部动力的那些伟大劳动高潮的深刻过程"。在这之前,他于5月8日给米库林娜打电话,5月10日会见了她,对她进行了鼓励。

6月11日 给M.高尔基写信,附上答应寄给高尔基的给比尔－别洛采尔科夫斯基和拉普的共产党员作家的回信,并对M.斯皮里多诺夫的剧本《二十六位公社社员》发表评论。

7月9日 写《致费里克斯·康同志》一信,批驳鲁索娃对米库林娜的《群众的竞赛》一书的片面的批评,承认这本书写了一些不确实的东西是不好的,但是认为它的价值不是由个别细节而是由总的倾向决定的,这价值在于它传播了竞赛的思想,以竞赛的思想感染了读者。同样,"当代名作家肖洛霍夫"在《静静的顿河》中"写了一些极错误的东西,但是不能由此得出结论说这是一本毫无用处的书,应该禁止出售"。斯大林在信中还指出,国内有成百成千的有才能的年轻人,他们受到文坛上的"名人"的自负、某些组织的官僚主义和冷酷无情以及同辈的嫉妒的压抑,他给米库林娜这位无名的作者的小册子作序,就是试图为打穿这堵"死墙"方面迈进一步。

1930 年

1月17日 给M.高尔基写信,表示接受创办《国外》杂志、出版一些关于"国内战争"的通俗文集并吸收A.托尔斯泰和其他文学家参加这项工作的建议,但认为还没有创办专门杂志《关于战争》的理由。同时提出关于描写战争的小说必须严加选择后再出版,认为资产阶级的和平主义的小说无多大价值。

3月19日 给A.别泽缅斯基写信,对这位诗人的诗剧《射击》和长诗《我们生活的一天》发表了意见,认为它们虽然有些"青年团先锋主义"的残余,但是基本思想在于尖锐地提出了我们机关的缺点问题,并且深信这些缺点能够克服,其主要价值就在于此。

4月18日　给 M.布尔加科夫打电话,告知他的信收到了,会得到满意的答复,并答应给他安排工作。

6月27日　在联共(布)第十六次代表大会做政治报告,指出在党内存在着大俄罗斯沙文主义和地方民族主义这两种倾向,并着重分析批判了大俄罗斯沙文主义倾向。

10月24日　给 M.高尔基写信,信中说道,听说高尔基在写一个关于破坏分子的剧本,答应寄给他新收集的材料。

12月12日　给 Д.别德内依写信,对他把过去的俄罗斯写成"装满了丑恶和颓废的瓶子",现在的俄罗斯写成十足的"比里尔瓦",把"懒惰"和渴望"躺在热炕上"写成俄罗斯人的民族特点的做法提出严厉批评。

1931 年

年初　会见 M.肖洛霍夫,支持他写一部关于农业集体化的小说。

3月　读了 A.普拉东诺夫的中篇小说《有好处(贫农纪事)》非常生气,将其称为"富农的反苏维埃小说"。

5月20日　给 M.莎吉娘写回信,对自己因工作太忙无法给她的小说《中央水电站》作序表示歉意,但答应愿为小说尽快出版而尽力。

6月中旬(一说7月中旬)　在高尔基别墅会见 M.肖洛霍夫,了解《静静的顿河》被停止连载的原因,决定继续发表。

11月9日　给 K.斯坦尼斯拉夫斯基写回信,表明自己对 H.埃尔德曼的剧本《自杀者》评价不高。

12月13日　会见德国作家路德维希,与他进行了交谈。

本年　读了 M.肖洛霍夫的长篇小说《开垦的荒地》第1部手稿后批准发表。

1932 年

4 月 23 日　在他的主持下联共（布）中央通过《关于改组文艺团体》的决议，决定解散拉普和其他文艺团体，召开第一次苏联作家代表大会和成立苏联作家协会。

5 月　与 И.格隆斯基商讨苏联文学的创作方法问题，决定用"社会主义现实主义"这一术语加以表述。这个术语在 5 月 23 日《文学报》首次见报。

同月　出席中央政治局成立的处理被解散的拉普的领导人的申诉的专门委员会的会议，会上多次发言，向参加会议的拉普领导人做说服工作，促使他们收回他们的辩证唯物主义创作方法，赞同社会主义现实主义方法。

6 月 7 日　给 Л.卡冈诺维奇写信，肯定 М.肖洛霍夫的新作《开垦的荒地》，称赞他有很高的艺术才能，同时批评了 И.巴别尔。

10 月 5 日　会见法国作家巴比塞并与他进行了长谈，询问了各国革命作家在阿姆斯特丹举行保卫和平和文化大会的情况，与他商谈了各国革命作家今后的活动的问题。

10 月 20 日　与共产党员作家座谈，对拉普的辩证唯物主义创作方法进行了分析和批评，同时还谈到浪漫主义问题，主张区分不同的浪漫主义，指出苏联作家需要的是那种"能把我们推向前进的浪漫主义"，苏联文学在以社会主义现实主义为基本创作方法的同时，也能利用浪漫主义方法。

10 月 26 日　与党内外作家座谈，谈话内容广泛，谈到了党员和党外群众的关系问题，批评了拉普的宗派主义和关门主义以及他们的辩证唯物主义创作方法，强调真实地表现生活的重要性，说如能做到这样，"就不能不在其中看到、不能不表现那种把生活引向社会主义的东西"，这就是社会主义现实主义。斯大林还提出文学创作是一种特殊的精神生产,具有"头等的重要性",并进一步发挥说,这是一种生产人的灵魂的重要的生产,而作家是"人类灵魂的工程师"。

1933 年

1 月 19 日　以联共(布)中央名义向 A.绥拉菲莫维奇发出经斯大林亲笔修改过的函电,祝贺他七十岁寿辰。

3 月　给 M.高尔基写信,表示同意高尔基提出的有关建作家城的意见,认为成立文学家俱乐部也是需要的和有益的,并征求筹建以高尔基的名字命名的文学院的意见。

4 月 2 日　给 A.阿菲诺盖诺夫写信,对他的剧本《谎言》(后改名为《伊万诺夫一家》)发表了详细的评论。

4 月 16、22 日　连续两次给 M.肖洛霍夫发电报,告知他的信已收到,对信中提出的农民挨饿和农庄可能完不成春播计划的问题已采取措施加以解决。

5 月 6 日　给 M.肖洛霍夫写信,对他揭露党和苏维埃工作中的问题表示感谢,同时提醒他还应看到问题的另一面,即庄稼人实质上是在与苏维埃政权进行一场"无声的"战争。

1934 年

2 月底　给 M.高尔基写信,提出他的《论灵巧》一文应尽快发表。

3 月 16 日　给 M.高尔基写信,告知对他的《论语言》一文作了一处不大的修改。

5 月　决定由 A.日丹诺夫负责领导召开第一次苏联作家代表大会的工作。

6 月下旬　收到布哈杜的信,其中谈到诗人 O.曼德尔什塔姆因写诗被捕一事,在信上批道:"是谁给他们逮捕曼德尔什塔姆的权力的？不像话……"接着给 Б. 帕斯捷尔纳克打电话,向他了解曼德尔什塔姆的情况。

7月23日　会见英国作家威尔斯,与他进行了交谈。

8月8日　与 А. 日丹诺夫、С. 基洛夫一起批评苏联历史教科书提纲"是俄罗斯历史的提纲",没有把其他民族的历史包括在内。

8月底　在第一次苏联作家代表大会即将闭幕时,对作协领导机关的人员组成作了具体指示,并批评 М. 高尔基"对党的态度不端正",说他"在自己的报告里不提中央关于拉普的决定","他的报告讲的不是苏联文学,而是别的什么事情"。

9月　给 А. 日丹诺夫写回信,说大会"总的来说开得很好",但是有三个不足之处,即"高尔基的报告从苏联文学的观点来看,有些平淡",Н. 布哈林惹了事和"发言者不知为什么没有利用中央关于解散拉普的决议来揭露它的错误"。

同月　给 Л. 卡冈诺维奇写信,表示同意 И. 爱伦堡提出的解散或从根本上改组国际革命作家联合会及其在各国的分会的建议。

1935 年

1月11日　在苏联电影业十五周年之际发表《致苏联电影总局舒米亚茨基同志》,向电影工作者表示敬意。强调电影是一种巨大的、不可估计的力量,希望他们取得新的成就,拍出像《恰巴耶夫》那样的新影片。

6月28日　会见法国作家罗曼·罗兰,与他进行了交谈。

11月24日　在 Л. 勃里克的信上作了批示,其中称"马雅可夫斯基过去是、现在仍然是我们苏维埃时代最优秀的、最有才华的诗人",指出"对他和他的作品采取冷漠态度是犯罪行为",要求"做好因我们疏忽而未能做的一切"。这个批示是批给 Н. 叶若夫的。

12月10日　写信给 B.斯塔夫斯基,要求重视作家 Л.索波列夫,因为从《大修》一书来看,这是一个很有才能的人,并且指出凡是有文学才能的人都是"任性的和性格不稳定的",因此不要给他规定写小说第二部,让他想写什么就写什么,什么时候想写就什么时候写。

1936 年

1月17日　和 B.莫洛托夫一起与歌剧《静静的顿河》的作者座谈,指出了"与人民格格不入的形式主义的危险性"。

5月21日　给 M.高尔基写信,同意他的意见,也认为年轻文学常常缺乏起码的文化,认为 H.维尔塔的《孤独》和 H.奥斯特洛夫斯基的《钢铁是怎样炼成的》也不例外。同时又指出,这两部作品"对我国文学来说,是一个很大的和重要的优点"。

1937 年

1月8日　会见德国作家福伊希特万格,对他提出的问题一一作了回答,其中与文学有关的问题有:学术著作的写作者与艺术作品的写作者的区别问题,包括作家在内的知识分子在苏联社会的地位和作用问题,苏联文学对现实的批判的界限问题,作家的世界观与创作的关系问题等等。特别要说一下,福希特万格问他对人们向他表示过分的尊敬和爱戴有何看法,他回答说,觉得很不舒服,也曾表示过反对,但无济于事,并分析了出现这种现象的原因。

1940 年

7月9日　给.И 博尔沙科夫写信,指出电影脚本《苏沃洛夫》的缺点。

9月9日　在联共(布)中央召开的会议上对根据 A.阿夫杰延科的小说拍的影片《生活的规律》提出了批评。

12月28日　给 A.柯涅楚克写信,称赞他的剧本《在乌克兰草原上》。

1941 年

4月24日　给 И.爱伦堡打电话,询问他的《巴黎的陷落》的创作情况。

1942 年

8月28日　给 C.铁木辛哥回电报,指出他对 A.柯涅楚克的剧本《前线》的看法是不对的。

9月1日　把他给 C.铁木辛哥的电报转发给 A.柯涅楚克。

本年　打电话给 Л.列昂诺夫,赞扬他的剧本《侵略》写得很好,支持它上演。

1943 年

9月13日　给 И.博尔沙科夫写了一个便函,肯定电影脚本《伊万雷帝》第1部。

9~10月　主持制定苏联国歌,对 C.米哈尔科夫和埃尔－列吉斯坦写的歌词作了审阅和修改,并建议增加一段反映红军在反对侵略者的英勇斗争中的作用的话。

1944 年

1月31日　在联共(布)中央政治局会议上讲话,批评 A.杜甫仁科的电影小说《烈火中的乌克兰》的民族主义倾向。

1946 年

4 月 13 日　在联共(布)中央政治局会议上对进一步改进党的机关工作的领导、其中包括加强对文艺战线的领导作了指示。他尖锐地批评了大型杂志，提出了这些杂志是否应该减少的问题，并对文学批评表示不满，认为批评家是"受作家供养的"，是"朋友义气的奴隶"，提出了如何改进的具体意见。

8 月 9 日　出席联共(布)中央组织局召开的会议，会议的第一项议程是讨论《星》和《列宁格勒》两杂志的问题。斯大林发表了讲话并在讨论时多次插话。在讲话中首先强调报刊的政治性，反对非政治化和宣扬无思想性，接着批判了由非政治化产生的只讲友情、不进行批评的偏向，说明进行批评和自我批评的重要性。他特别指出苏联杂志不是私人的企业，而是"人民的杂志，我们国家的杂志"，"谁也无权使其适应那些不想承认我们的任务和我们的发展的人的口味"，他把左琴科和阿赫马托娃归入这一类人之中，说他们的作品不符合教育青年的要求，不必对他们讲客气。斯大林还对改进《星》杂志的工作提出了具体意见，并建议停办《列宁格勒》杂志，以便集中人力物力把《星》办好。他还在插话中多次提到了左琴科和阿赫马托娃两人，话说得很不客气，甚至使用了骂人的字眼。

第二项议程是讨论影片《灿烂的生活》，斯大林也讲了话，指责影片没有表现优秀工人和英雄人物，歪曲顿巴斯矿区的恢复工作，把它描写成以过时的技术和陈旧的工作方法实现的。他在讲话中同时还对影片《纳西莫夫上将》和《伊万雷帝》第 2 部提出批评，批评它们歪曲历史真实。

8 ~ 9 月间　决定改组苏联作家协会领导机构，成立由十三人组成的书记处，A. 法捷耶夫任总书记，K. 西蒙诺夫、H. 吉洪诺夫、B. 维什涅夫斯基、A. 柯涅楚克任副总书记。

1947 年

2 月 26 日　与 C. 爱森斯坦和 H. 切尔卡索夫谈话, 再次对影片《伊万雷帝》第 2 部提出了批评, 认为影片没有充分表现被称为"伊万雷帝"的伊万四世的历史进步作用。他承认伊万雷帝残酷, 可以加以表现, 但是需要指出为什么必须残酷。

5 月 13 日　召集 A. 法捷耶夫、K. 西蒙诺夫和 Б. 戈尔巴托夫开会, 讨论有关稿酬、作协的编制、作家的住房等问题, 让他们读了联共 (布) 中央关于医学科学院院士 H. 克柳耶娃和她的丈夫 Г. 罗斯金教授擅自把研究恶性肿瘤生物疗法的专著送到西方出版一事的密信, 提出"应当同我们许多知识分子身上妄自菲薄的心理作斗争"。

1948 年

1 月　会见南斯拉夫领导人吉拉斯, 在谈话中谈到对一些作家的看法。他认为陀思妥耶夫斯基是"伟大的作家, 又是伟大的反动分子", 说不出版他的书是因为他对青年能产生不好的影响。在谈到当代作家时, 吉拉斯特别提到 M. 肖洛霍夫, 斯大林说, "现在有更好的", 并说了两个人的名字, 其中一个是女作家。

3 月 31 日　在政治局召开的审批斯大林奖金获奖作品的会议上对 И. 爱伦堡的长篇小说《暴风雨》、B. 潘诺娃的长篇小说《克鲁日里哈》等作品发表了意见, 建议授奖。他说, 他对 H. 吉洪诺夫的诗集《南斯拉夫笔记本》"也没有不满意的地方", 但是由于苏南关系恶化, 不能给它评奖, 要求对他进行解释, 并答应明年给他评奖。

1949 年

2 月 9 日前　给 K. 西蒙诺夫打电话, 对他的剧本《异邦暗影》提出修改意见。

1950 年

3 月 6 日　在政治局召开的审批斯大林奖金获奖作品的会议上,赞成给 K.谢德赫的长篇小说《达乌里亚》、B.潘诺娃的中篇小说《光明的河岸》评奖;在讨论 A.科普捷耶娃的长篇小说《伊万·伊万诺维奇》时,与法捷耶夫发生了争论,坚持要给它评奖。在讨论时,他还对 Э.卡扎凯维奇的长篇小说《奥得河上的春天》提出了意见,要求进行修改。在这次会议上,斯大林就文学的党性问题作了新的说明,说过去处于在野地位时,曾反对无党性,向无党性开战,以便建立自己的阵营,而掌握政权后应为整个社会负责,就不能排斥非党作家。同样,过去在野时曾反对夸大民族文化的作用,但是现在赞成民族文化。

1952 年

2 月 25 日　《真理报》发表由斯大林口授的《就拉齐斯的小说〈走向新岸〉给〈真理报〉编辑部的信》(署名"一批同志"),批驳 M.佐林发自里加的关于这部小说的报道,指出这部小说的主要优点在于"把拉脱维亚人民、人民当中的普通劳动者作为英雄人物来描写",认为它是"苏联文学的重大成就,思想上和政治上从头到尾都是站得住的"。

2 月 26 日　在政治局召开的审批斯大林奖金获奖作品的会议上称赞 C.兹洛宾的长篇历史小说《斯捷潘·拉辛》,把作者称为"有才华的人",尽管有材料说他被俘期间表现不好,仍然决定授予他奖金。他在这次会上谈到戏剧创作时提出应不应当表现生活中的反面现象的问题,认为既然生活中还存在着恶和不少缺点,那就应该加以表现,否则就会犯违背真实的错误。他还说,生活中是有冲突的,这些冲突应当在戏剧中得到反映。"我们需要果戈理,我们需要谢德林"的口号就是他在这次会上提出来的。

附录二　俄罗斯国内对斯大林看法的变化

斯大林自从逝世以来，遭到一次又一次的批判，到苏联解体时，他的声誉已降到最低点。但是最近四五年来，情况发生了一些变化。某些报刊，尤其是反对派的报刊，发表了不少肯定和颂扬他的文章。斯大林的著作开始得到重新出版的机会。同时还有一些新的传记和研究著作出现。关于斯大林的评价问题，在一定程度上又成为一个热门话题。本文将对这些情况作一个大致的介绍，供我国关心斯大林问题的同志们参考。

一

我们知道，1953 年 3 月斯大林逝世后，苏共领导人立即发动了对他的批判。根据新公布的档案材料，在举行斯大林葬礼的第二天，即 3 月 10 日，马林科夫在苏共中央主席团的会议上就提出要"停止实行个人崇拜的政策"。马林科夫曾打算召开中央全会讨论批判个人崇拜问题，但因遭到主席团某些成员的抵制而未成。赫鲁晓夫于 1953 年 9 月当选苏共中央第一书记后，进一步推行批判个人崇拜的方针。他在 1956 年 2 月苏共二十大全部议程结束后做了全盘否定斯大林的秘密报告，使得在苏联国内外出现了一股反斯大林的浪潮。1964 年 10 月赫鲁晓夫下台后，苏联新领导对斯大林问题采取回避的态度，不对斯大林的功过作出明确评价，在这种情况下，虽然有人继续对斯大林进行批判，但是总的说来，批判有所缓和，许多人开始考虑如何对他作全面评价的问题。可是到 80 年代中期，由于戈尔巴乔夫推行自由化政策，又出现了全盘否定斯大林的新浪潮。这股新浪潮无论就声势还是就规模来说,都远远超过第一次浪潮。在官方的鼓励和怂恿下,自由派文人首先发难,推出了一批反斯大林的作品;新闻界和史学界的某些人紧紧跟上,对斯大林进行讨伐。他们夸大和歪曲事实,给斯大林加上了许多罪名。各种报刊发出了对斯大林的一片咒骂声。它们除了连篇累牍地刊登新炮制的攻击斯大林的文章外,还把过去苏联国内外各种人物反对斯大林的言论收集发表。斯大林的全部历史被重新翻腾了一遍,不仅抓住一些老问题做文章,而且为了否定他制造新的借口,甚至不惜捏造事实。有人为了贬损他,居然不放过他家庭生活的不幸和生理上的特点。他被说成专制暴君,被描绘成凶神恶煞,被形容成伪君子和偏执狂。总之,斯大林完全被妖魔化了。

　　然而在当时的苏联,并不是没有人反对全盘否定斯大林。大家都记得,列宁格勒教师尼娜·安德烈耶娃曾发表过《我不能放弃原则》一文,反对"政治上的哗众取宠、卑劣的编造、离奇的臆想",要求从党的和阶级的立场出发来评价包括斯大林在内的党和国家领导人的历史作用。① 但是她的意见被戈尔巴乔夫和雅科夫列夫等人利用手中的权力粗暴地压下去了。在文学界也有相当多的人不同意全盘否定斯大林。1987～1988 年围绕雷巴科夫的小说《阿尔巴特街的儿女们》的争论,实际上就是一场如何评价斯大林的争论。但是当时得到官方支持的反斯大林的势力占有优势,他们的蛊惑宣传对群众产生了巨大影响。这就使得在一段时间内社会上反斯大林的情绪占了上风。

　　1991 年底,列宁创建的、在斯大林领导下建设成的强大的社会主义苏联宣告解体,这给许多俄罗斯人以极大的震动。俄罗斯新的统治者实行全面私有化方针的结果,搞乱了经济,破坏了生

---

① 　《苏维埃俄罗斯报》1988 年 3 月 13 日。

产,使得苏联人民几十年来用辛勤劳动创造的财富落到了少数暴发户手中,出现了两极分化的严重局面,劳动人民重新处于被剥削的地位。而与此同时,俄罗斯的国际地位急剧下降。许多人抚今思昔,开始寻找造成这个悲剧的原因。社会上普遍出现了怀旧情绪。可能在这样的背景上,人们对斯大林的态度发生了不同程度的变化。

1996年底,一个名叫"俄罗斯独立政治素养研究中心"的机构对"改革"以来俄罗斯人对斯大林的看法和态度进行了测试和研究分析,得出的结果是这样的:

1988～1989年——在斯大林受到集中的批判后,敢于把斯大林作为一位国务活动家和政治家的榜样来提的俄罗斯人只占1%～3%;

1991～1993年——30%～50%居民开始怀疑继续揭露斯大林的做法的合理性和益处;

1994～1996年——五分之四的俄罗斯人在提到斯大林领导时期的阴暗面的同时,表示已不能不注意到斯大林在俄罗斯历史上的积极作用。①

大致从1994年起,报刊上肯定斯大林的文章和其他材料逐渐增多。某些反对派报刊,其中包括文学报刊,开始赞扬他的历史功绩。《青年近卫军》杂志继1993年第1期重新发表斯大林的著作《苏联社会主义经济问题》后,又于1994年第1期刊登了斯大林1937年3月3～5日在联共(布)中央全会上的报告和结束语(即《论党的工作缺点和消灭托洛茨基两面派及其他两面派的办法》),并加了题为《斯大林时代》的按语。按语中说,最能说明斯大林时代的实际情况的是各种文件和斯大林本人的著作,可是在将近四十年的时间里斯大林的著作和历次代表大会的材料被

---

① 《苏维埃俄罗斯报》1996年12月26日。

没收和销毁,没有再发表斯大林的一行字。① 当然这种说法有些夸张,应该说,在这之前各种报刊也发表过一些有关文件和斯大林的讲话,但是避而不谈或者有意抹杀他的某些重要著作却是事实。该杂志大概是为了改变这种局面,选择了斯大林的这一篇有关30年代肃反的重要讲话全文重新发表,并在按语中对这个争议最大的问题提出了自己的看法,显然目的在于引起公众的注意。作为文学杂志,《青年近卫军》在这一年的第10期上还发表了斯大林青年时代的诗作,并在前言中对斯大林的文学修养和创作才能作了充分的肯定。同年10月,《苏维埃俄罗斯报》发表了尤里·别洛夫的长篇文章《斯大林与俄罗斯》。别洛夫是著名政论家,俄共列宁格勒组织的领导人,他在自己的文章里把斯大林时代称为"严酷和伟大的时代",肯定了斯大林当年采取的某些方针和措施的历史合理性,并指出有人"瞄准斯大林是为了打俄罗斯"。② 这篇文章发表后曾引起相当大的反响。

在1995年苏联卫国战争胜利五十周年前后,许多报刊纷纷发表斯大林当年的讲话和其他材料以及颂扬斯大林的文章,气氛相当热烈。《苏维埃俄罗斯报》在纪念胜利的专号里重新发表了斯大林1945年5月24日招待红军将领时的讲话,同时用整版篇幅刊登了他与将领们的合影,此外,还刊登了一些高级将领的回忆录和其他文章,对斯大林在战争中建立的伟大功勋进行了热情的歌颂。《真理报》也开辟专栏发表纪念文章,这些文章充分肯定斯大林对取得战争胜利所起的巨大作用。例如该报先后刊登了前苏联作协第一书记卡尔波夫的谈话和文章,这位曾获得苏联英雄称号的老战士根据自己的亲身经历和体验,肯定斯大林是伟大的战略家,认为苏联正是由于有这位伟大战略家的领导才取得了

---

① 《青年近卫军》1994年第1期,第80页。
② 《苏维埃俄罗斯报》1994年10月20日。

战争的胜利。①《军事史杂志》发表的署名文章根据战时大本营的工作日志叙述了大本营和斯大林的活动，驳斥了赫鲁晓夫制造的关于斯大林用地球仪指挥战争的谎言，戳穿了某些作家编造的关于斯大林在战争爆发后惊惶失措、到别墅里躲起来的神话。由过去的《宣传鼓动员》和《政治自修》两杂志合并而成的《对话》杂志，重新发表了斯大林1941年7月3日的广播演说、1941年11月7日检阅红军时的演说、1942年10月30日的《答美联社记者问》和1945年5月9日的《告人民书》等四篇重要的历史文献。《小说报》出版了题为《统帅们》的专号，该刊主编、现任俄罗斯联邦作协主席加尼切夫在作为序言的《巨人们》一文中指出，斯大林是一个悲剧性的人物，但在卫国战争中表现出自己是一位伟大的战略家、统帅、政治家和外交家。他说："这一点为20世纪中叶许多杰出的政治家所承认，承认这一点的还有许多杰出的哲学家、历史学家和学者。否认这一点，就是不按照客观真实说话，而是一种政治上、思想上和为人处世上的看风使舵的行为。"②该专号刊登了戈连科夫的著作中有关斯大林的片断和空军主帅戈洛瓦诺夫的回忆录，他们两人驳斥了对斯大林的各种诬蔑不实之词。传统派批评家洛巴诺夫在《青年近卫军》杂志上发表了长篇文章《伟大的治国安邦者》，他在文章里除了反驳自由派攻击斯大林的言论外，还对斯大林的思想和活动提出了一些独特的看法。《话语》杂志连载了著名学者叶梅利亚诺夫的长文《关于斯大林的神话》，这篇文章根据大量事实揭穿了在列宁的"遗嘱"、基洛夫被杀事件、30年代的肃反、军队内部的清洗、战争初期的失利等问题上制造的各种神话，在一定程度上起到了澄清事实的作用。

这里还需要指出一点。俄罗斯当局大概出于某种政治上的

---

① 《真理报》1995年5月17日。
② 《小说报》1995年第4期，第3页。

考虑,在纪念卫国战争胜利五十周年时也说了一些关于斯大林的好话。叶利钦在庆祝会上做报告时说:"在建立反希特勒联盟中,斯大林、丘吉尔、罗斯福、戴高乐的功绩是伟大的。"尽管他避而不谈斯大林作为最高统帅对取得战争胜利所起的作用,但是毕竟对斯大林作了某些肯定。切尔诺梅尔金则进了一步,他在名为"第二次世界大战的教训和战胜法西斯主义的意义"的国际学术会议上做报告时指出:"不能贬低或不提斯大林在伟大卫国战争中的功勋。否则是不公正的,也是不诚实的。"

从 1996 年起,情况发生了一些新的变化。如果说,在这之前发表关于斯大林评价问题的文章的主要是持反对派立场的传统派的报刊的话,那么现在某些自由派报刊也开始这样做了。就连巴黎出版的俄罗斯侨民报纸《俄罗斯思想报》也对斯大林问题表现出一定的兴趣。它在 1996 年 4 月发表的一篇署名文章里公布了同年 2 月所作的一次调查的结果:在被调查者当中有 46% 的人希望"新的斯大林"的到来。文章就此接着写道:"可以重复马克思和恩格斯的话:一个幽灵,共产主义的幽灵,在俄罗斯徘徊。"文章还说:"斯大林作为英雄,作为伟大强国的建设者以及不断降低物价、保护退休老人和儿童的领导人在狂热宣传过去成就的人的书籍、文章、广播和电视中重新出现,成为今天的最奇特现象之一。"①尽管文章作者用的是嘲讽的语气,但是他确认了这样一个事实:怀念斯大林的人正在不断增加。值得注意的是,曾经担任过赫鲁晓夫的顾问的自由派人士布尔拉茨基在他的一篇长文中,几乎用与《俄罗斯思想报》的那位作者一样的语言来说明斯大林的影响的扩大。他写道:"应当承认一个很难解释的事实:一个幽灵,斯大林的幽灵,在俄罗斯徘徊。"②

---

① 《俄罗斯思想报》1996 年 4 月 11～17 日。

② 《独立报》1997 年 5 月 22 日。

同时还应该看到，在过去激烈批判斯大林的人当中，少数人对待斯大林的态度发生了微妙的变化，索尔仁尼琴就是一个例子。我们知道，索尔仁尼琴在他的《古拉格群岛》里把社会主义的苏联描绘成劳改营遍布全国的黑暗帝国，制造了苏维埃政权残杀了六千多万人的神话。他在《第一圈》里把矛头直接指向斯大林，对斯大林进行了种种无端的攻击和贬损。然而就是这样一个曾经对斯大林恨之入骨的人看到在斯大林领导下建成的强大国家遭到毁灭后出现的混乱状态，思想上也不能不有所触动。他在1996年发表的小说《在转折关头》里，已不把斯大林领导时期的苏联描绘得一团漆黑了，而更重要的是，已用肯定的笔调来写斯大林。小说作者在写到斯大林逝世时说："斯大林之死引起了巨大的震动。倒不是因为人们认为他将名垂千古，而是觉得他是永恒的现象，不可能停止存在。"作者还接着说："大家都懂得失去了一个最伟大的人。不，当时德米特里（小说主人公。——本文作者）还没有完全明白失去了一个什么样的伟大人物，——还需要再过许多许多年才能认识到，是斯大林使得整个国家开始向未来奔跑。"作者在小说里多次提到斯大林开始的"伟大的向未来的奔跑"，说它造就了大批杰出人物，创造了在通常情况下无法想象的奇迹。根据小说中的叙述，斯大林逝世后苏联之所以能在建设上继续取得成就，是这个"伟大的起跑"的冲力在起作用。显然，小说作者对斯大林的历史作用是充分肯定的。尽管索尔仁尼琴没有公开说他过去对斯大林的看法错了，甚至在文章和谈话里还继续提出批评，但是他在小说里那样写，说明他内心里已承认了错误。而索尔仁尼琴的认错，说明了斯大林的思想的巨大威力。

　　最近两年传统派对斯大林的热情还在不断升温，肯定和颂扬的调子有了进一步的提高。1997年底，《明天报》推出了一个纪念斯大林的专号。该报主编、著名作家和政治活动家普罗哈诺夫在题为《斯大林来了》的前言中写道："请注意听吧。请把耳朵贴近红场的石块。请把头俯在上过前线的爱国者的心口上。请挨近饱受屈辱的祖国母亲的胸膛。听见了吧?——脚步声!斯大林来了!"普罗哈诺夫认为斯大林"大于一般人,大于历史人物,大于时代",说他是在有必要时一定会在俄罗斯天空出现的"宇宙现象"。① 这个专号总共发表了十多篇关于斯大林的不同体裁的文章,并配以斯大林的照片和语录以及一些著名诗人颂扬斯大林的诗。1998 年 12 月 21 日,该报举行了一次庆祝斯大林一百一十九岁诞辰、普罗哈诺夫的新作出版和马卡绍夫将军获"斯大林之星"勋章的晚会,在这次集会上著名作家邦达列夫发表了热情洋溢的讲话。我们都知道,邦达列夫在 60 年代曾写过批判斯大林的小说,一直认为斯大林是一个"残酷的、狡诈的、意志坚强和充满矛盾的人物",如今他的看法发生了明显的变化。他说:"我不是斯大林分子(сталинист),但我是斯大林主义者(сталинец)!'斯大林分子'这个字眼是仇恨斯大林的人使用起来的。我是斯大林主义者,因为我深信(而且谁也不能使我改变这个信念),斯大林是人类历史上无与伦比的历史人物。无论是马其顿国王亚历山大、恺撒还是罗斯福,在具有远见卓识方面都不能与他相比。他能提前许多年看到历史的进程。这就是通常所说的国务活动家的天才。"他接着说:"当我想到这个极其伟大的人物时,我就认为像他这样的人一千年才出现一个。任何其他的像他一样具有巨大智慧、坚强意志和领导才能的人,都不能在二三十年的时间里完成斯大林完成的事。他改造了俄罗斯,建立了一个独一无二的、高度发达的社会。"邦达列夫为目前俄罗斯发生的历史倒退而感到痛心和厌恶,他说:"别再沉睡不醒、妥协让步和点头哈腰。如果我们往后再照不抵抗的原则行事,俄罗斯就要灭亡。因为现在的俄罗斯也已经是半殖民地和保护国……而真正的俄罗斯是斯大

---

① 《明天报》1997 年第 50 期。

林的俄罗斯。如果说 18 世纪是宫廷骑士的世纪、19 世纪是雅各宾党人的世纪的话,那么斯大林的 20 世纪是共产主义的世纪。事情只能是这样。斯大林活了七十三年,苏维埃政权就胜利前进了七十三年。而一个世纪的七十三年大致说来已是整个世纪。就实质而言,这是斯大林的世纪。虽然在谈论历史时不能用假定式,但是仍然可以设想如果斯大林还在世会怎么样。难道在这种情况下巴格达会受到打击吗? 永远不会! 因为不管政治家如何的'文明',不管他们如何尊敬苏格拉底和崇拜西塞罗,但是他们只尊重武力。斯大林了解这一点……"①邦达列夫的看法带有一定的代表性。

根据新发现的斯大林的出生登记册、哥里教会学校 1894 年发给他的毕业证书和 1920 年他亲笔填写的表格,斯大林的生日为 1878 年 12 月 18 日。因此《我们的同时代人》杂志 1998 年第 11～12 期合刊开辟了纪念斯大林一百二十周年诞辰的专栏,刊登了他 1928 年到 1933 年发表的文章、报告、命令和谈话的摘录,并加了题为《或者我们被人打倒》的前言。编者在前言中希望读者读了这些材料后能对斯大林是否具有洞察力,他的观点是否狭隘,指导他的行动的思想和动机是什么等问题作出自己的回答。

1998 年俄罗斯成立了一个名叫"宣传斯大林思想的国际运动"的组织,这个组织于 7 月 8 日在莫斯科召开了成立大会。它的宗旨是通过出版图书报刊、举办讲习班和讲座以及进行实际的交往"讲述斯大林的社会主义模式的真实情况"。参加这个运动的有尼娜·安德烈耶娃、总参谋部学院教授基里连科、历史学家普里谢片科和朱赫来、斯大林的孙子叶夫盖尼·朱加施维里等。

在斯大林的威望逐步恢复、他在群众中的影响日益扩大的情况下,某些政客开始利用斯大林的名字赚取政治资本。尼娜·安

---

① 《明天报》1998 年第 52 期。

德烈耶娃在她的一篇文章里谈到了斯大林的故乡格鲁吉亚的情况。现在的当权者谢瓦尔德纳泽已成为"斯大林协会"的热心支持者,他庇护格鲁吉亚的斯大林主义者,给哥里的斯大林纪念馆拨款,甚至重新开放了赫鲁晓夫时代关闭的那些旧纪念馆。[①]

根据莫洛托夫和戈洛瓦诺夫的回忆,斯大林早在 1943 年就说过:"我知道,我死后有人会把一大堆垃圾扔到我的坟上,但是历史的风一定会毫不留情地把这垃圾刮走!"从现在出现的种种迹象可以看出,这"历史的风"似乎已经开始刮起来了。

二

上面提到过,斯大林自从受到批判以来,他的已发表过的著作失去了重版的机会,他的手稿被抛在一边,没有人去进行整理和研究。几十年后,人们对他的思想和观点已不甚了了,这就为他的反对者进行歪曲和捏造开了方便之门。实际上,如同一位批评家所说的那样,斯大林被剥夺了自我辩护的权利。从 90 年代起,某些学者深感有改变这种状况的必要,便开始整理和出版斯大林的著作。在这方面工作做得比较多的是科索拉波夫。

科索拉波夫毕业于莫斯科大学,是哲学博士,做过教学和研究工作。后到苏共中央机关工作,担任过苏共中央宣传鼓动部副部长、苏共中央机关刊物《共产党人》杂志主编。1986 年他由于坚持马克思列宁主义立场被戈尔巴乔夫免职。他在 1995 年编辑出版了一本名叫《请斯大林同志发言》的文选,显然这本书的书名包含着让斯大林自己站出来说话驳斥对他的歪曲和攻击的用意。全书分为两部分,第一部分摘编了斯大林从 1924 年到 1952 年的二十九篇文章、报告、谈话、书信等等,约占全书四分之三的篇幅;第二部分则是编者撰写的注释。本书在选材上针对性很强,所选

---

① 见《真理报》1998 年 4 月 9 日。

著作大多是为了说明一些具有现实意义的重大问题,或者是为了说明事实真相以及纠正对斯大林的观点的歪曲和篡改。编者在注释中除了对所选著作作了详细的题解外,还介绍了在该著作论述的问题上不同意见的争论,批驳了错误观点。例如,在这本书里摘选了斯大林1927年10月23日在联共(布)中央委员会和中央监察委员会联席会议上发表的题为《托洛茨基反对派的过去和现在》的演说的第1节(编者加了《谈个人问题和列宁的"遗嘱"》的标题),斯大林在其中谈到中央讨论列宁的"遗嘱"和他两次提出辞去总书记职务的情况,说明当时不公布"遗嘱"的决定是代表大会作出的。编者在注释中说,斯大林的这篇演说首次在1927年11月2日的《真理报》上公开发表,后又收入文集《斯大林论反对派》(1928)和《斯大林全集》第10卷(1949)中,因此"改革"年代有人把有关列宁的"遗嘱"的事说成是"秘密",并就此大做文章,是没有根据的。

这本书全文收入了上面提到过的斯大林1937年3月3～5日在联共(布)中央全会上所作的题为《论党的工作缺点和消灭托洛茨基两面派及其他两面派的办法》的报告和结束语。斯大林做这个报告时正是肃反的高潮时期,他对阶级斗争的形势和新特点做了分析和论述。编者在注释中指出,当年赫鲁晓夫曾抓住这个报告,说斯大林提出"随着我们向社会主义推进阶级斗争将变得愈来愈尖锐"的观点是为了给他搞大规模恐怖行动提供理论根据,而实际上赫鲁晓夫的说法与斯大林的原意不符,斯大林说的是"我们的进展愈大,胜利愈多,被击溃了的剥削阶级残余也会愈加凶恶,他们愈要采用更尖锐的斗争形式,他们愈要危害苏维埃国家,他们愈要抓住最绝望的斗争手段来作最后的挣扎"。他解释道,斯大林讲这段话在于说明那种认为阶级斗争已经熄灭的意见是不对的。根据斯大林的说法,我们的进展和我们的胜利所激怒的不是某些阶级,而只是"剥削阶级的残余",而且出现的不是整个阶级斗争的尖锐化,而是这些残余要"采取更尖锐的斗争形式"。他不无感慨地说,几十年来人们一直引用赫鲁晓夫的话,却没有想到去与斯大林的原文核对一下。

为了使读者对 30 年代的肃反过程有更加全面的了解,这本文选第一次发表了由莫洛托夫和斯大林于 1938 年 11 月共同签署的苏联人民委员会和联共(布)中央《关于逮捕、检察机关的监督和进行侦查》的决定,其中指出了内务部和检察机关工作中的严重问题并作出一系列规定,要求严格按照法律程序办事。此决定带有明显的纠偏性质。

这本文选正式发表了斯大林 1941 年 1 月 29 日关于《政治经济学》教科书的谈话记录。据说这份记录的打印稿过去曾在下面广泛流传。斯大林在谈话中提出了政治经济学的定义,主张承认价值规律在社会主义条件下的作用,并与经济学家展开了争论。同时他又就计划经济问题和社会主义条件下劳动报酬问题等发表了自己的意见。编者认为斯大林谈到的这些问题至今仍具有现实意义。

值得注意的是,这本文选还收入了斯大林的两封信。一封是他 1933 年 2 月 16 日写给巴让诺夫的。巴让诺夫给斯大林写信,要把自己所得的第 2 枚勋章转送给斯大林,以表彰他的工作。斯大林在回信中说,他不能接受这枚勋章,这不仅是因为它"只能属于您,只有您才配接受这个奖赏",还因为"我已受到同志们的足够的关心和尊敬,因此无权把您的勋章据为己有"。斯大林还说,"勋章不是为那些已出名的人设的,而主要是为那些不大出名而需要让大家都知道的英雄们设的"。另一封是斯大林 1938 年 2 月 16 日写给儿童读物出版社的,他在信中坚决反对出版《斯大林童年时代的故事》一书,他说,这不仅是因为"在这本书里有大量不符合事实、歪曲、夸大和过分颂扬的地方",而主要是因为"这本书有一种倾向,即在苏联儿童(以及一般人)的意识中培植对个人、对领袖和绝对正确的英雄的崇拜"。他接着说:"这是危险的,有害的。'英雄'和'群氓'的理论不是布尔什维克的理论,而是社会革命党人的理论。社会革命党人说:英雄创造人民,把他们从群氓变为人民。布尔什维克回答社会革命党人说:人民创造英雄。这本书是在为社会革命党人张目。一切这样的书都将为社会革命党人张目,都将危害我们整个布尔什维克的事业。"这两封信可以说明斯大林性格的一个重要方面以及他对个人崇拜的看法和态度。

从上面列举的几个例子可以看出,《请斯大林同志发言》这本书是科索拉波夫精心编选成的,虽然其中的大部分篇目过去都曾经发表过,对我们来说并不陌生,但是今天读起来仍感到很新鲜。

科索拉波夫还做了一件重要工作,即编辑出版了《斯大林全集》的后几卷。我们知道,1946年联共(布)中央马恩列研究院着手编辑出版《斯大林全集》,本来计划出十六卷,并在《全集》第1卷的出版说明里作了预告。斯大林在世时,出到了第13卷。斯大林逝世后,赫鲁晓夫下令停止出版,并毁了已排印的第14、15卷。60年代美国胡佛研究所根据第1卷出版说明里预告的出版计划[第14卷为1934～1940年的著作,第15卷为《联共(布)党史简明教程》,第16卷为卫国战争期间的著作],利用侨民和外交人员携带出境的斯大林的文稿和档案材料,编辑出版了后三卷。科索拉波夫设法弄到了胡佛研究所的版本,去掉了《联共(布)党史简明教程》(他认为这本党史虽经斯大林仔细校订过,但毕竟是集体劳动的成果),增补了50多篇文献,在纪念十月革命80周年时推出了第14卷,接着又出版了后两卷。这几卷的开本和封面设计与斯大林在世时出版的前十三卷完全一样。这样一来,斯大林的这部文集被赫鲁晓夫腰斩后,经过四十余年才最后出齐,这为研究斯大林提供了比较完整的材料。

整理出版斯大林的著作和其他有关材料的不止科索拉波夫一人。据了解,著名批评家洛巴诺夫也收集了大量材料,于1995

年编辑出版了一本长达七百余页、书名叫做《斯大林:同时代人的回忆和文件》的书,看起来内容比较丰富,可是因未见到此书,无法作具体介绍。

这几年报刊上陆续发表了斯大林在一些会议上的讲话[例如1937年6月2日在国防人民委员会军事委员会议上的关于肃反问题的讲话、1940年4月17日在总结苏芬战争经验的会议上的讲话、1941年5月4日在红军各个学院学员毕业典礼上的讲话、1949年6月7日在联共(布)中央政治局会议上关于莫斯科建设问题的讲话等]和谈话(例如1930年12月9日与红色教授学院的哲学家们的谈话记录、1935年6月28日与罗曼·罗兰的谈话记录、1939年3月与柯伦泰的谈话记录、1943年9月4日与三位大主教的谈话记录、1947年2月25日与电影《伊万雷帝》创作人员的谈话记录等)。此外,有两份谈话记录特别值得注意,一份是斯大林在1945年12月28日召开的《斯大林全集》第1卷审稿会上的谈话,另一份是他在1946年12月23日讨论列宁和斯大林传记时的谈话,记录这两次谈话的是参加这两次会的历史学家和《斯大林传略》的作者之一莫恰洛夫。在第一次会上,斯大林回答了学者们提出的一些问题,谈到了他早年的某些文章写作和发表的过程,然后他说,他不要求全部收进去,去掉了许多。他还说,"有人力图收得多一些,想要夸大作者的作用。我不需要这样做。"当有人指出列宁全集把列宁所写的一切都收进去时,斯大林回答说:"那是列宁,而这是我。"在谈到印数时,斯大林提出,印三四万册就够了。有人认为太少,说列宁全集的印数为五十万。这时斯大林又说:"那是列宁,而这是我。"他还解释道,收入第1卷的文章现在只具有历史意义,只对了解作者生平有用,不必多印。后来在与会者的坚持下,才同意印三十万册。①

---

① 《真理报》1999年3月16~17日。

在第二次会上，斯大林手里拿着他的传略的修订本校样说："错误很多。叙述的语调不好，是社会革命党人的语调。"接着他带着讽刺的口气说："我居然有各种学说，甚至包括关于战争的经常性因素的学说。原来我还有共产主义学说、工业化学说、集体化学说等等。在这部传记里赞扬的话很多，吹嘘个人的作用。读者在读了这本传记后该怎么办呢？他们得跪下来向我祈祷。"说完这些话后他又重复说："你们在书中写道，我有关于战争的经常性因素的学说，然而任何战争史里都写到这一点。也许这个问题我说得有力一些，仅此而已……我竟然还有共产主义学说。似乎列宁只谈到社会主义，对共产主义什么也没有说。实际上我讲到共产主义时说的是列宁书里也有的话。还有，似乎我有国家工业化的学说、农业集体化的学说等等。其实正是列宁提出我国工业化和农业集体化问题，这个功劳应归于他。"最后他下结论说："我们有马克思和列宁的学说。任何补充的学说都不需要。"在谈话将要结束时斯大林又一次说到这个问题，说"人们'发现'我有整整六种学说，实际上一种也没有"。由此可见，他对那种夸大其词的做法十分反感。

　　斯大林指出了传略中的一些失实的地方。例如他说，传略"在谈到巴库时期时写道，似乎在我到达前，那里的布尔什维克什么也没有做，等我一到，一切马上变了样"，实际情况并不如此。他批评传略没有明确说明他是列宁的学生，他说："实际上我过去和现在都认为自己是列宁的学生。这一点我在同路德维希的谈话时明确地说过……我是列宁的学生，列宁教导我，而不是相反。谁也不能说我不是列宁的学生。他开辟了道路，而我们沿着这条已走出来的道路前进。"斯大林提出应该写一部新的列宁传记，认为这是"一项首要的任务"，因为过去凯尔仁采夫、雅罗斯拉夫斯基写的传记都过时了。最后斯大林对亚历山大罗夫写的《西欧哲学史》一书提出了批评，阐述了他对某些哲学史问题和哲学家的看法。①

斯大林晚年十分重视理论问题。他于1950年6月发表了《马克思主义和语言学问题》，批评了语言学家马尔的错误观点，论述了语言不是上层建筑，不具有阶级性，同时系统地阐述了马克思主义关于基础和上层建筑的理论。现在俄罗斯许多学者对这部著作是肯定的，就连一直对斯大林持批判态度的历史学家罗依·梅德维杰夫也认为它"总的来说具有积极意义"。②1952年他又出版了《苏联社会主义经济问题》一书，对经济领域某些重大理论问题发表了自己的看法。科索拉波夫在一篇文章里曾谈到这样一件事：他曾与在苏共十九大后当选为中央委员会主席团委员的切斯诺科夫长期共事，并且听切斯诺科夫说过，斯大林在逝世前一两天在电话里对他说："您应当在最近就动手研究进一步发展理论的问题。我们可能在经济方面出一些错。但是不管怎么样我们能扭转过来。如果我们在理论上搞错了，那么就会断送整个事业。没有理论我们就会死亡，死亡，死亡！"③这是斯大林留下的最后遗训。他所担心的事后来在苏联果然发生了，这个历史的大悲剧告诉我们，必须重视理论建设和理论战线上的斗争。

从九十年代中期以来，俄罗斯出版了一些研究斯大林的著作，其中包括库拉什维利的《斯大林主义的历史逻辑》、马连科夫的《国君与坏蛋：一个律师未发表的为斯大林申辩的辩护词》、朱赫来的《斯大林：真实与谎言》、波赫列勃金的《伟大的使用化名的人》、谢马诺夫和卡尔达绍夫的《约瑟夫·斯大林》、尼古拉·雅科夫列夫的《斯大林：上升的道路》等。根据报道，这些著作的作者态度比较冷静和客观，他们对斯大林的历史作用作了不同程度的

①　《真理报》1999年3月19～22日。
②　《自由思想》1997年第4期，第115页。
③　《明天报》1997年第50期。

肯定。

这几年也出现了一些斯大林的新的传记。我们记得,沃尔科戈诺夫在80年代后期写了《胜利与悲剧(斯大林的政治传记)》,后于90年代中期又出版了《七位领袖》一书,斯大林是这本书所写的领袖之一。沃尔科戈诺夫原为苏军总政治部副主任,上将,后主动要求调任国防部军事史研究所所长。苏联解体前夕当了叶利钦的军事和安全问题顾问,并任接收包括政治局的"特别卷宗"在内的苏共中央和克格勃档案的委员会主席。据俄罗斯报刊披露,此人具有很大的政治投机性,"改革"后期摇身一变,成为坚决的反共分子,为了替自己的这种行为辩解,编造了一套他的父母过去受迫害的谎言。他的这种变化自然会在他前后两部作品中反映出来。如果说在前一本书里如同书名所表示的那样还既写了胜利又写了悲剧的话,那么在后一本书里对斯大林则主要采取否定态度。沃尔科戈诺夫本来是学哲学的,历史不是他的本行,因此缺乏写历史人物传记的应有的素养。俄罗斯学术界普遍认为,他在书中对事实和史料作任意的解释,叙述前后重复,论据和结论之间往往出现矛盾,因此他的书总的说来学术水平不高。由于他处于特殊地位,能接触到过去绝密的档案材料,因此他的著作在一段时间内曾受到读者的重视。后来许多材料解了密,人们才发现,沃尔科戈诺夫带着偏见利用档案材料,只取其中能纳入反共公式的东西,而且有时断章取义,于是便对他的著作失去了兴趣。

下面要着重讲一下拉津斯基的《斯大林》一书。此书于1996年在美国纽约出版,1997年"返销"国内。与此同时作者在俄罗斯电视台一频道作了题为"斯大林的预见、生平和详细经历"的系列谈话,为他自己的书做广告。这本书也迅速传到了我国,新华出版社在1997年就出了中译本,不过把书名改为《斯大林秘闻》,并加了"原苏联秘密档案最新披露"的副标题。拉津斯基是一个剧作家,直到90年代才"改了行",先后写了《尼古拉二世:生与死》和《斯大林》。他在后一本书的《前言》里说他对斯大林的态度是:从少年时代"丧失理智的崇拜"变为后来"丧失理智的仇恨"。其实他岂止是对斯大林如此,他对列宁、十月革命和苏维埃制度都抱这种态度。他在否定斯大林的同时,多次反复地强调说,斯大林的政治手腕和斗争策略都是从列宁那里一点一点地学来的。他把苏维埃政权形形色色的敌人的话奉为至理名言,借用它们来攻击十月革命和新建立的社会主义制度。因此这本书的政治倾向性是十分明显的。

拉津斯基在谈到这本书时强调它是根据文件和档案材料写成的。在这本书的广告里也说,这本书是作者根据"多年来研究档案材料"的结果写成的。实际上并不如此。著名学者柯日诺夫指出:"只要读一读这本书立即就可看出,它主要是建筑在作者稀奇古怪的想象的基础上的。不用说作者没有掌握难以看到的档案,就连任何图书馆都有的百科全书也没有查一查。"①一位美国学者也说:"尽管拉津斯基一直强调他的书是以档案材料为基础的,实际上它基本上是由各种事实、不同的看法和最近几十年的传闻编缀而成的。"②书中把大量离奇的传说和各种流言蜚语收集到一起,根本不作分析和判断,只说一些模棱两可和不置可否的话,有时甚至作拐弯抹角的暗示,要读者相信这些传闻是真的。俄罗斯各派的报刊(其中包括自由派的《独立报》和《文学报》、传统派的《苏维埃俄罗斯报》和《明天报》等)都发表文章对《斯大林》一书提出批评,指出其中有大量史实的错讹。作为剧作家的拉津斯基,本来应该对文学界的情况有较多的了解,可是他恰恰把许多与文学界有关的事搞错了。他毫无根据地说斯大林当了

---

① 《图书评论报》1997年1月21日。
② 《独立报》1997年7月3日。

总书记后，马上建立了拉普；他把斯大林在高尔基家会见作家的时间安排到高尔基不在国内的1932年初，把斯大林与布尔加科夫通电话的时间改在1930年的愚人节，而实际上是4月18日；他说《静静的顿河》的作者肖洛霍夫被怀疑为剽窃者后之所以不敢出来辟谣，是因为小说写的是一个被枪决的哥萨克的经历，肖洛霍夫一直到死都对此保持沉默，而事实是：肖洛霍夫当时就站出来辟谣，而且早在1937年就说明小说主人公的原型是谁。至于把某人入党的时间提前几年，把某人的寿命延长几年的事，也很常见。因此柯日诺夫说作者连百科全书也没有认真查一查是有根据的。拉津斯基在叙述斯大林的生平和活动以及历史上的一些重大问题时，用的是调侃和揶揄的语调，有时不免流于油滑，这也引起俄罗斯某些批评家的不满。由此可见，这不是一本严肃的名人传记，就连作者本人在他的谈话里也把它称为小说，因此把它当作可为我国党政领导、研究单位和学者提供珍贵资料的史书来推荐是很不合适的。

三

目前俄罗斯各派在斯大林的评价问题上虽然没有像过去那样展开激烈的争论，但是相互之间仍旧存在着重大的分歧。"改革"年代猛烈攻击和全盘否定斯大林的自由派，随着苏联的解体，政治上遭到了破产，他们过去发表的那些反对斯大林的言论和制造的种种神话，似乎已无多少市场。在社会上比较普遍地出现怀旧和怀念斯大林的情绪的情况下，他们的放肆态度总的说来有所收敛。例如上面提到过的那位布尔拉茨基，他在《斯大林将从后排出现》一文里虽然仍把现已基本上弄清的问题说成"谜"，虽然对斯大林过去贯彻的路线和政策提出种种批评和责难，但是可以看出，说话的口气已经平和多了。但是也有例外，例如前持不同政见者柯别列夫在去世前给他的格鲁吉亚朋友们写了一封公开信①，指责格鲁吉亚著名的文学家和艺术家"复活对斯大林的崇拜"，继续用"改革"年代常用的词汇攻击斯大林，列数他的罪状，把苏联过去的一切成就说成是违背他的领导取得的。自然这封信除了引起"格鲁吉亚朋友们"的反感外，不会有别的结果。

在"改革"的前期，自由派在批判斯大林时都曾把他与列宁分开。到苏联解体前后，一部分人完全采取反共和反社会主义立场，公开把矛头指向列宁，否定十月革命和苏联的全部历史。其中有人甚至把苏联的社会主义制度和德国的法西斯制度相提并论，都说成是极权主义制度而加以彻底否定；还有人把苏联人民伟大的卫国战争描绘成两个极权主义政权之间的争斗，把斯大林说成与希特勒一样的人物。而另一部分仍然只反对斯大林而不反对列宁。直到目前为止，在自由派当中仍然有两种人，上面提到过的柯别列夫和《斯大林》一书的作者似乎属于前一种人。

但是无论是前一种人还是后一种人，他们的自信心已大大降低，他们开始担心"新的斯大林"的到来，于是便想设法阻止为斯大林恢复名誉的潮流。但是他们在过去十多年内已把话说尽说绝，他们的想象力已经枯竭，再也想不出能引起公众注意的反斯大林的"事实"和"论据"来。有的人只好又在斯大林的经历上做文章，重新搬出斯大林是沙皇暗探局奸细的问题。1997 年《消息报》连续发表文章，肯定早已证明是伪造的叶廖明的信（其中谈到斯大林曾与沙皇警察合作）是真的。② 1998 年《选择》杂志又刊登了一个叫马尔蒂诺夫的人向沙皇警察厅长汇报马林诺夫斯基和朱加施维里（斯大林）的活动的信，该刊在后记中说："希望这个文件的发表能使许多怀念'个人崇拜'时代的新斯大林分子和'强国

---

① 见《独立报》1997 年 2 月 22 日。
② 见《消息报》1997 年 9 月 19 日和 10 月 2 日。

论者'的热情有所降低。"①不过他们自己也知道这样一份真实性大可怀疑的"文件"不会产生多大的影响,因此仍然忧心忡忡,担心一旦局势发生变动会受到报复。布尔拉茨基在他的上述文章里提醒大家注意这种危险,并且劝告现在的官僚和寡头们变得理智些,他说,如果他们贪得无厌而激起众怒,那么新的斯大林就会像当年的柯巴那样,在无人认出他就是斯大林的情况下"从后排出现"。②

上面说过,近年来对斯大林表现出较高热情的是传统派。所谓的传统派,又叫乡土派,他们主张弘扬俄罗斯民族精神和历史文化传统,反对和抵制西方思想文化的影响,提出俄罗斯应走自己的道路的口号。他们自称爱国者,为过去祖国的强大而自豪,同时又为今天国家处于屈辱的地位而感到痛心。在多年的政治斗争中,他们一方面与俄共和其他左派力量结盟,另一方面又团结民族主义者和保皇派,组成了所谓的人民爱国运动。这是在爱国和复兴俄罗斯的口号下联合起来的一个庞杂的群体,其中既有肯定十月革命和拥护社会主义的左派,又有反对革命和主张恢复沙皇专制制度的右派,形象地说,既有"红色爱国者",又有"白色爱国者"。目前人民爱国运动对当局采取反对派立场,是俄罗斯政治生活中的一支重要力量。

传统派对斯大林也有许多不满,特别是对斯大林推行的农业集体化采取严厉批判的态度。但是他们并不全盘否定斯大林,许多人都承认斯大林把俄罗斯建成强大国家和领导全国军民夺取卫国战争胜利的功绩。而当昔日他们引以为自豪的强大国家在自由派对斯大林的一片咒骂声中顷刻瓦解时,他们发现,原来自由派反斯大林也就是反对俄罗斯,目的是要毁掉它,于是在他

---

① 《选择》1998 年第 1 期,第 80 页。
② 《独立报》1997 年 5 月 22 日。

们心目中斯大林便和俄罗斯完全连在一起了,许多人纷纷站出来卫护斯大林。在他们的思想上,斯大林的错误以及由这些错误造成的损失和给人们带来的痛苦(他们当中不少人的先辈或自己本身都曾受过不公正的待遇)退居到了次要地位。一位著名艺术家这样说:"斯大林是一个可怕的人。但是,但是……现在帝国垮台了……我们的苏联解体了。但是不管斯大林怎么样,不管制度怎么样,他在世时的苏联是一个超级大国。别人害怕它,它的话有人听。而现在,恕我直言,想起这点心里觉得痛快。"①可以说,他说出了相当多的俄罗斯人的想法。

上面提到过,传统派著名批评家洛巴诺夫从90年代以来对斯大林问题很感兴趣,曾收集和编辑出版了一本有关斯大林的材料,发表了一些文章和谈话,阐述他对斯大林的看法。他把斯大林称为"伟大的治国安邦者",说斯大林主张建立一个具有强有力的中央集权的国家。洛巴诺夫还说,30年代初斯大林在同路德维希谈话时,虽然强调他要巩固的不是"民族"国家而是社会主义国家,然而"在客观上所恢复的伟大强国是俄罗斯帝国的继承者"。他接着说,斯大林"用历史的目光注视着占地球六分之一的领地,怕被人占去,他记得祖先们解放的、夺取的、开发的每一寸土地。战前他收回了伊万雷帝进行了多年的立沃尼亚战争未能保住、暂时从俄罗斯分离出去波罗的海沿岸领土"。洛巴诺夫还引用一位海军将领的日记,说斯大林战时就决心要收回库页岛南部。在这位批评家的笔下,斯大林是国家利益的坚决捍卫者,决定斯大林对人们的态度的首先是国家利益,其次才是个人因素。他又引用他收集到的季米特洛夫的一则笔记来说明这一点。季米特洛夫记录了斯大林1937年11月7日在伏罗希洛夫举行的晚宴上所说的如下一段话:"任何想要破坏我们国家的人,即使他是老布尔什

---

① 《红星报》1993年1月5日。

维克,也将同他的全家人和整个家族一起消灭。"①洛巴诺夫在另一篇文章里说:"老革命家斯大林随着时间的推移,愈来愈失去了革命精神,他把自己的命运与俄罗斯国家的命运联系在一起。"②根据以上所说可以看出,洛巴诺夫所描绘的斯大林已不是无产阶级革命家和国际主义者,而是一个俄罗斯民族主义者;斯大林所建设的不是社会主义国家,而是俄罗斯民族国家;他毕生的任务是维护俄罗斯民族国家的利益,而不是像他自己所说的那样是提高工人阶级。现在传统派中的许多人所看到的和赞扬的,大体上就是洛巴诺夫所描绘的这样的斯大林。

目前在传统派人士当中还有一种倾向,即把斯大林与列宁分割开来,强调他们两人之间的分歧。洛巴诺夫的文章也表现出这一点。他在谈到国家问题时说,列宁基本上赞成联邦制,而斯大林主张建设一个具有强有力中央政权的单一制国家。他还说,斯大林也不接受列宁关于在社会主义条件下国家"消亡"的理论,并在1923年出版的列宁的著作《国家与革命》的封面上写道:"(国家)逐渐消亡的理论是极坏的理论。"他认为列宁遵循把阶级放在首位的"机械的"国家理论,而斯大林则赞成国家的"有机的"发展,把它看成一个把个人和各个阶级吸收进来并使之服从于自己的整体。③ 传统派的右翼,尤其是那些"白色的爱国者",更是把斯大林与列宁对立起来,肯定斯大林,贬低甚至否定列宁。他们批判列宁的国际主义,称颂斯大林的"民族主义";他们激烈反对列宁在革命初年对教会和神职人员采取的强硬措施,赞扬斯大林40年代以后对教会的宽容和信任的态度。他们甚至肯定斯大林的一些明显地违背列宁主义原则的错误做法。

---

① 见 M. 洛巴诺夫《伟大的治国安邦者》一文,载《青年近卫军》杂志 1995 年第 5、7 期。

② 《苏维埃俄罗斯报》1996 年 12 月 21 日。

③ 《青年近卫军》1995 年第 5 期,第 218 页。

在俄共党内在斯大林评价问题上也存在着较大的分歧。《真理报》在一篇署名文章里曾作这样的描述:"曾经多次令人痛心地见过同样的场面。人们在代表大会上,在党的会议上,在讲习班上坐在一起,都很正常,和洽相处。对所有问题,既包括对现状的估计,也包括对未来的任务,似乎都取得了共识。但是突然有人说了一句:'斯大林!'这些政治观点无疑很接近的人突然彼此都不说话了。集体的工作中断了。党组织简直就要分裂了。"①现在尚未见到关于俄共内部在斯大林问题上的分歧的详细报道,因此很难作具体的说明。根据一些零散的材料可以看出,有一些人担心在目前的斯大林热里如果全盘肯定斯大林,就会重复过去斯大林犯过的错误,因此他们对斯大林仍主要持批评态度。例如斯拉文就是如此。据一位批评家说,当斯拉文在俄共的第一次联合代表大会上听到一个发言的人说了几句赞扬斯大林的话时,害怕得不得了,急忙说:"怎么能这样说! 资产阶级就会骂我们!"②他在1994 年发表的《拥有绝对权力的人》一文中,对斯大林的哲学观点和他在 30 年代肃反中的错误提出了批评。③ 像斯拉文这样的人在俄共队伍里不是个别的。俄共领导人久加诺夫在他的大量谈话中直接提到斯大林的次数不多。1998 年 10 月他在回答德国《明镜》周刊记者提出的问题("当您的同志们在你们的群众大会上高举斯大林画像时,您有什么样的感觉?")时说:"斯大林生活在民主传统刚刚形成并受到严峻考验的时代。斯大林曾不得不同希特勒、张伯伦、蒋介石打交道,而这些人并不是纯粹的民主派。不能脱离他周围的人和他的时代来评价斯大林。"久加诺夫接着说:"只用一种颜色来画斯大林的像是不对的。与他的名字

---

① 《真理报》1995 年 12 月 21 日。

② 转引自《明天报》1997 年第 18 期。

③ 《真理报》1994 年 12 月 21 日。

联系在一起的有像实现我国的工业化、宇宙航行、在全球建立世界各强国之间的平衡和保证核安全这样的事实。"他又说："也有错误，党已在 50 年代进行了批判。这样的错误和偏离法律的行为不应该重复发生。"①在这里久加诺夫只是笼统地肯定了斯大林的功绩和指出了他的错误。与久加诺夫一起同为俄共内部人民民主派代表的尤里·别洛夫比较详细地说明了自己的看法。上面提到过，别洛夫把斯大林时代称为"残酷和伟大的时代"。他说，为了解决所谓的"地缘政治的弱点与克服这种弱点的必要性之间的矛盾"，采取了残酷的方式：实行了集体化和在集体化的痛苦中诞生的工业化，"正是工业化在战争年代拯救了国家，恢复了俄罗斯的伟大强国的地位"。别洛夫接着说：处于新的、社会主义的状态的俄罗斯国家继续是一个欧亚国家，"西方和东方在俄罗斯会合了"。俄罗斯是在饱经痛苦后得到社会主义这一西方现象的，它得到的社会主义具有亚洲的表现形式，是"国家社会主义"。这里别洛夫用"国家社会主义"这一术语来表示斯大林建成的具有俄罗斯特色的社会主义。别洛夫不否认斯大林对社会主义理论作了"重大修正"，但是他认为当时斯大林的做法是合理的，因为"历史不允许作另一种选择"。他说，"正是在斯大林的领导下，国家在非常短的时间内走完了从木犁到原子反应堆的道路"，他认为讲斯大林时只讲肃反，是"不顾客观的真实情况"。他强调说："所有的历史成就——劳动和休息的权利得到保证，妇婴受到保护，生产、基础科学和国民教育的发展达到很高水平，新的历史共同体'苏联人民'最后形成——所有这一切基本上都是在斯大林时代实现的，是与斯大林的名字不可分的。"此外，斯大林还是卫国战争的胜利的组织者。别洛夫最后指出，不管有人多么希望，无论如何是无法回到斯大林时代去的。但是为了复兴伟大的

---

① 《苏维埃俄罗斯报》1998 年 10 月 8 日。

国家,仔细地和全面地研究这个时代是很必要的。①

最后讲一讲科索拉波夫的看法。他在一次谈话中声明说,就世界观来说,他是唯物辩证法的信奉者,而"如果通过某些人的名字来表述的话",那么他是马克思列宁主义者。在他看来,斯大林是"20世纪的一个被弄得最神秘的杰出人物"。在世时斯大林受到同时代人的狂热的崇拜和赞扬,逝世后遭到赫鲁晓夫和戈尔巴乔夫的诬蔑和诽谤,经历了一个从神化到妖魔化的过程。他说,他有责任打破这个怪圈,还斯大林以历史的本来面目。他并不认为自己是斯大林的崇拜者和辩护者,他只着眼于恢复历史的正义。尽管他的父亲在斯大林时代也曾被关押,并且据他说他从父亲口中了解到的劳改营的情况比从索尔仁尼琴书中了解到的还要多,但是他提出在判断斯大林的方针和行动是否合乎历史正义时,不能根据自己或亲戚朋友的遭遇,而应根据从事体力劳动和脑力劳动的人以及一切物质财富和精神财富的创造者在社会中的地位。② 也就是说,他认为评价斯大林的功过时应不计个人恩怨,而应考虑是否给劳动人民带来好处。这里他提出了评价斯大林的立足点问题。

照科索拉波夫的说法,斯大林对善与恶的理解是具体的,对他来说,恶的体现是私有制、资产阶级、帝国主义、各种机会主义的和反无产阶级的倾向等等;斯大林"既不是恶魔,也不是天使,他可能瞄准敌人,却打中了自己人。他在设法实现自己主要目标——消灭资本的统治和帝国主义的威胁、加强苏维埃国家的国力和提高劳动人民的福利——时,可能犯错误,同时也可能做到小心谨慎和有先见之明"。科索拉波夫认为斯大林的敌人和批判者的糟糕之处在于只考虑局部,只抓住他的某一个方面,而他是

---

① 《苏维埃俄罗斯报》1994年10月20日。
② 《苏维埃俄罗斯报》1998年1月15日。

一个整体。而且他比任何人都善于"使一定限度的恶为普遍的幸福服务"。① 这里科索拉波夫强调在评价斯大林时要把他作为一个整体来考虑，进行全面的分析，反对只抓住某一方面作片面的结论。科索拉波夫也主张运用全面分析的方法来分析斯大林时代的重大事件。例如他用这种方法分析了受到批评最多的30年代的肃反。他说，1937年不单单是进行镇压的一年，这一年胜利地完成了第二个五年计划，举行了普希金逝世一百周年的纪念活动，庆祝了十月革命二十周年，进行了新宪法通过后的第一次最高苏维埃选举，国内出现了社会主义热情普遍高涨的局面。同时也存在着破坏活动，因此这一年3月联共(布)中央全会讨论这个问题不是无的放矢。另一方面，在工作中确实发生了破坏法制导致无辜的人受害的严重错误，斯大林是要对此负责的。他认为产生这些错误的原因是多方面的，现在已有大量材料可以说明，主要原因在于异己分子钻进了执法机关。② 当然科索拉波夫作出的结论还可以商榷，但是他考虑到问题的各个方面、进行实事求是的分析的态度是可取的。科索拉波夫还就斯大林与列宁的关系以及他们政治主张的异同问题、个人崇拜问题、农业集体化问题等发表了一些独到的见解。

在谈到斯大林的品德和作风时，科索拉波夫特别指出两点。一是斯大林一生好学不倦，这使他成为一个学识渊博的人。他在就某个问题发表意见前，总是要进行详尽的研究。他经常向专家请教，阅读大量材料，任何时候都是自己动手起草报告和写文章。因此很难想象他会像赫鲁晓夫、勃列日涅夫那样被一些搬弄是非者和削尖脑袋的人所包围，受他们的蒙骗。二是斯大林生活极端的俭朴。他没有个人的财产，住房是公家的。60年代科索拉波夫

---

① 《苏维埃俄罗斯报》1998年1月15日。
② 《苏维埃俄罗斯报》1998年1月15日。

为完成苏共中央的一项任务,曾在斯大林住过的别墅内工作达十三个月之久。别墅内陈设惊人地简朴,家具是最普通的。据说曾有丰富的藏书,后来无人管理,全都散失了。他在叙述了自己的所见后说:"列宁和斯大林这种廉洁奉公、一心为人民和祖国服务、完全为事业献身的精神,会使形形色色的资产者感到奇怪和害怕。这些人想不到,俄罗斯正在期待着这样的领导人。只有与这样的领导人一起俄罗斯才能振兴,也只有这样的领导人,俄罗斯人才会怀着感激的心情时常想起他们。"①斯大林以他的这种艰苦朴素、不图享受、勤政务实、不尚空谈的作风,带出了一个廉洁高效的政府,并在这方面为无产阶级政治家树立了榜样。俄罗斯人民今天怀念他,其原因之一,恐怕在于他具有这样的品德。

俄罗斯有一位历史学家这样说:"斯大林是我国历史乃至世界历史上的一位大人物。避而不谈是不行的。关于他的争论一直没有中断并将进行下去,要阻挡是阻挡不住的。需要写出他的科学的传记,对这位复杂的和充满矛盾的国务活动家进行科学的研究……共产党人应该抛弃斯大林活动中消极的东西,接受其中积极的、对建设和复兴强大的和独立的国家有用的东西来武装自己。不能再听任那些仇恨和掠夺祖国的人诋毁斯大林了。他们已经干成了一件坏事:在对斯大林谩骂式的欺骗性的批评的掩护下破坏了强大的国家——苏维埃社会主义共和国联盟。"②这一段话表达了相当多的俄罗斯人的共同看法。这里还应加一句:不能再听任那些向往资本主义的人以批判所谓的"斯大林模式"为借口来全盘否定斯大林和苏联的社会主义制度及其建设成就了。

大家可能还记得,赫鲁晓夫做了反对斯大林的秘密报告后,《人民日报》先后发表了根据中共中央政治局扩大会议讨论的结

① 《苏维埃俄罗斯报》1998 年 1 月 15 日。
② 《苏维埃俄罗斯报》1996 年 2 月 15 日。

果写成的《论无产阶级专政的历史经验》和《再论无产阶级专政的历史经验》这两篇文章,论述了如何正确地认识和对待斯大林的错误问题。文章着重指出,尽管斯大林在他一生的后期犯了一些严重的错误,他的一生仍是马克思列宁主义革命家的一生,他毕竟是一个坚定的共产主义者。斯大林的错误同他的成就比较起来,只居于第二位的地位。从那时到现在已经过去了四十余年,现在看来,那时对斯大林所作的基本估计仍然是正确的,符合实际的。而在这四十余年里,苏联历史发展的进程出现了逆转。赫鲁晓夫、戈尔巴乔夫全盘否定斯大林的结果,导致马克思列宁主义的伟大思想遭到践踏,社会主义制度被颠覆,这个惨痛的历史教训告诉我们,反对全盘否定斯大林的斗争,实质上是一场捍卫马克思列宁主义和社会主义制度的政治斗争。

上面说过,苏联解体后全面复辟资本主义的残酷现实使得许多人开始怀念斯大林,同时也促使某些过去对斯大林持否定态度的人重新考虑对他的评价问题,其中有的人已在不同程度上改变了看法。这种新的动向无疑是值得欢迎的。但是应该清醒地看到,要使人们普遍对斯大林有一个正确的认识,还有许多工作要做,还有一段很长的路要走。一方面需要继续批驳旧的攻击,另一方面也要揭露新的歪曲。而更重要的是,应当利用目前的有利条件,下大力气做正本清源的工作,恢复被抹黑了的斯大林的历史本来面目。与此同时要运用辩证唯物主义和历史唯物主义的观点,对他的思想和活动进一步作全面深入的研究,认真总结经验教训。今年12月21日是斯大林一百二十周年诞辰。如果我们能够着手切切实实地做这项工作,那么这将是对这位伟大的无产阶级革命家的最好的纪念。

1999 年

附录三　俄罗斯国内在评价
斯大林问题上的新动向

　　戈尔巴乔夫开始实行他的"改革"后,在他提出的"民主化"、"公开性"和"填补历史空白点"等口号的鼓动下,出现了一股比苏共二十大后出现的更大更猛的反斯大林的浪潮。斯大林时代的历史几乎完全被抹黑,斯大林本人则被妖魔化。这不能不对人们的思想认识产生重大影响。斯大林的支持率降到了最低点。到20世纪90年代中期,"改革"年代出现的政治狂热开始消退,人们变得比较冷静起来;资本主义的全面复辟给国家和人民带来了深重的灾难,社会上出现了怀旧情绪,于是不少人开始怀念斯大林。与此同时,各种档案材料的逐渐解密和公布,使得不少关于斯大林的谎言不攻自破;斯大林著作的整理出版以及一些严肃的研究著作的问世,又使得人们对斯大林有了比较全面的了解。许多人开始肯定斯大林,斯大林重新成为社会舆论关注的对象。有人高兴地说:斯大林回来了。不过在评价斯大林的问题上仍存在着严重的分歧和尖锐复杂的斗争。进入新世纪后,仍然基本上保持着这样的状态。然而随着政治形势和社会情绪的发展变化,出现了一些新的动向。下面就讲一讲这方面的情况。

一

　　我们知道,在"改革"年代对斯大林持批判和否定态度的,主要是自由派,其中包括政界人士和知识界的精英。随着苏联的解体和新自由主义经济改革的失败,他们政治上遭到了破产,他们过去散布的关于斯大林的种种神话不断被揭穿，在社会上普遍出现怀旧情绪的情况下，他们攻击斯大林的放肆态度有所收敛，但是反斯大林的立场并没有改变，一遇适当时机，他们与包括共产党人和人民爱国力量在内的左派之间在评价斯大林问题上的矛盾就重新显露出来，有时甚至形成尖锐的对立。

2003年3月5日是斯大林逝世五十周年。左派开展了各种纪念活动，他们在报刊上发表了大量纪念文章，继续揭露对斯大林的诬蔑和攻击，肯定他建立的丰功伟绩，气氛相当热烈。自由派的政治组织"右翼力量联盟"则在《消息报》和《独立报》等大报上刊登了"没有暴君的五十年"的大字标语，以表明自己的立场和态度，但没有发表声明和文章。两派之间没有进行正面的交锋。2004年12月斯大林一百二十五岁诞辰前后，情况大致也是如此。

领导苏联军民取得卫国战争的胜利，是斯大林建立的伟大功勋之一。2005年5月在胜利六十周年时，俄罗斯全国举行了规模盛大的庆祝活动。莫斯科和其他城市纷纷提出要为斯大林树立纪念碑和纪念像。在雅库梯的米尔内市人民群众的这一愿望得到了实现。以共产党人为首的左派在庆祝活动中，特别突出斯大林在赢得胜利方面所发挥的重大作用。《苏维埃俄罗斯报》在纪念日前夕举行"圆桌会议"，与会的高级将领、老战士和学者们回忆了斯大林在战争期间开展的多方面的活动，肯定他是名副其实的最高统帅，批驳了种种诬蔑不实之词和奇谈怪论。而自由派报刊大多不谈斯大林的功绩，主要渲染战争初期的失利和取得胜利付出的代价，直接间接地谴责斯大林。自由派的喉舌《莫斯科新闻》连续发表文艺学家丘达科娃的文章。这位在1993年"十月事件"前曾敦促叶利钦动用武力，后又大力支持叶利钦竞选总统因而当上了总统委员会委员的女学者老调重弹，说什么斯大林在战争前夕残杀军队干部，在外交上完全失败，使得国家没有做好应付战争的准备，因而造成战争初期的严重失利。她反对为斯大林树纪念碑或纪念像,说这种做法是对在斯大林时代的牺牲者的嘲弄,指出对斯大林的个人崇拜正在复活,要求设法加以制止。① 同时电视台播放了经过自由派编导处理和剪辑的关于卫国战争的纪录片,其中许多事实完全变了样,斯大林的形象遭到了严重的歪曲。影片的解说词更是直接对斯大林进行了指责和攻击,说他使国家在严重的战争威胁面前毫无准备,导致千百万人的死亡;说他处死了以图哈切夫斯基为首的军队优秀干部,使得部队无人指挥;说斯大林作为最高统帅,指挥能力很差,导致战争初期两百万人被包围和当了俘虏;说斯大林在 1944 年无缘无故地把车臣人和克里木鞑靼人强行迁往中亚,造成了严重的后果等等,等等。一位名叫博洛京的学者进行了愤怒的驳斥,把纪录片的制作者称为"戈培尔的徒子徒孙"。②

这里要特别说一下当权者的态度。2002 年,俄罗斯总统普京在会见一家报纸的总编时曾肯定卫国战争胜利是在斯大林领导下取得的,说"这胜利在很大程度上是与斯大林的名字相联系的"。可是三年后,他在举行卫国战争胜利六十周年庆祝活动期间的几次讲话中,不知出于何种考虑,没有提到最高统帅斯大林的名字。诚然,他在一次谈话中不同意把斯大林与希特勒并提,不过仍认为斯大林是"暴君",强调"许多人称他为罪犯"。③ 大概由于当局采取这样的态度,有的单位在搞庆祝活动时也避免提起斯大林的名字。例如一位俄罗斯科学院院士在该院举行的庆祝大会上讲话时,也只说这是人民的功勋,没有提到斯大林。如此说来,苏联似乎是在没有最高统帅统一指挥的情况下赢得战争的胜利的。

---

① 见《莫斯科新闻》2005 年 4 月 29 日~5 月 12 日。
② 见《苏维埃俄罗斯报》2005 年 4 月 28 日。
③ 见《共青团真理报》2005 年 5 月 7 日。

这里还要说一说在庆祝活动中的这样一个"细节"。在举行庆典的日子里,红场上悬挂着卫国战争时期的各位高级将领的画像,可是却见不到斯大林。一位从外地来参加庆祝活动的老战士也证实说,他们乘车前往红场参加检阅的路上,沿途看到了所有统帅的画像,唯独找不到最高统帅斯大林的画像。他认为斯大林应在其中占据应有的位置,因为任何一个重大战役的筹划都离不了他。①

俄罗斯的自由派对斯大林的回归感到恐惧,他们力图阻止回归的进程。他们继续利用手中掌握的舆论工具,抓住斯大林的某些失误不放,大做文章,同时重复各种已被事实揭穿的神话。大概是他们发现这样做收效不大,相信他们的人未见明显增多,斯大林在群众中的威望没有降低,因而觉得需要改变方法和手段。首先,他们不限于在政治历史问题上揭露斯大林,而在一定程度上把注意力转向斯大林的个人经历、家庭和私生活,力图通过这些方面的展示来贬低斯大林,把这位杰出的思想家、政治家和军事家"人性化",描绘成一般的凡夫俗子。他们的报刊大量刊登关于斯大林和他的妻子阿利卢耶娃的关系和阿利卢耶娃自杀的材料,不厌其详地叙述他的子女雅科夫、瓦西里和斯维特兰娜的生活经历和表现以及斯大林对他们的态度。某些报刊津津有味地谈论"斯大林与女人们"这个题目,除了阿利卢耶娃外,还给他找出了"秘密的妻子"、"不为人知的妻子"、"地下的妻子"、"平民的妻子"等等,并对他与她们的关系作了渲染。这些把斯大林形象庸俗化的报道有时甚至染上了黄色,以迎合小市民的趣味,从而获得了一些读者。但是这反过来证明了自由派的思想政治观点的破产。

自由派的精英们在他们提出的对斯大林的种种指责陆续为

---

① 见《真理报》2005 年 5 月 12～18 日。

披露的材料所否定的情况下，举不出新的有说服力的事实，于是转而求助于艺术虚构。从2004年斯大林诞辰一百二十五周年前夕开始，他们陆续推出了几部反斯大林的电视剧，对群众进行反斯大林的宣传。首先，电视台放映了根据雷巴科夫的小说《阿尔巴特街的儿女们》改编的十五集电视剧，紧接着放映了根据阿克肖诺夫的小说《莫斯科传说》改编的二十二集电视剧。这两部电视剧都具有鲜明的反斯大林倾向。差不多与此同时，电视台又制作和播出了十一集电视剧《惩戒营》。这部连续剧表现了这样一个基本思想：斯大林建立惩戒营，是为了把许多军官和士兵赶到那里，在最严酷的战斗中利用他们，这说明斯大林的残酷和不人道。因此这部连续剧也具有鲜明的反斯大林倾向。同时影片肆意歪曲事实，夸大惩戒营在战争中所起的作用，因此一位军事史专家称它为一种"按照一定政治思想要求制作的货色"，其目的是为了向年轻一代灌输这样的思想：缔造卫国战争的胜利的"不是朱可夫那样的元帅和马特洛索夫那样的战士"，而是惩戒营里的罪犯，从而缩小和贬低所取得的胜利的意义。

这里还特别要说一下根据索尔仁尼琴的小说《第一圈》改编的电视剧，它于2006年初在电视台播出。索尔仁尼琴本人亲自写了电视剧脚本，并朗读了画外解说词。我们知道，索尔仁尼琴在他的那部写莫斯科郊外的一个特别监狱的小说里曾对斯大林进行攻击和否定，把他写成一个面目可憎、心狠手辣的专制暴君。电视剧仍然对斯大林进行贬损和丑化。索尔仁尼琴的这种态度，与他十年前有明显不同，那时他在短篇小说《在转折关头》里曾说过斯大林的一些好话。现在他这样做，使得人们有理由怀疑他十年前那么说并非出自真心。

前几年，俄罗斯知识界曾进行讨论，试图确定一种符合民族特点的"俄罗斯思想"。2008年又想找出可作为俄罗斯象征的历史人物，为此电视频道"俄罗斯"、科学院俄罗斯历史研究所和社会舆论基金会在某些方面慷慨资助下制作了一个选"俄罗斯名人"的节目。这个节目进行的程序是这样的:先由历史学家拟订出一个由五百人组成的大名单,交群众通过互联网投票,于当年7月选出五十人,通过电视公布于众;接着进行第二轮投票,从中决出十二人,于9月公布;最后于12月选出优胜者。节目的制作者估计,通过他们的宣传和操作,能把尼古拉二世或斯托雷平这样的人捧为"俄罗斯名人"并树为旗帜。出乎他们意料的是,7月公布的第一轮选举结果,斯大林位居榜首,而且得票数大大超过尼古拉二世等人。这使节目的制作者和自由派人士感到惊慌。有的人说什么这是机器人投的票,有的人辱骂投斯大林的票的人为"白痴",有的人则大谈这是"斯大林的病毒"在作怪等等。制作者决定采取各种措施,力图扭转局面。通过他们的努力,9月公布的名单中斯大林虽仍然入选,不过退居第十二位。12月最后的评选结果公布,斯大林得票五十一万九千零七十一票位居第三,得票与位居首位的亚历山大·涅夫斯基(得票五十二万九千五百七十五票)相差无几。评选结果再一次表明,在今天的俄罗斯,斯大林拥有广泛的群众基础,他对社会政治生活继续产生着影响。这次活动受到社会各界的关注,许多新闻媒体作了大量报道,不管报道者的态度如何,他们那样做在客观上都起了替斯大林作宣传的作用。

最近一两年有一个新动向,即俄罗斯国内外反斯大林的势力遥相呼应,一起对斯大林发起攻击。2008年9月,欧洲议会通过了一项决议,宣布8月23日(1939年签订"莫洛托夫-里宾特洛甫协定"和苏德互不侵犯条约的日子)为全欧纪念纳粹主义和斯大林主义的牺牲者的日子。2009年7月,欧洲安全合作组织大会根据立陶宛和斯洛文尼亚的提议,通过了一项关于重新联合处于分割状态的欧洲的决议,其中把德国的纳粹制度和苏联斯大林领导下建立的制度都称为"极权主义制度",指责它们实行种族灭绝政策,违反人权和人的自由,犯下了战争罪和反人类罪。同时决议对所谓的歌颂极权主义制度的种种表现,其中包括"对纳粹的和斯大林主义的过去进行公开的赞扬,以及包括新纳粹主义和光头党在内的各种激进主义的运动和团体正在扩大和加强",表示深切的不安。这种把纳粹和斯大林并提加以谴责的做法,遭到了俄罗斯官方的反对,俄罗斯外交部正式代表在记者招待会上加以驳斥,指出欧洲安全合作组织的决议出于政治目的歪曲历史,无助于创造各成员国之间信任和合作的气氛。可是俄罗斯国内的一些人却对上述决议作出响应。一位名叫迪马尔斯基的记者替决议辩护,并引用一位俄罗斯宗教界人士的话说,斯大林完全可以与希特勒相比拟,他们两人给这个世界带来那么多的痛苦,以至于任何军事上的或政治上的成就都不能补偿他们对人类犯下的罪行。① 还有一位名叫拉德济霍夫斯基的政治学家不同意那种认为决议歪曲历史的说法,理由是其中没有谈到战争,没有谈到它的发动者和胜利者、苏联的贡献等等,讲的是极权主义制度。他问道,为什么我们的政治家要毫无意义地维护斯大林主义呢?他认为不让人家批判"我们的斯大林"是幼稚可笑的。斯大林是"我们的刽子手",不管他们怎么说,我们应当自己弄清什么是斯大林主义。② 确实,决议讲的是两种极权主义制度,没有具体提到战争中的问题,但是既然双方都是极权主义制度,那么这场战争岂不是成为两种极权主义制度之间的争斗,这不是完全歪曲历史又是什么呢? 这位说人家幼稚可笑的政治学家,自己倒是幼稚可笑而且话说得极其荒唐的。

2009 年 4 月 22 日,《新报》发表了曾在军事检察总院工作的雅布洛科夫的文章《贝利亚被定为有罪》一文,其中搬出在卡廷附

---

① 见《俄罗斯报》2009 年 7 月 23 日。

② 见《俄罗斯报》2009 年 8 月 25 日。

近枪杀波兰战俘一事,说苏联"履行对德国承担的义务",进入波兰领土,俘虏几万波兰军人,斯大林和联共(布)中央政治局委员们下令把他们枪杀,却逃脱了对这一极其严重的罪行应负的道义责任。文章说,被称为"各族人民的父亲"的斯大林,实际上是嗜血成性的"吃人野兽"等等。斯大林的孙子叶夫根尼·朱加什维利认为雅布洛科夫的这些说法败坏了斯大林的名誉,把他告上了法庭。此事受到各方面的关注。俄罗斯国内外的许多新闻媒体纷纷进行报道。最后,叶夫根尼的控告被驳回。但是如同电视台的一位评论家所说的那样,几年前把攻击斯大林的人告上法庭的事是无法想象的,但是"最近在俄罗斯可以看到重新评价斯大林时期的事件的倾向,因此叶夫根尼·朱加什维利的诉诸法律的行为被认为是完全合法的"。

从以上所说的情况来看,尽管有人坚持反斯大林的立场,继续咒骂他是"独裁者"、"暴君";尽管报刊上仍然不断出现批判他的文章,但是却未能改变这位伟人受到不少俄罗斯人拥护和爱戴的事实。俄罗斯的许多舆论调查和研究机构,例如全俄社会舆论研究中心、政治文化研究中心、社会舆论基金会、列瓦达分析中心等,经常进行调查研究,它们得出的关于斯大林支持率的数据大体上相同,这就是大约有三分之一的被调查者肯定斯大林的功绩和在历史上所起的作用,在肯定他的人当中,上年纪的人要多于年轻人,不过最近几年这种情况正在改变。根据 2008 年斯大林逝世五十五周年时进行的调查,情况略有变化,39% 的人认为斯大林在俄罗斯历史上起了好作用,38% 的人则相反,认为他起的是坏作用。① 上面提到过的这一年投票选举"俄罗斯名人"的节目,可以说是一次在一定程度上带有全民公决性的活动,其结果充分反映了民意。由此可见,斯大林回来了,斯大林仍然活在许

---

① 见《俄罗斯报》2008 年 7 月 24 日。

多俄罗斯人心中,应该说是不争的事实。从某些人发表的热情颂扬斯大林的言论来看,斯大林在他们当中享有崇高的威望,甚至是他们崇拜的偶像,相当多的人希望俄罗斯能出现新的斯大林。

那么斯大林为什么重新受到欢迎呢?上面曾经提到过,这与社会上出现怀旧情绪有关。一些具有较强的国家民族观念,曾为昔日强大的苏联感到自豪的人,面对整个国家遭到巨大破坏和沦为二流国家的残酷现实,便怀念起强国的缔造者斯大林来,在不同程度上改变了对他的批判态度,甚至开始颂扬他。另一些人对苏联解体后的俄罗斯社会秩序混乱、贪污盗窃盛行、经济遭到严重破坏、居民生活水平急剧下降极其不满,他们希望有斯大林那样的"铁腕人物"出来整顿社会秩序,惩治腐败,收拾那些剥削和欺压人民群众的官僚和暴发户;希望能有一个像斯大林那样能干的当家人,一个像他当年领导的政府那样的高效廉洁的政府来领导建设,安排好生产和保证人民生活水平不断得到提高。还有一些人,其中大多是曾经生活在斯大林时期的上了年纪的人以及各种年龄的仍然坚持社会主义理想的人,他们常常想起社会主义建设的火红年代和卫国战争的峥嵘岁月,想起过去工人农民当家做主、不受剥削和社会秩序稳定的日子,想起虽不富裕、但是基本需要得到了保障并且实现了公平的生活,对当时的领导人斯大林充满感激之情,希望有一个新的斯大林带领他们重新走上社会主义道路。当然,如同一位俄罗斯评论家所说的那样,也有一些人说斯大林的好话和投斯大林的票单纯是为了发泄对现实的不满,并不是对斯大林有好感,也不是想回到斯大林时代去。在斯大林回归后并成为社会政治生活中拥有巨大影响力的人物的情况下,各种政治势力和社会力量根据自己的利益和需要纷纷调整自己对斯大林的态度,总的说来,肯定的倾向有所发展。

二

进入新世纪后,政界和知识界的自由派仍继续坚持反斯大林的立场,他们继续称斯大林为"独裁者"和"暴君",把斯大林领导的时期描绘成一团漆黑,认为他对国家和人民犯下了严重的罪行。上面提到过,在斯大林逝世五十周年时,自由派政客的组织"右翼力量联盟"曾在几份大报上刊登"没有暴君的五十年"的大字标语以表明自己的立场。尽管自由派在政治上已经失势,但是他们还有相当大的力量。尤其是他们仍控制着相当多的新闻媒体,并经常利用它进行反斯大林的宣传。知识界的一些自由派人士,例如上面提到过的文艺学家丘达科娃,曾任叶利钦的新闻秘书的科斯季科夫,赫鲁晓夫时期的红人、曾担任过《文学报》总编的布尔拉茨基,《斯大林》一书(中译本改名为《斯大林秘闻》)的作者拉津斯基以及一些演艺界和新闻界人士还相当活跃。因此,对自由派的作用和影响仍不可忽视。

对斯大林持肯定的态度的,主要是共产党人和人民爱国力量。他们从"改革"后期以来在政治上结成联盟。苏联解体后,俄罗斯出现了好几个共产党组织。以尼娜·安德烈耶娃为首的全联盟布尔什维克共产党、以舍宁为首的共产党联盟 - 苏共反对苏共二十大对斯大林的批判,主张恢复斯大林的名誉,态度比较坚决,其他组织的态度则相对地不那么明朗。这里着重讲一下在俄罗斯政治生活中影响最大的以久加诺夫为首的俄罗斯联邦共产党的情况。在20世纪90年代到本世纪初,俄共组成人员的成分复杂,大致有激进的左派、爱国主义的中派和社会民主主义的右派等几类人,在对待斯大林的问题上存在着不同意见。有人担心如果肯定斯大林就会挨骂,而且有可能重复过去斯大林的错误,因而主张仍对斯大林持批判态度。久加诺夫大概为了照顾各种不同意见,在谈到如何评价斯大林时,既说他的贡献,又谈他的错误。例如1998年他在回答记者提问时说:"只用一种颜色来画斯大林的像是不对的。与他的名字联系在一起的有像实现我国的工业化、宇宙航行、在全球建立世界各强国之间的平衡和保证核安全这样的事实。"接着他又说:"也有错误,党已在50年代进行了批判。这样的错误和偏离法律的行为不应该重复发生。"①他回避了功大于过还是过大于功的问题,同时肯定了50年代对斯大林的批判。在久加诺夫讲这些话时,斯大林正在回归,群众高举斯大林画像参加集会,某些爱国者报刊以大量篇幅刊登颂扬斯大林的文章,俄共在这方面显得不那么热情。1999年在斯大林一百二十岁诞辰时,只以中央主席团的名义发表了一篇纪念文章,没有更多的表示。

2001年1月,以舍宁为首的共产党联盟-苏共召开第三十二次非常代表大会,科索拉波夫在会上作了报告。大会决定撤销苏共二十大根据赫鲁晓夫的报告所作的《关于个人崇拜及其后果》的决议和苏共二十二大关于把斯大林遗体迁出红场陵墓的决议,认为这两个决议违背了党章的准则,败坏了党及其领导人的声誉,使得多年来科学的无产阶级思想和苏联的社会主义制度遭到诬蔑,从而产生了明显的反革命结果。② 2001年10月,以久加诺夫为首的共产党联盟-苏共也举行第三十二次代表大会。久加诺夫在谈到格鲁吉亚、哈萨克斯坦、塔吉克斯坦共产党提出重新审议和撤销苏共二十大《关于个人崇拜及其后果》的决议和1956年6月30日苏共中央作出的《关于克服个人崇拜及其后果》的决议的建议时说:"斯大林本人不需要平反。我提请大家注意,苏共中央的决议肯定了斯大林在建设和捍卫苏联社会主义中所起的杰出作用,他在领导苏联时期所犯的错误与他的杰出作用是不能

---

① 《苏维埃俄罗斯报》1998年10月8日。
② 见《斯大林文集》,第17卷,北方王冠学术出版公司,2004年,第649页。

相比的。代表大会的决议和中央全会的决定的实质在于谴责个人崇拜本身，而不在于它与什么人有关。"①久加诺夫对苏共二十大的决议的看法显然是不符合事实的，他认为斯大林不需要恢复名誉的说法也是不对的。应该说，他的这些话只反映了俄共内部一部分人的意见，并不代表广大党员的看法。

在这之后，俄共内部经历了几次分裂，一些党内右派人士纷纷离它而去。党的领导层思想观点的分歧有所缩小，他们对斯大林的态度开始发生了一些变化。在斯大林逝世五十周年之际，久加诺夫发表了纪念文章，并在回答记者提问时称斯大林为"伟大的治国安邦者"，说"随着时间的推移，人类将愈来愈懂得 20 世纪是列宁和斯大林的世纪"。② 2004 年 10 月俄共中央主席团作出了纪念斯大林一百二十五周年诞辰的决定，要求开展多种形式的纪念活动。久加诺夫为纪念斯大林诞辰撰写了《强国的建设者》一文，肯定斯大林是伟大强国的设计者和建设者，全民族的领袖，对他的功过进行了分析，提出要总结斯大林时代的经验，将其应用于今天的实践等等。从那时起，俄共报刊经常刊登文章赞扬斯大林的丰功伟绩，批驳对斯大林的诬蔑和攻击。2008 年，久加诺夫推出了题为《斯大林与当代》一书，引起了广泛的重视。今年 12 月 21 日是斯大林一百三十周年诞辰。早在 4 月初，俄共中央主席团就通过了一项纪念诞辰的决议，要求各级党组织开展多种形式的纪念活动，责成党报党刊发表纪念文章，并决定颁发纪念章。某些地方的党组织还决定采取当年为纪念列宁吸收党员的做法，为纪念斯大林吸收新党员。各个方面早已积极行动起来。估计这次纪念活动将比以往更加隆重。

俄共领导人对斯大林的态度的变化，大概是与他们对这一问

---

① 见《真理报》2001 年 10 月 30 ~ 31 日。
② 《苏维埃俄罗斯报》2003 年 3 月 6 日。

题的重要性有进一步认识相联系的。最近利加乔夫在《斯大林——社会主义的理论家和建设者》一文中说："不在劳动人民的意识中清除关于共产党、苏联、列宁和斯大林的种种臆造出来的谎言，就不能指望劳动群众会积极参加为恢复苏联人民政权、重新走上社会主义的发展道路、根据社会主义的原则重建联邦国家而进行的斗争。"[①]可见他们已认识到这不是一般的如何看待历史人物的问题，而是关系到国家的前途和社会主义的命运的大问题。

俄罗斯爱国者当中的强国论者对斯大林怀有一种特殊的感情。其中最有代表性的人物是作家兼政论家、《明天报》总编普罗哈诺夫，此外还有批评家洛巴诺夫、巴依古舍夫等人。20世纪90年代下半期，当社会上有人开始怀念斯大林时代和斯大林本人时，普罗哈诺夫顺势采取了行动。1997年底《明天报》推出了一个纪念斯大林的专号，普罗哈诺夫亲自为这专号写了题为《斯大林来了》的前言，其中说道："请注意听吧，请把耳朵贴近红场的石块。请把脑袋俯在上过前线的爱国者的心口上。请挨近饱受屈辱的祖国母亲的胸膛。听见了吧？——脚步声！斯大林来了！"[②]1998年该报举行一次庆祝斯大林诞辰和授予"斯大林之星"勋章的晚会，与会者，特别是作家邦达列夫，发表了歌颂斯大林的热情洋溢的讲话。1999年12月斯大林一百二十岁诞辰时，该报用整整六大版的篇幅叙述斯大林在战争期间一天的活动，肯定他为夺取战争胜利付出的辛勤劳动和作出的英明决策。但是普罗哈诺夫崇敬的不是作为马克思主义者和无产阶级革命家的斯大林，他肯定和颂扬斯大林，主要是因为斯大林把俄罗斯建成了一个强大的国家。

---

① 《苏维埃俄罗斯报》2009年10月13日。

② 《明天报》1997年第50期。

最近几年，普罗哈诺夫的思想发生了明显的变化。他从强国论的观点出发，肯定俄国历史上的各个封建王朝。2006年他推出了《第五帝国交响曲》一书，其中阐述了这样的思想：在俄国历史上曾出现过四个帝国，今天处于第五帝国即将来临的时期。他所说的前四个帝国是：基辅罗斯、莫斯科公国、罗曼诺夫王朝和斯大林领导的苏联。他称苏联为"红色帝国"，称斯大林为"红色君主"和"罗曼诺夫王朝的秘密继承人"。这就歪曲了历史和斯大林的形象。他本来对普京持批判和嘲笑的态度，他的不少评论文章可以证明这一点。他在2001年发表的曾经轰动一时并获得"民族畅销书奖"的小说《黑索金先生》里用讽刺的笔调写普京（书中称他为"中选者"），说普京最后神秘地消失了。几年后他的态度发生了根本的变化。据他说，这是因为普京保全了作为一个国家的俄罗斯，并为俄罗斯帝国的复活开辟了前景。在普京第二届总统任期将满时，他坚决要求普京连任，并在报刊上发出呼吁。最近他还表示相信普京是会"提前回来的"，说他"热切地希望能这样"。①

上面提到过，以普罗哈诺夫为代表的人民爱国力量曾与共产党人结成亲密的联盟，开头一起反对戈尔巴乔夫等人的叛卖行为，后来又共同揭露叶利钦的种种祸国殃民的政策。在相当长的一段时间内，普罗哈诺夫与俄共领导人久加诺夫关系异常密切，他们两人会同《苏维埃俄罗斯报》总编奇金经常就一些重大的社会政治问题进行交谈，对当局提出批评。他的思想和政治立场的改变，使他与俄共完全决裂。普罗哈诺夫的"向右转"，并在一定程度上靠向现在的当权者，使左派联盟出现了裂缝，这不能不对当前俄罗斯的政治生活产生了一定的影响。

在俄罗斯政坛上，信奉自由主义、对斯大林采取否定态度的

---

① 见《共青团真理报》2009年8月15日。

右派失去领导地位后,代替他们的是以普京为代表的中派。这些人已不像右派那样完全否定斯大林,而是随着形势的发展和根据政治上的需要,对斯大林的态度作了调整。

我们知道,普京上台后提出爱国主义和强国意识的口号,对叶利钦时期的方针政策作了一系列的改变。首先,以他为首的领导集团面对社会上还存在怀旧情绪和斯大林在群众中的影响还在不断扩大的现实,为了巩固自己的地位和为了推行自己的方针政策,需要顺应民情,争取尽可能多的人的支持,这样就不能不考虑占人口相当大比例的拥护斯大林的人的意见和思想情绪。这可能是他们在一定程度上改变对斯大林的态度的一个原因。再说这个集团既然打出爱国主义和强国意识的旗帜,提出要把俄罗斯重新建设成一个强大国家的目标,就不能像自由派那样数典忘祖,糟蹋自己国家的历史和传统,而需要肯定它的历史成就,继承和发扬它的历史传统。苏维埃时代,尤其是斯大林领导的时期,是俄罗斯历史上的一个重要时期,自然更应该重视。同时,他们制定的一些重要方针政策,例如加强中央集权、建立垂直权力体系的做法,也需要从历史上寻找依据,以重要历史人物的成功经验作为支撑,才能更加顺利地贯彻执行。这就使得他们以新的目光来看待苏维埃时代和以新的态度来对待斯大林。根据一位俄罗斯评论家的说法,俄罗斯的当权者对斯大林采取与自由派不同的态度,还由于他们当中的许多人曾在安全机关任职,这些人"对斯大林有截然不同的看法",对他们来说,"斯大林——这意味着秩序,斯大林——这意味着胜利",他们也希望能做到这样。[①] 也就是说,在他们看来,今天的俄罗斯需要有一个像斯大林那样的"高效的管理者"("эффективный менеджер")。

2004年12月,在斯大林诞辰一百二十五周年之际,政权党统

---

① 《真理报》2005年3月4~6日。

一俄罗斯党领导人、国家杜马主席格雷兹洛夫在回答记者提问时称斯大林为"出类拔萃的人物",说"他作为国家领导人在伟大卫国战争期间无疑做了许多事情",还说他"在雅尔塔、德黑兰的谈判过程中实际上处于领导地位",同时他又指出,"在对内政策上的那些过火行为无疑不会给他增添光彩"。① 格雷兹洛夫的这番话引起了广泛的注意。《消息报》认为这是政权党领导人在号召人们改变对斯大林的态度。②

在这之前不久,俄罗斯教育部决定重印斯大林亲自主持编写的《联共(布)党史简明教程》,将其作为高校历史教学参考书。可以说,此事是一个信号,说明当局对斯大林的态度将会发生变化。

至于说到普京本人,在他刚上台时对苏维埃时代的历史是否定的,认为国家"将近七十年都走在一条死胡同里,偏离了文明大道"。③ 他没有直接提到斯大林,但是很显然,他认为是斯大林把国家引进了死胡同。后来他在很大程度上改变了这一看法。2005 年在国情咨文中承认苏联的覆灭是"20 世纪最大的地缘政治灾难","对俄罗斯民族来说成为真正的悲剧"。这就反过来对苏维埃时代作了肯定,同时也表明他对斯大林的看法作了一些修正。上面提到过,他在庆祝卫国战争胜利六十周年的讲话中虽然没有提到斯大林的名字,但是也反对把斯大林与希特勒并提。在这之后,普京直接提到斯大林的次数似乎不多,他的态度的变化更多地在一些具体事情中反映出来。这里首先说一说新的历史教学参考书和教科书的编写这件事。

根据《生意人报》透露,总统办公厅直接约请一些人编写历史教学参考书,就历史活动家的评价问题作了这样的指示:"斯大林

---

① 《棱角》2004 年 12 月 21 日。
② 见《消息报》2004 年 12 月 22 日。
③ 见《独立报》1999 年 12 月 30 日。

好(确立了垂直权力体系,但没有私有制);赫鲁晓夫不好(削弱了垂直权力体系);勃列日涅夫根据与斯大林一样的标准,也好;戈尔巴乔夫、叶利钦不好(他们拆毁了国家,不过在叶利钦当政时出现了私有制);普京是最好的管理者(巩固垂直权力体系和私有制)。"①这种说法不一定可靠和完全符合实际,但是在这之前普京曾对现行历史教科书表示过不满,这就有理由认为,新编教学参考书和教材一事可能得到了当局的支持。2007年由菲利波夫主编的教学参考书《俄罗斯现代史(1945～2006)》由教育出版社出版。该书举行了隆重的首发式,教育部长富尔先科和总统办公厅第一副主任苏尔科夫亲自出席,这显得非同寻常,而且首发式安排在全俄人文科学和社会科学教师研讨会召开期间举行。普京在会见会议参加者时就爱国主义以及历史和社会学在教育年轻一代中所起的作用,就教科书的作用问题谈了很多,他说:"保证教育的人文科学领域的科学性和正确的教学法方面,说得轻一些,显得滞后了,现代的教科书的编写以及专家和教育工作者的培养也落后了。实际上缺乏深刻地和客观地反映我们祖国现代历史的参考书。"②普京对在这之前的各种历史教科书提出批评,在某种意义上可以理解为对新编教学参考书的肯定。这本新编的教学参考书与在这之前的各种教学参考书和教科书的不同之处在于对苏联的历史作了比较客观的和全面的说明,称斯大林为"苏联最成功的领导人",指出在他领导下各个方面取得的胜利和成就,同时也不回避斯大林时期存在的问题。同年出版的教科书也基本上采取这样的写法。

但是俄罗斯的当权者对斯大林的态度有时是自相矛盾的。就拿学校的历史教学来说,他们一方面支持重编教科书,对斯大

---

① 见《生意人报》2007年7月16日。

② 《生意人报》2007年7月16日。

林的历史作用作了肯定,另一方面又强调让学生学习索尔仁尼琴的著作的必要性。2008 年 8 月初,改任总理的普京在会见教育和科学部长富尔先科时提出必须修订教学大纲,让学生更加充分地学习索尔仁尼琴的作品。2009 年 7 月,在索尔仁尼琴去世一周年前夕,作家的遗孀在普京会见她时提出把《古拉格群岛》作为必读书纳入教学大纲的建议,普京表示同意。① 这样一来,如同一位专家所说的那样,一方面让学生学习《古拉格群岛》,另一方面又在历史课上对他们说斯大林是"高效的管理者",这会使学生产生精神分裂,最后留在学生脑子里的势必是索尔仁尼琴对斯大林搞的镇压的评价。②

再说一说现任总统梅德韦杰夫对斯大林的看法。上面说过,在第二次世界大战爆发七十周年前夕,欧洲安全合作组织大会通过一项决议把"二战"的爆发归罪于德国和苏联,并把希特勒和斯大林相提并论,同时波罗的海沿岸的一些国家也把希特勒和斯大林并提加以谴责。梅德韦杰夫进行了愤怒的驳斥,称之为"肆无忌惮的谎言",他强调指出,实际上是斯大林"最终拯救了欧洲"。③ 在这之前,他下令成立了一个直属总统的专门委员会,让它负责反对"损害俄罗斯利益的篡改历史的行为"的斗争。与此同时,国家杜马也通过一项法案,以追究肆意篡改历史者的法律责任。可见他在这个问题上态度比较坚决。但是在涉及对内政策的问题时,他对斯大林的评价就大不相同,甚至说他犯了企图"消灭自己的人民"的罪行④。

从以上所述来看,近年来在如何评价和对待斯大林的问题上情况变得更加复杂。不仅否定和肯定斯大林的争论仍在继续进

① 《消息报》2009 年 7 月 29 日。
② 见《独立报》2008 年 9 月 8 日。
③ 见英国《卫报》2009 年 8 月 30 日。
④ 《共青团真理报》2009 年 11 月 1 日。

行,而且出现了一些新的倾向。有人在肯定的幌子下歪曲斯大林的形象,利用它宣扬君主主义思想;有人根据斯大林曾在教会中学上过学,推断他仍保持着宗教信仰,甚至认为形成了一种"东正教的斯大林主义";有人从另一个角度把他与列宁对立起来,强调两人之间的分歧,在赞扬他的同时贬低列宁;有人则以实用主义的态度,对斯大林的思想和活动作片面的解释,使其符合本身的政治需要等等。这些新的倾向值得注意。在目前的情况下,不仅需要继续不断地揭露各种关于斯大林的新旧谎言,进一步澄清各种被歪曲了的历史事实,批判各种诬蔑斯大林的观点和言论,同时需要同各种歪曲斯大林的种种表现作斗争,恢复斯大林真实的历史面貌,对他的功过作出恰如其分的评价。要做到这一点,必须进一步加强对斯大林的研究。

三

20 世纪 90 年代,俄罗斯国内的一些学者就已在研究斯大林方面做了不少工作。首先要讲一讲斯大林的遗著的发掘、整理和出版。一些报刊陆续发表了斯大林的不少鲜为人知的文章和讲话。以科索拉波夫为首的一批左派学者开始为出全斯大林文集而努力。我们知道,1946 年联共(布)中央马克思恩格斯列宁研究院着手编辑出版《斯大林文集》[①],本来计划出十六卷,并在《文集》第 1 卷的出版说明里对各卷内容作了预告。斯大林在世时出到了第 13 卷,他逝世后,赫鲁晓夫下令终止出版,并毁了已制好版的其他几卷。根据第 1 卷出版说明里的预告,第 14 卷为1934～1940 年的著作,第 15 卷为《联共(布)党史简明教程》,第16 卷则为卫国战争期间的著作。20 世纪 60 年代美国胡佛研究

---

① 原文为《И. Сталин: Сочинения》,我国翻译出版时译为《斯大林全集》,似乎不妥。

所出版了《斯大林文集》的后三卷,不过对这几卷的内容作了重大改变。原计划收入第 15 卷的《联共(布)党史简明教程》没有全文采用,只取其中斯大林撰写的《论辩证唯物主义和历史唯物主义》一文,将其放到第 14 卷,第 15 卷则改为收卫国战争期间的著作,第 16 卷也改为收战后的著作。科索拉波夫等人同意这种做法,不过对各卷的内容作了较大的增补。他们在 1997 年十月革命八十周年之际推出了这三卷,只印了两千册,在一两个月内就销售一空。

在这之后,科索拉波夫等人继续进行发掘、整理和出版斯大林著作的工作。这在一定程度上是因为苏联当年出版《斯大林文集》时根据斯大林本人的意见,没有把他的全部著作收进去。科索拉波夫等人经过努力,于 2004 年和 2006 年先后编辑出版了第 17 卷和第 18 卷,前者收集了斯大林从 19 世纪末到 1932 年 12 月的诗歌,书信,电报,他起草的决议、命令和声明等,后者则包括 1917 年到 1953 年的讲话、报告、书信、电报、谈话记录、批示、命令等。他们还有可能再编辑出版第 19 卷。与此同时,他们还对 1997 年出版的第 14、15、16 卷的内容作了调整和增补。已于 2007 年出版的第 14 卷增订第 2 版收入 1934 年 3 月到 1941 年 6 月战争爆发前的著作,篇目增加了一倍多。现在只见到第 15 卷第 1 部分,其中收入了从 1941 年 6 月战争爆发到 1943 年 2 月斯大林格勒战役结束的各种著作和文献。预计这一卷将分为三部分,内容将大大扩充。编者为他们采取这样的做法解释说:"我们预计文集会因'过于'详细和收入从学院派的观点来看'多余的'文件而受到责备,但还是有意这样做。我们通过这种做法彻底埋葬了赫鲁晓夫制造的'斯大林是按地球仪制订作战计划的'这样的低级神话以及以下重复多次的谎言,即断定胜利'不是有赖于'最高统帅发挥作用,而是'违背'他的意志取得的。"①

科索拉波夫等花这样大的气力从事这项工作,大概是因为充分认识到它的重要性。大家都知道,斯大林自从受到批判以来,他已发表过的著作失去了重版的机会,他的手稿被抛在一边,没有人去进行整理和研究,更不用说发表出来了。在大约四十年的时间里一直如此,结果人们对他的思想观点和活动已不甚了了,尤其是年轻一代更是这样,他们变得比较轻信,这使得反对斯大林的人便于进行歪曲和捏造,各种流言蜚语和歪理邪说容易传播开来而产生较大的社会影响。随着斯大林著作的整理出版,人们就有可能直接听一听斯大林本人是怎么说的,了解他的行为的动机和当时具体的历史条件和社会环境,这就有助于对事情的是非曲直作出正确的判断。这样一来,听信造谣诬蔑和赞成无端攻击的人就会减少。而对研究者来说,全面了解和熟悉斯大林的著作是一个先决条件,不具备这个条件,研究就无法进行,更谈不上深入研究了。

从 20 世纪 90 年代初开始,斯大林时期的各种档案材料陆续解密。学者们在整理和编辑出版这些材料方面做了大量工作。他们把材料分门别类,按照某一重要问题或某一重大事件汇编成册付梓,例如关于大家关注的大清洗和劳改营的材料就出版了好几册。有些不属于机密、甚至说不上是档案的材料,因其能说明某些事实而具有一定的价值,也整理出版。这里要说一下克里姆林宫斯大林办公室的日志,这日志从 1924 年 7 月到 1953 年 3 月斯大林逝世前逐日记载了他会见的人员,具体写明每个前来会见的人几点几分进办公室,几点几分离开。这些日志的片段曾在杂志上发表,现在全部记录已汇编成册于 2008 年出版。别小看这简单的记载,它纠正了某些讹传,对恢复历史真相起了一定作用。

---

① 《斯大林文集》,第 15 卷,第 1 册,联盟信息出版中心,2008 年,第 XXIX 页。

例如,1990 年某些媒体引用一份据说是美国档案馆收藏的文件,大肆宣扬 1939 年 10 月 17 日斯大林曾在利沃夫会见希特勒,而根据日志记载,斯大林这一天在克里姆林宫会见了好几个人;又如有人曾散布说,斯大林在战争爆发时惊慌失措,放弃了领导,一个人待在别墅里,谁也不接见,而日志逐日记录了他会见的人,在战争爆发的那一天他就会见了二十九人次,随后几天也都是如此,显然这几天他一直在进行紧张的工作,为开展抗击德国侵略者的斗争作各种决策和部署;再如马林科夫的儿子在回忆录里说,1941 年 10 月所有政治局委员都撤离了莫斯科,斯大林也离开了十天,只留下马林科夫一人。但是只要翻一翻日志就可知道,在 10 月份政治局委员常到斯大林办公室来,斯大林还接见其他许多人。由此可见,大量档案材料的解密和公布,可以起纠正被歪曲的事实的作用,同时为研究者提供了最可贵的第一手材料。

俄罗斯学者在研究斯大林方面取得了不少成果。20 世纪 90 年代下半期有一批比较严肃的著作问世,其中包括朱赫莱的《斯大林:真实和谎言》(1996)、尼古拉·雅科夫列夫的《斯大林:上升的道路》(1997)、谢马诺夫和卡尔达肖夫的《约瑟夫·斯大林》(1998)、索洛维约夫和苏霍杰耶夫的《统帅斯大林》(1999)等。据介绍,这些著作的作者态度比较冷静和客观,他们对斯大林在历史上所起的作用作了不同程度的肯定。

进入新世纪后,出现的研究著作有所增加。在这些著作中,不少学者和俄共领导人久加诺夫特别推重作家卡尔波夫的《大元帅》(2002)以及历史学家叶梅利亚诺夫的两卷本《斯大林:通向权力的道路》和《斯大林:在权力的顶峰》(均 2002)。这两部书都已有了中译本。《大元帅》的作者卡尔波夫青年时代在塔什干军校学习时,曾因说了几句关于斯大林的话被加上进行"反苏鼓动和宣传"的罪名而被捕和判刑。他在 1942 年秋天上书加里宁请求允许他上前线去立功赎罪,他的请求被批准了。由于他在战斗中表现出色,撤销了当年军事法庭对他的判决。照他自己说,他完全有理由生斯大林的气。可是他不计较个人恩怨,在写书时一切都从事实出发,根据大量文献资料以及许多与斯大林有过交往和接触的人的回忆和谈话,力图客观和真实地描述斯大林的生平和活动。应该说,他基本上做到了这一点。《大元帅》一书出版后,在社会上引起较大的反响,在短时间内几次重版。乌克兰的电影工作者将其改编为电视剧,不过它只在白俄罗斯电视台播出,未能与俄罗斯和乌克兰的观众见面。

叶梅利亚诺夫的两卷本的第 1 卷从斯大林出生一直写到1929 年,叙述了他的成长过程、从事的革命活动以及成为党和国家的主要领导人并巩固自己的领导地位的经过;第 2 卷则写他从30 年代直到逝世的活动。作者根据自己掌握的大量材料,对斯大林的生平和活动作了全面的展示,揭露了社会上流传的关于斯大林的各种神话(在写本书前他曾发表过题为《关于斯大林的神话》的长文),肯定了斯大林的巨大的历史功绩。近年来,他还在报刊上不断发表关于斯大林的文章和谈话,并先后推出了《斯大林元帅——胜利的缔造者》(2007)和《面对侏儒们评头论足的斯大林》(2008)这两部新著。

近年来在斯大林研究方面观点比较鲜明而且作出了成绩的还有历史学家茹科夫。他先后出版了专著《斯大林:权力的秘密》(2005)、《另一位斯大林:1933~1937 年苏联的政治改革》(2008)和《斯大林的人民的帝国》(2009)等专著。进入新世纪后出现的值得注意的研究著作还有谢马诺夫的《斯大林:生活和活动的经验教训》(2002)、奥斯特罗夫斯基的《谁站在斯大林背后:——革命地下工作的秘密》(2002)、苏霍杰耶夫的《生活和传说中的斯大林》(2003)和《斯大林的军事天才》(2005)等。

从以上介绍的情况来看,俄罗斯学者经过多年的努力,为进一步研究创造了有利的条件和打下了坚实的基础。在斯大林本人的绝大部分著作已公开出版,大部分有关的档案材料已经解密并公布,其他文献资料以及当事人的回忆录大量涌现的情况下,再要凭空编造就会变得比较困难。由于这个原因,对斯大林持反对和否定态度的人将会不同程度上改变他们的手段和方法。他们之中有的人将会从他们否定斯大林的观点出发,带着偏见选择和剪裁各种文献和档案材料。有的人则将更多地采用抽出个别事实加以歪曲和夸大,从中得出普遍结论的做法。也有人则将在被迫承认某些事实的同时,脱离具体的社会历史条件来加以说明,目的也是为了用这些事实来证明他们的观点。对诸如此类的做法必须坚决反对。为了使研究建筑在科学的基础上,必须像列宁所说的那样,"从事实的全部**总和**、从事实的**联系**去掌握事实",①必须"把问题提到**一定的**历史范围之内",②在全面掌握事实的基础上,作历史的具体的分析。这里还要特别强调用什么样的思想来指导研究的问题。应该用唯物主义的历史观和阶级斗争的理论来评价像斯大林这样的人物,反对用唯心主义的、实用主义的观点来看待斯大林,不把他视为抽象的个人,而视为一定阶级的代表;不把他的活动看作偶然的、纯粹个人的行为,而将其看作是由一定社会历史条件决定的。列宁还说过:"判断历史的功绩,不是根据历史活动家**没有提供**现代所要求的东西,而是根据他们比他们的前辈**提供了新的东西**。"③在评价斯大林时,也应该这样做。只有在上述思想的指导下,才能正确认识斯大林这位复杂的重要人物,科学地说明他的全部活动,对他在历史上所起的作用作出符合实际的评价。

综上所述,现在俄罗斯国内在如何评价斯大林的问题上分歧

① 《列宁全集》,中文版,第23卷,人民出版社,1988年,第279页。
② 《列宁选集》,中文版,第2卷,人民出版社,1995年,第375页。
③ 《列宁全集》,中文版,第2卷,人民出版社,1988年,第150页。

依然存在,某些看法甚至还是完全对立的。由于斯大林这个人物与现实的政治斗争还有着密切的联系,因此对他的评价不可避免地会带有政治化的色彩。著名历史学家波利亚科夫在斯大林逝世五十周年时就抱怨至今还没有形成对斯大林的一致的观点,他认为历史科学的任务是对斯大林作出"最大限度地客观的、以文献资料为依据的评价"。① 由于斯大林还没有完全成为历史人物,人们还不大可能对他采取完全客观的和冷静的态度,因此这个任务恐怕在短时间内不一定能够完成。

但是应该指出,目前在如何看待斯大林的问题上情况与十七八年前相比发生了重大变化。回想当时多少人往斯大林身上泼脏水,他遭到的诋毁和谩骂在历史上也是少见的。斯大林本人早就预见到会有这样的遭遇。根据莫洛托夫回忆,战争年代斯大林曾对他说过这样一段话:"我知道,我死后有人会把一大堆垃圾扔到我的坟上。但是历史的风一定会毫不留情地把垃圾刮走!"②空军主帅戈洛瓦洛夫在题为《他领导了最艰苦的世界大战》一文里也提到斯大林在1943年德黑兰会议后会见他时说过类似的话。③现在看来,斯大林的这一预言正在实现。"历史的风"早已刮起来了,已经刮走了多年来堆积在他坟上的一大堆垃圾,而且还在继续刮着。

在更早一些时候,在1939年11月,斯大林在会见女革命家和外交家柯伦泰时曾谈到个人在历史上的作用,提到了俄罗斯的许多重要历史人物的名字。当柯伦泰刚要说"您的名字也将载入……"时,斯大林打断了她,说:"我们党和我国人民的许多事情将遭到歪曲和污辱,首先在国外,在我们国内也将如此……我的

---

① 《新闻时报》2003年3月5日。

② 见ф. 丘耶夫的《莫洛托夫——掌握一半权力的统治者》一书,奥尔马出版社,2000年,第396页。

③ 见《小说报》1995年第4期第11页。

名字同样将会遭到诬蔑和诽谤。将会把许多暴行加到我身上。"
他逝世后,情况确实如此。斯大林接着对形势的发展作了估计,
指出发展的道路将更加复杂,甚至复杂到极点,转折将是最急剧
的。但是他对未来充满信心,这样说道:"不管事态如何发展,到
时候子孙后代的目光仍将关注我们社会主义祖国的各种事情和
胜利。年复一年地将出现一代代新人。他们将重新高举起自己
的父辈和祖辈的旗帜,并完全给我们以应有的评价。他们将在我
们的过去的基础之上来建设自己的未来。"①

　　这里斯大林也预言他和他的同志们从事的社会主义事业将
会后继有人。尽管俄罗斯的政治局面和社会状况在短期内还不
可能有大的改变,但是社会总是要向前发展的;尽管人们受各种
思潮的影响,思想还比较混乱,但是通过从事社会实践和接受实
际生活的教育,思想也会逐步发生变化而开始觉醒。到那时候他
们将会接过先辈们的旗帜,重新走上社会主义的道路。因此,不
管时间有多长,道路有多曲折,可以相信,斯大林的这个预言也将
会实现。

2009 年

附　记

　　写完这篇新动向后,在评价斯大林问题上接连不断地出现了
一些新的值得注意的情况。

　　2009 年 12 月 21 日是斯大林一百三十周年诞辰。在俄共的
策划和组织下,各地开展了形式多样的纪念活动。左派群众和广
大爱国者积极参加这些活动,表现出了相当大的政治热情,各种

---

　　① 《斯大林文集》,第 18 卷,联盟信息出版中心,2006 年,第 610 页。

报刊发表了大量纪念文章,多数文章对斯大林持肯定态度,对他的功过作了全面的实事求是的分析,也有一些右派人士发表了否定和批判的言论。这说明在评价问题上分歧依然存在。已担任总统将近两年的梅德韦杰夫虽然已在这一年10月明确表明自己对斯大林的批判和否定的态度,但是对纪念活动没有进行干预。

四五个月后的2010年5月9日是苏联卫国战争胜利六十五周年。俄罗斯当局决定举行盛大的庆祝活动。根据总统梅德韦杰夫的命令,成立以他自己为首的庆祝活动筹委会。莫斯科当局根据老战士的请求,决定在庆祝活动期间在市内悬挂绘有斯大林画像和带有讲述他作为最高统帅对取得胜利作出的贡献的文字说明的宣传牌。此决定遭到自由派人士的反对,引起了一场激烈的争论。庆祝活动筹委会利用不提供资金的方法施加压力。这场斗争有人称之为"宣传牌战争"。在节日前两天,梅德韦杰夫在与《消息报》总编的谈话中明确表示了自己的态度。他认为这场战争是人民打赢的,不是斯大林和军事长官,说斯大林犯了反对本国人民的大量罪行,是不能原谅的,并且强调这是所谓"国家的思想"和他作为总统的评价。梅德韦杰夫的讲话发表后,引起了很大反响,既有表示拥护和赞成的,也有表示激烈反对和提出尖锐批评的。于是在节日期间在评价斯大林问题上出现了一场新的、激烈的争论。值得注意的是,作为俄罗斯总统的梅德韦杰夫直接参加了争论,对斯大林采取全面否定的态度。他的态度已与他的前任普京有所不同。这一情况说明,在领导集团内部对斯大林的看法发生了一些新的变化。根据一位俄罗斯学者的分析,俄罗斯统治集团内部形成了两派,一派以普京为代表,主张走俄罗斯自己的道路,对斯大林采取部分肯定的态度;另一派则以梅德韦杰夫为代表,主张走西方的道路,视斯大林为实现他们要搞的俄罗斯"现代化"的障碍,要将其彻底排除。他把前者称为"自由主义的民族主义者",后者则被称为"自由主义者"。

值得注意的是,梅德韦杰夫决定采取具体行动。2010 年 10 月他责成直属总统的发展公民社会和人权委员会制定进一步反斯大林的行动计划。2011 年三四月间该委员会抛出了一个题为《关于永久纪念极权主义制度的牺牲者和关于民族和解》的纲要,这个纲要把苏联社会主义制度称为"极权主义制度",提出要永久纪念"极权主义制度的牺牲者",其主要目的是要进一步批判揭露斯大林,消除或者至少减弱斯大林在群众中的影响,因此媒体和公众称之为"非斯大林化的纲领"。这个纲要公布后还打算制订具体的实施计划。可是不久政治形势发生了变化,领导集团决定"王车易位",普京重新当选总统。就这样,梅德韦杰夫的搞第三次"非斯大林化"的计划就未能付诸实施。但是此人并未退出政治舞台。也许他还将在可能的条件下采取别的办法来实现他的意图。

　　从目前的情况来看,斯大林虽然逝世将近六十年了,但是他没有成为历史人物。他似乎一直未曾离开,还在继续参与政治生活和政治斗争,影响着人们的思想和行动。另一方面,随着形势的变化,也将在如何评价他的问题上发生新的争论,值得我们密切注意。

2012 年 10 月

后　记

　　《斯大林与文学》一书终于写完了，了却了我多年来的一桩心愿。

　　原来我对斯大林这位大人物并没有太多的了解，也并不怀有特殊的感情。1956年赫鲁晓夫发动第一次"非斯大林化"时我还是一个学生。当时对否定斯大林的种种说法将信将疑，不久读了《关于无产阶级专政的历史经验》和《再论无产阶级专政的历史经验》这两篇文章后，接受了关于斯大林是一位伟大的马克思列宁主义者，犯过一些错误，但功大于过的论断，后来一直保持这样的看法。20世纪80年代中期苏联出现第二次"非斯大林化"的浪潮时，我正在进行当代苏联文学的跟踪研究，要广泛阅读各种报刊。一时只见那上面接连不断地出现各种揭露和批判斯大林的材料，把他说得一无是处，简直把他妖魔化了。批判的势头比50年代中期搞第一次"非斯大林化"时还要猛烈。这种做法我当然是不赞成的。同时我惊奇地发现，文学界的一些著名人物居然成了急先锋。据我了解，其中的一些人过去一直是"红人"，曾在不同程度上用不同方式颂扬过斯大林。这就使得我更加以用怀疑的目光来看待这场新的批判运动，对某些人的表现感到反感，认为他们至少在道德品质上是有缺陷的。但是与此同时，我便注意起对斯大林的评价问题来，开始积累与他有关的各种材料。我本来搞的是苏联文学的跟踪研究，就这样，在某种程度上也搞起斯大林问题的跟踪研究来了。

　　到20世纪90年代末，我开始应一些报刊之约，写一些关于斯大林的文章，其中《俄罗斯国内对斯大林看法的改变》《"历史的风"刮掉斯大林坟上的垃圾》《非斯大林化的实质》等文章,曾引起一定的反响。在这之后我写的《评赫鲁晓夫的秘密报告》一文(后收入《从赫鲁晓夫到普京》一书中)也主要是替斯大林说话的。最近三四年又写了《俄罗斯国内在评价斯大林问题上的新动向》《俄罗斯隆重纪念斯大林一百三十周年诞辰》《在如何评价斯大林问题上的一场新争论》《俄罗斯当局策划实行第三次"非斯大林化"》等文章,叙述了一些变化和新的争执。当然,我注意的重点还是与文学有关的问题,写过《斯大林对马克思列宁主义文艺思想的继承和发展》《斯大林与文学》《斯大林与高尔基》《高尔基与斯大林的通信》《斯大林关于马雅可夫斯基的批示发表的前前后后》《列昂诺夫与斯大林的复杂关系》《米哈尔科夫心目中的斯大林》等文章。随着材料积累得愈来愈多,逐渐萌生了写一本《斯大林与文学》的专著的想法。

但是由于手头还有几件别的工作要做,这本书的写作一直未能提上日程。到 2010 年才把所有别的事情做完,正式开始写这本书,但是这时我已是年近八旬的老人,而且不幸得很,又得了耳鸣头晕的顽症。只好一面就医,一面写这本书,工作效率大大降低,经过将近三年的坚持和努力,勉强把它写完了。现在回过头来读一遍,总觉得不尽如人意。如果没有发生上述意外情况,也许会考虑得更加周到些,某些问题的论述可以更加详尽些。由于记忆力衰退,前后的叙述可能会有一些重复,还可能会有一些未发现的纰漏,敬希读者指正。

根据我最初的打算,还想对斯大林的文学思想和文学政策作进一步的研究,另外编译一本《斯大林论文学》的集子。现在看来,这些想法已很难实现了,也许只能根据积累的材料就有关斯大林的某些方面的问题搞点散论。总之,我将继续尽力而为。

2012 年 10 月

（京）新登字 083 号

图书在版编目（CIP）数据

斯大林与文学/张捷著. —北京：中国青年出版社，2014.4
ISBN 978-7-5153-2305-3

Ⅰ.①斯…　Ⅱ.①张…　Ⅲ.①斯大林，J.V.（1879~1953）—文学
思想—研究　Ⅳ.①A831.691

中国版本图书馆 CIP 数据核字（2014）第 056381 号

责任编辑：王钦仁
装帧设计：瞿中华

出版发行：中国青年出版社
社　　址：北京东四 12 条 21 号
邮　　编：100708
网　　址：www.cyp.com.cn
编辑电话：010-57350507
门市电话：010-57350370
印　　刷：三河市君旺印务有限公司
经　　销：新华书店

开　　本：880×1230　1/32
印　　张：14.25
插　　页：2
字　　数：367 千字
版　　次：2014 年 4 月北京第 1 版
印　　次：2014 年 4 月河北第 1 次印刷
印　　数：1-4000 册
定　　价：45.00 元

本图书如有印装质量问题，请凭购书发票与质检部联系调换
联系电话：010-57350337